高职高专改革创新示范教材

QICHE
JIXIE SHITU YU GONGCHA PEIHE

汽车机械识图
与公差配合

广州合赢教学设备有限公司 组织编写
王升平 刘小娟 主 编
朱 军 主 审

人民交通出版社
China Communications Press

内 容 提 要

本书以汽车常见零部件三视图的识别与画法为线索,介绍了机械识图和公差配合的相关知识。全书共分为九个项目,主要内容包括机械制图基础知识、零件常用表达方法、标准件和常用件画法、零件图绘制与识读、装配图绘制与识读、尺寸公差与配合、形位公差与表面粗糙度、测量技术基础、汽车典型零件的公差及检测方面的知识。每个项目都是按照任务实施的形式进行编写,以突出本书知识内容的实用性和新颖性。

图书在版编目(CIP)数据

汽车机械识图与公差配合/ 王升平,刘小娟主编. —北京:人民交通出版社,2012.8
高职高专改革创新示范教材
ISBN 978-7-114-09951-9

Ⅰ. ①汽… Ⅱ. ①王… ②刘… Ⅲ. ①汽车 – 机械 – 制图 – 高等职业教育 – 教材②汽车 – 公差 – 配合 – 高等职业教育 – 教材 Ⅳ. ①U463

中国版本图书馆 CIP 数据核字(2012)第 166595 号

高职高专改革创新示范教材

书　　　名:	**汽车机械识图与公差配合**
著 作 者:	王升平　刘小娟
责任编辑:	于志伟
出版发行:	人民交通出版社
地　　址:	(100011)北京市朝阳区安定门外外馆斜街 3 号
网　　址:	http://www.ccpress.com.cn
销售电话:	(010)59757973
总 经 销:	人民交通出版社发行部
经　　销:	各地新华书店
印　　刷:	北京虎彩文化传播有限公司
开　　本:	787×1092　1/16
印　　张:	25.5
字　　数:	614 千
版　　次:	2012 年 8 月　第 1 版
印　　次:	2022 年 1 月　第 2 次印刷
书　　号:	ISBN 978-7-114-09951-9
定　　价:	46.00 元

(有印刷、装订质量问题的图书由本社负责调换)

高职高专汽车运用技术专业和汽车检测与维修技术专业改革创新示范教材编委会

（排名不分先后）

主　　任：冯　津（广州合赢教学设备有限公司）
副 主 任：王海林（华南农业大学）
　　　　　温炜坚（广州城市职业学院）
　　　　　张红伟（广州科技贸易职业学院）
委　　员：成伟华（顺德职业技术学院）
　　　　　罗德云（广州城建职业学院）
　　　　　刘存山（东莞职业技术学院）
　　　　　潘伟荣（广东交通职业技术学院）
　　　　　周　勇（贵州交通职业技术学院）
　　　　　毛彩云（华南农业大学）
　　　　　王正旭（广州市工贸技师学院）
　　　　　王升平（中山职业技术学院）
　　　　　齐建民（中山职业技术学院）
　　　　　房毅卓（广东机电职业技术学院）
　　　　　郑　毅（广州铁路职业技术学院）
　　　　　王　飞（广州城市职业学院）
　　　　　王志文（阳江职业技术学院）
　　　　　陈国宏（一汽丰田汽车有限公司）
丛书主审：朱　军

前言 FOREWORD

《国家中长期教育改革和发展规划纲要(2010—2020年)》中提出:大力发展职业教育,把职业教育纳入经济社会发展和产业发展规划,把提高质量作为重点;以服务为宗旨,以就业为导向,推进教育教学改革。实行工学结合、校企合作、顶岗实习的人才培养模式;满足人民群众接受职业教育的需求,满足经济社会对高素质劳动者和技能型人才的需要。

高等职业教育的发展是国家当前教育发展的战略重点之一。我们认为,当前我国高等职业教育需要解决"三个改革"和"三个建设"两大问题。三个改革,即课程体系改革、教学模式改革和教学内容改革;三个建设,即师资队伍建设、教学设施建设、教材建设。

目前,高等职业院校汽车运用技术专业所使用的教材普遍存在以下几个方面的问题:

(1)专业定位不明确,受本科教育的影响较大,学生反映难,教师反映不好教;

(2)职业特征不明显,企业反映脱离实际,与他们的需求距离很大;

(3)教学方式落后,不适应新一轮教学改革的需要,不利于长远发展;

(4)立体化程度薄弱,教学资源质量不高,教学方式相对落后。

针对以上问题,结合人民交通出版社汽车类专业教材的出版优势,我们开发了《高等职业教育改革创新示范教材》。本套教材以"积极探索教学改革思路,提升学生职业素质"的指导思想,采用职教专家、行业一线专家、学校教师、出版社编辑、教学设备研发企业"五结合"的编写模式。教材内容的特点是:明确高等职业教育定位,准确体现职业教育特点(以工作岗位所需的知识和技能为出发点);理论内容"必需、够用";实训内容贴合工作一线实际;选图讲究,易懂易学。

该套教材将先进的教学内容、教学方法与教学手段有效地结合起来,形成课本、课件(部分课程配)和习题集(部分课程配)三位一体的立体教学模式。

本书由中山职业技术学院王升平、刘小娟担任主编,东莞职业技术学院刘存山担任副主编。书中项目六、七、八、九由王升平编写,项目二、三、

四、五由刘小娟编写；项目一由刘存山编写，附录由中山职业技术学院黄韵芝编写。王升平负责全书的统稿。

限于编者的经历和水平，书中难免有不妥或错误之处，敬请广大读者批评指正，提出修改意见和建议，以便再版修订时改正。

职业教育改革创新示范教材编委会
2011 年 7 月

CONTENTS

上篇　汽车机械识图

项目一　机械制图基础知识

任务一　汽车吊钩平面图的绘制 …………………………………………… 4

任务二　汽车轴承座三视图的绘制 ………………………………………… 28

任务三　汽车剖分式轴承座下座三视图的识读 …………………………… 81

项目二　零件常用表达方法

任务一　汽车支架视图表达方案的选择 …………………………………… 93

任务二　汽车轴类零件视图表达方法的选择 ……………………………… 114

项目三　标准件和常用件画法

任务一　汽车螺栓连接部分的画法 ………………………………………… 124

任务二　汽车变速器圆柱齿轮的绘制 ……………………………………… 150

项目四　零件图绘制与识读

任务一　汽车齿轮轴零件图的绘制 ………………………………………… 162

任务二　汽车阀体零件图的识读 …………………………………………… 183

项目五　装配图绘制与识读

任务一　汽车球阀装配图的绘制 …………………………………………… 192

任务二　汽车齿轮油泵装配图的识读 ……………………………………… 219

1

下篇　汽车零件公差配合与测量

项目六　尺寸公差与配合

任务一　汽车齿轮油泵尺寸公差和配合标注的识读 …………………… 235

任务二　汽车气门座和气门导管公差和配合的选用 …………………… 249

项目七　形位公差与表面粗糙度

任务一　汽车曲轴零件图形位公差标注的识读 ………………………… 259

任务二　汽车变速器输出轴形位公差的选用 …………………………… 275

任务三　零件表面粗糙度的评定和标注 ………………………………… 290

项目八　测量技术基础

任务一　测量器具的识别与使用 ………………………………………… 305

任务二　光滑极限量规的选用 …………………………………………… 324

项目九　汽车典型零件的公差及检测

任务一　汽车常用连接件的公差及检测 ………………………………… 334

任务二　汽车轴承与齿轮的公差与检测 ………………………………… 355

附录

附录A　螺纹 ……………………………………………………………… 376

附录B　常用标准件 ……………………………………………………… 378

附录C　极限与配合 ……………………………………………………… 389

参考文献

上 篇

汽车机械识图

项目一 机械制图基础知识

知识目标
- 掌握国家标准《技术制图》、《机械制图》中的相关规定。
- 正确使用绘图工具和仪器。
- 熟练掌握几何作图的方法。
- 掌握平面图形的尺寸和线段分析，正确拟定平面图形的作图步骤。
- 掌握投影法的基本概念、正投影的基本性质，三视图的形成及投影关系。
- 掌握点、直线和平面的投影规律与作图法。
- 掌握点与线的相对位置中，从属性和定比性的运用；各种位置直线和平面的投影特征，作图方法以及在投影图上正确判断其空间位置；两直线、两平面相对位置的投影特征及判断方法。
- 掌握平面立体及回转体的投影特征，三视图画法及表面取点。
- 掌握基本体和截断体的尺寸标注、组合体的形体分析法，了解成面分析法。
- 掌握组合体的画图，读图和尺寸标注。
- 了解截交线的概念、性质，轴测投影相关概念。

能力目标
- 能够在绘图过程中严格遵守制图相关规定。
- 能够拟定合理的平面图形的作图步骤，并且正确使用相关绘图工具和仪器进行平面图形的绘制。
- 能够初步养成良好的绘图习惯和一丝不苟的工作作风。
- 能够运用相关投影规律正确识读和绘制简单形体的三视图。
- 能够用形体分析法及线面分析法绘图组合体三视图，并进行标注尺寸。
- 能够用形体分析法及线面分析法识读组合体的三视图。

项目一 机械制图基础知识

任务一 汽车吊钩平面图的绘制

吊钩是汽车起重机的重要部件之一,起连接汽车吊车和重物的作用。现要求根据给出的吊钩平面图1-1,要求按照机械制图的相关国家标准规定,选择合适的比例绘制此平面图,并进行尺寸标注。

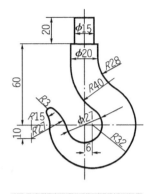

图1-1 吊钩平面图

一 制图的一般规定

图样是现代化工业生产和技术交流的重要技术文件,为了适应科学技术的发展和生产实际的需要以及科学地进行图样管理,对图样的各个方面,如图纸大小、图线、字体、图样画法、尺寸标注等都有一个统一的规定,以使工程技术人员有章可循。这个规定称为制图标准。每一个工程技术人员都应该树立标准化的概念,自觉贯彻并执行国家标准。

我国于1959年颁布实施了第一个《机械制图》国家标准,并于1984年重新修订了该标准。为了与国际接轨,我国近年来又将制图方面的标准作了较大的修订。国家标准代号的含义以"GB/T 14689—1993"为例予以说明,其中:"GB"是国家标准的缩写,"T"是推荐的缩写,"14689"是该标准的编号,"1993"表示该标准是1993年颁布的。

1 图纸幅面及格式

1 图纸幅面(GB/T 14689—1993)

标准图幅共有五种,其尺寸见表1-1所示。绘制图样时应优先采用这些图幅尺寸,必要时也允许加长幅面。加长幅面的尺寸是由基本幅面的短边成整数倍增加后得出的,如图1-2所示。

图纸幅面尺寸　　　　　　　　　表1-1

幅面代号		A0	A1	A2	A3	A4
尺寸 $B \times L$		841×1189	594×841	420×594	297×420	210×297
边框	a	25				
	c	10			5	
	e	20		10		

❷ 图框格式

图纸可以横放,也可以竖放。一般 A0～A3 号图纸幅面宜横放,A4 号以下的图纸幅面宜竖放。每张图纸上都必须用粗实线画出图框,其格式有两种,一种是用于需要装订的图纸,如图 1-3a)所示;另一种则用于不需要装订的图纸,如图 1-3b)所示。同一产品的图样只能采用一种格式。

❸ 标题栏的方位及格式

每张图样的右下角均应有标题栏,且标题栏中的文字方向为看图方向。标题栏的外框是粗实线,其右边和底边与图框线重合,其余为细实线。标题栏的格式和内容在国家标准 GB 10609.1—1989 中作出了详细的规定,如图 1-4 所示,它适用于工矿企业等各种生产用图纸。而一般在学校的制图作业中的标题栏可以自定,建议采用图 1-5 所示的简化标题栏格式及尺寸。必须注意的是标题栏中文字的书写方向即为读图的方向。

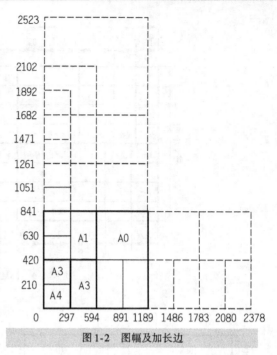

图 1-2　图幅及加长边

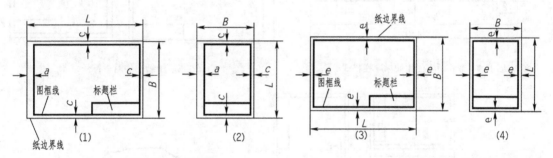

图 1-3　图框格式

❹ 其他符号

(1) 对中符号。为了缩微摄影和复制图样时定位方便,对表 1-1 中所示例的基本幅面及图 1-2 中加长幅面的各号图纸,均应在图纸各边长的中点处分别画出对中符号,如图 1-6 所示。对中符号用粗实线绘制,线的宽度不小于 0.5mm,长度从纸的边界开始到伸入图框内约 5mm。当对中符号处在标题栏范围内时,伸入标题栏部分则省略不画。

(2) 方向符号。当图纸上预先印好的标题栏与绘图看图的方向不一致时,可采用图 1-7a)所示的方向符号来表明绘图看图的方向,此时,方向符号应在图纸的下边对中符号处,标题栏应位于图纸右上角。方向符号用细实线绘制的等边三角形表示,其画法如图 1-7b)所示。

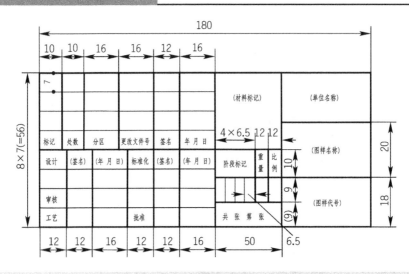

图1-4 标题栏的格式和尺寸

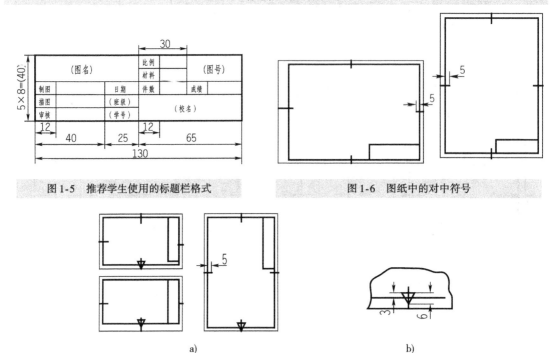

图1-5 推荐学生使用的标题栏格式　　　图1-6 图纸中的对中符号

图1-7 图纸中的方向符号及其画法

2 比例（GB/T 14690—1993）

图中图形与其实物相应要素的线性尺寸之比,称为比例。比例分原值比例、放大比例和缩小比例。比值为1的比例,即1∶1,称为原值比例;比值大于1的比例,如2∶1等,称为放大比例;比值小于1的比例,如1∶2等,称为缩小比例。

为了在图样上直接获得实际零件大小的真实概念,应尽量采用1∶1的比例绘图。如不宜采用1:1的比例时,可选择放大或缩小的比例,应优先选用表1-2"第一系列"中的比例,必要时也可选取表1-2第二系列的比例,但标注尺寸一定要注写实际尺寸。

比　　例　　　　　　　　　　　　　　　　表1-2

种　类	比　例	
	第一系列	第二系列
原值比例	1:1	
放大比例	2:1　5:1　$1×10^n:1$ $2×10^n:1$　$5×10^n:1$	2.5:1　4:1　$2.5×10^n:1$　$4×10^n:1$
缩小比例	1:2　1:5　1:10　$1:1×10^n$ $1:2×10^n$　$1:5×10^n$	1:1.5　1:2.5　1:3　1:4　1:6　$1:1.5×10^n$ $1:2.5×10^n$　$1:3×10^n$　$1:4×10^n$　$1:6×10^n$

注:n为正整数。

在图样上标注比例应采用比例符号":"表示,如1:1、2:1等,并在标题栏的比例栏中填写。在同一张图样上的各图形一般采用相同的比例绘制;当某个图形需要采用不同的比例绘制时,可在视图名称的下方或右侧标注比例,如$\frac{I}{2:1}$、$\frac{B-B}{2.5:1}$不论采用何种比例,图上所注的尺寸数值均应为零件的实际尺寸,如图1-8所示。

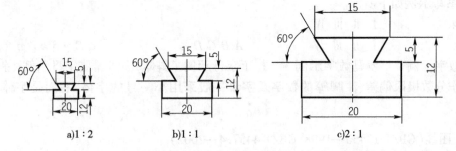

图1-8　采用不同比例绘制的同一图形

3 字体(GB/T 14691—1993)

① 字体的一般要求

图样中除了用视图表示零件的结构形状外,还要用文字和数字说明零件的技术要求和大小。国家标准对图样中的汉字、拉丁字母、希腊字母、阿拉伯数字、罗马数字的形式作了规定。

图样上所注写的汉字、数字、字母必须:字体工整、笔画清楚、间隔均匀、排列整齐。这样要求的目的是使图样清晰,文字准确,便于识读、交流,给生产和科研带来方便。

② 字体的具体规定

(1)字高。字体的字号规定了八种:20,14,10,7,5,3.5,2.5,1.8。字体的号数即是字体高度。如10号字,它的字高为10mm。字体的宽度一般是字体高度的2/3左右。字体的高宽比例见表1-3。

(2) 汉字。汉字应写成长仿宋体,并应采用中华人民共和国国务院正式公布推行的《汉字简化方案》中规定的简化字。长仿宋字的书写要领为:横平竖直、注意起落、结构匀称、填满方格。汉字的高度不应小于 3.5mm,其宽度一般为 $h/\sqrt{2}$。长仿宋体的书写示例如下所示:

字体工整笔画清楚间隔均匀排列整齐。

字 体 大 小　　　　　　　　　　　　表 1-3

字体的代号	20 号	14 号	10 号	7 号	5 号	3.5 号	2.5 号	1.8 号
字 高	20	14	10	7	5	3.5	2.5	1.8
字宽($h/\sqrt{2}$ 字高)	14	10	7	5	3.5	2.5	1.8	1.3

注:单位为 mm。

(3) 数字和字母。数字有阿拉伯数字和罗马数字两种,有直体和斜体之分。常用的是斜体字,其字头向右倾斜,与水平方向约成 75°,书写示例如下所示。

字母有拉丁字母和希腊字母两种,常用的是拉丁字母,我国的汉语拼音字母与它的写法一样,每种均有大写和小写、直体和斜体之分。写斜体字时,通常字头向右倾斜与水平线约成 75°,书写示例如下所示。

0 1 2 3 4　　　　Ⅰ Ⅱ Ⅲ Ⅳ
0 1 2 3 4　　　*Ⅰ Ⅱ Ⅲ Ⅳ*　　　　*A B C D E*　　　　$\alpha \beta \gamma \delta \varepsilon \zeta \eta \theta \iota \kappa$
阿拉伯数字示例　　罗马数字示例　　拉丁字母示例(斜体)　　希腊字母示例(斜体)

用作分数极限偏差、注脚等的数字及字母一般采用小一号的字体,右面是字体的应用示例。

4 图线(GB/T 17450—1998、GB/T 4457.4—2002)

图线是起点和终点间以任意方式连接的一种几何线型,形状可以是直线或曲线、连续或不连续线。图线是由线素构成的,线素是不连续线的独立部分,如点、长度不同的线和间隔。由一个或一个以上不同线素组成一段连续的或不连续的图线称为线段。

1 线型及其应用

不同的图线在图样中表示不同的含义,绘制图样时,应遵守国家标准的有关规定。GB/T 17450—1998 中规定了 15 种基本线型的代号、形式及其名称。表 1-4 中列出了绘制机械工程图样时常用的图线名称、图线型式、宽度及其主要用途。机械图样中图线的宽度分为粗、细两种,粗线的宽度 d 应按图的大小和复杂程度在 0.5~2mm 间选择,常用的线宽约 1mm。细线的宽度约为 $d/2$。国家标准推荐的图线宽度(mm)系列为:0.13、0.18、0.25、0.35、0.5、0.7、1、1.4、2,图 1-9 为图线的应用示例。

2 图线的画法和注意事项

(1) 同一图样中同类图线的宽度应基本一致;虚线、点画线及双点画线的线段长度和间距应各自大致相等。

常用的工程图线名称及主要用途　　　　　表1-4

图线名称	线型	代号	图线宽度	主要用途
粗实线	——————	A	d	可见轮廓线,可见过渡线
细实线	——————	B	约$d/2$	尺寸线、尺寸界线、剖面线、辅助线、重合断面的轮廓线、引出线 螺纹的牙底线及齿轮的齿根线
波浪线	～～～	C	约$d/2$	断裂处的边界线、视图和剖视的分界线
双折线	—⌐_⌐—	D	约$d/2$	断裂处的边界线
虚线	- - - 2~6 ≈1	F	约$d/2$	不可见的轮廓线、不可见的过渡线
细点画线	—·—·— ≈20 ≈3	G	约$d/2$	轴线、对称中心线、轨迹线 齿轮的分度圆及分度线
粗点画线	—·—·— ≈15 ≈3	J	d	有特殊要求的线或表面的表示线
双点画线	—··—··— ≈20 ≈5	K	约$d/2$	相邻辅助零件的轮廓线、中断线 极限位置的轮廓线、假想投影轮廓线

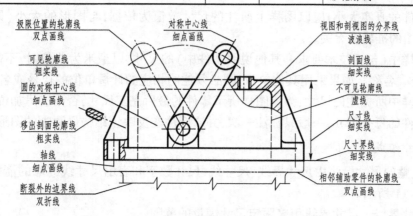

图1-9　图线的应用举例

(2)两条平行线之间的距离应不小于粗实线的2倍,最小间距不小于0.7mm。

(3)绘制圆的对称中心线时,点画线两端应超出圆的轮廓线2～5mm;首末两端应是线段而不是短画;圆心应是线段的交点。在较小的图形上绘制点画线有困难时可用细实线代替。点画线、双点画线的点不是点,而是一个约1mm的短画。

(4)虚线与虚线相交、虚线与点画线相交,应以线段相交;虚线、点画线如果是粗实线的延长线,应留有空隙;虚线与粗实线相交,不留空隙。

(5)当有两种或更多的图线重合时,通常按图线所表达对象的重要程度优先选择绘制顺序:可见轮廓线—不可见轮廓线—尺寸线—各种用途的细实线—轴线和对称中心线—假想线。

(6)图线的颜色深浅程度要一致,不要粗线深细线浅。图形绘图注意事项如图1-10所示。

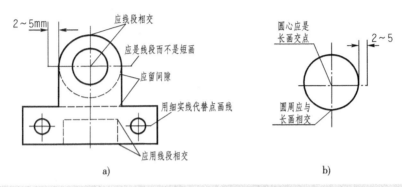

图1-10 图线绘制注意事项

5 尺寸注法（GB/T 4458.4—2003、GB/T 16675.2—1996）

图样中的图形仅表达零件的形状,而零件的大小必须通过尺寸来确定。标注尺寸时,应严格遵守国家标准有关尺寸标注的规定,做到正确、完整、清晰、合理。

1 尺寸标注的基本规则

(1)零件的真实大小,应以图样上所注的尺寸数值为依据,与图形的大小(即所采用的比例)和绘图的准确度无关。

(2)图样中(包括技术要求和其他说明文件中)的尺寸,以毫米为单位时,不需标注计量单位的代号或名称。如果采用其他单位,则必须注明相应的计量单位的代号或名称。

(3)图样中所标注的尺寸,为该图样所示零件的最后完工尺寸,否则应另加说明。

(4)零件的每一尺寸,一般只标注一次,并应标注在反映该结构最清晰的图形上。

2 尺寸组成

一个完整的尺寸标注由尺寸界线、尺寸线、尺寸数字和表示尺寸线终端的箭头或斜线组成。如图1-11所示。

(1)尺寸界线。尺寸界线用来限定尺寸度量的范围。

尺寸界线用细实线绘制,由图形的轮廓线、轴线或对称中心线引出。也可利用图形的轮廓线、轴线或对称中心线作尺寸界线;尺寸界线一般应与尺寸线垂直并超出尺寸线终端2 mm左右,必要时才允许倾斜,如图1-12所示的$\phi70$和$\phi24$尺寸的尺寸界线;在光滑过渡处标注尺寸时,必须用细实线将轮廓线延长,从它们的交点处引出尺寸界线。

(2)尺寸线。尺寸线用细实线绘制在尺寸界线之间,表示尺寸度量的方向。

尺寸线必须单独绘制,不能用其他图线代替,也不得与其他图线重合或画在其他图线的延长线上。标注线性尺寸时,尺寸线必须与所标注的线段平行,如图1-11所示。

尺寸线的终端有两种形式:箭头和斜线。箭头终端:适用于各种类型的图样,箭头的形状大小如图 1-13a)所示。斜线终端:必须在尺寸线与尺寸界线相互垂直时才能使用。斜线终端用细实线绘制,方向以尺寸线为准,逆时针旋转 45°画出,如图 1-13b)所示。

机械图样中一般采用箭头作为尺寸线的终端,斜线形式主要用于建筑图样。同一图样中,一般只能采用一种终端形式。但当采用斜线终端形式时,图中圆弧的半径尺寸、投影为圆的直径尺寸及尺寸线与尺寸界线成倾斜的尺寸,这些尺寸线的终端应画成箭头,如图 1-14 所示。

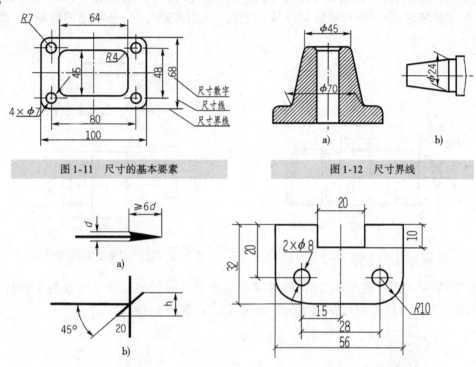

图 1-11 尺寸的基本要素　　　　图 1-12 尺寸界线

图 1-13 箭头形式　　　　图 1-14 斜线箭头

当采用箭头终端形式,遇到位置不够画出箭头时,允许用圆点或斜线代替箭头,如图 1-15 所示。

(3)尺寸数字。尺寸数字表示所注零件尺寸的实际大小。

尺寸数字用来表示所注尺寸的数值,是图样中指令性最强的部分。要求注写尺寸时一定要认真仔细、字迹清楚,应避免可能造成误解的一切因素。

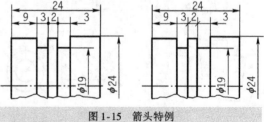

图 1-15 箭头特例

注写尺寸数字时应符合下列规定:

线性尺寸数字的注写位置——水平方向的尺寸,一般应注写在尺寸线的上方;铅垂方向的尺寸,一般应注写在尺寸线的左方;倾斜方向的尺寸一般应在尺寸线靠上的一方。也允许注写在尺寸线的中断处。

线性尺寸数字的注写方向——线性尺寸数字的注写方向,有两种注写方法:

方法一:水平尺寸的数字字头向上;铅垂尺寸的数字字头朝左;倾斜尺寸的数字字头应有朝上的趋势,如图1-16所示。

方法二:对于非水平方向的尺寸,其尺寸数字可水平注写在尺寸线的中断处,如图1-17所示。

但在30°范围内应尽量避免标注尺寸,当无法避免时,可参照如图1-18b)的形式标注。在注写尺寸数字时,数字不可被任何图线所通过,当不可避免时,必须把图线断开,如图1-18c)所示。

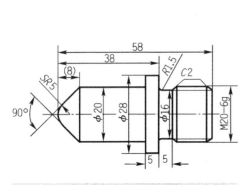

图1-16　尺寸数字的方向

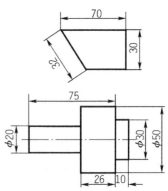

图1-17　线性尺寸数字的注写方法

角度的数字一律写成水平方向,即数字铅直向上。一般注写在尺寸线的中断处,必要时,也可注写在尺寸线的附近或注写在引出线的上方,如图1-19所示。

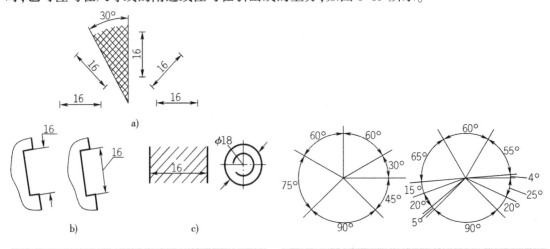

图1-18　尺寸数字的方向　　　　　　　　图1-19　角度尺寸标注

3 常用的尺寸标注法

根据国家标准的有关规定,表1-5列举了一些常见的尺寸注法示例以供参考。

尺寸注法的基本规定　　　　　　　　　　　　　　表 1-5

内容	示例	说明
角度	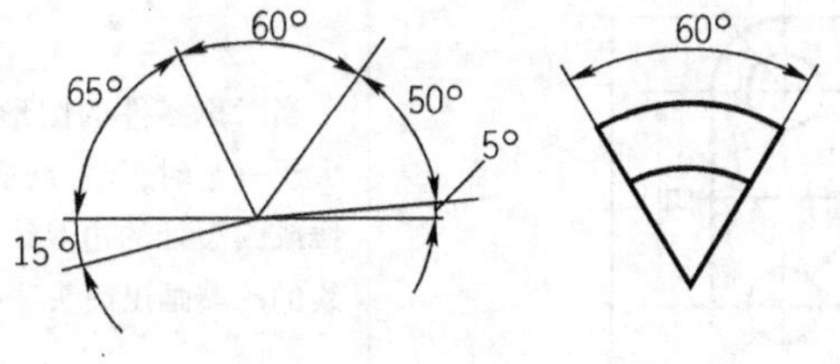	角度的尺寸界线应沿径向引出。尺寸线应画成圆弧,其圆心是该角的顶点。角度的尺寸数字一般应注写在尺寸线的中断处,并一律写成水平方向,必要时也可写在尺寸线的上方、外面或引出标注
直径和半径	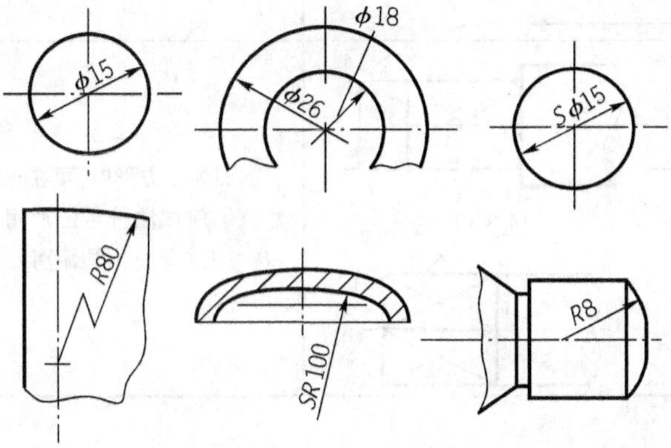	直径、半径的尺寸数值前,应分别注出符号 ϕ、R。对球面,应在符号 ϕ、R 前加注符号 S,在不致引起误解时,也允许省略符号 S 当圆弧的半径过大或在图样范围内无法标注其圆心位置时,可用折线形式表示尺寸线。若无需表示圆心位置时,可将尺寸线中断
小间隔、小圆和小圆弧	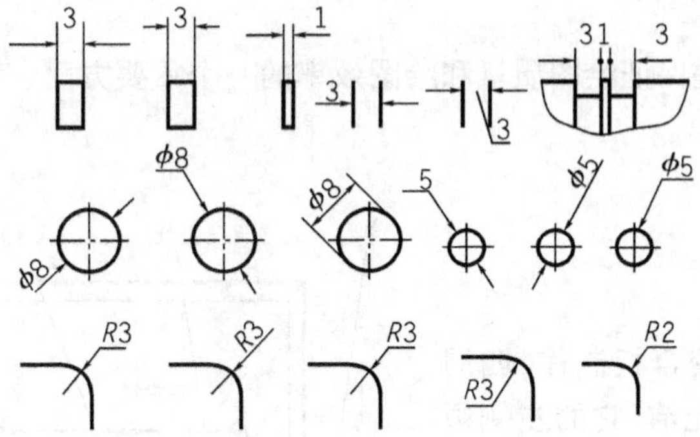	没有足够位置画箭头或注写尺寸数字时,可按左图形式标注
弦长和弧长	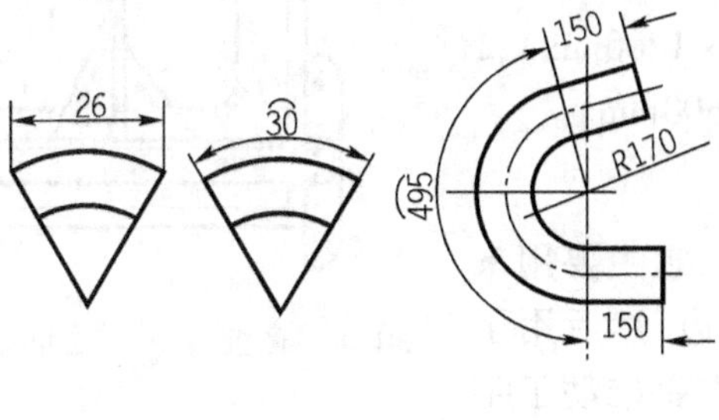	标注弦长尺寸时,尺寸界线应平行于该弦的垂直平分线。标注弧长尺寸时,尺寸线用圆弧,尺寸数字上方应加注符号"⌒",尺寸界线应沿径向引出

续上表

内　容	示　例	说　明
对称零件		当对称零件的图形只画出一半或略大于一半时,尺寸线应略超过对称中心线或断裂处的边界线,且只在有尺寸界线的一端画出箭头
正方形结构		剖面为正方形时,可在正方形边长尺寸数字前加注符号□或用 $B×B$ 注出(B 为正方形的对边距离)

二 绘图工具、仪器和用品

正确使用绘图工具和仪器,是保证绘图质量和绘图效率的一个重要方面。为此将尺规绘图工具及其使用方法介绍如下。

1 绘图工具

1 图板

图板用来固定图纸,一般用胶合板制作,四周镶硬质木条。图板要求板面平滑光洁,它的左侧边为丁字尺的导边,必须平直光滑,图纸用胶带纸固定在图板上,如图 1-20 所示。

图板的规格尺寸有:0 号(900mm×1200mm);1 号(600mm×900mm);2 号(450mm×600mm)。

2 丁字尺

丁字尺由尺头和尺身两部分组成,它主要用来画水平线,其头部必须紧靠绘图板左边,然后用丁字尺的上边画线。移动丁字尺时,用左手推动丁字

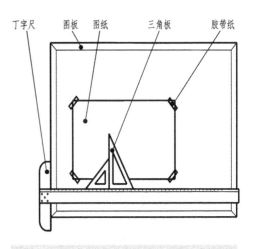

图 1-20　图板、丁字尺、三角板及其图纸固定方法

尺头沿图板上下移动,把丁字尺调整到准确的位置,然后压住丁字尺进行画线。画水平线是从左到右画,铅笔前后方向应与纸面垂直,而在画线前进方向倾斜约30°。

3 三角板

一副三角板由45°和30°(60°)两块组成。三角板可配合丁字尺画铅垂线及15°倍角的斜线;或用两块三角板配合画任意角度的平行线或垂直线,如图1-21所示。

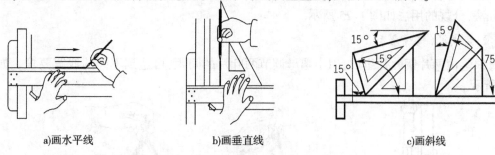

a)画水平线　　b)画垂直线　　c)画斜线

图1-21　三角板和丁字尺联合作图

4 曲线板的使用

曲线板用来画非圆曲线。描绘曲线时,先徒手将已求出的各点顺序轻轻地连成曲线,再根据曲线曲率大小和弯曲方向,从曲线板上选取与所绘曲线相吻合的一段与其贴合,每次至少对准四个点,并且只描中间一段,前面一段为上次所画,后面一段留待下次连接,以保证连接光滑流畅,如图1-22所示。

5 绘图机

绘图机是一种综合性的手工绘图设备,可完成丁字尺、三角板和量角器等制图工具的工作,绘图效率较高。绘图机按构造不同分多种类型,图1-23所示为平行连杆机构绘图机。自动绘图机是由电子计算机控制的先进的电子绘图设备,绘图精度和效率都很高。

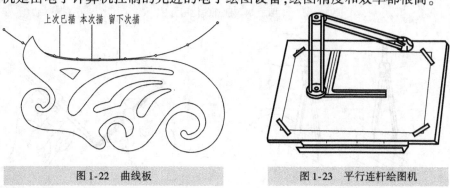

图1-22　曲线板　　　　图1-23　平行连杆绘图机

2 绘图仪器

1 圆规及其附件

圆规是绘图仪器中的主要工具,用来画圆及圆弧。画图时应尽量使钢针和铅芯都垂直于纸面,钢针的台阶与铅芯尖应平齐。使用方法:先调整针尖和铅心插腿的长度,使针尖略长于铅芯;取好半径,以右手握住圆规头部,左手食指协助将针尖对准圆心;匀速顺时针转动圆规画圆;如所画圆较小,可将插腿及钢针向内倾斜;若所画圆较大,可加装延伸杆,如图1-24所示。

❷ 分规

分规主要用来量取线段长度或等分已知线段。分规的两个针尖应调整平齐,从比例尺上量取长度时,针尖不要正对尺面,应使针尖与尺面保持倾斜。用分规等分线段时,通常要用试分法,分规的用法如图1-25所示。

❸ 直线笔(鸭嘴笔)

直线笔由两片钢叶片组成,用小螺母调节两叶片的间距,可达到不同的线宽要求。如图1-26所示。

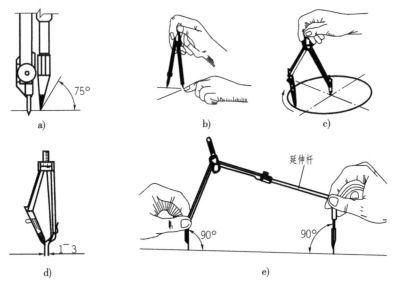

图1-24 圆规的使用方法

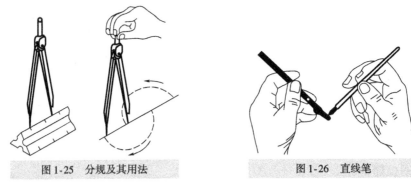

图1-25 分规及其用法　　　　图1-26 直线笔

直线笔的使用方法:先用蘸水钢笔在两叶片之间注入4~6mm高的墨汁,如叶片外表面沾有墨水,须及时用软布擦净;调节两叶片间距,并在草稿纸上试画,达到理想线宽后,再描画正图;画线时,笔杆与纸张在前后方向保持90°,使两叶片同时接触图纸面,并使笔杆向移动方向倾斜5°~20°,如图1-27所示。

4 绘图墨水笔

绘图墨水笔也是画墨线的工具。如图1-28所示。它的笔尖是细针管,按针管直径大小分0.3mm、0.6mm、0.9mm等多种规格。这种笔像普通钢笔那样吸入墨水,使用方便。绘图墨水笔用后应洗净放置。

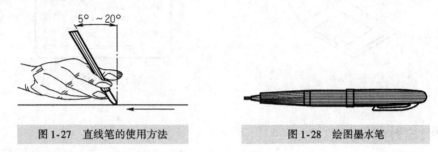

图1-27 直线笔的使用方法　　　　图1-28 绘图墨水笔

3 绘图用品

常用的绘图用品有:绘图纸、绘图铅笔、橡皮、擦图片、小刀、砂纸、胶带纸等。

1 绘图纸

绘图纸要求纸面洁白、质地坚实,橡皮擦拭不易起毛,画墨线时不洇透。绘图时应鉴别正反面,使用正面。绘图纸在图板上的固定:为方便作图,应将图纸贴在靠图板左下角一些。并用丁字尺校正底边,如图1-29所示。

描图纸用于描绘复制蓝图的墨线图。要求洁白、透明度好。描图纸薄而脆,使用时应避免折皱,不能受潮。

2 绘图铅笔

绘图用铅笔芯的软、硬程度分别用B和H表示。绘图时,根据不同使用要求,应准备以下几种硬度不同的铅笔:B或HB——画粗实线用;HB或H——画箭头和写字用;H或2H——画各种细线和画底稿用。其中用于画粗实线的铅笔磨成矩形,其余的磨成圆锥形,如图1-30所示。铅笔应从没有标记的一端开始使用,保留标记易于识别。

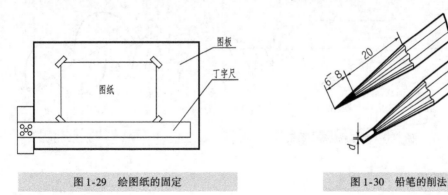

图1-29 绘图纸的固定　　　　图1-30 铅笔的削法

3 其他绘图用品

砂纸:用于修磨铅笔芯头,如图1-31所示;擦图片:用于修改图线时遮盖不需擦掉的图线,如图 1-32 所示;橡皮:应选用白色软橡皮;墨水:碳素墨水不易凝结,适用于绘图墨水笔,绘图墨水干得较快,适用于直线笔;刀片:用于削铅笔和修改图纸上的墨线;胶带纸:用于固定图纸。

图 1-31　砂纸

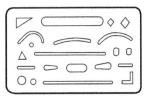

图 1-32　擦图片

三　几何作图方法

表达物体形状的图样是由各种不同的几何图形组成的。下面介绍一下常用几何图形及连接的尺规作图法。

1　等分线段

❶　平行线法

利用相似三角形的平行截割定理作图。

【例 1-1】　将已知线段 AB 五等分。

过点 A 作任意直线 AC,用分规以任意长度在 AC 上截取五个等长线段,得 1、2、3、4、5 点,连接 5B,并过 1、2、3、4 点作 5B 的平行线,即得五个等长线段,作图过程如图 1-33a)、b)、c)所示。

❷　分规试分法

【例 1-2】　若将已知线段 AB 四等分,其作图方法和步骤如下。

作图步骤:估计每一等分的长度 A1,用分规截取四等分达四点;调整分规长度,增加 e/4,再重新分 AB;照上述的方法,直到等分为止,如图 1-34 所示。

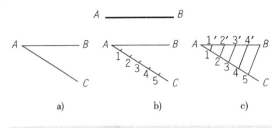

图 1-33　平行线法等分线段

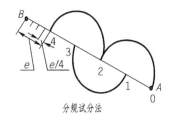

图 1-34　分规试分法

2　等分圆周

❶　圆周的四、八等分

圆周的四、八等分,可用丁字尺与 45° 三角板直接作出,如图 1-35 所示。

❷ 圆周的三、六等分

方法一：用丁字尺与30°(60°)三角板作圆周出三、六等分，三等分如图1-36所示，六等分有三种情况，如图1-37所示。

方法二：用圆规作圆周的三、六等分，如图1-38所示。

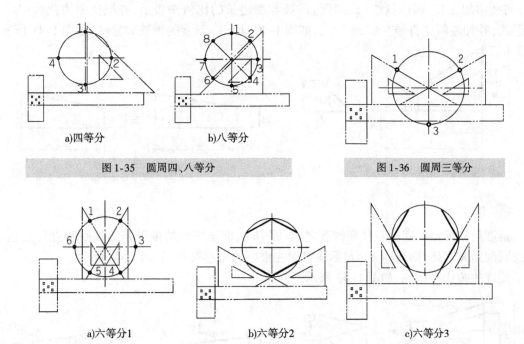

❸ 五等分圆周和作圆内接正五边形

平分半径OB得点O_1，以O_1为圆心，以O_1D为半径画弧，交OA于E，以DE为弦在圆周上依次截取即得圆内接正五边形，如图1-39所示。

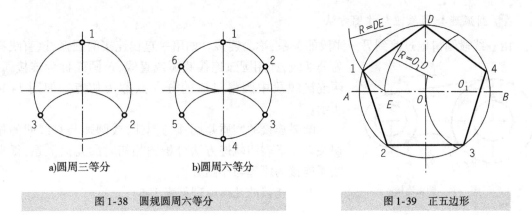

3 斜度和锥度

1 斜度

斜度是指一直线(或平面)对另一直线(或平面)的倾斜程度。其大小用该两直线(或平面)间夹角的正切,即以斜边(或斜面)的高与底边长的比值来表示,并把比值简化为$1:n$的形式,并加注斜度符号"∠"或"⌒",如图1-40所示。斜度的画法和标注,如图1-41所示。

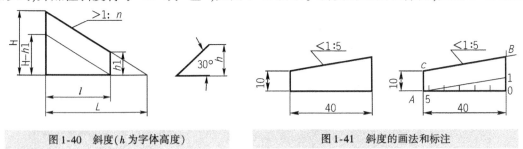

图1-40 斜度(h为字体高度)　　图1-41 斜度的画法和标注

2 锥度

锥度是正圆锥的底圆直径与锥高之比,即$D:L$,而正圆台的锥度是两端底圆直径之差与两底圆间距离之比,即$(D-d):l$。标注时加注锥度的图形符号,如图1-42所示。

锥度的画法和标注,如图1-43所示。

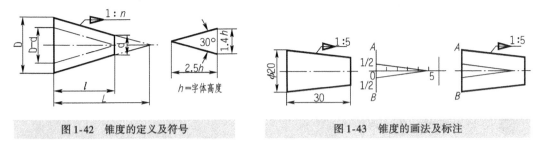

图1-42 锥度的定义及符号　　图1-43 锥度的画法及标注

4 圆弧连接

1 圆弧连接的原理与作图方法

由一线段圆滑地过渡到另一线段的关系,称为连接。如用一直线连接两圆弧,该直线称为公切线;如用圆弧连接圆弧或直线,该圆弧称为连接弧;两连接线段中圆滑过渡的分界点称为切点。如图1-44所示。

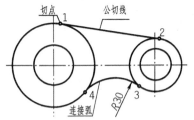

图1-44 圆弧连接

圆弧连接的实质是圆弧与圆弧,或圆弧与直线间的相切关系。下表用轨迹方法分析圆相切时的几何关系,得出圆弧连接的原理与作图方法。

圆弧连接的几何原理见表1-6。

❷ 圆弧连接作图方法

圆弧连接作图步骤是:①求连接弧的圆(分清连接类别);②求切点;③画连接圆弧(不超过切点)。

圆弧连接情况一:圆弧与直线连接,即用圆弧连接两已知直线,其作图方法见表1-7。

圆弧连接情况二:圆弧与圆弧连接,用圆弧连接两已知圆弧,其作图方法见表1-8。

圆弧连接几何原理　　　　　　　　　　　表1-6

类别	与定直线相切的圆心轨迹	与定圆外切的圆心轨迹	与定圆内相切的圆心轨迹
图例			
连接弧圆心的轨迹及切点位置	半径为 R 的连接圆弧与已知直线连接(相切)时,连接弧圆心 O 的轨迹是与直线相距为 R 且平行直线的直线;切点为连接弧圆心向已知直线所作垂线的垂足 T	当一个半径为 R 的连接圆弧与已知圆弧(半径为 R_1)外切时,则连接圆弧圆心的轨迹是已知圆弧的同心圆弧,其半径为 R_1+R_2;切点为两圆心的连线与已知圆的交点 T	当一个半径为 R 的连接圆弧与已知圆弧(半径为 R_1)外切时,则连接圆弧圆心的轨迹是已知圆弧的同心圆弧,其半径为 R_1-R_2;切点为两圆心的连线与已知圆的交点 T

圆弧与直线连接画法　　　　　　　　　　　表1-7

类别	用圆弧连接锐角或钝角	用圆弧连接直角
图例		
作图步骤	作与已知两边分别相距为 R 的平行线,交点即为连接弧圆心;过 O 点分别向已知角两边作垂线,垂足 T_1、T_2 即为切点;以 O 为圆心、R 为半径在两切点 T_1、T_2 之间画连接圆弧	以直角顶点为圆心,R 为半径作圆弧交直角两边于 T_1 和 T_2;以 T_1 和 T_2 为圆心,R 为半径作圆弧相交得连接弧圆心 O;以 O 为圆心、R 为半径在切点 T_1 和 T_2 之间作连接弧

圆弧与圆弧连接画法　　　　　表1-8

类别	外 连 接	内 连 接
图例		
作图步骤	分别以 O_1、O_2 为圆心，$R+R_1$、$R+R_2$ 为半径画弧，交得连接弧圆心 O；分别连 OO_1、OO_2，交切点 T_1、T_2；以 O 为圆心，R 为半径画弧，即得所求	分别以 O_1、O_2 为圆心，$R-R_1$、$R-R_2$ 为半径画弧，交连接弧圆心 O；分别连 OO_1、OO_2 并延长交得切点 T_1、T_2；以 O 为圆心，R 为半径画弧，即得所求

5　椭圆的近似画法

椭圆的画法见表1-9。

椭圆的画法　　　　　表1-9

内 容	方法步骤	示 例
椭圆作图	一动点到两定点(焦点)的距离之和为一常数(等于长轴)，该动点的运动轨迹为椭圆	作图椭圆的长轴 AB 和短轴 CD，连 AC、取 $CM = OA - OC$；作 AM 的中垂线，使之与长、短轴分别交于 O_3、O_1 两点；作与 O_1、O_3 的对称点 O_2、O_4。连 O_1O_3、O_1O_4、O_2O_3、O_2O_4，分别以 O_1、O_2 为圆心，O_1C(或 O_2D)为半径，画弧交 O_2O_3、O_2O_4、O_1O_3、O_1O_4 的延长线于 G、H、E、F，再分别以 O_3、O_4 为圆心，O_3A(或 O_4B)为半径，画弧与前所画弧连接即得椭圆	

四　平面图形的尺寸分析与绘图方法

一般平面图形都是由若干几何图形(圆、矩形、多边形等)和一些连接线段(圆弧、直线)组成的。在绘制前，要根据平面图形中所标注的尺寸，分析其各个几何图形和线段的形状、大小和它们的相对位置，从而正确定出其画图步骤。在此基础上还将讨论平面图形的尺寸注法，为学习零件图尺寸标注打下基础。

1　平面图形的尺寸分析

平面图形的尺寸分析就是分析平面图形中所有尺寸的作用以及图形与尺寸之间的关系。在标注和分析尺寸时，必须确定基准，尺寸基准就是标注尺寸的起点。在平面图形中，有水平和竖直两个方向上的基准。基准一般采用图形的对称线、圆的中心线、重要的轮廓线等。

尺寸基准是标注尺寸的起点，称为尺寸基准。分析尺寸时，首先要查找尺寸基准。通常以图形的对称轴线、较大圆的中心线、图形轮廓线作为尺寸基准。一个平面图形具有两个坐标方向的尺寸，每个方向至少要有一个尺寸基准。尺寸基准常常也是画图的基准。画图时，要从尺寸基准开始画，如图 1-45 所示。平面图形中的尺寸按其作用分类，有定形尺寸和定位尺寸两类。

❶ 定形尺寸

决定平面图形形状的尺寸，称为定形尺寸。如圆的直径、圆弧半径、多边形边长、角度大小等均属定形尺寸。如图 1-45 中 20、$\phi27$、$R32$ 等。

❷ 定位尺寸

决定平面图形中各组成部分与尺寸基准之间相对位置的尺寸，称为定位尺寸。如圆心、封闭线框、线段等在平面图形中的位置尺寸。如图 1-45 中 6、10、60。

> **注意**
>
> 有的尺寸，既是定形尺寸，又是定位尺寸。

❷ 平面图形的线段分析

直线的作图比较简单，只分析圆弧的性质。手工画圆和圆弧，需知道半径和圆心位尺寸，根据图中所给定的尺寸，圆弧分为三类：

❶ 已知圆弧

半径和圆心位置的两个定位尺寸均为已知的圆弧。根据图中所注尺寸能直接画出。如图 1-46 中的 $\phi27$、$R32$。

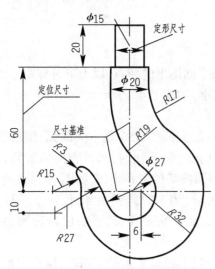

图 1-45 吊钩尺寸分析

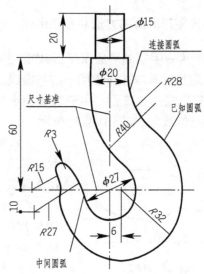

图 1-46 吊钩线段分析

② 中间圆弧

已知半径和圆心的一个定位尺寸的圆弧。它需与其一端连接的线段画出后,才能确定其圆心位置。如图1-46中 $R15$、$R27$。

③ 连接圆弧

只已知半径尺寸,而无圆心的两个定位尺寸的圆弧。它需要与其两端相连接的线段画出后,通过作图才能确定其圆心位置。如图1-46中 $R3$、$R28$、$R40$。

根据以上分析可以知道,平面图形的绘图顺序应该是:已知线段—中间线段—连接线段。

3 平面图形的画图步骤

平面图形中,当有几个圆弧连接时,在两个已知圆弧间可以有任意个中间圆弧(也可以没有),但是必须有,也只能有一个连接圆弧。掌握这一规律,通过线段分析,即可知道该平面图形能否画出,其尺寸是否标注完全、合理。

平面图形的画图步骤:一般从图形的基准线画起,再按已知线段、中间线段、连接线段的顺序作图。对圆弧来说,先画已知圆弧,再画中间圆弧,最后画连接圆弧。

(1)画底稿线。按正确的作图方法绘制,要求图线细而淡,图形底稿完成后应检查,如发现错误,应及时修改,擦去多余的图线。

(2)标注尺寸。为提高绘图速度,可一次完成。

(3)描深图线。可用铅笔或墨线笔描深线,描绘顺序宜先细后粗、先曲后直、先横后竖、从上到下、从左到右,最后描倾斜线。

(4)填写标题栏及其他说明文字应该按工程字要求写。

(5)修饰并校正全图。

4 平面图形的绘图方法和步骤举例

图1-47为一手柄的平面图形,其作图步骤如下:

(1)确定尺寸基准并作出图形的基准线。根据该平面图形的特点,以上下对称中心线为竖直方向基准,通过 $R15$ 圆心的竖直线为水平方向基准,如图1-48a)所示。

(2)画已知线段,如图1-48b)所示。

(3)画中间线段,大圆弧 $R50$ 是中间圆弧,圆心位置尺寸只有一个垂直方向是已知的,水平方向位置需根据 $R50$ 圆弧与 $R10$ 圆弧内切的关系画出,如图1-48c)所示。

(4)画连接线段,$R12$ 的圆弧只给出半径,同时与 $R15$、$R50$ 圆弧外切,所以它是连接线段,应最后画出,如图1-48d)所示。

(5)校核作图过程,擦去多余的作图线,描深图形,如图1-47所示。

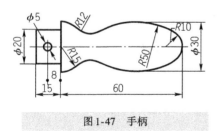

图1-47 手柄

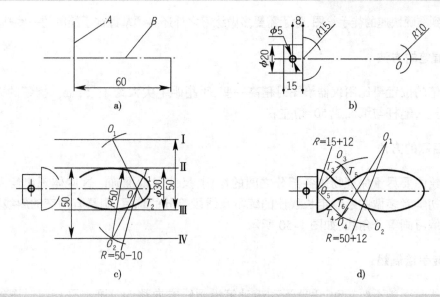

图 1-48 平面图形作图步骤

任务实施

根据图 1-1 吊钩的平面图形,在进行了尺寸分析及线段分析后,我们可以确定具体的绘图步骤,如图 1-49 所示。

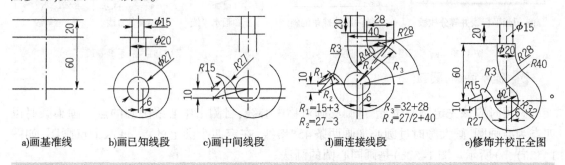

a)画基准线　　b)画已知线段　　c)画中间线段　　d)画连接线段　　e)修饰并校正全图

图 1-49 吊钩平面图绘制

知识拓展

徒手绘制草图的基本方法

徒手绘制草图就是借助直角尺或圆规等绘图工具徒手快速绘制工程图,常用于现场参观、设计方案讨论或机器维修时现场条件有限又需快速绘出图样的时候。徒手绘出的图样虽然称为草图,但绝对不是潦草的图。而是要求图样各部分比例匀称,尽量符合绘图标准,尺寸标注合理,图线和字体清晰。徒手绘图是工程技术人员应具备的一种能力。

要达到准确快速的徒手绘图,除了需要多做练习之外还必须掌握徒手绘图的一些基本方法。

1 握笔的方法

手握笔的位置要比用仪器绘图时稍高一些,手指距笔尖大约 4~5mm。握笔的力不要过大,手腕悬空,笔杆与纸面成 50°角左右。

2 目测的方法

徒手绘图要尽量保证物体各部分之间的比例,尺寸尽量准确。这些体现出绘图者的目测能力。初学者多做些绘制定长线段的练习及线段等分的练习,画具有角度的斜线则以 90°线为参照练习画等分角线,如图 1-50 所示。

3 徒手绘制线

画直线时手腕不要转动,手臂运动带动笔沿画线方向移动。画水平直线时图纸可以适当倾斜放,使运笔更方便。画短线时时手腕运动,手臂尽量不动,如图 1-51 所示。

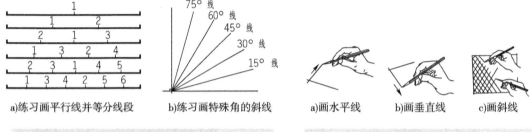

图 1-50 画平行等分线段和斜线　　　图 1-51 徒手画直线

4 徒手画圆,圆弧

画圆时应该先定圆心位置,过圆心画对称中心线,目测出中心线上圆的点。画小圆时以四点为准画圆,画大圆时过圆心加画两条 45°斜线,在定四个圆上的点,过八个点画圆,如图 1-52a)、b)所示。图 1-52c)是画同心圆的画法。

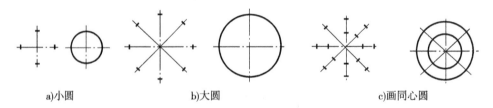

图 1-52 徒手画圆

5 徒手画椭圆

徒手画椭圆的方法,如图 1-53 所示。
图 1-54 是一个徒手绘图的示例。

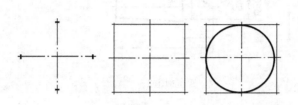

| 图 1-53 徒手画椭圆 | 图 1-54 徒手画的图样 |

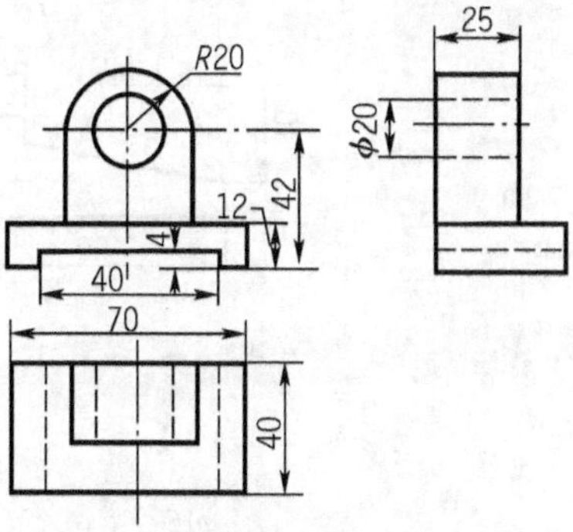

1. 图线练习
(1) 在指定位置按示范图线抄画下列各种图线。
(2) 在右边画出与左边对应的图线。

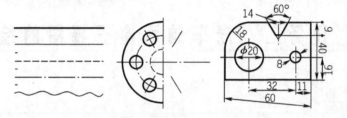

| 题 1 图(1) | 题 1 图(2) |

2. 尺寸标注。
(1) 找出图中尺寸标注的错误,并在相应的图上正确标注。
(2) 画箭头,填写尺寸数字(尺寸从图中测量,取整数)。
(3) 标注圆的直径及圆弧半径尺寸。

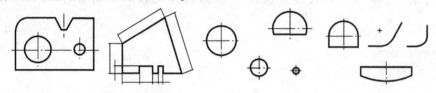

| 题 2 图(1) | 题 2 图(2) | 题 2 图(3) |

3. 用给定的尺寸按 1:1 完成图形。
(1) 画楔形块。
(2) 画顶尖。

4. 在 A4 图纸上以适当的比例画出下列图形并标注尺寸。

项目一　机械制图基础知识

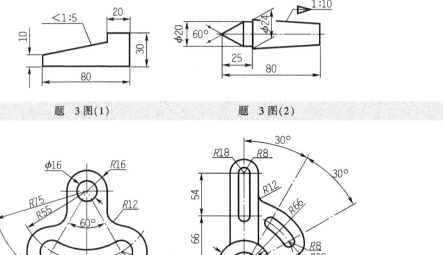

题　3图(1)　　　　　　　　　题　3图(2)

题　4图(1)　　　　　　　　　题　4图(2)

任务二　汽车轴承座三视图的绘制

 **任务描述**

轴承座是用来支撑轴承的,固定轴承的外圈,仅仅让内圈转动,外圈保持不动,始终与传动的方向保持一致(比如电动机运转方向),并且保持平衡。汽车中使用的轴承座有多种类型,图1-55是一种典型的汽车轴承座模型图,本任务要求根据给出的模型图绘制出该轴承座的三视图,并进行尺寸标注,各部分的尺寸可按照形体结构形式按照比例自行给定。

图1-55　轴承座模

知识准备

● 投影基础

1　投影法概述

❶ 投影法基本概念

在日常生活中,我们常看到这样的自然现象:当形体被阳光、月光或灯光照射时,在地面或墙壁上便会出现形体的影子。这就是投影的基本现象,人们通过长期的观察、实践和研究,找出了光线、形体及其影子之间的关系和规律。总结出了现在较为科学的投影理论和方法。

在投影理论中,把承受影子的面(一般为平面)称为投影面。把经过形体与投影面相交的光线称为投射线。把按照投影法通过形体的投射线与投影面相交得到的图形,称为该形体在投影面上的投影。我们称这种将投射线通过形体,向选定的投影面投射,并在该面上得到图形的方法称为投影法。

❷ 投影法分类

投影法通常分为中心投影法和平行投影法两类。

(1)中心投影法。投射线汇交于一点(投影中心)的投影法,称为中心投影法,如图1-56所示。用中心投影法所得到的投影,称为中心投影,也称透视投影。

中心投影的大小随着投影中心、物体和投影面之间的相对位置变化而变化,一般不能反映物体的实际大小和真实形状,但由于它的立体感较强,所以常应用于建筑、桥梁等的外形设计中。

(2)平行投影法。所有的投射线都相互平行的投影方法称为平行投影法。如图1-57所示。在平行投影法中,由于投射线相互平行,若平行移动形体使形体与投影面的距离发生变化,形体的投影形状和大小均不会改变,具有度量性,这是平行投影的重要特点。

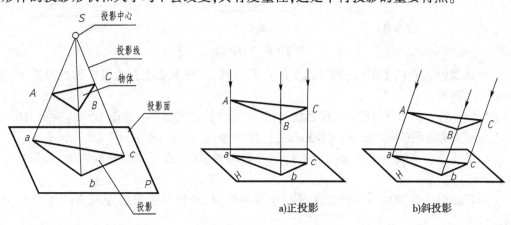

图1-56　中心投影法　　　　　　　　图1-57　平行投影法

根据投射线与投影面的关系,平行投影法又分为正投影法(又称垂直投影法)和斜投影法两类。正投影法:投射线相互平行且与投影面垂直的投影法,如图1-57a)所示。斜投影法:投射线相互平行且与投影面倾斜的投影法,如图1-57b)所示。

在正投影又分单面和多面正投影。用正投影法绘制的多面正投影图虽然立体感差,没有通过一定训练和学习的人不易看懂。但它能准确、完整地表达出形体的形状和结构,且作图简便,度量性好。因而在工程上被广泛采用。

国家标准《机械制图》(GB 4458.1—1984)中规定"机件的图形按正投影法绘制"。因此,正投影法是本课程研究和讨论的主要内容。以后本书中除特别指明外,所提及的投影均指正投影和正投影图。

❸ 正投影的基本特性

由于正投影是我们研究的主要内容,因此,研究和掌握它的一些基本性质是十分必要的。我们今后的投影作图,都是以下述基本性质为根据的。

正投影图具有平行性、从属性、定比性、真实性、积聚性和类似性等基本特性。

(1)平行性。两相互平行的直线,其投影仍然平行,如图 1-58a)所示。

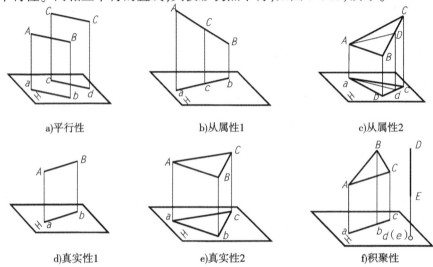

图 1-58 正投影特性

(2)从属性。直线上的点,或平面上的点和直线,其投影必在直线或平面的投影上,如图 1-58b)、c)所示。

(3)定比性。两平行线段的长度之比,与其投影的长之比相等。如图 1-58a)所示,$AB:CD=ab:cd$。直线上两线段长度之比,与其投影长之比相等,如图 1-58b)所示,$AC:CB=ac:cb$。

(4)真实性。当线段或平面图形平行于投影面时,其投影反映实长或实形,如图 1-58d)、e)所示。

(5)积聚性。当直线或平面图形平行于投射线时,其投影积聚成点或直线,如图 1-58f)所示。

(6)类似性。当直线或平面图形既不平行、也不垂直于投影面时,直线的投影仍然是直线,平面图形的投影是原图形的类似形(类似形的对应线段保持定比、边数、平行关系、凸凹、直曲不变)。在正投影下,投影小于实长或实形,如图 1-58b)、c)所示。

❷ 三视图的形成及其对应关系

根据有关标准和规定,用正投影法绘制出的物体的投影图,称为视图。为了完整地表达物体的形状,一般的机械图样常采用多面正投影图,其中最常用的为三面视图,简称三视图。

❶ 三面投影体系的建立

(1)单面投影。点的投影仍为点。点的一个投影不能确定点的空间位置。如图 1-59 所示。

同样,物体的单面投影也无法确定空间物体的真实形状,因此,必须增加投影面的数量。如图 1-60 所示。

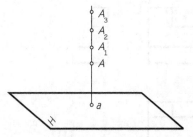

图 1-59　点的一面投影与该点的空间位置

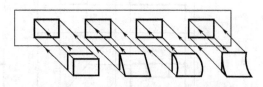

图 1-60　物体的一面投影与该物体的形状

（2）三面投影。已知点的一个投影,不能唯一确定点的空间位置。要确定空间点的位置,可增加投影面,建立如图 1-61a）所示互相垂直的三投影面体系,三个相互垂直的投影面,分别称为 V 面、H 面、W 面,三投影面的交线 OX、OY、OZ 称为投影轴,三投影轴的交点为原点 O。三个互相垂直的平面把空间分为八个分角,根据《技术制图》投影法 GB/T 14692—1993 的规定,我国采用第一角画法。如图 1-61b）所示。

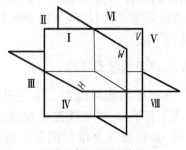

a) 互相垂直的三投影面体系

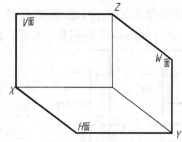

b) 第一角投影面

图 1-61　三面投影体系的建立

三个相互垂直的投影面 V、H 和 W 构成三面投影体系。正立放置的 V 面称正立投影面,简称正立面;水平放置的 H 面称水平投影面,简称水平面;侧立放置的 W 面称侧立投影面,简称侧立面。投影面的交线称投影轴即 OX、OY、OZ,三投影轴的交点 O 称为投影轴原点。

2　三视图的形成过程

（1）物体在三投影面体系中的投影。将物体放在三投影面体系中,按正投影法向各投影面投射,即可分别得到物体的正面投影、水平投影和侧面投影。如图 1-62 所示。

（2）三投影面的展开。为了方便绘图与读图,将三面投影摊平在同一平面上,规定:正立投影面不动,将水平投影面绕 OX 轴向下旋转 90°,将侧立投影面绕 OZ 轴向右旋

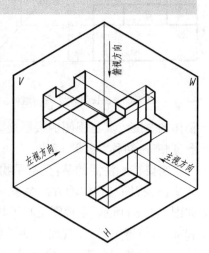

图 1-62　三视图的形成

转90°，并分别重合到正立投影面上。（OY 被分为二根，OY_H 和 OY_W）。如图1-63a)所示。

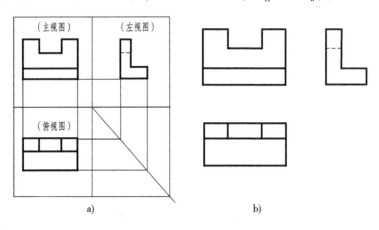

图1-63 三视图

在机械制图中，将正投影法绘制出的多面投影图，成为视图。物体在 V 面上的视图称为主视图，在 H 面上的视图称为俯视图，在 W 面上的视图称为左视图。由于视图的形状和物体与投影面的相对位置无关，因此，机械图样上通常规定不画投影轴、投影面的边框和投影间的连线，也不必注明各视图的名称，如图1-63b)所示。

❸ 三视图的投影规律

（1）三视图的相对位置。以主视图为准，俯视图在主视图正下方，左视图在主视图正右方。绘制三视图时，必须按以上位置配置三视图，不能随意变动。

（2）三视图的"三等"规律。物体有长、宽、高三个方向的尺寸，物体 X 轴方向的尺寸称为长度，Y 轴方向的尺寸称为宽度，Z 轴方向的尺寸称为高度。每个视图都能反映物体两个方向的尺寸，如图1-64所示。主、俯视图同时反映了物体的长度；主、左视图同时反映了物体的高度；左、俯视图同时反映了

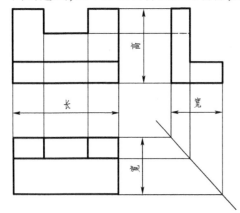

图1-64 三视图的"三等"规律

物体的宽度。其三视图的投影规律可归纳为：主、俯视图长对正，主、左视图高平齐，俯、左视图宽相等，简称"三等"规律。

需要特别注意的是：无论是物体的总体尺寸还是某一局部的尺寸都要符合"三等"规律。

（3）视图与物体的方位关系。物体有上、下、左、右、前、后六个方位，如图1-65a)所示。如图1-65b)所示，主视图反映了物体的上、下和左、右位置关系，俯视图反映了物体的左、右和前、后位置关系，左视图反映了物体的上、下和前、后位置关系。俯视图和左视图都反映物体的前、后位置关系，显然远离主视图的一边为物体的前面，靠近主视图的一边为物体的后面。

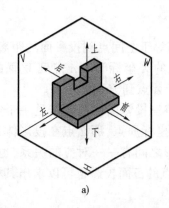
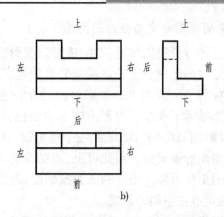

图 1-65 视图与物体的方位关系

3 点的投影

研究投影的目的是为了用投影图来表达空间物体的形状,而实际上任何物体均可视为由点、线、面三种几何要素构成,研究几何要素的投影,就是为了以后更方便地研究物体的投影。

点的定义:点在空间只有位置没有大小。点的投影仍然是点,而且是唯一的。点的一个投影不能确定点的空间位置,它需要在几个不同投影面上的投影来确定,可采用多面正投影画法。

1 点的三面投影

设在空间有一点 A,由该点分别向 H、V、W 面引垂线,则垂足 a、a'、a'' 即为点的三面投影。按前述展开的方法把三个投影面展开到一个平面上,即得点的三面投影,如图 1-66 所示。研究由空间点得到其三面投影的过程,可总结出点的投影规律。

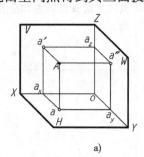
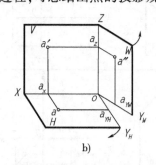
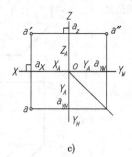

图 1-66 点的三面投影

(1)点的两面投影的连线,必定垂直于相应的投影轴。即:点的正面投影和水平投影的连线垂直于 OX 轴,$aa' \perp OX$;点的正面投影和侧面投影的连线垂直于 OZ 轴,$a'a'' \perp OZ$;由于水平投影和侧面投影不能直接连线,需借助 45°斜线或圆弧实现联系,这时 a、a'' 满足:$aa_{YH} \perp OY_H$、$a''a_{YW} \perp OY_W$。

(2)点的投影到投影轴的距离,等于空间点到相应的投影面的距离。即:$a'a_X = a''a_Y = A$ 点到 H 面的距离;$aa_X = a''a_Z = A$ 点到 V 面的距离;$aa_Y = a'a_Z = A$ 点到 W 面的距离。

❷ 点的投影与直角坐标的关系

通过上述分析我们知道,点的投影到投影轴的距离等于空间点到投影面的距离,那么空间点到投影面的距离就等于点相应的空间坐标值:A 点的 X 坐标等于 A 点到 W 面的距离;A 点的 Y 坐标等于 A 点到 V 面的距离;A 点的 Z 坐标等于 A 点到 H 面的距离。

投影图描述了点在三投影面体系中的位置,如果将三投影面体系看作是一个空间直角坐标系,投影轴 OX、OY、OZ 就是三个坐标轴,O 点就是坐标原点,那么点在投影体系中的位置就可以用坐标来确定。由此可见,点的坐标与其投影之间有一一对应的关系,也就是说,已知一点的坐标可以作出点的三面投影图;反之,已知点的三面投影也可以求出其相应的坐标,从而确定点在空间的位置。

也可理解为:点的一个投影由其中的两个坐标所决定;V 面投影 a' 由 X_A 和 Z_A 确定,H 面投影 a 由 X_A 和 Y_A 确定,W 面投影 a'' 由 Y_A 和 Z_A 确定。点的任意两个投影包含了点的三个坐标,由此可以得到:点的两面投影能唯一确定点的空间位置。因此,根据点的三个坐标值和点的投影规律,就能作出该点的三面投影图,也可以由点的两面投影补画出点的第三面投影。

❸ 点在三投影面体系中的几种情况

根据空间点在三投影面体系中的状态,可分为四种情况:空间任意点;投影面上的点;投影轴上的点;点在原点上。其投影图和坐标的关系见表 1-10。

各种位置点的投影图例及投影特性 表 1-10

点的位置	投影图例	投影图特性
一般位置		点的三个坐标值均不为零。点的三面投影都在相应投影面上
投影面上		点的一个坐标值为零。点的一面投影在点所在的投影面上,另两面投影在相应投影轴上

续上表

点的位置	投影图例	投影图特性
投影轴上		点的两个坐标值为零。点的两面投影在投影轴上,另一面投影与原点重合
原点	点的三个坐标值都为零。点的三个投影与空间点都重合在原点上	

4 两点的相对位置

两点的相对位置就是指两点间左右、前后、上下的位置关系,可以通过投影图上各组同面投影的坐标差来确定的。判断方法如下:两点间的左、右位置关系,由 X 坐标值来确定,坐标大者在左边;两点间的前、后位置关系,由 Y 坐标值来确定,坐标大者在前边;两点间的上、下位置关系,由 Z 坐标值来确定,坐标大者在上边。

如图 1-67 所示的空间点 A、B,由 V 面投影可判断出 A 在 B 的左方、上方,由 H 面投影可判断出 A 在 B 的左方、前方,由 W 面投影可判断出 A 在 B 的前方、上方,因此,由三面投影或两投影就可以判断点 A 在点 B 的左、前、上方。

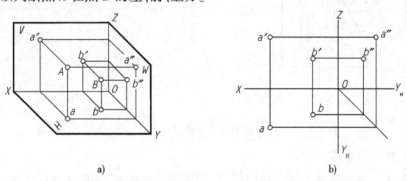

图 1-67 两点的相对位置

5 重影点

位于同一条投射线上的两点称为重影点。如图 1-68 所示,点 B 在点 A 的正前方,则两点 A、B 是对 V 面的重影点。下图中两点重影,必有一点被"遮盖",故有可见与不可见之分。

重影点要判别可见性,其方法是:比较两点不相同的那个坐标,其中坐标大的可见。X

坐标分 W 面的重影点：X 大者在 W 面可见；Y 坐标分 V 面的重影点：Y 大者在 V 面可见；Z 坐标分 H 面的重影点：Z 大者在 H 面可见。

如图 1-68 两点 A、B 的 X 和 Z 坐标相同，Y 坐标不等，因 $Y_B > Y_A$，因此，b' 可见，a' 不可见（加括号即表示不可见）。

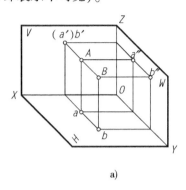 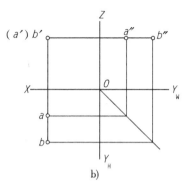

图 1-68　重影点及可见性

4 直线的投影

两点确定一条直线，连接直线上两端点的各组同面投影，就得到直线的投影。如图 1-69 所示，分别连接直线 AB 上两端点的同面投影 ab、$a'b'$、$a''b''$ 即得直线 AB 的投影。直线的投影一般仍是直线。

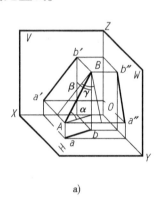 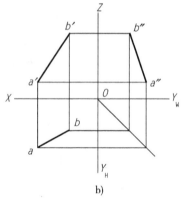

图 1-69　直线的投影

1 直线投影的基本性质

（1）显实性。当直线段平行于投影面时，其投影反映实长，如图 1-70a) 所示，$ab = AB$。

（2）积聚性。当直线段垂直于投影面时，其投影积聚为一点，如图 1-70b) 所示。

（3）类似性。当直线段倾斜于投影面时，其投影仍为直线，但小于实长，如图 1-70c) 所示，$ab < AB$。

2 直线的三面投影图

由直线投影的基本性质可见，直线的投影除积聚为一点外，一般仍为直线。所以作直线的三面投影时,可以根据"两点确定一条直线"这个定理,首先作出直线上两端点 A、B 的三面投影,如图 1-71a)所示;然后连接直线上两端点的同面投影(即同一投影面上的投影),ab、a′b′、a″b″即为直线 AB 的三面投影,如图 1-71b)所示。

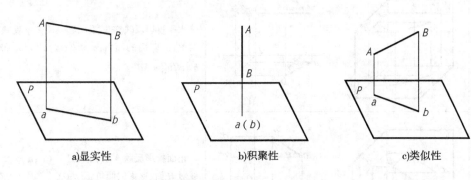

a)显实性　　　　b)积聚性　　　　c)类似性

图 1-70　直线投影的基本性质

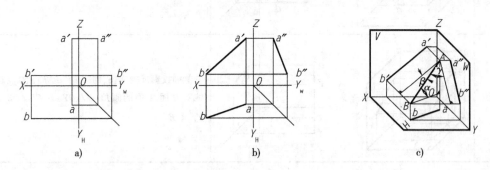

a)　　　　b)　　　　c)

图 1-71　直线的三面投影

直线与其投影之间的夹角称为直线对该投影面的倾角。如图 1-71c)所示,直线 AB 对投影面 H、V 和 W 的倾角分别为 α、β、γ。

❸ 各种位置直线的投影特性

按照直线对三个投影面的相对位置,可以把直线分为三类:一般位置直线、投影面平行线、投影面垂直线。后两类直线又称特殊位置直线。

(1)一般位置直线——与三个投影面都倾斜的直线。一般位置直线的投影特性如图 1-69 所示:三面投影都倾斜于投影轴;投影长度均比实长短,且不能反映直线与投影面倾角的真实大小。

用上述投影特征进行观察,在投影图上,如果直线的两个投影均与投影轴倾斜,则可判定该直线为一般位置直线。如图 1-69 中的 AB 直线为一条一般位置直线。

(2)投影面平行线。平行于一个投影面而与另外两个投影面倾斜的直线称为投影面平行线。投影面平行线有三种情况:平行于 H 面而与 V、W 面倾斜的直线称为水平线;平行于 V 面而与 H、W 面倾斜的直线称为正平线;平行于 W 面而与 H、V 面倾斜的直线称为侧平线。

投影面平行线的投影特征见表 1-11。

投影面平行线的投影图例及投影特性　　表 1-11

名　称	投影图例	投影特性
水平线		水平投影反映实长,即 $ab = AB$；β、γ 反映直线对 V 面、W 面的倾角；$a'b' // OX$，$a''b'' // OY_W$；$a'b'$、$a''b'' < AB$
正平线		正面投影反映实长,即 $c'd' = CD$；α、γ 反映直线对 H 面、W 面的倾角；$cd // OX$，$c''d'' // OZ$；cd、$c''d'' < CD$
侧平线		侧面投影反映实长,即 $e''f'' = EF$；α、β 反映直线对 H 面、V 面的倾角；$ef // OY_H$，$e'f' // OZ$；ef、$e'f' < EF$

投影面平行线的投影特性：直线在与其平行的投影面上的投影,反映该线段的实长和与其他两个投影面的倾角；直线在其他两个投影面上的投影分别平行于相应的投影轴,且比线段的实长短。

(3) 投影面垂直线。垂直于一个投影面而与另外两个投影面平行的直线,称为投影面垂直线。投影面垂直线有三种情况：垂直于 H 面的直线,称为铅垂线；垂直于 V 面的直线,称为正垂线；垂直于 W 面的直线,称为侧垂线。各种投影面垂直线的三面投影图例及投影特征见表 1-12。

投影面垂直线的投影图例及投影特性　　表 1-12

名　称	投影图例	投影特性
铅垂线		水平投影 $a(b)$ 积聚成一点；正面投影和侧面投影反映实长,即 $a'b' = a''b'' = AB$；$a'b'$、$a''b'' // OZ$

续上表

名称	投影图例	投影特性
正垂线		正面投影 $c'(d')$ 积聚成一点；水平投影和侧面投影反映实长，即：$cd = c''d'' = CD$；$cd // OY_H$，$c''d'' // OY_W$
侧垂线		侧面投影 $e''(f'')$ 积聚成一点；水平投影和正面投影反映实长，即：$ef = e'f' = EF$；ef、$e'f' // OX$

【例 1-3】 如图 1-72a) 所示，已知线段 AB 及点 K 的投影，试判断点 K 是否属于 AB。

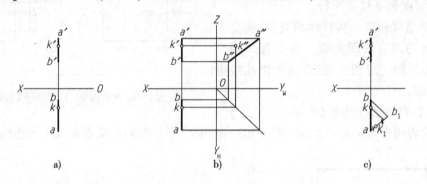

图 1-72 判断一个点是否属于某一直线

此题可用以下两种方法求解：

方法一：利用直线上点的从属性判断方法，分别求出直线 AB 和点 K 的侧面投影 $a''b''$、k''；如图 1-72b) 所示，k'' 不在 $a''b''$ 上，所以点 K 不属于直线 AB。

方法二：利用直线上点的定比性判断方法，过 a 作任意辅助线 ab_1，并在 ab_1 上量取 $ak_0 = a'k'$、$k_0b_1 = b'k'$；由图 1-72c) 可知，$bk:ka \neq b_1k_0:k_0a$，所以点 K 不属于直线 AB。

4 两直线的相对位置

空间两直线的相对位置有三种情况：两直线平行、两直线相交和两直线交叉。其中平行、相交的两直线称为共面直线，交叉两直线称为异面直线。

(1) 两直线平行。若空间两直线平行，则它们的同面投影必然互相平行；反之，如果两直线的同面投影互相平行，则空间两直线必平行，如图 1-73 所示。

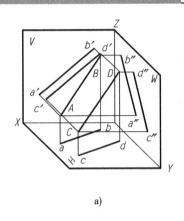
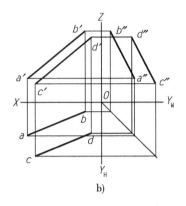

图 1-73 两平行直线的投影

对于一般位置直线，只要两面投影平行就可以判定空间两直线平行；而对于投影面平行线，则必须是反映它们实长的投影相互平行，才可以判定两直线平行。图 1-74a）为两正平线的两面投影，它们的正面投影相互平行 $a'b'$ // $c'd'$，因此 AB // CD；而图 1-74b）所示为两侧平线的投影，侧面投影 $a''b''$ 不平行于 $c''d''$，就可以断定两侧平线不平行。

（2）两直线相交。两直线相交，只能交于一点，该点为两直线所共有。当两直线相交时，其同面投影一定相交，交点的投影连线垂直于投影轴。

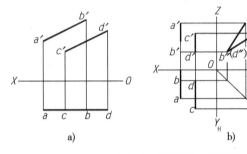

图 1-74 判断两条投影面平行线是否平行

如图 1-75 所示：直线 AB 与 CD 相交于 k 点，则在投影图中 $a'b'$ 与 $c'd'$，ab 和 cd 也一定相交，而且它们的交点 k' 与 k 的连线必垂直 OX 轴。

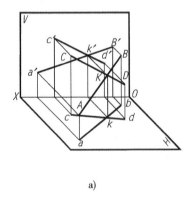
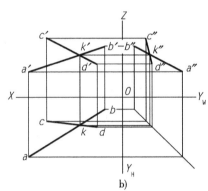

图 1-75 相交两直线的投影的投影特性

一般情况下，只需检查任意两面投影就可作出正确的判断。当两直线中有一直线平行于某投影面时，要判断它们是否相交，则要对直线所平行的投影面加以检查，才能作出正确的判断。

如图 1-76 所示：由于直线 AB 是侧平线，故不能只看 H、V 面投影，必须作出 AB 和 CD 直线在 W 面上的投影进行检查。虽然它们的 W 面投影也相交，但其交点的连线与投影轴不垂直，故 AB 与 CD 两直线不相交。

如果运用点在直线上的定比性来进行判断，则可不作出 W 面投影：由于 $a'k':k'b' \neq ak:kb$，故 K 点不是 AB 直线上的点，所以直线 AB 与直线 CD 不相交。

(3) 两直线交叉。如果两直线的投影既不符合两平行直线的投影特性，又不符合两相交直线的投影特性，则可断定这两条直线为空间交叉两直线。如图 1-77 所示，$a'b'//c'd'$，b 与 cd 相交，因此，空间两直线 AB 与 CD 交叉，H 面投影的交点是 AB、CD 在 H 面的重影点，根据重影点可见性的判别方法，V 面投影 m' 在上，n' 在下，所以 AB 上的 M 点在上，CD 上的 N 点在下，即水平投影 m 可见，n 不可见，标记为 m(n)。

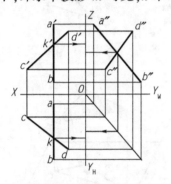

图 1-76 两相交直线

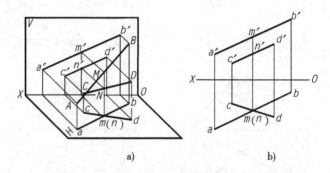

图 1-77 交叉两直线的投影特性

交叉两直线可能有一组或两组同面投影平行，但两直线的其余同面投影必定不平行；也可能在三个投影面的同面投影都相交，但交点不符合一个点的投影规律，是两直线对不同投影面的重影点。

判断方法：只要判定两直线既不平行，又不相交，则此两直线为交叉两直线。

5 平面的投影

1 平面的表示法

由几何学可知，平面的空间位置可由下列几何元素确定：不在一条直线上的三点；一直线及直线外一点；两相交直线；两平行直线；任意的平面图形。图 1-78 是用上述各几何元素所表示的平面及其投影图。

2 平面的投影特性

(1) 显实性：当平面平行于投影面时，其投影反映实形，如图 1-79a) 所示，$\triangle abc = \triangle ABC$。

(2) 积聚性：当平面垂直于投影面时，其投影积聚为一条直线，如图 1-79b) 所示。

(3) 类似性：当平面倾斜于投影面时，其投影为原形的类似形，如图 1-79c) 所示。

3 各种位置平面的投影特性

根据平面在三投影体系中的位置可分为三类：投影面平行面、投影面垂直面、一般位置平面。前两种又称特殊位置平面。规定平面对 H、V、W 面的倾角分别用 α、β、γ 来表示。所谓平面的倾角,是指平面与某一投影面所成的二面角。

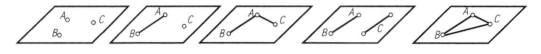

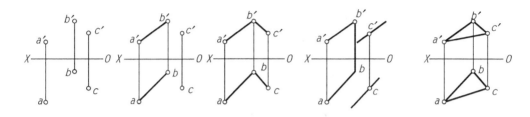

图 1-78 平面的表示方法

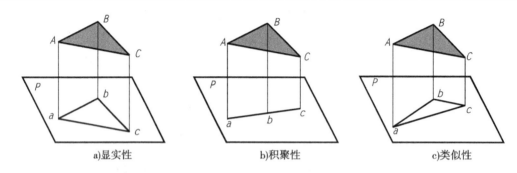

a)显实性　　　　　　　b)积聚性　　　　　　　c)类似性

图 1-79 平面投影的基本性质

（1）投影面平行面。平行于一个投影面而与另两个投影面垂直的平面称为投影面平行面。投影面平行面又分为三种:水平面,平行于 H 面的平面、垂直于 V 和 W 面;正平面,平行于 V 面的平面、垂直于 H 和 W 面;侧平面,平行于 W 面的平面、垂直于 V 和 H 面。

表 1-13 列举了三种投影面平行面的投影及其投影特性。

投影面平行面的投影及其特性　　　　　　　表 1-13

名　称	直　观　图	投　影　图	投　影　特　性
水平面			水平投影反映实形;正面投影积聚成直线,且平行于 OX 轴;侧面投影积聚成线,且平行于 OY 轴

续上表

名称	直观图	投影图	投影特性
正平面	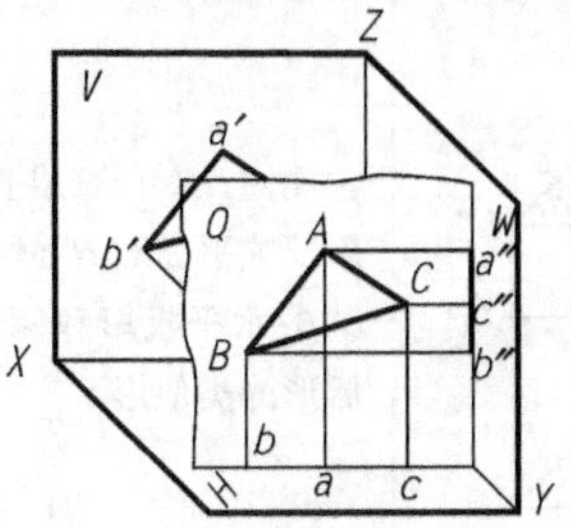	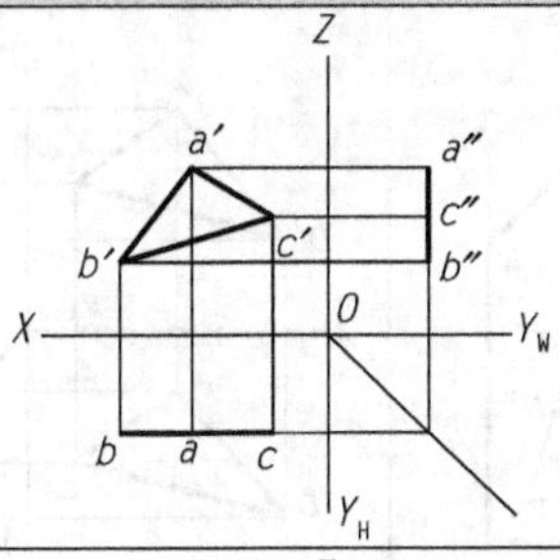	正面投影反映实形;水平投影积聚成直线,且平行于 OX 轴;侧面投影积聚成直线,且平行于 OZ 轴
侧平面	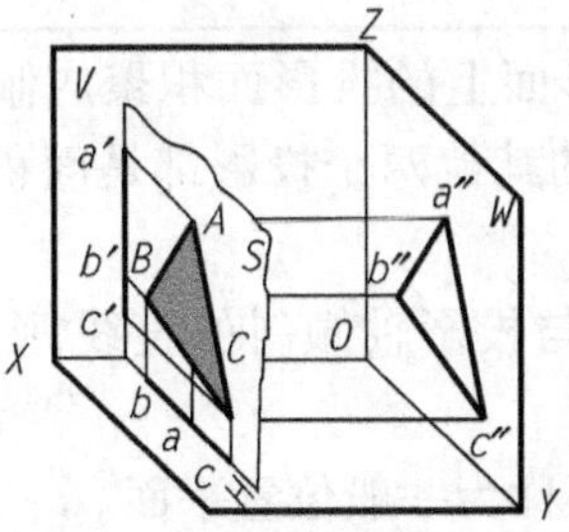	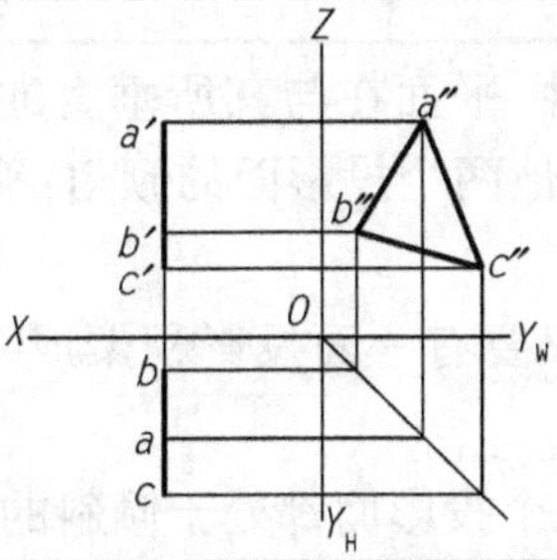	侧面投影反映实形;水平投影积聚成直线,且平行于 OY 轴;侧面投影积聚成直线,且平行于 OZ 轴

投影面平行面的投影特性:平面在与其平行的投影面上的投影反映平面图形的实形;平面在其他两个投影面上的投影均积聚成平行于相应投影轴的直线

判别方法:在投影图中,只要有一面投影积聚成一条平行于投影轴的直线,则此平面为投影面平行面,它所平行的投影面上的投影为反映该平面实形的几何图形。

(2)投影面垂直面。垂直于一个投影面而与另两个投影面倾斜的平面称为投影面垂直面。表 1-14 列举了三种投影面平行面的投影及其投影特性。

投影面垂直面的投影图例及特性 表 1-14

名称	直观图	投影图	投影特性
铅垂面	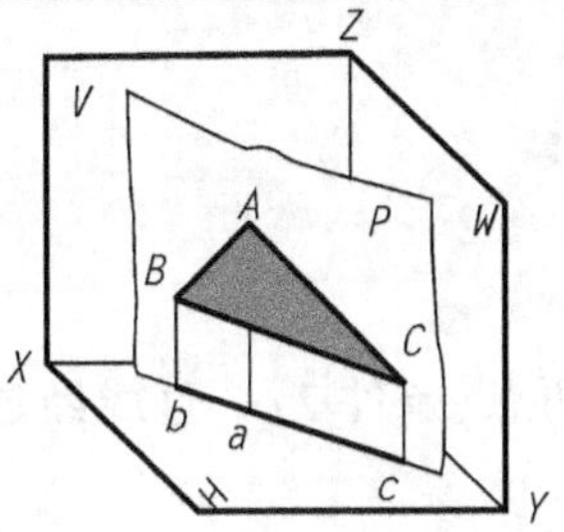	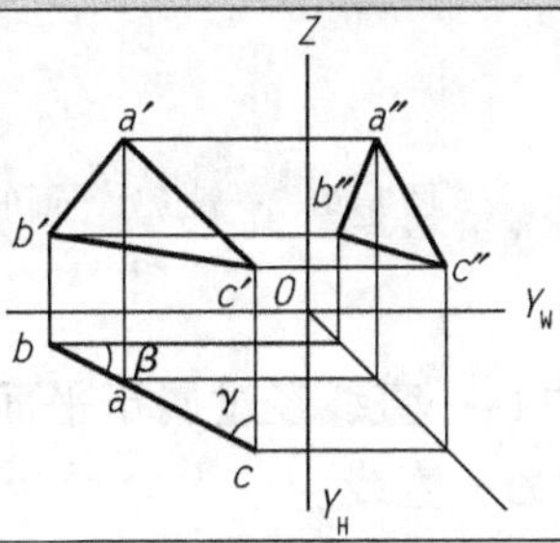	水平投影积聚成直线;水平投影反映直线对 V 面、W 面的倾角 β,γ;正面投影和侧面投影均为原形的类似形
正垂面	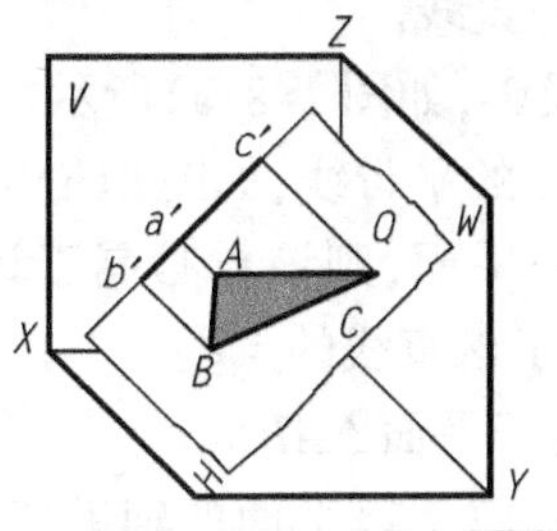	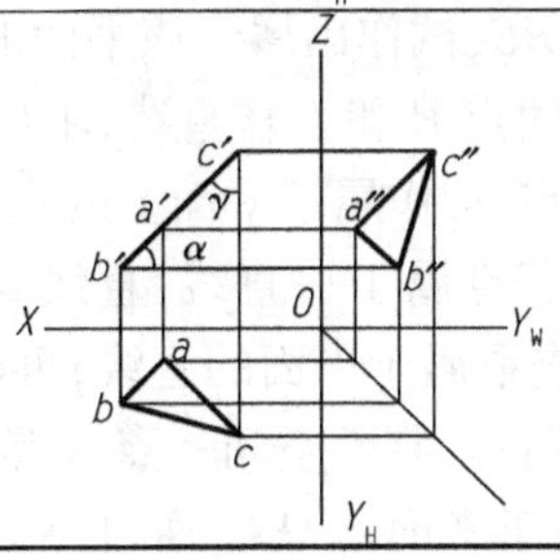	正面投影积聚成直线;正面投影反映直线对 H 面、W 面的倾角 α,γ;水平投影和侧面投影均为原形的类似形

续上表

名　称	直 观 图	投 影 图	投影特性
侧垂面			侧面投影积聚成直线;侧面投影反映平面对 H 面、V 面的倾角 α、β;水平投影和侧面投影均为原形的类似形

投影面垂直面的投影特性:平面在与其所垂直的投影面上的投影面积聚成倾斜与投影轴的直线,并反映该平面对其他两个投影面的倾角;平面的其他两个投影都是面积小于原平面图形的类似形。

判别方法:在投影图中,只要有一面投影积聚成一条与投影轴倾斜的直线,则该平面一定为该投影面垂直面。

(3)一般位置平面。对三个投影面都处于倾斜的平面称为一般位置平面。

如图1-80所示,由于平面△ABC倾斜于三个投影面,所以它的三面投影△abc、△a'b'c'、△a″b″c″均为原形的类似形,不反映实形,也不反映该平面与投影面的倾角。

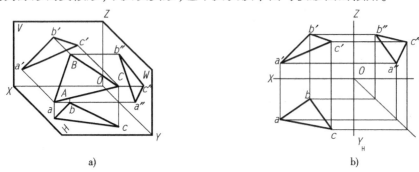

a)　　　　　　　　　　　　　　　　b)

图1-80　一般位置平面的投影

4 属于平面的直线和点

(1)平面上的直线。条件1:一直线经过属于平面的两点;条件2:一直线经过平面上的一点,且平行于属于该平面的另一直线。

【例1-4】　已知平面△ABC,试作出属于该平面的任一直线。

作法1:过平面上的任意两点 E 和 F 作直线,求出其投影,如图1-81a)所示。

作法2:过平面上的任一点 E,作属于平面上的直线 AC 的平行线,如图81b)所示。

(2)平面上的点。条件:若点属于一直线,直线属于一平面,则该点必属于该平面。因此,在取属于平面的点时,应先取属于平面的直线,再取属于该直线的点。

【例1-5】　如图1-82a)所示,判断空间一点 K 是否属于平面△ABC。

分析:要判断点 K 是否属于平面△ABC,通过点 K 作一属于该平面的辅助线,通过判断点 K 是否属于该直线,来判断它是否属于该平面。

作图步骤如下:在正面投影上连接 a'k',并将其延长交 b'c'于 e',得到直线 AE 的正面投影 a'e';作 a'e'的水平投影 ae,如图 1-82b)所示,k 不在 ae 上,从而得知点 K 不属于平面 △ABC。

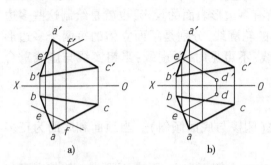

图 1-81 取属于平面的直线

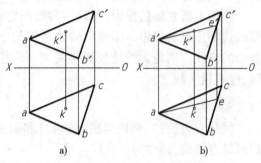

图 1-82 判断空间一点是否属于某一平面

判断点是否在平面上,不能简单地看该点的投影是否在平面图形的投影范围之内,而应严格按照平面上点的几何条件来判断,且平面是无穷大的。

二 基本立体

立体的形状是各种各样的,但任何复杂立体都可以分析成是由一些基本的几何体组成,如棱柱、棱锥、圆柱、圆锥、球等,称为基本立体,如图 1-83 所示。

图 1-83 基本体

基本立体根据其表面的几何性质可分为平面立体、曲面立体两类。

平面立体——其表面为若干个平面的几何体,如棱柱、棱锥等。

曲面立体——其表面为曲面或曲面与平面的几何体,最常见的是回转体,如圆柱、圆锥、圆球、圆环等。

在投影图上表示一个立体,就是把这些平面和曲面表达出来,然后根据可见性判别哪些线是可见的,哪些线是不可见的,把其投影分别画成实线或虚线,即得立体的投影图。

1 平面立体的投影

平面立体的各表面都是平面,平面与平面的交线称为棱线,棱线与棱线的交点称为顶点。平面立体可分为棱柱体和棱锥体。

绘制平面立体的投影,可归结为绘制它的所有多边形表面的投影,也就是绘制这些多边形的边和顶点的投影。多边形的边是平面立体的轮廓线,分别是平面立体的每两个多边形表面的交线。当轮廓线的投影可见时,画粗实线;不可见时,画虚线;当粗实线与虚线重合时,应画粗实线。

1 棱柱

棱柱有直棱柱(侧棱与底面垂直)和斜棱柱(侧棱与底面倾斜)。当顶面和底面为正多边形的直棱柱,则称为正棱柱。

(1)棱柱的三面视图。以正六棱柱为例,它由六个侧面和上、下底面围成。使其底面与 H 面平行摆放,其各面投影投影特性分析如下:上下底面的 H 面投影具有全等性为正六边形;V 面和 W 面投影具有积聚性。六个侧面都垂直 H 面,其 H 面投影具有积聚性,与底面相应边的 H 投影重合;前后两侧面为正平面,V 面投影具有全等性为矩形线框,其余四个侧面为铅垂面,其 V 面和 W 面投影具有类似性为矩形线框,如图1-84所示。

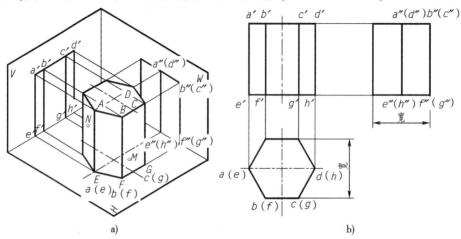

图1-84 正六棱柱的三视图

画图步骤:

①选择主视图的投影方向,分析各表面的投影特征,绘制底稿。画对称中心线,轴线和基准线;画反映形体特征的俯视图;根据正六棱柱的高和"长对正",画主视图;根据"高平齐、宽相等"画左视图。

②检查底稿、加深图线。画完底稿后,一般应检查各视图是否符合直线、平面的投影特性,是否符合方位对应关系和视图间的投影对应关系,尤其要注意俯视图、左视图的宽度应相等。还要检查是否多线、漏线,以及可见性等,最后加深图线。

下面列出四种棱柱的三视图,供读者自行进行投影分析,如图1-85所示。

综上所述,直棱柱三个视图的特征是:一个视图有积聚性,反映棱柱形状特征;另两个视图都是由实线或虚线组成的矩形线框。

画各种棱柱的三视图时,一般先画有积聚性并能反映棱柱特征的视图,然后再按视图间的投影关系完成其他两面视图。

(2)在棱柱表面取点。当点在形体的表面上时,点的投影必在它所从属的表面的同面投影范围内。若该表面为可见,则表面上的点的同面投影也可见;反之,为不可见。在棱柱表面取点,其原理和方法与平面上取点相同。由于正六棱柱的表面都处于特殊位置,其表面上点的投影,均可利用平面投影的积聚性来作图。

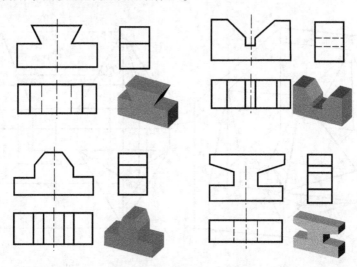

图1-85 棱柱的三视图

已知棱柱表面上点 M 的 V 面投影 m',求 H 面、W 面投影 m、m''。由于点 m' 是可见的,因此,点 M 必定在 $ABCD$ 棱面上,而 $ABCD$ 棱面为铅垂面,H 面投影 $abcd$ 具有积聚性,因此,m 必定在 $abcd$ 上。根据 m' 和 m 可以求出 m''。又已知点 N 的 H 面投影 n,求 V 面、W 面投影 n'、n''。由于 n 是可见的,因此,点 N 在顶面上,而顶面的 V 面投影和 W 面投影都具有积聚性,因此 n'、n'' 在顶面的各同面投影上,如图1-86所示。

2 棱锥

棱锥:棱锥底面为多边形,各侧面为若干具有公共顶点的三角形;锥高:从棱锥顶点到底面的距离;正棱锥:底面为正多边形,各侧面是全等的等腰三角形。

(1)棱锥的三面视图。以三棱锥为例,谈谈读图的方法。视图由一些线框组成,线框又是由图线围成。

视图中封闭的线框,一般情况下是形体上某个表面的投影。视图中的直线,可能是空间

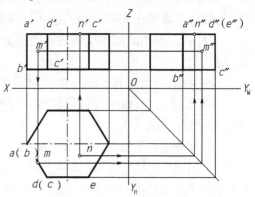

图1-86 棱柱的表面取点

一直线的投影,也可能是空间一平面的投影,其判断方法是:从相邻视图中找到它的对应投影,只要其中有一个投影是线框,即可知该直线是平面的投影。

为了便于对视图进行线面分析,可以在视图上按点的投影规律,先标出各顶点的投影名称,如图1-87a)所示。

首先分析直线投影:SA——$s'a'$和$s''a''$、sa 都与投影轴倾斜,所以是一般位置直线;SC——$s'c'$和sc都与投影轴倾斜。$s''c''$与$s''a''$重合,为不可见,也与投影轴倾斜,所以也是一般位置直线;AC——侧面投影积聚成点,所以AC为侧垂线;SB——$s''b''$与投影轴倾斜,$s'b'$和sb分别与投影轴Z、Y平行,所以是侧平线。同理,AB和BC为水平线。

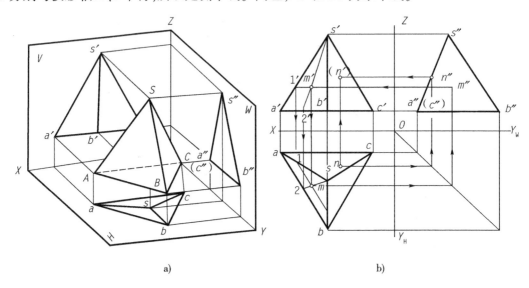

图1-87 正三棱锥的投影及表面上取点

其次分析平面投影:△SAB——△$s'a'b'$与△sab、△$s''a''b''$相对应,是三个封闭线框,所以是一般位置平面;同理,△SBC 也是一般位置平面;△SAC——△sac与△$s'a'c'$是封闭线框,其侧面投影$s''a''(c'')$积聚成一直线,所以是侧垂面;△ABC——△abc为一封闭线框,另外两面积聚为平行投影轴的直线,所以为水平面。经过对上述线框的分析,想象出各表面的空间位置,就比较容易在头脑中形成空间立体的形状。

这种对视图的图线和线框进行投影分析,然后综合起来想象出立体形状的方法,称为线面分析法。

棱锥视图的画法和步骤与棱柱相同,如图1-87b)所示。

作图步骤:画反映实形的底面的水平投影;画底面的正面投影和侧面投影;画锥顶的三面投影;画棱线的三面投影。

(2)棱锥表面上取点。已知点M的V面投影m'(可见),点M在棱面SAB上,过点M在△SAB上作AB的平行线IM,即作$1'm'$∥$a'b'$,$1m$∥ab,求出m,再根据m、m'求出m''。也可过锥顶S和点M作一辅助线SⅡ,然后求出点M的H面投影m。又已知点N的H面投影n(可见),点N在侧垂面△SCA上,因此,n''必定在$s''a''(c'')$上,由n、n''可求出V面投影n',由于在△SCA面上的点在 V 面上被 △SAB 和 △SBC 平面遮挡住看不见，因此将 n′ 记为 (n′)，如图 1-87b) 所示。

2 曲面立体的投影

曲面体——由曲面或曲面和平面围成的形体。零件上常见的曲面体有圆柱、圆锥、圆球和圆环等为回转体。

母线——由直线或曲线运动形成曲面，产生曲面的动线。

素线——曲面上的任何一个位置的母线。

曲面是一个光滑的表面，没有明显的棱线，因此，画曲面的视图，仅画出其外形素线及必要的点和线(指回转面的轴线，圆锥的顶点及画圆的对称中心线等)的投影。所谓外形素线，就是曲面向某一投影面投影时，可见与不可见部分的分界线。

同一曲面在不同的投影方向，有不同位置的外形素线。

1 圆柱

形成：圆柱面是由一条直母线 AE，绕与它平行的轴线 OO_1 旋转形成的，如图 1-88a) 所示。圆柱体的表面是由圆柱面和顶面、底面组成。在圆柱面上任意位置的母线称为素线。

(1) 圆柱的三面投影。图 1-88b)、c) 表示一直立圆柱的三面投影。圆柱的顶面、底面是水平面，V 面和 W 面投影积聚为一直线，由于圆柱的轴线垂直于 H 面，所以圆柱面上所有素线都垂直于 H 面，故圆柱面的 H 面投影积聚为圆。

在圆柱的 V 面投影中，前、后两半圆柱面的投影重合为一矩形，矩形的两条竖线分别是圆柱的最左、最右素线的投影，也是前、后两半圆柱面分界的转向线的投影。在圆柱的 W 面投影中，左、右两半圆柱面的投影重合为一矩形，矩形的两条竖线分别是圆柱的最前、最后素线的投影，也是左、右两半圆柱面分界的转向线的投影。矩形的上、下两条水平线则分别是圆柱顶面和底面的积聚性投影(图 1-88c)。

圆柱三视图画图步骤：画轴线和圆的中心线；画投影为圆的特征视图；画其余两个视图。

(2) 在圆柱表面取点。在图 1-88d) 中，圆柱面上有两点 M 和 N，已知 V 投影 n′ 和 m′，且为可见，求另外两投影。由于点 N 在圆柱的转向线上，其另外两投影可直接求出；而点 M 可利用圆柱面有积聚性的投影，先求出点 M 的 H 面投影 m，再由 m 和 m′ 求出 m″。点 M 在圆柱面的右半部分，故其 W 面投影 m″ 为不可见。

2 圆锥

圆锥由底圆和圆锥面围成。圆锥面由直线 SA (与回转轴相交) 作母线，绕回转轴 OO_1 旋转而成。母线上各点的运动轨迹都是垂直于回转轴的圆，称为纬圆。点在母线上的位置不同，纬圆的直径也不同。母线与回转轴的交点 S 称为锥顶。圆锥面上通过锥顶的任意直线称为素线。

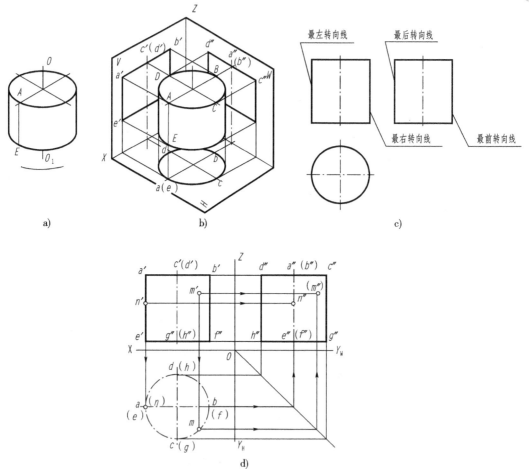

图1-88 圆柱的投影及表面取点

(1)圆锥的三视图。圆锥面的三面视图都没有积聚性。

当圆锥的轴线垂直H面时,圆锥的俯视图为圆,它的主视图和左视图均为等腰三角形。

图1-89所示一直立圆锥,它的V和W面投影为同样大小的等腰三角形。等腰三角形的两腰$s'a'$和$s'b'$是圆锥面的最左和最右转向线的投影,其W面投影与轴线重合不应画出,它们把圆锥面分为前、后两半圆锥面,W面投影的两腰$s''c''$和$s''d''$是圆锥面最前和最后转向线的投影,其V面投影与轴线重合,它们把圆锥面分为左、右两半圆锥面。

圆锥面的H面投影为圆,它与圆锥底圆的投影重合。最左和最右转向轮廓线SA、SB为正平线,其H面投影与圆的水平对称中心线重合;最前和最后转向线SC、SD为侧平线,其H面投影与圆的垂直对称中心线重合(图1-89c)。

圆锥的画法步骤,基本与圆柱相同:画回转轴线的三面投影;画底圆的水平投影、正面投影和侧面投影。画正面投影中前后两半转向线的投影,侧面投影中左右两半转向轮廓线的投影。

(2)在圆锥表面取点。圆锥面上特殊位置的点,其投影可直接求出。

转向轮廓线上的点由于位置特殊,它的作图较为简单。如图1-89d)中,在最左转向线

SA 上一点 M,只要已知其一个投影(如已知 m'),其他两个投影(m'、m'')即可直接求出。但是在圆锥面上的点 K,要用作辅助线的方法,才能由一已知投影,求出另外两个投影。

【例1-6】 图1-89d)中,已知点 K 的 V 面投影 k',求作点 K 的其他两个投影有两种作图方法。

方法一:是过点 K 与锥顶 S 作锥面上的素线 SE,即先过 k' 作 $s'e'$,由 e' 求出 e、e'',连接 se 和 $s''e''$,它们是辅助线 SE 的 H、W 面投影。而点 K 的 H、W 面投影必在 SE 的同面投影上,从而求出 k 和 k''。

方法二:过点 K 在锥面上作一水平辅助圆,该圆与圆锥的轴线垂直,称此圆为纬圆。点 K 的投影必在纬圆的同面投影上。

作图步骤:先过 k' 作平行于 x 轴的直线,它是纬圆的 V 面投影;画出纬圆的 H 面投影;由 k' 下作垂线与纬圆交于点 k,再由 k' 及 k 求出 k''。因点 K 在锥面的右半部,所以 k'' 为不可见。

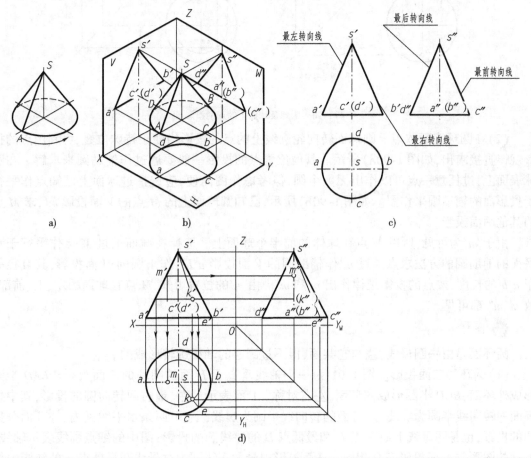

图1-89 圆锥的投影及表面取点

3 圆球

圆球面可看成是由一个圆作母线,以其直径为轴线回转而成。在母线上任一点的运动轨迹均是一个圆。点在母线上的位置不同,其圆的直径也不相同。

(1)圆球的三面视图。如图 1-90 所示,圆球的三个投影是圆球上平行相应投影面的三个不同位置的最大轮廓圆。V 面投影的轮廓圆是前、后两半球面的可见与不可见的分界线。H 面投影的轮廓圆是上、下两半球面的可见与不可见的分界线。W 面投影的轮廓圆是左、右两半球面的可见与不可见的分界线。

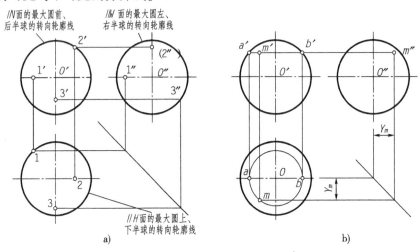

图 1-90 圆球及球面上的点的投影

(2)在圆球表面取点。圆球面转向轮廓线上的点的投影均处于特殊位置,可利用点的投影规律直接求出,如图 1-90a)所示。其他位置点的投影一般要通过作辅助圆来求解。在圆球表面上,过任意一点可以作出无数个圆,但考虑作图简便,应选择过球面上已知点作平行于投影面的辅助圆来作图。如图 1-90b)所示,已知圆球面上的 M 点的 V 面投影 m',求 M 点的其他两面投影。

由于 m' 为可见,所以 M 点在球体的前半个球面上。选择在球面上过 M 点作平行于水平面的辅助圆的方法求点。过 m' 作辅助圆的 V 面投影 a'b',作出圆的 H 面投影,其直径等于 a'b' 的长度,按点的投影规律作出 m 和 m"。由 m' 的位置可知,M 点在球面的左、上、前部,故 m、m" 都可见。

4 圆环

圆环面是由一圆母线,绕与它共面,但不过圆心的轴线旋转形成的。

(1)圆环的三面投影。图 1-91 为一个轴线垂直于 H 面的圆环的三面投影。BAD 半圆形成外环面,BCD 半圆形成内环面,左右对称。V 面表示最左、最右两转向圆的投影,其中外环面的转向线半圆为实线,内环面的转向线半圆为虚线,上、下两条水平线是内、外环面分界圆的投影,也是圆母线上最高点 B 和最低点 D 的纬线圆的投影;图中的细点画线表示轴线。W 面的图形与 V 面投影完全相同。H 面投影中最大实线圆为过母线圆最外点 A 的纬圆的投影,最小实线圆为过母线圆最内点 C 的纬圆的投影,点画线圆表示母线圆心的轨迹。

(2)圆环表面取点:圆环面上的特殊点的投影可直接作出。圆环面上的一般点的投影要通过作辅助圆来求。

在图 1-91 中还表示了已知点 E 的 V 面投影 e',求 e 和 e" 的作图方法。过 E 在圆环面上作一纬圆,求出其 H 面投影——圆,则点 E 的 H 面投影 e 在此圆周上;因 e' 是可见的,故 e 在外圆环面的纬圆上,由 e、e' 求出 e''。

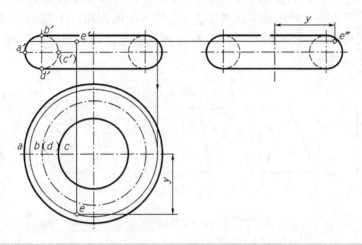

图 1-91　圆环的投影及表面取点

3 基本立体的尺寸标注

1 平面立体的尺寸标注

平面立体一般标注长、宽、高三个方向的尺寸,如图 1-92 所示。其中正方形的尺寸可采用如图 1-92 所示的形式注出,即在边长尺寸数字前加注"□"符号。图 1-92 中加"( )"的尺寸称为参考尺寸。

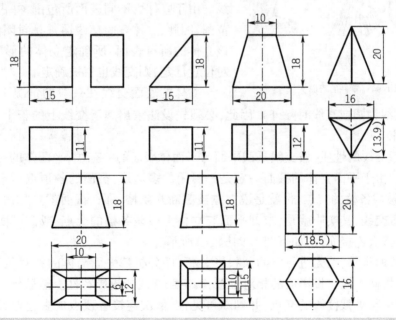

图 1-92　平面立体的尺寸标注

2 曲面立体的尺寸标注

圆柱和圆锥应注出底圆直径和高度尺寸,圆锥台还应加注顶圆的直径。直径尺寸应在其数字前加注符号"ϕ",一般注在非圆视图上,这种标注形式用一个视图就能确定其形状和大小,其他视图就可省略,如图 1-93 所示。标注圆球的直径和半径时,应分别在"ϕ、R"前加注符号"S",如图 1-93 所示。

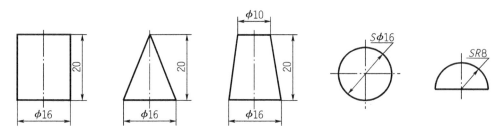

图 1-93 曲面立体的尺寸标注

三 平面与立体表面的交线——截交线

在零件上常有平面与立体相交形成的交线。平面与立体相交,可以认为是平面截切立体,该平面称为截平面,截平面与立体表面的交线称为截交线,如图 1-94a)箭头所示。画图时,为了清楚地表达零件的形状,必须正确地画出其交线的投影。

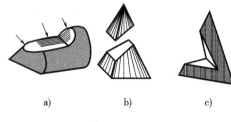

图 1-94 零件的表面交线

从图中可以看出,交线是零件上平面与立体表面或两立体表面的共有线,也是它们表面间的分界线。由于立体由不同表面所包围,并占有一定空间范围,因此,立体表面交线通常是封闭的,如果组成该立体的所有表面,所确定立体的形状、大小和相对位置已定,则交线也就被确定。

立体的表面交线在一般的情况下是不能直接画出来的(交线为圆或直线时除外),因此,必须先设法求出属于交线上的若干点,然后把这些点连接起来。

平面体截交线的性质:截交线是截平面与平面体表面的共有线;平面体的截面一定是封闭的多边形。由于平面立体的截面一定是一封闭的多边形,截面的各顶点一定是截平面与棱柱(棱锥)被截各棱的交点,也就是说立体被截断几条棱,那么截面就是几边形。因此,求平面立体的截交线,其实质就是:求截平面与立体上被截各棱的交点,或截平面与立体表面的交线,然后依次连接而得,如下图 1-94b)、c)所示。

求截交线的步骤:首先进行空间及投影分析,即分析截平面与体的相对位置,确定截交线的形状;分析截平面与投影面的相对位置,确定截交线的投影特性。然后画出截交线的投影:求出截平面与被截棱线的交点,并判断可见性;依次连接各顶点成多边形,注意可见性;完善轮廓。

1 棱柱的截断

【例1-7】 如图1-95所示,已知切口的正面投影,完成被切正四棱柱的三视图。

截平面与棱柱顶面及四个侧棱面相交,故截交线由五条交线组成,截断面为五边形。五边形的各顶点分别是截平面与棱柱表面的五条被截棱线的交点。由于截平面为正垂面,故截断面的正面投影积聚成直线段,水平投影与侧面投影为五边形。

作图:①求出截断面各顶点的正面投影:1′、2′、3′、4′、5′。②求出各点的水平投影:1、2、3、4、5。③求出各点的侧面投影:1″、2″、3″、4″、5″。④整理轮廓线:在左视图中,应去除被截去部分的投影,并补画图示虚线。⑤判别可见性,依次连接各顶点的同面投影,即完成切口的水平投影和侧面投影。

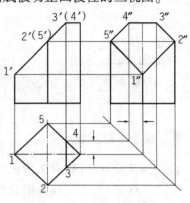

图1-95 截切正四棱柱

2 棱锥的截断

【例1-8】 试求正垂面 P 与四棱锥的截交线,并画出四棱锥切割后的三面投影图,如图1-96所示。

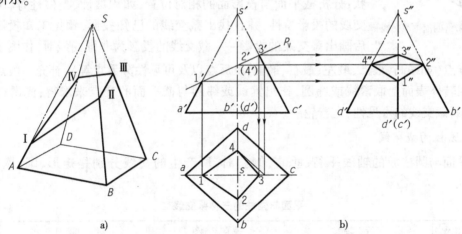

图1-96 四棱锥与平面相交

分析:由图1-96a可知,因截平面 P 与四棱锥的四个侧面都相交,所以截交线为四边形。四边形的四个顶点为四棱锥四条棱线与截平面 P 的交点。由于截平面 P 是正垂面,截交线的 V 面投影积聚为一斜线(用 PV 表示),由 V 面投影可求出其 H 面投影与 W 面投影。

作图:①先画出四棱锥的第三面投影图(图1-96b);②因 P 面为正垂面,四棱锥的四条棱线与 P 面交点的 V 面投影1′、2′、3′、4′可直接求出;③根据直线上点的投影性质,在四棱锥各棱线的 H、W 面投影上,求出相应点的投影1、2、3、4 和1″、2″、3″、4″;④将各点的同面投影依次连接起来,即得到截交线的投影,它们是两类似的四边形 1234 和 1"2"3"4"。在图上去掉被截平面切去的部分,即完成截头四棱锥的三面投影图。

求点 4 的另一种方法见图 1-96b。

> **注意**
>
> 在 W 面投影图上,棱线 SA 的一段虚线不要漏画。

3 曲面体截交线

曲面体截交线如图 1-97 所示,其性质为:截交线是截平面与回转体表面的共有线;截交线的形状取决于回转体表面的形状及截平面与回转体轴线的相对位置;截交线围成封闭的平面图形(封闭曲线或由直线和曲线围成)。

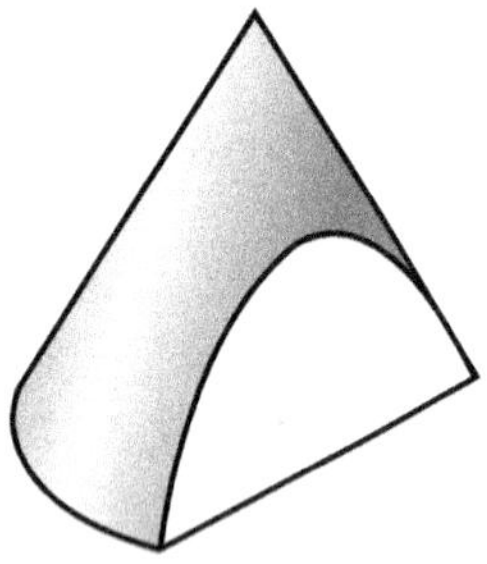

求曲面体的截交线,其实质就是:首先求截平面与曲面上被截各素线的交点;然后依次光滑连接而得。

求曲面体截交线的步骤:首先进行空间及投影分析,即分析回转体的形状以及截平面与回转体轴线的相对位置,确定截交线的形状;分析截平面与投影面的相对位置,如积聚性、类似性等,确定截交线的投影特性,并且找出截交线的已知投影,预见未知投影。然后画出截交线的投影——截交线的投影为非圆曲线时,作图步骤为

图 1-97 曲面体截交线

先找特殊点(如最高、最低、最左、最右、最前、最后点以及可见性分界点等);补充一般点。可以通过回转体表面上取素线或纬圆,作出素线或纬圆与截平面的交点来求得;光滑连接各点,并判断截交线的可见性;完善轮廓。

① 圆柱的截交线

当平面与圆柱面的轴线平行、垂直、倾斜时,所产生的交线分别是矩形、圆、椭圆,见表 1-15。

平面与圆柱的三种截交线 表 1-15

截平面的位置	平行于轴线	垂直于轴线	倾斜于轴线
交线的形状	矩形	圆	椭圆
轴测图	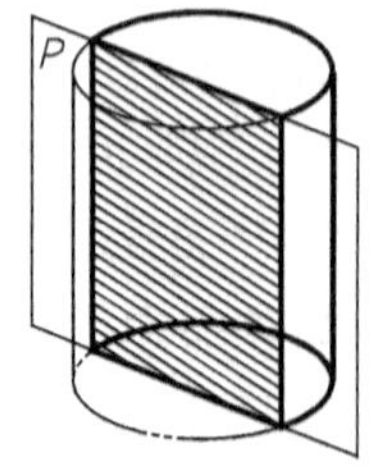	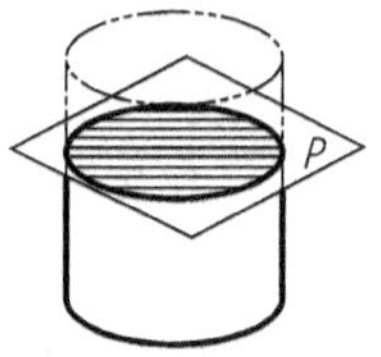	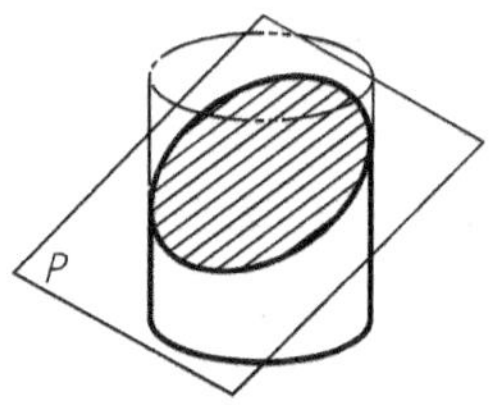

续上表

截平面的位置	平行于轴线	垂直于轴线	倾斜于轴线
投影图	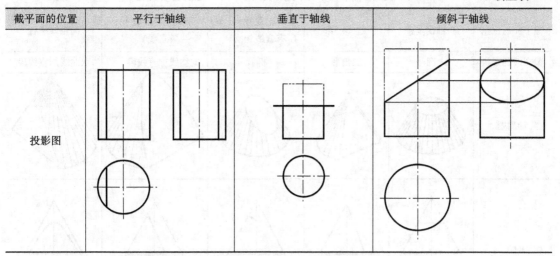		

【例1-9】 如图1-98所示,完成被正垂面截切后的圆柱的三视图。

由于截平面为正垂面,倾斜于圆柱轴线,且完全切在圆柱面上,故截交线应为椭圆。截交线的正面投影积聚成直线;俯视图中圆柱面的投影具有积聚性,故截交线的水平投影与圆柱面的积聚投影重合,侧面投影一般情况下为椭圆,其长短轴要根据截平面与轴线的夹角而定(特殊情况即截平面与轴线的夹角为45°时,左视图投影为圆)。

作图:

(1)求特殊点。圆柱的四条特殊位置素线与截平面的交点是截交线上的特殊点,利用主视图上截交线的积聚投影,确定四个特殊点的正面投影1′、2′、3′、4′,其中,Ⅰ在最左素线上,为最低、最左点,Ⅱ在最右素线上,为最高、最右点,两点的连线Ⅰ、Ⅱ为椭圆的长轴;最前、最后素线上的两点Ⅲ、

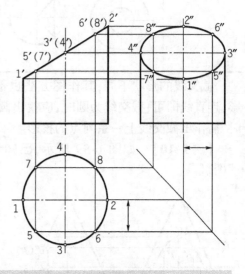

图1-98 斜切圆柱

Ⅳ分别为最前、最后点,其连线Ⅲ、Ⅳ为椭圆的短轴。根据投影关系求出各点的其他两面投影。这四个特殊点的三面投影一旦确定,截交线的走向和大致范围基本确定。

(2)求作一般点。根据具体情况作出适当数量的一般点,如图中的Ⅴ、Ⅵ、Ⅶ、Ⅷ。

(3)整理轮廓线。擦去左视图中被截去部分的投影。

(4)判断可见性。光滑连接各点。左视图中,截交线可见用粗实线将各点依次连接起来,完成全图。

❷ 平面与圆锥的交线

平面与圆锥相交所产生的截交线形状,取决于平面与圆锥轴线的位置。表1-16列出了平面与圆锥轴线处于不同相对位置时所产生的五种交线。

平面与圆锥轴线处于不同相对位置下所产生的五种交线　　表 1-16

截平面的位置	与轴线垂直	过锥顶	与轴线倾斜(与所有素线相交)	与轴线倾斜(平行于一条素线)	与轴线平行
截交线的形状	圆	三角形	椭圆	抛物线加直线段	双曲线加直线段
轴测图					
投影图					

截交线的形状不同,其作图方法也不一样。交线为直线时,只需求出直线上两点的投影,连直线即可;截交线为圆时,应找出圆的圆心和半径;当截交线为椭圆、抛物线和双曲线时,需作出截交线上一系列点的投影。

【例 1-10】 如图 1-99 所示,已知切口的侧面投影,完成被正平面截切的圆锥的三视图。

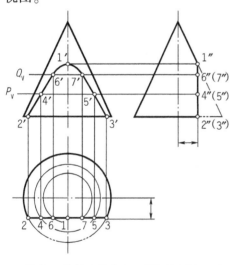

图 1-99　被正平面截切圆锥

由于截平面与圆锥的轴线平行,所以截交线为双曲线。切口的水平投影和侧面投影分别积聚成直线段,正面投影反映切口的实形。

作图:

(1)作切口的水平投影。量取左视图所示尺寸,作出俯视图中切口的投影。

(2)求特殊点。分别作截交线上的最高点Ⅰ、最左点Ⅱ、最右点Ⅲ(也是最低点)的各面投影。

(3)求适当的一般点。过一般点 4″、5″、6″、7″作辅助圆,求出各点的其他两面投影。

(4)整理轮廓线,判断可见性,连接各点,完成全图。

❸ 圆球的截断

被截平面截切后所得的截交线都是圆。如果截平面是投影面的平行面,在该投影面上的投影为圆的实形,其他两投影积聚成直线,长度等于截交圆的直径。如果截平面是投影面垂直面,则截交线在该投影面上的投影为一直线,其他两投影均为椭圆。

4 平面与组合回转体相交

组合回转体是由若干个同轴的基本回转体组成,作图时首先要分析各部分的曲面性质,然后按照它的几何特性与截平面的相对位置确定其截交线的形状,再逐个作出其投影。

四 两回转体表面相交——相贯线

相交的两个立体称为相贯体,其表面的交线称为相贯线。它包括立体的外表面与外表面相交,(实实相贯);立体的外表面与内表面相交,(实虚相贯);内表面与内表面相交,(虚虚相贯),如图 1-100 所示。零件上常见的相贯线,大多是回转体相交而成,主要介绍这类相贯线的性质及画法。

a)实实相贯

b)实虚相贯

c)虚虚相贯

图 1-100　零件上常见的相贯线

相贯线的性质如下:相贯线是两形体表面的共有线,也是相交两形体表面的分界线。相贯线上的所有点都是两形体表面的共有点;由于形体的表面是封闭的,因此相贯线在一般情况下是封闭的空间曲线,特殊情况下也可能是不闭合的平面曲线或直线。

画图时,为了清楚地表达物体的形状,一般要正确地画出其交线的投影。另外在钣金下料时,也要求在图样上准确地画出相贯线的投影,以便绘制出正确的展开图。求相贯线的投影实质上就是求两形体表面共有点的投影。其作图过程与截交线类似:投影分析,确定投影范围;先找特殊点;再找一般点;判断可见性,确定交线拐弯情况;顺次连线;整理轮廓线。

1 圆柱与圆柱相交

两圆柱体相交,如果其中有一个是轴线垂直于投影面的圆柱,那么此圆柱在该投影面上的投影具有积聚性,因而相贯线的这一投影必然落在圆柱的积聚投影上,根据这个已知投影,就可利用形体表面上取点的方法作出相贯线的其他投影。

【例1-11】　如图 1-101a)所示,求正交两圆柱体的相贯线。

分析:两圆柱体的轴线正交,且分别垂直于水平面和侧面。相贯线在水平面上的投影积聚在小圆柱水平投影的圆周上,在侧面上的投影积聚在大圆柱侧面投影的圆周上,故只需求作相贯线的正面投影。

作图方法与步骤：

（1）求特殊点。与作截交线的投影一样，首先应求出相贯线上的特殊点，特殊点决定了相贯线的投影范围。由图1-101a)可知，相贯线上I、V两点是相贯线上的最高点，同时也分别是相贯线上的最左点和最右点。III、VII两点是相贯线上的最低点，同时也分别是相贯线上的最前点和最后点。定出它们的水平投影1、5、3、7和侧面投影1″、(5″)、3″、(7″)，然后根据点的投影规律可作出正面投影1′、5′、3′、(7′)。

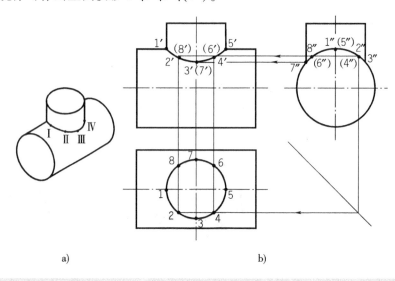

图1-101 两圆柱正交的相贯线

（2）求一般点。在相贯线的水平投影圆上的特殊点之间适当地定出若干一般点的水平投影，如图中2、4、6、8等点，再按投影关系作出它们的侧面投影2″、(4″)、(6″)、8″。然后根据水平投影和侧面投影可求出正面投影2′、4′、(6′)、(8′)。

（3）判断可见性。只有当两曲面立体表面在某投影面上的投影均为可见时，相贯线的投影才可见，可见与不可见的分界点一定在轮廓转向线上。在图1-101中，两圆柱的前半部分均为可见，可判定相贯线由1、5两点分界，前半部分1′2′3′4′5′可见，后半部分5′(6′)(7′)(8′)1′不可见且与前半部分重合。

（4）依次将1′、2′、3′、4′、5′光滑连接起来，即得正面投影。

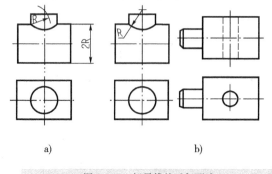

图1-102 相贯线的近似画法

两圆柱正交的相贯线在机器零件中最常见，可以采用简化画法。如图102a)所示，如果两轴线平行V面的正交圆柱直径不相等且相差不大时，相贯线的正面投影可用大圆柱的半径画圆弧来代替。图1-102b)所示，当小圆柱的直径与大圆柱相差很大时，相贯线的正面投影可用直线来代替。

圆柱面相贯有外表面与外表面相贯、外表面与内表面相贯和两内表面相贯三种形式，如

图1-103所示。其中图1-103a)两外表相交;图1-103b)外表面与内表面相交;图1-103c)两内表面相交。这三种情况的相贯线的形状和作图方法相同。

两圆柱相交时,相贯线的形状和位置取决于它们直径的相对大小和轴线的相对位置,表1-17是表明垂直相交两圆柱直径变化时对相贯线的影响。这里特别指出,当相贯(也可不垂直)的两圆柱面直径相等,即公切一个球时,相贯线是相互垂直的两椭圆,且椭圆所在的平面垂直于两条轴线所确定的平面。表1-18表示两圆柱面轴线的相对位置变化时对相贯线的影响。

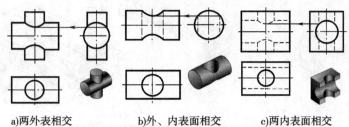

a)两外表相交　　　b)外、内表面相交　　　c)两内表面相交

图1-103　两圆柱相交的三种形式

轴线垂直相交的两圆柱直径相对变化时对相贯线的影响　　　表1-17

两圆柱直径的关系	水平圆柱较大	两圆柱直径相等	水平直径较小
相贯线的特点	上下两条空间曲线	两个互相垂直的椭圆	左右两条空间曲线
投影图			

相交两圆柱轴线相对位置变化时对相贯线的影响　　　表1-18

两轴线垂直相交	两轴线垂直交叉		两轴线平行
	全贯	互贯	

2　圆柱与圆锥相交

圆柱与圆锥相交,相贯线为一封闭的空间曲线,用辅助平面发求其相贯线较为方便。辅

助平面法就是假想用一个平面截切相交两立体,所得截交线的交点,就是相贯线上的点。在相交部分作出若干个辅助平面,求出相贯线上一系列点的投影,依次光滑连接,即得相贯线的投影。

为便于作图,应选择截两立体截交线的投影都是简单易画的直线或圆为辅助平面,一般选择特殊位置平面作为辅助平面。如图 1-104 所示。

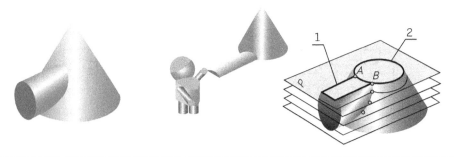

图 1-104　辅助平面的做法

【例 1-12】　如图 1-105a)所示,求圆柱与圆锥相贯线的投影。

分析：

由投影图可知,圆柱与圆锥轴线垂直相交,相贯线为一条封闭的空间曲线,并且前后对称。由于圆柱的 W 面投影为圆,所以,相贯线的 W 面投影积聚在该圆上。从两形体相交的位置来分析,求一般点可采用一系列与圆锥轴线垂直的水平面作为辅助平面最为方便,因为,它与圆锥的交线是圆,与圆柱的交线是矩形,圆和直线都是简单易画的图线,如图 1-105a);也可采用过锥顶的辅助平面,这样,辅助平面与圆锥面的交线是直线,与圆柱面的交线(或相切的切线)也是直线,如图 1-105b)、c)。若用过锥顶的铅垂面作辅助平面,它与圆锥面的交线是最左、最右的转向线,与圆柱面的交线是最上、最下的转向线,其四条转向线的交点为相贯线上最上、最下的特殊点。若用正平面和侧平面作辅助平面,它们与圆锥面的交线是双曲线,双曲线不是简单易画的图线,因此,采用正平面和侧平面作辅助平面不合适。

a)水平面为辅助平面　　b)过锥顶的辅助平面与圆柱相切　　c)过锥顶的辅助平面

图 1-105　利用辅助平面法求相贯线

作图：

(1)求特殊点。从 V 面投影可以看出,圆柱的上、下两条转线和圆锥的左转线彼此相交,其交点的 $1'$、$2'$ 是相贯线的最高点和最低点的 V 面投影,由此可求出 H 面投影 1、2。由 W 面投影可知,相贯线上的最前、最后点 Ⅴ、Ⅵ在圆柱的最前、最后素线上,其侧面投影 $5''$、$6''$ 在 W 面上即可确定,其他两个投影可通过 $5''$、$6''$ 作一水平辅助平面 Q,在 H 面投影面上,平面 Q 与圆锥面的截交线为一圆,与圆柱面的截交线为圆柱的最前、最后转向线,两交线的交点即为5、6,由5、6向上作图,可求出V面投影5′、(6′)。过锥顶作侧垂面与圆柱相切(图1-105b),切点Ⅲ(Ⅳ)为相贯线上的点,H面投影3、4分别在过锥顶的两直线上,由H面投影3、4和W面投影3″、4″可求出3′、(4′),作图过程如图1-106b)所示。

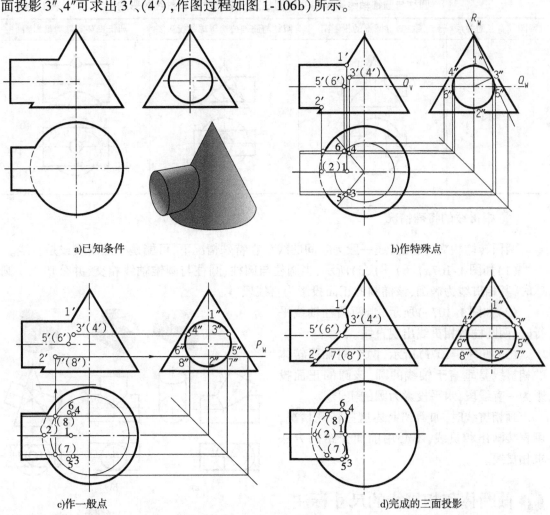

图1-106　圆柱与圆锥相贯线的投影

(2)求一般点。在特殊点之间的适当位置上作一水平辅助平面P。在W面上,由PW和圆的交点定出一般点Ⅶ、Ⅷ的W投影7″、8″。在H面上,平面P与圆锥、圆柱面的交线为圆和两条直线,它们的交点是Ⅶ、Ⅷ的H投影(7)、(8),由此可求出7′、8′,作图方法如图1-106c)所示。

(3)判断可见性,依次光滑连接各点。当两回转体表面都可见时,其上的交线才可见。按此原则,相贯线的V面投影前后对称,后面的相贯线与前面的相贯线重合,只需按顺序光滑连接前面可见部分的各点的投影;相贯线的V面投影以两点Ⅴ、Ⅵ为分界点,分界点的上段可见,用粗实线依次光滑连接;分界点的下段不可见,用虚线依次光滑连接。

(4)整理轮廓线。H 面投影中,圆柱的转向线应画到相贯线为止。

当圆柱与圆锥轴线垂直相交,圆柱直径发生变化时,相贯线的形状也会发生改变。表 1-19 列举了圆柱与圆锥轴线垂直相交,圆柱直径变化时对相贯线的影响。

圆柱与圆锥轴线垂直相交时圆柱直径变化时对相贯线的影响 表 1-19

两圆柱直径的关系	圆柱贯穿圆锥的投影图	圆柱与圆锥公切于球的投影图	圆锥贯穿圆柱的投影图
投影图			

3 相贯线的特殊情况

两回转体相交时,相贯线一般为空间曲线。在特殊情况下,可能是平面曲线或是直线。

(1)如图 1-107a)、b)、c)、d)所示,当圆柱与圆柱、圆柱与圆锥轴线相交,并公切于一圆球时,其相贯线为椭圆,该椭圆的正面投影为直线段。

(2)如图 1-107e)所示,当两圆柱轴线平行时,两圆柱的相贯线出现直线。

(3)如图 1-107f)所示,两个同轴回转体的相贯线是垂直于轴线的圆,该圆的正面投影为一直线段,水平投影为圆的实形。

画相贯线时,如遇到上述这些特殊情况,可直接画出相贯线,不必用前面介绍的方法求相贯线。

五 截断体和相贯线的尺寸标注

1 截断体的尺寸标注

对于截断体,由于被截平面截切,往往会出现切口和穿孔的结构,因此,除了要注出基本形体的尺寸外,还应注出截平面的位置尺寸。但不必注出截交线的尺寸,因为当基本体与截平面的相对位置一旦确定,截断体的形状与大小也就完全确定下来了。

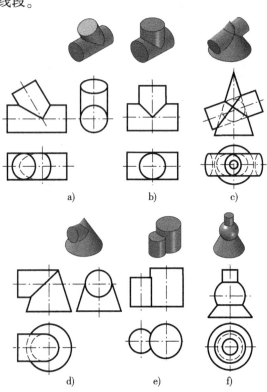

图 1-107 相贯线的特殊情况

1 带斜面和切口的基本体

这类形体除注出基本体的尺寸外,还要标出确定斜面和切口平面位置的尺寸。因为切口交线是由切平面位置确定的,是切平面截断形体而产生的截交线,因此不需要注其尺寸,若注其尺寸,即属错误尺寸。

2 带凹槽和穿孔的基本体

这类形体除了注出基本体的尺寸外,还必须注出槽和孔的大小和位置尺寸,如图 1-108 所示。(图中有 × 的尺寸不应注出)

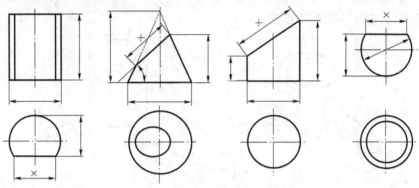

图 1-108 截断体的尺寸标注

2 相贯体的尺寸标注

对于相贯体,因为是由两基本体相交得到的,也只有当相交两基本体的形状、大小及相对位置确定以后,形成的相贯线的形状、大小及相对位置才能完全确定下来,所以除了要注出相交两基本体的尺寸外,还应注出确定两基本体相对位置的尺寸,但同样也不必注出相贯线的尺寸,如图 1-109 所示。

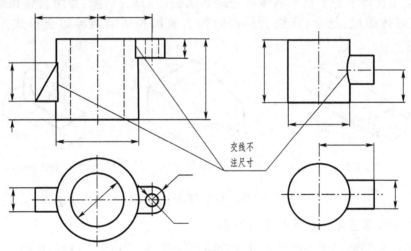

图 1-109 相贯体的尺寸标注

六 组合体

各种机械零件,如图1-110所示,尽管其形状千差万别,但都可以看成由若干个基本体组合而成。由两个或两个以上基本体按一定方式组合而成的形体,称为组合体,如图1-111所示。下面主要介绍组合体视图的画法、尺寸标注和读组合体视图的方法。

图1-110 典型零件

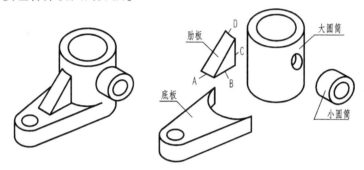

图1-111 组合体

1 组合体的组合形式和表面连接关系

① 组合体的组合形式

组合体的组合形式可分为叠加、切割(包括穿孔)、综合。最基本的组合方式为叠加和切割,但应用较多的是这两种方式的综合运用。

叠加:指组合体由若干基本形体按一定要求叠加而成;切割:指组合体由某一基本形体切去若干形体而成;综合:指组合体同时兼有叠加和切割两种组合形式,如图1-112所示。

a)叠加　　　　　　　　b)切割　　　　　　　　c)综合

图1-112 组合体的组合形式

② 组合体中各基本体表面的连接关系

(1)平齐——当两形体表面平齐时,中间不应该画线。如图1-113a)所示,上、下两立体前后平齐,形成一个平面,因此连接处不画分界线。

(2)不平齐——当两形体表面不平齐时,中间应该画线。如图1-113b)所示,上下两形体的前后相错,应在主视图上画出其分界线。

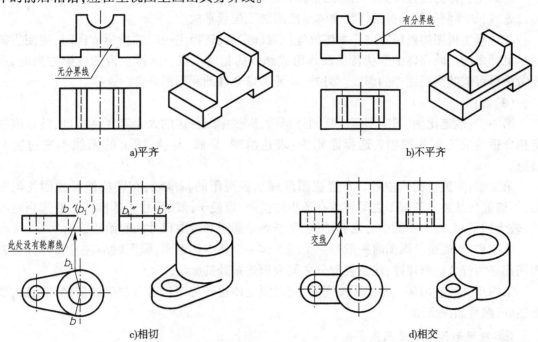

图1-113 形体表面之间的连接形式

(3)相切——两基本体表面光滑过渡,无交线。如图1-113c)所示,主、左视图的底板和圆柱表面相切处不画线,底板表面的投影应按"长对正、宽相等"的规律画到相切处的切点为止。

(4)相交——两基本体表面相交,相交处有交线。如图1-113d)所示,底板和圆柱表面相交,在主视图上应画出交线的投影。

2 组合体视图的画法

画组合体的视图时,经常采用形体分析法和线面分析法。所谓形体分析法,就是将组合体分成几个部分,弄清楚各部分的形状、组合方式、相对位置及表面连接关系,以便于画图和读图的方法。所谓线面分析法,就是分析组合体各表面及棱线、外形素线等与投影面的相对位置,以明确其投影特征;分析表面之间的连接关系及表面交线的形成和画法,以便于画图和读图的方法。

1 画组合体三视图的步骤

画组合体视图,一般按照形体分析、视图选择、画图三步进行。

(1)形体分析。画三视图之前,应对组合体进行形体分析。首先分析所要表达的组合体是属于哪一种组合形式(切割、叠加、综合),由几部分组成;然后分析各部分之间表面连接关系,从而对所要表达的组合体的形体特点有个总的概念,为画其视图做好准备。

(2)视图选择。视图选择的原则是:用尽量少的视图把物体完整、清晰地表达出来。视图选择包括确定物体的放置位置、选择主视图的投影方向及确定视图数量三个问题。

①确定物体的放置位置。物体通常按正常的工作位置放置。有些物体按照制造加工时的位置放,如预制桩等一类的杆状物体是按照加工位置平放。

②选择主视图的投影方向。物体放置位置确定后,选择主视图的投影方向时,应使主视图尽可能多的反映物体的形状特征及各组成部分的相对位置。选择主视图投影方向时,还要考虑尽可能减少视图中的虚线。另外,还要考虑合理地利用图纸。

(3)画图。

第一步:选定比例、确定图幅。视图选择后,应根据组合体的大小和复杂程度,按标准规定选择适当的比例和图幅。选择原则为:表达清楚,易画、易读,图上的图线不宜过密与过疏。

第二步:布置视图的位置。布置视图即画出各视图的基准线,布图应使各视图均匀布局,不能偏向某边。各视图之间要留有适当的空间,以便于标注尺寸。基准线一般选用对称线、较大的平面、较大圆的中心线和轴线,基准线是画图和量取尺寸的起始线。

第三步:画底稿。画图时一般是一个基本体一个基本体地画,画图时应注意每部分三视图间都必须符合投影规律,注意各部分之间表面连接处的画法。

第四步:检查、加深。底稿图画完后,应对照立体检查各图是否有缺少或多余的图线,改正错处,然后加深全图。

❷ 应用形体分析法画图举例

现以图1-114a)所示的组合体为例,说明绘制组合体视图的方法和步骤如下。

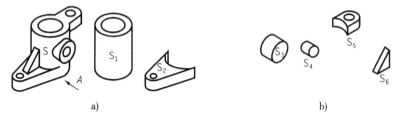

图1-114 组合体三视图的画法

(1)形体分析:逐一画出参与组合体集合构形各简单几何体的三视图,可以将绘制复杂的组合体视图转化为绘制简单的几何体视图。所以,要准确、快速地画出组合体视图,就要对组合体进行构形分析,即分解组合体为若干简单几何体的集合,明确各简单几何体之间的相对位置以及相邻表面之间的关系。本例的形体分析如图1-114b)所示。

(2)确定主视图:在三视图中,主视图是最主要的视图,因此,主视图的选择甚为重要。主视图应尽量反映组合体的几何特征,组合体在投影体系中的安放位置决定其主视图的投影方向。为了便于画图和看图,组合体应按自然位置放平,尽量使其主要平面或轴线处于投影体系的特殊位置,选择结构信息量最多、不可见轮廓最少的投影方向作为主视图的投影方向。本例选择图1-114a)中的A向作为主视图的投影方向。主视图一旦确定了,俯视图和左视图的投影方向也就相应确定了。

(3)选比例,定图幅:根据组合体的大小和复杂程度,选用适当的绘图比例及图纸幅面。

显然,选用1:1的比例画图较为方便。

(4)布图,画中心线:根据图纸幅面和各视图的外廓尺寸均衡地布置各视图在图纸上的位置,画出各视图的主要中心线或定位线,如图1-115a)所示。

(5)画底稿:用细线逐一画出各简单几何体三视图的底稿,从主要形体入手,根据各基本形体的相对位置逐个画出每一个形体的投影。如图1-115b)~e)所示。画图时,应先画主体部分(如直立空心圆柱),后画依附部分(如右侧U形柱)即先画主要结构与大形体,再画次要结构与小形体;先画完整的简单几何体三视图(如完整直立空心圆柱的三视图),后画集合构形后的相贯线(如直立空心圆柱与右侧U形柱的相贯线);先实体,后虚体(挖去的形体)。画各个形体的视图时,应从反映该形体形状特征的那个视图画起。

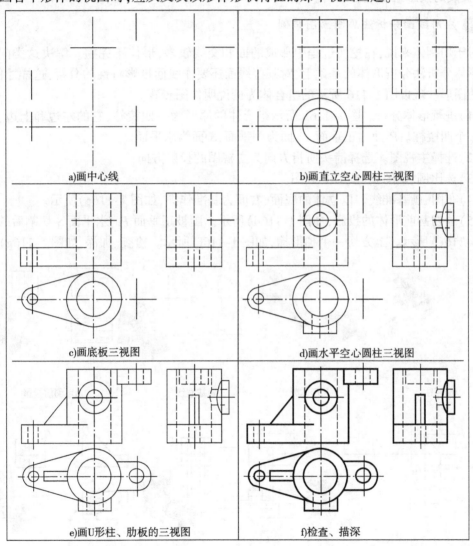

图1-115 组合体三视图的画法

(6)检查、描深:先逐一检查是否正确画出了各简单几何体的三视图,再检查是否正确画出了集合构形后的相贯线,纠正错误,补充遗漏,最后按标准规定的线型描深各种图线。当几种不同线型的图线重合时,按粗实线、虚线、细点画线、双点画线和细实线的优先顺序取舍,比如,粗实线与虚线重合时画粗实线。

本例完成后的三视图如图 1-115f) 所示。

画图时还应注意以下几个问题:利用投影关系,按投影规律逐个绘制每一个基本体的三视图。不应单独地画完组合体的一个视图后再画其他视图。这样既能保证各基本体之间的投影关系和相互位置,又提高了绘图速度;先画截交线有积聚性的投影,再根据投影关系画出截交线的其他投影;各形体之间的表面过渡关系,要表示正确。同时应考虑到实体内部无线;相贯线的投影通常最后画出。

❸ 应用线面分析法画图画图举例

对于切割体来说,在挖切过程中形成的面和交线较多,形体不完整。解决这类问题时,在用形体分析法分析形体的基础上,对某些线面还要作线面投影特性的分析,这样才能绘出正确的图形。现以图 1-116 所示的组合体为例说明作图步骤。

(1)进行形体分析。图 1-116b 所示组合体的原形为一四棱柱,它的左边和上边各被切去了一个四棱柱。P 面为正垂面,Q 面为侧垂面,S 面为水平面。

(2)选择主视图。选择箭头所指方向为主视图的投射方向。

(3)选比例、定图幅,按 1:1 画图。

(4)布图、画基准线。以立体的底面、右面为基准作图,如图 1-116c) 所示。

(5)画切割前形体的投影,如图 1-116d) 所示。画被正垂面 P、水平面 S 切割后的投影,如图 1-116e) 所示。上方切一个梯形槽,如图 1-116f) 所示。检查、加深,如图 1-116g) 所示。

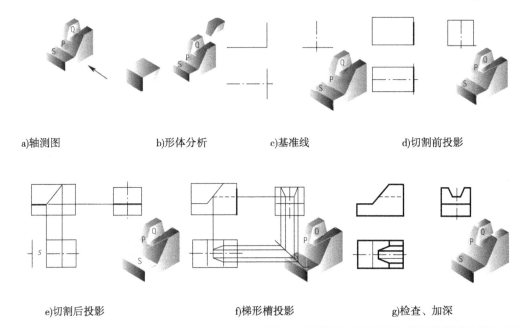

图 1-116 切割体组合体三视图的画法

> 注意
>
> 画截平面或切口投影时，一般先画有积聚性的投影或切口形状特征明显的投影。

3 组合体的尺寸标注

组合体的视图只能反映它的形状，而各形体的真实大小及其相对位置，则要通过标注尺寸来确定。

1 标注尺寸的基本要求

(1) 正确：正确是指尺寸注法要符合制图标准的规定。

(2) 完整：完整是指所注尺寸能够完全确定物体的大小及各组成部分的相对位置，即定形尺寸(确定各基本形体大小的尺寸)、定位尺寸(确定各基本形体之间相对位置的尺寸)、总体尺寸(确定物体总长、总宽、总高的尺寸)要标注齐全。

(3) 清晰：突出特征——定形尺寸尽量标注在反映该部分形状特征的视图上，如底板的圆孔和圆角，竖板的圆孔和圆弧，应分别标注在俯视图和主视图上，虚线上尽量避免标注尺寸；相对集中——形体某个部分的定形和定位尺寸，应相对集中标注在 1~2 个视图上，便于读图时查找，如底板的长、宽、高尺寸，圆孔的定形、定位尺寸集中标注在俯视图上；布局整齐——尺寸尽量布置在两视图之间，便于对照，同方向的平行尺寸，应使小尺寸在内，大尺寸在外，间距(一般大于5mm)均匀，避免尺寸线与尺寸界限相交，同方向的串联尺寸应排列在一直线上，既整齐，又便于画图。

(4) 合理：合理是指所注尺寸既能满足设计要求，又方便施工。而要符合设计施工要求，则要具备一定的设计和施工知识后才能逐步做到。

综上所述，标注尺寸的基本要求是：正确、完整、清晰、合理。"正确、清晰"已在前边章节中介绍，"合理"本书只作以上原则性介绍，下边重点阐述如何将组合体的尺寸标注完整的问题。

2 尺寸基准的选定

标注尺寸的起点，称为尺寸基准。

组合体是一个空间形体，它具有长、宽、高三个方向的尺寸，每个方向至少有一个尺寸基准，如果同一方向有几个尺寸基准，则其中有一个为主要基准，其余为辅助基准。辅助基准与主要基准之间必须有尺寸联系。

组合体的基准，常取底面、端面、对称平面、回转体的轴线以及圆的中心线等作为尺寸基准。如图 1-117 所示。

3 组合体的尺寸分类

组合体一般应标注三类尺寸：定形尺寸、定位尺寸和总体尺寸。

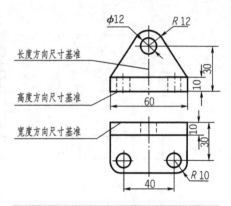

图 1-117 尺寸基准的选择

（1）组合体的定形尺寸。确定参与组合体集合构形各简单几何体的形状、大小的尺寸称为"组合体定形尺寸"。在组合体集合构形描述中常用的四棱柱、六棱柱、四棱台、圆柱、圆台、圆球等基本体的尺寸注法如图 1-118 所示。显然，形状不同的几何体，其定形尺寸的个数可能有所不同。在组合体集合构形描述中常用的简单几何体还有拉伸体。图 1-119 为一些常见拉伸体的尺寸注法。图 1-114a）所示组合体的集合构形描述可见图 1-114b），构成该组合体各简单几何体的定形尺寸注法如图 1-120 所示，其中，因水平空心圆柱的内、外柱面分别与直立空心圆柱的内、外柱面相交，故水平空心圆柱内、外柱面的长度不能直接给出。由于组合体是一个整体，所以在标注组合体定形尺寸时还应注意对组合体进行整体尺寸分析，各简单几何体的公有尺寸只需注一次，不应重复标注。例如，图 1-114 所示组合体集合构形时，S_1 与 S_2 的大圆柱面贴合（贴合是指两几何体的邻接边界面共面，但两个边界面的法矢量方向相反），故在标注其定形尺寸时，S_2 中的尺寸 $R30$ 应省略。

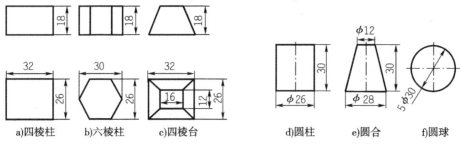

图 1-118 组合体的定形尺寸一

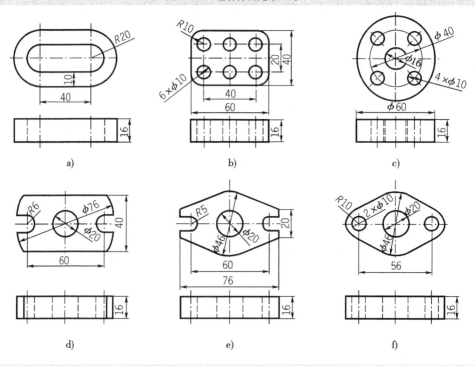

图 1-119 组合体的定形尺寸标注二

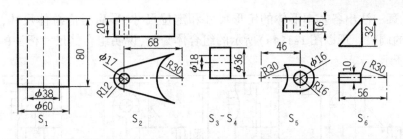

图 1-120　组合体定形尺寸标注三

(2) 组合体的定位尺寸。确定各简单几何体相对位置的尺寸称为"组合体定位尺寸"。两几何体的相对位置是指空间两几何体的左右、前后、上下位置关系,故确定两几何体相对位置的定位尺寸个数应为三个。当两几何体的邻接边界面处于共面、贴合位置时,该方向的定位尺寸可以省略;当两回转体处于共轴线位置时,可以省略两个方向的定位尺寸。例如,图 1-114 所示组合体集合构形时,S_1 与 S_2 的底面共面、大圆柱面共轴线,故 S_1 与 S_2 的三个定位尺寸均可省略。

组合体上的截交线是基本体被平面截断后自然形成的,截平面与基本体的相对位置确定后,截交线也就完全确定。同样,组合体上的相贯线是两基本体相交后自然形成的,两基本体的相对位置确定后,相贯线也就完全确定。图 1-121 为一些常见截断基本体和相贯体的尺寸注法。

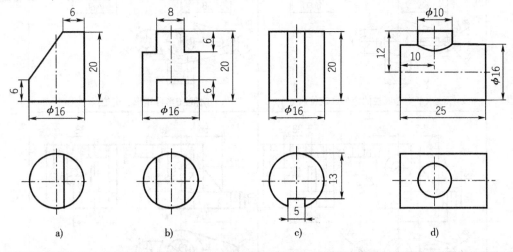

图 1-121　基本体和相贯体的尺寸标注

(3) 组合体的总体尺寸。确定组合体总长、总高、总宽的尺寸称"组合体总体尺寸"。当组合体某一方向的总体尺寸由不同平面上的两点或同一圆弧上的两点确定时,应标注该方向的总体尺寸;当组合体某一方向的总体尺寸分别由圆弧及平面上的一点或由不同圆弧上的两点确定时,不应标注该方向的总体尺寸。在标注了某一方向的总体尺寸后,有可能在该方向形成总体尺寸、定形或定位尺寸首尾串联的封闭尺寸链,为避免尺寸重复,应删去一个次要的定形或定位尺寸。

4　标注组合体尺寸的方法和步骤

标注组合体尺寸的基本方法是形体分析法,即先将组合体分解为若干基本形体,然后选择尺寸基准,逐一注出各基本形体的定形尺寸和定位尺寸,最后考虑总体尺寸,并对已注的尺寸作必要的调整。现以图 1-114a)所示的组合体为例,说明组合体尺寸标注的方法和步骤如图 1-122 所示。

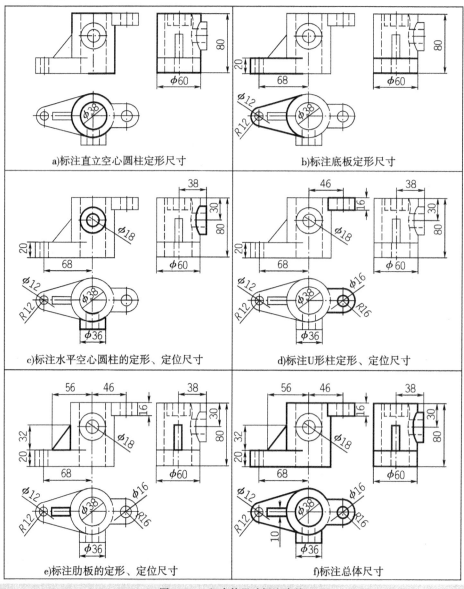

图 1-122 组合体尺寸标注步骤

任务实施

针对任务中的汽车轴承座模型图,根据前面知识准备中相关知识点的讲解,下面阐述任务的具体实施过程。

1 汽车轴承座三视图的绘制过程

1 分析形体

如图 1-123 所示,轴承座由:注油用的凸台 1、支撑轴的圆筒 2、支撑圆筒的支承板 3、肋板 4 和底板 5 五个部分组成。其中,凸台 1 与圆筒 2 的轴线垂直正交,内外圆柱面都有交线——相贯线;支承板 3 的两侧与圆筒 2 的外圆柱面相切,画图时应注意相切处无轮廓线;肋板 4 的左右侧面与圆筒 2 的外圆柱面相交,交线为两条素线,底板、支承板、肋板相互叠合,并且底板与支承板的后表面平齐。

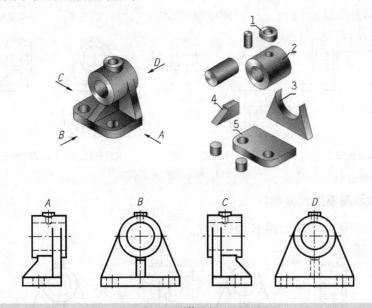

图 1-123　轴承座形体分析及主视图选择

2 视图选择

主视图选择,我们将轴承座按自然位置安放后,按图 1-123 所示箭头的四个方向进行投射,将所得的视图进行比较以确定主视图的投射方向。

如图 1-123 所示,若选择 D 向作为主视图,主视图的虚线多,没有 B 向清楚;若选择 C 向作为主视图,左视图的虚线多,没有 A 向好,由于 B 向投射方向最清楚地反映了轴承座的形状特征及其各组成部分相对位置,比 A 向投射好,所以,选择 B 向作为主视图的投射方向。

3 画图步骤

根据物体的大小和组合的复杂程度,选择适当的比例和图纸幅面;在图纸上为了均匀布置视图的位置,根据实物的总长、总宽、总高首先要确定好各视图的主要轴线、对称中心线或其他定位线;按形体分析法,从主要形体入手,根据各基本形体的相对位置逐个画出每一个形体的投影。画图顺序是先画主要结构与大形体;再画次要结构与小形体;先实体,后虚体(挖去的形体)。画各个形体的视图时,应从反映该形体形状特征的那个视图画起。如图 1-124b)中的圆柱,通常先画其主视图,再画其他视图。

4 检查、加深

完成底稿后,必须经过仔细检查,修改错误或不妥之处,擦去多余的图线,然后按规定线型加深。整个画图步骤如图1-124所示。

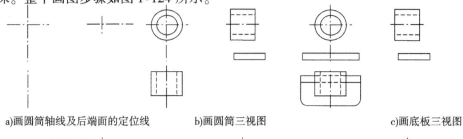

a) 画圆筒轴线及后端面的定位线　　b) 画圆筒三视图　　c) 画底板三视图

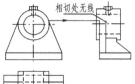

d) 画支撑板三视图　　e) 画凸台和肋板三视图　　f) 画底板上的圆角和圆柱孔,校核加深

图1-124　轴承座的画图步骤

2 汽车轴承座模型尺寸标注

轴承座的尺寸标注步骤如图1-125所示。

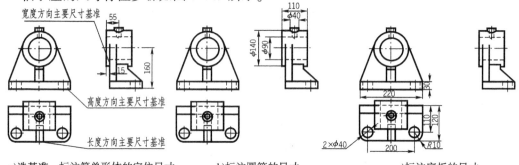

a) 选基准,标注简单形体的定位尺寸　　b) 标注圆筒的尺寸　　c) 标注底板的尺寸

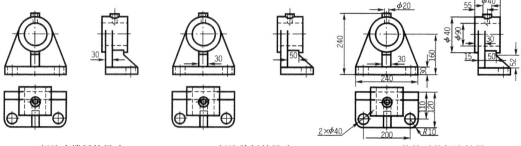

d) 标注支撑板的尺寸　　e) 标注肋板的尺寸　　f) 校核后的标注结果

图1-125　轴承座的尺寸标注

直角投影定理

相交两直线的投影通常不能反映两直线夹角的实形,如果两直线垂直(垂直相交或垂直交叉),其中一条直线是某一投影面平行线时,两直线在该投影面上的投影垂直。这种投影特性称为直角投影定理。以两直线垂直相交,其中一直线是水平线为例,证明如图1-126所示。

已知:$AB \perp CD$,$AB // H$ 面。求证:$ab \perp cd$

证明:因为 $AB // H$ 面,$Bb \perp H$ 面,所以 $AB \perp Bb$;

已知 $AB \perp CD$,根据 $AB \perp Bb$,所以 $AB \perp$ 平面 $CcdD$。得 $AB \perp cd$;又因为 $AB // H$ 面,得 $AB // ab$;所以 $ab \perp cd$。

直角投影定理的逆定理仍成立,如果两直线的某一投影垂直,其中有一直线是该投影面的平行线,那么空间两直线垂直。

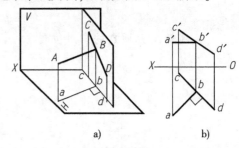

图1-126　直角投影定理

1. 分析三视图的形成过程,并填空说明三视图之间的关系。

(1)投射方向与视图名称的关系。

由____向____投射所得的视图,称为____;由____向____投射所得的视图,称为____;由____向____投射所得的视图,称为____。

(2)视图间的三等关系。

主、俯视图____;主、左视图____;俯、左视图____。

(3)视图与物体间的方位关系。

主视图反映物体的____和____;俯视图反映物体的____和____;左视图反映物体的____和____。

俯、左视图中,远离主视图的一边,表示物体的____面;靠近主视图的一边,表示物体的____面。

2. 由物体的三视图找出相应的轴测图。

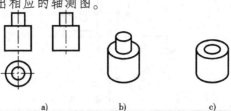

题　2图

3. 已知点 B 距 H 面 20mm、距 V 面 15mm、距 W 面 30mm，试作出点 B 的三面投影。

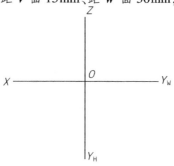

题 3 图

4. 判断 A、B 两点的相对位置。

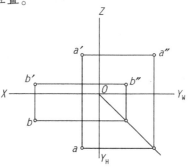

题 4 图

5. 已知直线的两面投影，求作第三面投影，并判断其空间位置，说明其投影特性。

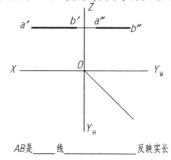

AB 是 _____ 线 _____ 反映实长

题 5 图

6. 已知下列平面平行图形的两面投影，求作第三面投影。

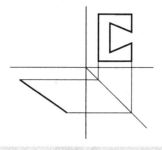

题 6 图

7. 判断 K, M, N 三个点是否在 ABCD 所决定的平面上。

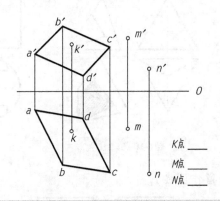

K点 ___
M点 ___
N点 ___

题 7 图

8. 已知回转体表面上点的一面投影，求作另两面投影，并说明它们的空间位置。

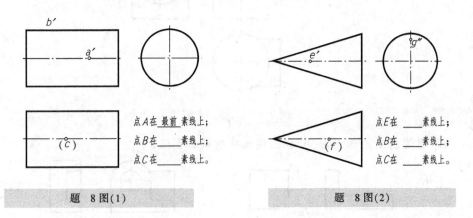

点A在 最前 素线上；　　点E在 ___ 素线上；
点B在 ___ 素线上；　　点B在 ___ 素线上；
点C在 ___ 素线上。　　点C在 ___ 素线上。

题 8 图(1)　　　　　　　　题 8 图(2)

9. 按视图间的对应关系改正下列视图中的错误(将改正后的视图全部加粗,不要的线打×)。

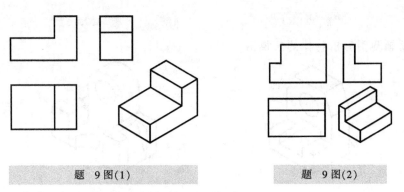

题 9 图(1)　　　　　　　　题 9 图(2)

10. 根据给出的视图,补画缺线或补画视图,完成三视图。

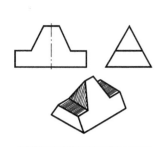
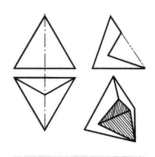
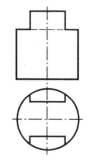

题 10 图(1)　　　题 10 图(2)　　　题 10 图(3)

11. 求相贯线的投影(保留作图线)。

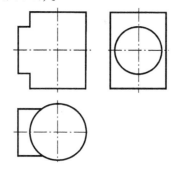

题 11 图

12. 看懂所给的轴测图,补全三视图中所缺的图线。

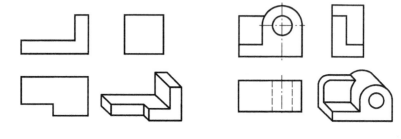

题 12 图(1)　　　　　　　题 12 图(2)

13. 根据轴测图画出物体的三视图。

题 13 图(1)　　　　　　　题 13 图(2)

任务三　汽车剖分式轴承座下座三视图的识读

图1-127是某汽车剖分式轴承座下座的三视图，要求在看懂所给零件视图的基础上构思轴承座下座实体形状。

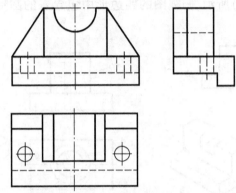

图1-127　轴承座下座三视图

组合体的读图方法和步骤

组合体读图是一种从平面图形，通过思维、构思、在想象中还原成空间物体的过程。读图时，必须应用投影规律，分析视图中每一条线、每一个线框所代表的含义，再经过综合、判断、推论等空间思维活动，从而想象出各部分的形状、相对位置和组合方式，直至最后形成清晰而正确的整体形象。

1 读图时应该注意的几个问题

❶ 线条的含义

（1）表示物体表面上的交线（棱线、截交线、相贯线）的投影，如图1-128所示，直线 a、b 是物体上对应的表面交线 A 和棱线 B 的投影。

（2）物体上的表面（平面或曲面）的积聚投影，如图1-128所示，c 是物体上对应的正平面 C 的投影，e 是物体上圆柱面 E 的积聚投影。

（3）回转体的转向轮廓线的投影，如图1-128b）所示，主视图上直线 f 是物体上圆柱的转向轮廓线最左素线 F 的投影。

2 线框的含义

（1）每一个线框代表着一个形体的连续表面，这个表面可以是平面、曲面或曲面和它的相切面。如图1-128a)中的 c、d 为四边形和凹形封闭线框，分别代表物体上 C、D 两平面的投影；而图1-128b)中的 e（粗实线组成的四边形线框）则代表着圆柱面 E 的投影。

（2）相邻的两个封闭线框，代表着两个位置不同的表面。如图1-128b)中的 c、d 代表着前后相错的两平面的投影。

（3）在大的封闭线框中包含着的小的封闭线框，代表着在大的表面上凸起或者凹进的小表面或穿孔。如图1-128b)所示，俯视图的四边形中包含着的圆形 e，表示在平面 G 上凸起的圆柱体。

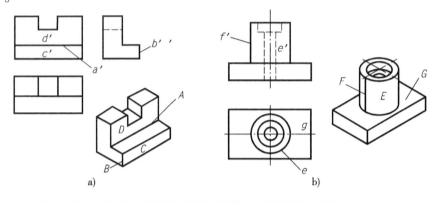

图1-128 线条和线框的含义

3 抓住特征，几个视图联系起来看

所谓特征，即物体的形状特征和位置特征。如图1-129所示，如果只给出主、俯两个视图，这组视图不具备完整的特征（形状、位置），结构不能唯一确定，所以，此图为多解题。只有确定左视图，结构才是唯一的，因此，该组视图的左视图为特征视图。

图1-130a)中，主视图表达了形状特征，位置特征反映在俯视图上，主、俯两个视图就可以确定物体的结构。而图1-130b)的情况就不同了，主视图虽然也表达了物体的形状特征，但由于物体结构的特殊性，俯视图却不能表达其位置特征，这就出现了 A、B 两种解。如果给出具有位置特征的左视图，题解就只能是 A，这种情况下也可以省略俯视图，这对读图没有任何影响，如图1-130c)所示。

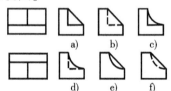

图1-129 用具备特征的视图来确定物体的结构

2 组合体的读图方法

常见的读图方法是形体分析法，对于较难读懂的地方，常采用线面分析法。

1 用形体分析法读图

形体分析法是将组合体视图分解为若干部分，运用投影规律，逐一识别参与组合体集合构形的各简单几何体,再根据各简单几何体的相对位置及集合构形方式,想象组合体的三维形状,如图 1-131 所示。形体分析与构形分析的相同之处在于,都是变复杂几何体为简单几何体的集合,不同之处在于,它们的分析对象有所不同,形体分析是对二维视图进行分析,构形分析是对三维实体进行分析。显然,要准确、快速地从组合体视图中识别参与组合体集合构形的各简单几何体,就要熟练掌握棱柱、棱锥、圆柱、圆锥、圆球等简单几何体的投影特点。

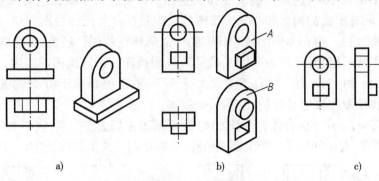

图 1-130　位置特征视图

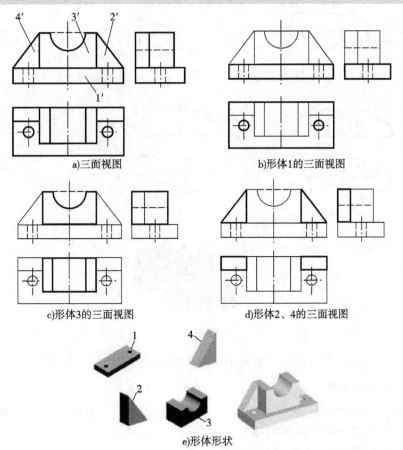

图 1-131　形体分析法读组合体视图

❷ 用线面分析法读图

线面分析法是运用线、面的投影规律,分析组合体视图中图线和线框的确切含义,判断它们与投影面的相对位置,进而想象组合体的三维形状。线面分析法是运用形体分析法读图的补充方法,读图时,在运用形体分析法的基础上辅以线面分析法,有助于弄清一些难点和细节。

读图是一个试探性过程,具有尝试性和反复性。只有充分了解组合体视图中图线和线框的含义,才可能有丰富的构思和联想。读图的过程是反复与已知视图对照、修正想象中的三维实体的思维过程。组合体中图线和线框的含义解释在前面已经提到,这里就不多说。

以图 1-132 所示组合体(压板)为例,我们来说明线面分析法读图的应用。

通过线面分析可知,A 面为垂直于 V 面的梯形平面,B 面垂直于 H 面的五边形平面,其余表面的形状和位置比较容易分析,故不一一叙述。

最后综合起来,可知该组合体为一长方体,被正垂面 A 切去左上角,被铅垂面 B(两个) 在左端切去前后两角,在中间钻了一个半圆头长孔,右端亦切去两角而成,如图 1-132 所示。

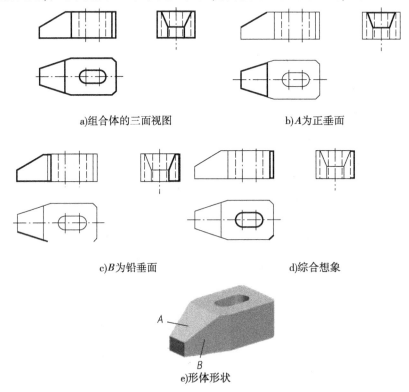

a) 组合体的三面视图　　　　b) A 为正垂面

c) B 为铅垂面　　　　d) 综合想象

e) 形体形状

图 1-132　线面分析法读图

❸ 组合体读图步骤

形体分析法和线面分析法,是读图的基本方法,它们之间既有联系又有区别。线面分析法一般用来分析视图中难于看懂的部分。

读组合体的视图时,一般按以下步骤进行:

(1) 初步了解:抓特征、分线框、找投影;根据组合体的视图和尺寸,初步了解组合体的大概形状和大小,根据各视图的线框,用形体分析法初步分析它由几个部分组成,各部分之间的组合方式,以及形体是否对称等。

(2)投影分析:依投影、想形状、定关系;通常从主视图入手,根据视图中的线框,适当地把它划分成几个部分,然后进一步分析各部分的形状和位置。

(3)综合想象:通过投影分析(形体分析和线面分析)在逐个看懂各组成部分形状的基础上,综合起来想出整个组合体的形状。对于比较复杂的视图,一般需要反复地分析、综合、判断和想象,才能将其读懂并想出组合体的形状。

现以图1-133所示的齿轮座为例,说明读图的一般步骤。

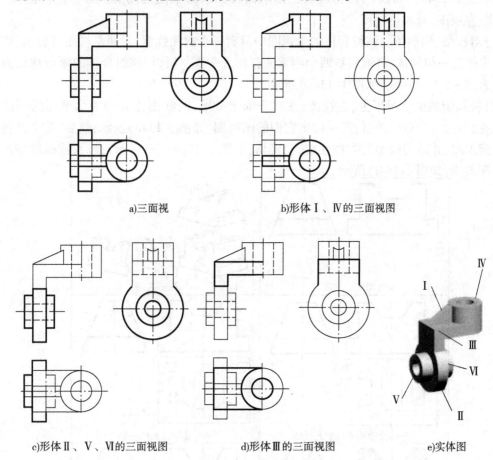

a)三面视 b)形体Ⅰ、Ⅳ的三面视图

c)形体Ⅱ、Ⅴ、Ⅵ的三面视图 d)形体Ⅲ的三面视图 e)实体图

图1-133 齿轮座的读图分析

第一步,初步了解:由图中左、俯视图可看出该组合体前后对称,从主视图反映的形体特征看,按线框可分为六个组成部分。

第二步,投影分析:根据线框1′和4′所对应的投影,可看出形体Ⅰ是一圆筒,由于它和形体Ⅲ和Ⅳ相连,因而在主视图中形不成完整的线框。形体Ⅳ是一块三角形筋板,与圆筒相交。根据线框2′、5′和6′所对应的投影,形体Ⅱ是一个圆盘,中心钻了一个通孔,圆盘两旁各有一圆形凸台,就是图中的Ⅴ和Ⅵ。根据线框3′所对应的投影,可以看出通过形体Ⅲ为一连接板,将圆筒Ⅰ和圆盘Ⅱ连在一起,构成一个整体,连接板前、后两个侧面与圆筒Ⅰ的圆柱面相切,主视图中相切部位不画分界线,并与圆盘Ⅱ的圆柱面相交,主视图中画出了交线的投影。连接板Ⅲ的左端与圆盘Ⅱ的左端平齐,组成了一个平面,左视图中不应画分界线。

第三步,综合想象:通过以上的投影分析,就能读懂各组成部分的形状和它们之间的相对位置和表面连接关系。最后综合起来,想象出该组合体的形状来。

3 已知两面视图补画第三面视图的方法

现以图1-134a)"滑块"为例,说明已知两面视图求第三面视图的一般方法。已知"滑块"的主、左视图,补画俯视图。

(1)对投影、识形体。该组合体的主视图中只有一个封闭线框,对照左视图可看出,该组合体的主体为一拉伸体,其前后被两个侧垂面各切去一块。所以,该组合体的集合构形方式可描述为:$S = S_1 - S_2 - S_3$,如图1-134b)所示。

(2)补画俯视图。对照主、左视图,按自下而上的顺序,找出边界面为水平面的两面投影,利用投影的三等对应关系,逐一画出它们的俯视图,如图1-134c)所示;然后,补全其他边界面的俯视图,并运用投影的类似性检查、确认,如图1-134d)、e)所示;最后,按标准规定的线型描深图线,如图1-134f)所示。

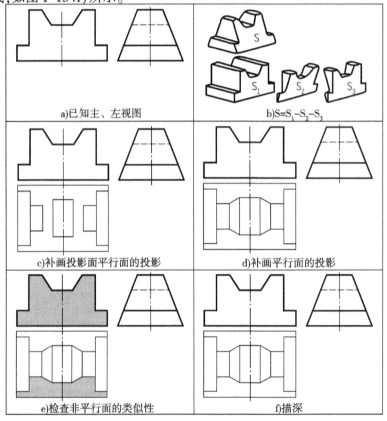

图1-134 "滑块"三视图补画

任务实施

按照组合体的读图方法及步骤,我们对图1-127所示的汽车剖分式轴承座下座的三视图进行分析识读,过程如下:

从主视图入手,将其分为Ⅰ、Ⅱ、Ⅲ、Ⅳ四部分,其中Ⅱ、Ⅳ为两对称形体。

形体Ⅰ:由反映特征轮廓的主视图对照俯、左视图,可想象出形体Ⅰ是上部挖去了一个半圆槽的长方体,如图1-135b)所示。

形体Ⅱ、Ⅳ:主视图为三角形,俯视图与左视图为矩形线框,想象其为一个三棱柱。如图1-135c)所示。

形体Ⅲ:由左视图对照主、俯视图,可想象其为带弯边的左右有小圆孔四棱柱,如图1-135d)所示。

由三视图来看,形体Ⅰ在底板的上面居中靠后;形体Ⅱ、Ⅳ在形体Ⅰ左右两侧,形体Ⅰ、Ⅱ、Ⅳ的后面均平齐。

最终的实物图如图1-136b)所示。

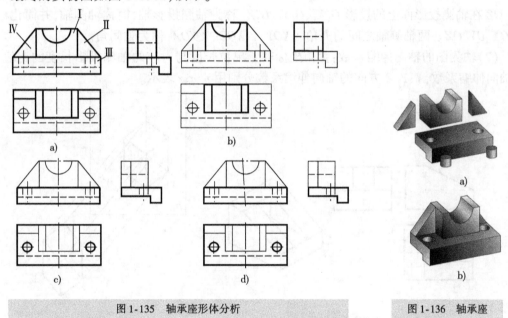

图1-135 轴承座形体分析　　　　图1-136 轴承座

轴 测 投 影

在工程图样中均采用多面正投影图来表达形体形状。这种图形作图简便,度量性好,能够正确、完整、准确地表示物体的形状和大小,所以在工程实践中得到广泛应用,但由于正投影图的一个投影只能反映形体的两维结构,缺乏立体感,必须多面投影结合,才能完整表达空间形体的三维结构。因而正投影图较抽象难懂。轴测图是一种能够在一个投影图中同时反映形体三维结构的图形。如图 1-137 所示,是一立体的正投影图和轴测投影。显而易见,轴测图直观形象,易于看懂。因此工程中常将轴测投影用作辅助图样,以弥补正投影图不易被看懂之不足。与此同时,轴测投影也存在着一般不易反映物体各表面的实形,因而度量性差,绘图复杂、会产生变形等缺点。

1 轴测投影的基本知识

1 轴测图的形成

将物体连同其确定空间位置的直角坐标系,沿不平行于任一坐标平面的方向,用平行投影法将其投射在单一投影面上所得到的具有立体感的图形,称为轴测投影图,简称轴测图。用正投影法形成的轴测图称正轴测图;用斜投影法形成的轴测图称斜轴测图。

2 轴测图的轴间角和轴向伸缩系数

(1)轴测图的轴测轴和轴间角:如图 1-138 所示,P 平面称为轴测投影面,坐标轴 OX、OY、OZ 在轴测投影面上的投影 O_1X_1、O_1Y_1、O_1Z_1 称为轴测投影轴,简称轴测轴,并简化标记为 OX、OY、OZ。两轴测轴之间的夹角 $\angle XOY$、$\angle XOZ$、$\angle YOZ$,称为轴间角。

(2)轴测图的轴向伸缩系数:直角坐标轴上单位长度与对应的轴测投影长度的比值,称为轴向伸缩系数,X、Y、Z 方向的轴向伸缩系数分别用 p、q、r 表示。

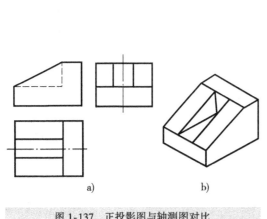

图 1-137 正投影图与轴测图对比

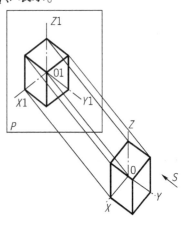

图 1-138 轴测图的概念

3 轴测图的分类

根据投影方法的不同,轴测图可分为两类:正轴测图和斜轴测图。根据轴向伸缩系数,每类轴测图又可分为三种:三个轴向伸缩系数均相等的,称为等测轴测图;其中只有两个轴向伸缩系数相等的,称为二测轴测图;三个轴向伸缩系数均不相等的,称为三测轴测图。

国家标准推荐了三种作图比较简便的轴测图,即正等测、正二测、斜二测三种轴测图。工程上使用较多的是正等测和斜二测,本章只介绍这两种轴测图的画法。

4 轴测投影的特性

由于轴测图是用平行投影法得到的视图,而正投影是平行投影的一种,因此,轴测图也具有正投影的某些投影特性,如全等性、平行性、定比性、从属性、类似性(包括圆与椭圆)等。

(1)空间相互平行的直线,它们的轴测投影互相平行。

(2)立体上凡是与坐标轴平行的直线,在其轴测图中也必与轴测轴互相平行。

(3)立体上两平行线段或同一直线上的两线段长度之比,在轴测图上保持不变。

应当注意的是,如所画线段与坐标轴不平行时,决不可在图上直接量取,而应先作出线段两端点的轴测图,然后连线得到线段的轴测图。另外,在轴测图中一般不画虚线。

2 正等测图的画法

在实际应用中常用的轴测投影有正等测、正面斜二测和水平斜二测等,这些轴测投影绘制比较简便,应用较多。与正投影图比较,轴测投影的作图要复杂得多。需要更加耐心细致的工作态度。

绘制轴测图通常按以下步骤进行:

首先为形体选取一个合适的参考直角坐标系。即根据画图方便与否,在正投影图中画出直角坐标轴的投影,从而将形体置于一个合适的参考直角坐标系中;根据轴间角画出轴测轴;按照与轴测轴平行且与轴测轴具有相等伸缩系数原理确定空间形体各顶点的轴测投影;整理图形。连接相应棱线,擦去多余图线,加黑描深轮廓线,完成作图。

1 正等轴测图的形成,轴间角和轴向伸缩系数

当物体上的三根直角坐标轴与轴测投影面的倾角相等时,用正投影法所得到的图形,称为正等轴测图,简称正等测。

正等轴测图中的三个轴间角相等,都是120°,其中Z轴规定画成铅垂方向,如图1-139所示。正等测的各轴向伸缩系数相同,根据理论分析,可计算出 $p_1 = q_1 = r_1 = 0.82$。实际绘图时,为简化作图一般将其扩大1.22倍,均取为1,即简化后的轴向伸缩系数 $p_1 = q_1 = r_1 = 1$。

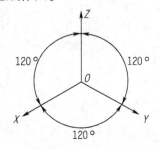

图1-139 正等轴测图的轴间角

2 平面立体正等轴测图的画法

画平面立体正等轴测图的最基本的方法是坐标法,即沿轴测轴度量定出物体上一些点的坐标,然后逐步由点连线画出图形。在实际作图时,还可以根据物体的形体特点,灵活运用各种不同的作图方法,如坐标法、切割法、叠加法等。

坐标法:画轴测图时,先在物体三视图中确定坐标原点和坐标轴,然后按物体上各点的坐标关系采用简化轴向变形系数,依次画出各点的轴测图,由点连线而得到物体的正等测图。

坐标法是绘制轴测图的基本方法,不但适用于平面立体,也适用于曲面立体;不但适用于正等测,也适用于其他轴测图的绘制。

切割法:这种方法适用于以切割方式构成的平面立体,先绘制出挖切前的完整形体的轴测图,再依据形体上的相对位置逐一进行切割。

叠加法:叠加法适用于绘制主要形体是由堆叠形成的物体的轴测图,此时应注意物体堆叠时的定位关系。作图时,应首先将物体看成是由几部分堆叠而成,然后依次画出这几部分的轴测投影,即得到该物体的轴测图。

以上三种方法都需要定坐标原点,然后按各线、面端点的坐标在轴测坐标系中确定其位置,故坐标法是画图的最基本方法。当绘制复杂物体的轴测图时,上述三种方法往往综合使用。

【例 1-13】 用坐标法作长方体的正等测图,如图 1-140 所示。

解:作法如下:如图 1-140a) 所示,在正投影图上定出原点和坐标轴的位置;如图 3-140b) 所示,画轴测轴,在 O_1X_1 和 O_1Y_1 上分别量取 a 和 b,对应得出点 Ⅰ 和 Ⅱ,过 Ⅰ、Ⅱ 作 O_1X_1 和 O_1Y_1 的平行线,得长方体底面的轴测图;如图 1-140c) 所示,过底面各角点作 O_1Z_1 轴的平行线,量取高度 h,得长方体顶面各角点;如图 1-140d) 所示,连接各角点,擦去多余图线、加深,即得长方体的正等测图,图中虚线可不必画出。

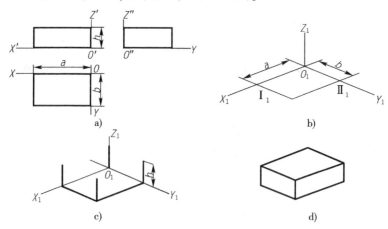

图 1-140 作长方体的正等测图

【例 1-14】 求作 1-141a) 所示立体的正等测图。

解:分析:由投影图知该立体为长方体经切角、挖槽后形成,是一个挖切体,故采用切割法作图。作图步骤如下:

在视图上定坐标原点 O 于立体左、下、前角,如图 1-141a) 所示;作出挖切前的基本立体,按立体的长、宽、高尺寸画出外形,如图 1-141b) 所示;由投影图知切斜角所用尺寸:X 轴方向 8,Z 轴方向 4,在轴测图上找到对应点,并连线,如图 1-141c) 所示;由俯视图知所挖槽在立体前后对称线上,由槽宽尺寸 6、槽深尺寸 10 所确定。在轴测图长方体的顶面找出槽宽尺寸 6,再由顶面向下量出槽深 10,至于槽与切去左上角而得的正垂面的交线,只需作与正垂面各边对应的平行线即可,如图 1-141d) 所示;整理全图,擦去作图辅助线和不可见轮廓线,加深可见轮廓线,如图 1-141e) 所示。

❸ 回转体的正等测图

(1) 平行于坐标平面的圆的正等轴测图特点。画回转体时经常遇到圆或圆弧,由于各坐

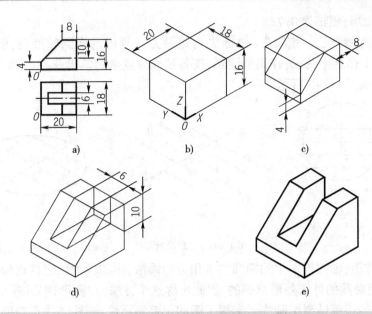

图 1-141　切割法求立体的正等轴测图作图步骤

标面对正等轴测投影面都是倾斜的,因此平行于坐标平面的圆的正等轴测投影是椭圆。而圆的外切正方形在正等测投影中变形为菱形,因而圆的轴测投影就是内切于对应菱形的椭圆,如图 1-142 所示。从图中可以看出：

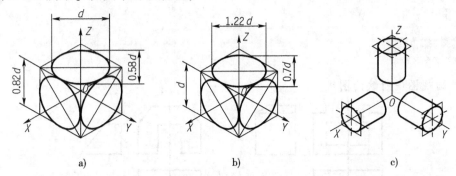

图 1-142　平行于坐标面的圆的正等测图

①平行于三个坐标面的等直径的圆其轴测投影得到的三个椭圆形状和大小是一样的,但方向不同。

②水平面内椭圆的长轴处于水平位置,正平面内的椭圆长轴为向右上倾斜 60°,侧平面上的椭圆长轴方向为向左上倾斜 60°,而三个椭圆的短轴分别与相应菱形的短对角线相重合,并且短轴方向就是与圆所在的平面垂直的坐标轴的方向。如图 1-142a)、b)所示。如果要作轴线与坐标轴平行的圆柱或圆锥,则其上下底面椭圆的短轴与轴线方向一致。如图 1-142c)所示。

如果采用理论轴向伸缩系数 0.82,则椭圆的长轴为圆的直径 d,短轴为 0.58d,如图 1-142a)所示。用简化轴向伸缩系数 1 作图,如图 1-142b)所示,其长短轴的长度均放大 1.22

倍,长轴长为 1.22d,短轴为 0.7d。

(2)圆的正等测画法。弦线法(坐标法):这种方法画出的椭圆较准确,但作图较麻烦。其步骤为:在圆上作若干弦线;作出轴测轴,按各弦线分点坐标画出弦线的轴测投影;依次光滑连接各端点,如图 1-143 所示。

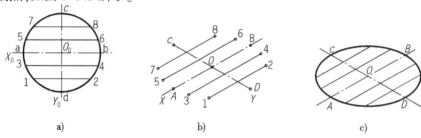

图 1-143 弦线法画圆弧

为了简化作图,轴测投影中的椭圆常采用近似画法,用四段圆弧连接近似画出。这四段圆弧的圆心是用椭圆的外切菱形求得的,因此也称这个方法为"菱形四心法"。

(3)圆柱体的正等轴测图画法。掌握了圆的正等画法,圆柱体的正等测也就容易画出了。只要分别作出其顶面和底面的椭圆,再作其公切线就可以了。

(4)圆球的正等测画法。圆球的正等测图是圆。当采用简化伸缩系数时,圆的直径是球径 d 的 1.22 倍。为了增加图形的立体感,常把球切去 1/8,并连同以球心为原点的坐标面一并画出。

1. 补画视图中所缺的图线。

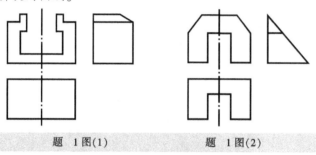

题 1 图(1)　　　　　　　题 1 图(2)

2. 根据两面视图,想出组合体的形状,并补画第三面视图。

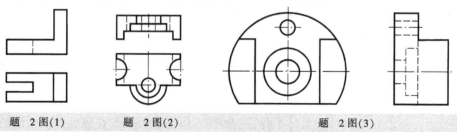

题 2 图(1)　　题 2 图(2)　　　题 2 图(3)

项目二 零件常用表达方法

知识目标
- 掌握各种视图、剖视、断面图的定义、画法、标注及适用范围。
- 掌握各种视图、剖视、断面图的选择与配置的基本方法,培养绘图能力。
- 具有应用各种视图、剖视和断面图进行零件综合表达的能力。
- 了解第三角投影法。
- 掌握局部放大视图的定义、画法、标注及适用范围。
- 掌握常用简化画法和规定画法。
- 具有应用各种图样画法综合表达零件的能力。

能力目标
- 能够针对零件的形状、结构特点,合理、灵活地选择各种视图、剖视图、断面图来表达零件,并进行综合分析、比较,确定出最佳的表达方案。
- 能够根据零件的结构形状,应用各种图样画法对零件进行综合表达。
- 能够在绘制零件的视图过程中灵活运用各种简化画法。

任务一 汽车支架视图表达方案的选择

图2-1所示为一个汽车支架的模型图,要求根据此模型图的结构形式,选用适当的一组图形表达该支架,尺寸可根据图形模型自行按比例确定。

图2-1 汽车支架模型图

国家标准《技术制图》为工程图样规定了一系列表示法：视图、剖视图、断面图、局部放大图和简化表示法等。根据零件的结构、形状特点，采用适宜的表示法，可以完整、简洁、清晰地表达零件的内、外结构和形状。

一、视图

视图表示法主要用于表达零件的外形，一般只画出零件的可见部分，但当画出少量虚线可以减少视图时，应画出相关虚线。国家标准规定的视图有基本视图、向视图、局部视图和斜视图四种。

1 基本视图

零件向基本投影面投射所得到的视图称为基本视图。

为了清晰地表达出零件的上、下、左、右、前、后方向的不同形状，在原有三个投影面的基础上，再增加三个投影面，使六个投影面构成一个正六面体。

右视图——从右向左投射得到的视图；仰视图——从下向上投射得到的视图；后视图——从后向前投射得到的视图。

六个投影面按规定的方向旋转展开，如图2-2所示。

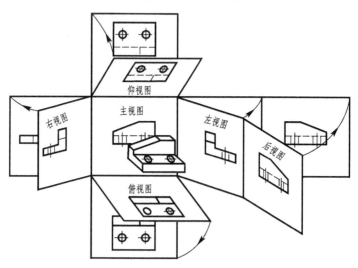

图2-2 基本投影面展开

六个视图之间仍应符合"长对正、高平齐、宽相等"的投影规律。即：主、俯、后、仰视图之间符合"长相等"；主、左、后、右视图之间符合"高相等"；俯、左、仰、右视图之间符合"宽相等"。除后视图外，各视图靠近主视图里侧，均反应零件的后面，而远离主视图的外侧，均反应零件的前面。如图 2-3 所示。

六个基本视图的配置：在同一张图纸内按图 2-4 所示配置视图时，一律不注写视图的名称。

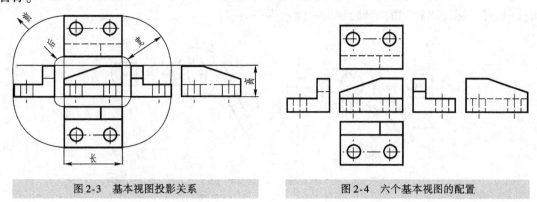

图 2-3　基本视图投影关系　　　　　　图 2-4　六个基本视图的配置

选用原则：并非任何零件都需要画出六个基本视图，应根据零件形状的复杂程度和结构特点，选用若干个基本视图，一般情况下优先选用主、俯、左视图。

2 向视图

当基本视图不能按照基本配置位置放置时，允许另选位置放置，但此时该视图不再称为基本视图，而称为向视图，此时应在视图上方注出视图名称"×"，并在相应的视图附近用箭头指明投影方向，并注上同样的字母。如图 2-5 所示。

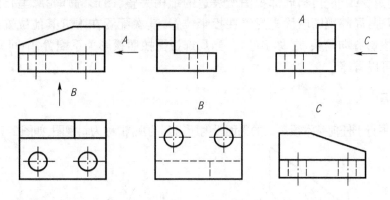

图 2-5　向视图的配置

说明：选择向视图和基本视图一样，可根据零件的复杂程度确定数量，不一定非要六个，以表达清楚、视图最少为宜。

3 局部视图

将零件的某一部分向基本投影面投射所得到的视图，称为局部视图。如图 2-6 所示。当零件的主要形状已经表达清楚，只有局部结构未表达清楚，为了简便，不必再画一个完整的视图,而只画出未表达清楚的局部结构。当画了 A 向斜视图后,倾斜部分的结构已经表达清楚,其俯视图上的倾斜部分可以省略不画,只画出需要的局部视图,并用波浪线断开。

画局部视图时,一般在局部视图的上方标注视图的名称,并在相应的视图附近用箭头指明投射方向,标注出相同的字母,字母一律水平书写。

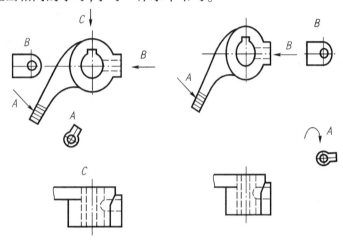

图 2-6　局部视图

画局部视图应该注意的问题:局部视图多为不完整的图形,边界用波浪线(假想的断裂)绘制;波浪线应画在零件的实体部位,不可超出轮廓线,也不可穿空而过;波浪线不可与任何线条及其延长线重合;当局部视图所表达的结构完整,图形的外轮廓呈自然封闭状时,波浪线省略不画;局部视图应优先配置在投影位置,其次配置在附近其他位置;局部视图一般应有标注(投影方向箭头、名称字母)。当局部视图按照投影关系配置,中间又无其他图形隔开时,标注可以省略。

4 斜视图

零件向不平行于任何基本投影面的平面投射所得到的视图,称为斜视图,如图 2-7 所示。

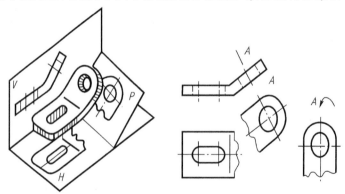

图 2-7　斜视图

倾斜部分的上下表面均是正垂面,由于它对其余几个投影面都是倾斜的,因此其投影都不反映实形。现设置一个与倾斜部分平行的投影面 P,再将倾斜部分向这个投影面进行投射,所得到的视图就反映了该部分的实形。这种当零件上有倾斜于基本投影面的结构时,为了表达倾斜部分的真实外形,设置一个与倾斜部分平行的投影面,将倾斜结构向该投影面投射,这样得到的视图就是斜视图。

斜视图通常只用于表达零件倾斜部分的实形,其余部分不必全部画出,而用波浪线断开。画斜视图时,必须在视图的上方标注出视图的名称,在相应的视图附近用箭头指明投射方向,并注上相同的字母,字母一律水平方向书写。

斜视图一般按投影关系配置,必要时也可配置在其他适当的位置。为了便于画图,允许将斜视图旋转摆正画出,此时在图形上方应标注出旋转符号。旋转符号为半圆形,其半径为字体高,线宽为字高的 1/10 或 1/14。字母标在箭头一端,并可将旋转角度写在字母之后。

5 旋转视图

用于零件上有倾斜部分,且该部分与平直部分的相交处存在回转体。要注意以下几个问题:将零件的倾斜结构假想旋转到平直位置,再向基本投影面投影(先旋转,后投影);平直部分与倾斜部分必须存在回转轴线;旋转只是一种假想,其他图形不受此影响;旋转视图一般不需标注。旋转视图如图 2-8 所示。

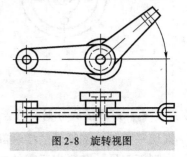

图 2-8 旋转视图

二 剖视图

在用视图表达零件时,零件的内部结构都用虚线来表示,如图 2-9 所示。

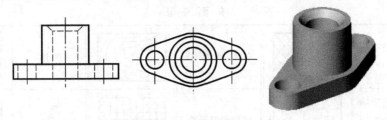

图 2-9 剖视图

如果零件的内部结构形状比较复杂,那么在视图中就会出现许多虚线。这样既影响图面清晰,给画图和标注尺寸带来不便,又给读图造成不少困难。为了减少视图中的虚线,使图面清晰,可以采用剖视的方法来表达零件的内部结构形状。

1 概念

❶ 剖视图的形成

如图 2-10a)主视图所示,用虚线表达零件不同层次的空腔结构时,可见的轮廓线(实线)与不可见的轮廓线(虚线)交错、重叠,既影响视图的清晰,又不便于看图及标注尺寸。为了清晰地表达零件的空腔结构,假想用一剖切平面,沿零件的对称面将其剖开(图2-10b),移去观察者和剖切平面之间的部分,使空腔结构显露出来,然后将其余的部分向投影面投影,所得的视图称"剖视图"(简称"剖视"),如图2-10c)中 A—A 所示。

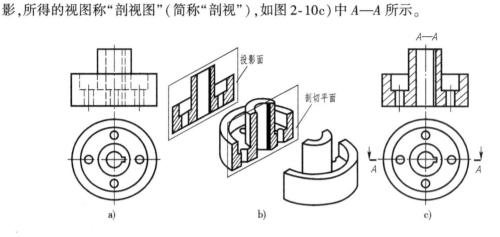

图2-10 剖视图的形成

2 剖面区域与剖面符号(GB 4457.5—1984)

剖切平面与被剖零件的接触部分称"剖面区域"。国家标准规定,剖视图需在剖面区域内画出剖面符号。若要表示零件的材料类别,可用特定的剖面符号,特定剖面符号由相应的标准确定,国家标准中规定不同的材料用不同的剖面符号来表示。常用剖面符号见表2-1;若不表示零件的材料类别,可用通用的剖面符号(简称"剖面线")。如图2-10c)A—A 所示,剖面线是用细实线绘制,间隔为 2~4mm 的等距平行线,最好与剖面区域的主要轮廓线或对称线成45°,向左或向右倾斜均可,但同一零件的各剖面区域,剖面线的方向、间隔应一致。

剖 面 符 号　　　　表2-1

金属材料(已有规定剖面符号者除外)	(斜网格)	木材(纵断面)	(木纹)	液体	(水平线)
型砂、填砂、粉末冶金、砂轮、陶瓷刀片、硬质合金刀片等	(点状)	线圈绕组元件	(方格)	砖	(斜线)
转子、电枢、变压器和电抗器等的叠钢片	(竖线)	钢筋混凝土	(混合)	玻璃	(斜短线)
非金属材料(已有规定剖面符号者除外)	(斜网格)	木质胶合板	(木纹带)	混凝土	(点圈)

画剖面符号的注意事项:金属材料的剖面符号为与水平方向成45°,且互相平行、间隔相

等的细实线(通用剖面线);剖面符号的倾斜方向左右均可,但同一个零件的各个图形中则应方向一致、间隔相等;当图形的主要轮廓线与水平方向成45°时,该图形的剖面符号允许画成30°或60°的平行线,但方向仍应与同一零件的其他图形一致。

2 剖视图的标注

一般应在剖视图上方居中位置标注剖视图的名称"×-×"("×"为大写拉丁字母);在剖切平面积聚为直线的视图上用剖切符号(粗短画线,尽可能不与视图的轮廓线相交)表示剖切平面的起、迄和转折位置,并标注同样的字母;在剖切符号两端垂直地画出箭头,表示剖切后的投影方向,如图2-10c)所示。当剖视图按投影关系配置,且中间没有其他图形隔开时,可省略箭头;当单一剖切平面为基本投影面的平行面,剖切位置明显,且剖视图按投影关系配置、中间没有其他图形隔开时,可省略标注。

3 画剖视图时应注意

剖视图是一种假想画法,并非真的将零件切去一部分,其他视图应完整画出;剖切平面一般应平行于基本投影面,且通过零件上孔、槽的轴线或对称面,以避免剖切后产生不完整的结构要素;应画出剖切平面后面的所有可见轮廓线(图2-11a)中有漏线);剖切平面后面的不可见轮廓线,若其结构已在剖视图或其他视图中表达清楚,应该省略虚线(图2-11b)中的虚线),没有表达清楚的结构,允许画少量虚线(图2-11c)中的虚线);画剖视图时,对已剖去的轮廓线不再画出;剖视图仍是"体"的概念,故剖切平面之后的所有可见轮廓线均应画出来;当剖切平面通过薄板类结构(如肋板、支撑板等)的对称平面时,此结构按不剖处理。绘图时用相邻部分的最大轮廓线将其隔开,不画剖面线。如图2-12所示;根据零件的复杂程度,同一张图中可绘制几个剖视图,它们相互独立(均从零件整体剖切),互不影响。

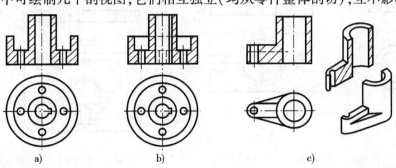

图2-11 剖视图应该注意的事项

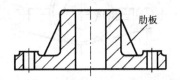 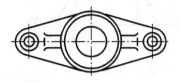

图2-12 肋板的画法

三 剖视图的种类

根据剖切范围来划分,剖视图可分为全剖视图、半剖视图和局部剖视图。

根据剖切平面来分:单一剖切面剖切(全剖、半剖、局部剖);几个平行的剖切平面(阶梯剖);几个相交的剖切平面(旋转剖);组合的剖切平面(复合剖);倾斜的剖切平面(斜剖)。

1 全剖

用剖切平面完全地剖开零件,所得的视图称"全剖视图",图 2-13 所示即为全剖视图。一般用于外形较简单或外形已在其他视图中表达清楚,而内部结构复杂的零件。全剖的表达重点在于表达零件的内部结构,对外形的表达较差。

2 半剖

如图 2-14 所示,当零件在主体结构上具有对称平面时,在垂直于对称平面的投影面上的投影,可以对称中心线为界,一半画成剖视图,另一半画成视图,这种组合视图称"半剖视图"。半剖视图既可以表达零件的内部结构,又可以表达零件外部形状。故用于内外形均需要表达的对称零件(对称线处不能有轮廓线投影)。当零件的形状基本对称,且不对称部分已另有图形表达清楚时,也可以画成半剖视图,如图 2-15 所示。

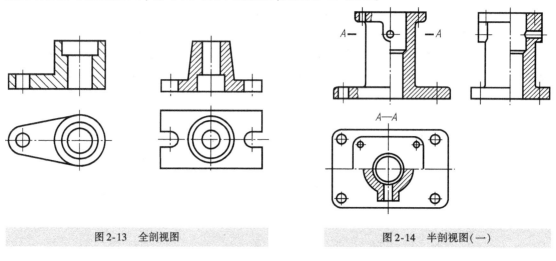

图 2-13　全剖视图　　　　　　　　图 2-14　半剖视图(一)

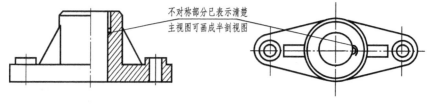

图 2-15　半剖视图(二)

画半剖视图时应注意,半个剖视与半个视图的分界线为细点画线,不要画成粗实线,如图 2-14 所示。画剖视图的目的是为了用实线表达零件的空腔结构,因此,在半个剖视图上已表达清楚的空腔结构,在不剖的半个视图上,表示该结构的虚线不画。同理,在其他视图上,表示该结构的虚线也应省略。但对未表达清楚的部位仍应画出。习惯上将左右对称的图形剖开右半边,而将上下对称的图形剖开下半边。

半剖视图的标注方法与全剖视图的标注方法相同,图 2-16a) 的标注是错误的。

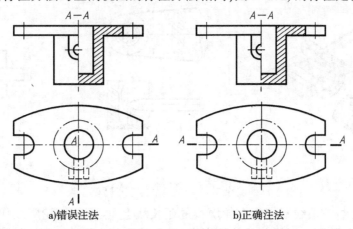

图 2-16 半剖视图(三)

3 局部剖

用剖切面局部地剖开零件所获得的剖视图,称为局部剖视图。局部剖视图应用比较灵活,适用范围较广。常见情况如下:

(1)要同时表达不对称零件的内外形状时,可以采用局部剖视,如图 2-17 所示。

(2)有对称面,但轮廓线与对称中心线重合,不宜采用半剖视图时,可采用局部剖,如图 2-18 所示。

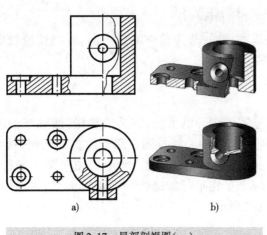

图 2-17 局部剖视图(一)

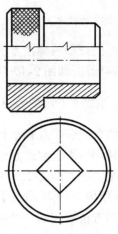

图 2-18 局部剖视图(二)

(3)实心轴中的孔槽结构,宜采用局部剖视图,以避免在不需要剖切的实心部分画过多的剖面线。

(4)表达零件底板、凸缘上的小孔等结构。

局部剖视图剖切范围的大小主要取决于需要表达的内部形状。局部剖视图中视图与剖视部分的分界线为波浪线或双折线,如图2-18、图2-19所示;当被剖切的局部结构为回转体时,允许将回转中心线作为局部剖视与视图的分界线,如图2-19c)所示。

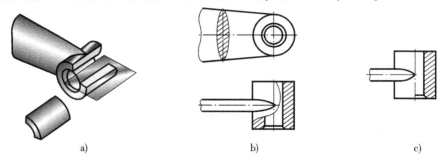

图2-19 局部剖视图(三)

画波浪线时应注意:波浪线不应画在轮廓线的延长线上,也不能用轮廓线代替波浪线,波浪线不应超出视图上被剖切实体部分的轮廓线;遇到零件上的孔、槽时,波浪线必须断开,不能穿孔(槽)而过。如图2-20所示。

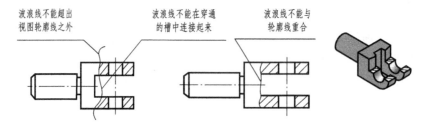

图2-20 局部剖视图(四)

局部剖视图的标注方法与全剖视图基本相同;若为单一剖切平面,且剖切位置明显时,可以省略标注,如图2-19所示的局部剖视。

4 阶梯剖(先平移,再投影)

用两个或多个互相平行的剖切平面把零件剖开的方法,称为阶梯剖,所画出的剖视图,称为阶梯剖视图。它适宜于表达零件内部结构的中心线排列在两个或多个互相平行的平面内的情况。例如图2-21a)所示零件,内部结构(小孔和沉孔)的中心位于两个平行的平面内,不能用单一剖切平面剖开,而是采用两个互相平行的剖切平面将其剖开,主视图即为采用阶梯剖方法得到的全剖视图,如图2-21c)所示。

画阶梯剖视时,应注意下列几点:

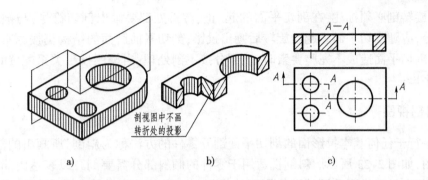

    a)   b)   c)

图 2-21　阶梯剖视图

（1）为了表达孔、槽等内部结构的实形，几个剖切平面应同时平行于同一个基本投影面。

（2）两个剖切平面的转折处，不能划分界线。因此，要选择一个恰当的位置，使之在剖视图上不致出现孔、槽等结构的不完整投影。当它们在剖视图上有共同的对称中心线和轴线时，也可以各画一半，这时细点画线就是分界线。

（3）阶梯剖视必须标注。在剖切平面迹线的起始、转折和终止的地方，用剖切符号（即粗短线）表示它的位置，并写上相同的字母；在剖切符号两端用箭头表示投影方向（如果剖视图按投影关系配置，中间又无其他图形隔开时，可省略箭头）；在剖视图上方用相同的字母标出名称"×—×"。

剖切只是假想，在剖切平面转折处不能画出分界线。当零件上两个要素具有公共轴线时，允许采用各剖一半的方法绘制。

5 **旋转剖**（先旋转，后投影）

用两个相交的剖切平面（交线垂直于某一基本投影面）剖开零件的方法称为旋转剖，所画出的剖视图，称为旋转剖视图，如图 2-22 所示。

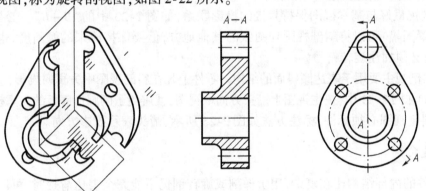

图 2-22　旋转剖视图

旋转剖适用于有回转轴线的零件，而轴线恰好是两剖切平面的交线。并且两剖切平面一个为投影面平行面，一个为投影面垂直面。

画旋转剖视图应该注意以下几个问题：两相交剖切平面的交线应为回转轴线，并垂直于某投影面;旋转剖必须标注,在剖切平面的起、止、转折处都要画出剖切符号;与被剖切结构相关的部分,应随剖切平面一起经旋转后画出投影;剖切平面后面的结构仍按原来的投影位置画出;当剖切平面造成不完整要素时,该部分按不剖处理;当按照投影关系配置时,允许省略箭头和字母。

6 斜剖视图

用不平行于任何基本投影面的剖切平面剖开零件的方法称为斜剖,所画出的剖视图,称为斜剖视图,如图 2-23 所示。斜剖视适用于零件的倾斜部分需要剖开以表达内部实形的时候,并且内部实形的投影是用辅助投影面法求得的。它的基本轴线不与底板垂直。为了清晰表达弯板的外形和小孔等结构,宜用斜剖视表达。此时用平行于弯板的剖切面"B—B"剖开零件,然后在辅助投影面上法求出剖切部分的投影即可。

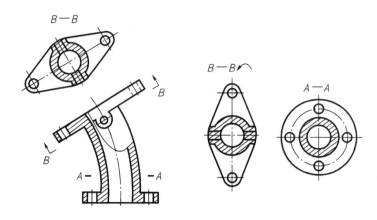

图 2-23　斜剖视图

画斜剖视图时,应注意以下几点:

(1)剖视最好与基本视图保持直接的投影联系,如图 2-23 中的"B—B"。必要时(如为了合理布置图幅)可以将斜剖视画到图纸的其他地方,但要保持原来的倾斜度,也可以转平后画出,但必须加注旋转符号。

(2)斜剖视主要用于表达倾斜面的结构。零件上凡在斜剖视图中失真的投影,一般应避免表示。例如在图 2-23 中,按主视图上箭头方向取视图,就避免了画圆形底板的失真投影。

(3)斜剖视图必须标注,标注方法如图 2-23 所示,箭头表示投影方向。

7 复合剖

当零件的内部结构比较复杂,用阶梯剖或旋转剖仍不能完全表达清楚时,可以采用以上几种剖切平面的组合来剖开零件,这种剖切方法,称为复合剖,所画出的剖视图,称为复合剖视图。其画法和标注如图 2-24 所示。采用复合剖时,如遇到零件的某些内部结构投影重叠而表达不清楚或剖切平面为圆柱面时,可将其展开画出,但在剖视图上方应标注"×—×展开"。

四 剖视图的尺寸标注

剖视图的尺寸标注同组合体尺寸标注方式基本一样,但应该注意以下几个问题:内外尺寸应尽量分开标注,内部尺寸标在剖视图上,外部尺寸优先标在视图上,也可标在剖视图的外轮廓线上;在半剖和局部剖视图中标注尺寸,仍应按整体尺寸标注,尺寸线应超出对称线或波浪线,且只画单边箭头;圆孔的直径尺寸优先标在非圆剖视图上;应避免在圆投影上标注成放射状。

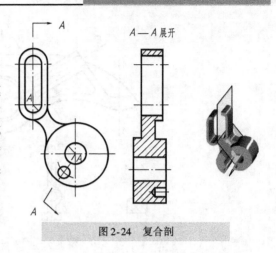

图 2-24　复合剖

五 断面图

断面图主要是用来表达零件上某一结构的断面形状,如零件上的肋板、轮辐、键槽、杆件及型材的断面等结构。

1 断面图的形成

假想用剖切面将零件的某处切断,仅画出断面的图形,称为断面图(简称断面)。如图 2-25 所示的轴,为了表示键槽的深度和宽度,假想在键槽处用垂直于轴线的剖切面将轴切断,只画出断面的形状,在断面上画出剖面线,如图 2-25a)所示。

画断面图时,应特别注意断面图与剖视图的区别,断面图仅画出零件被切断处的断面形状,而剖视图除了画出断面形状外,还必须画出剖切面以后的可见轮廓线,如图 2-25b)所示。

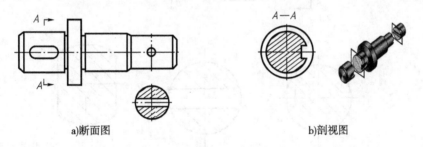

a)断面图　　　　　　　　　b)剖视图

图 2-25　断面图

2 断面图的分类

根据断面图配置位置的不同,断面图分移出断面图和重合断面图两种。

1 移出断面图

在视图外的断面图称"移出断面图",轮廓线用粗实线绘制,如图 2-26 所示。

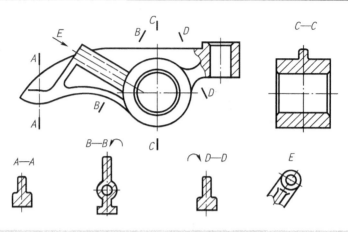

图 2-26 布置在其他位置的断面图

　　移出断面图应优先配置在剖切符号或剖切平面迹线的延长线上,此时可以省略标注字母或省略整个标注。其次应配置在投影位置上,此时可以省略箭头。当优先位置不足时,可将移出断面图画在其他任意合适的位置上(附近),此时应标注剖切符号、方向箭头及字母。但当断面图是对称图形时,允许省略方向箭头。

　　当剖切平面通过回转体形的孔或凹坑的轴线时,该结构按剖视图绘制,如图 2-27 所示。

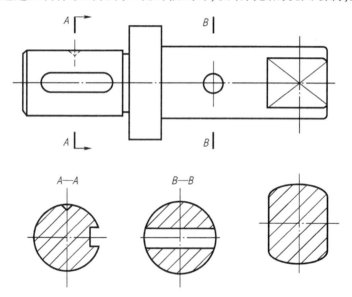

图 2-27 移出断面图(一)

　　当剖切平面会导致接触面处的图形完全分离时,该处按剖视图绘制;在不致引起误解时,允许将倾斜的断面图转正画出,应加注旋转符号,如图 2-26 所示。

　　当一个剖切平面不能满足与轮廓线垂直时(零件轮廓线不平行),可用两个剖切平面进行剖切,该断面图形中间应断开绘制,如图 2-28 所示。

　　当长形零件的断面为对称图形时,该断面图可以配置在零件视图的中断处,此时无须标注,如图 2-28 所示。

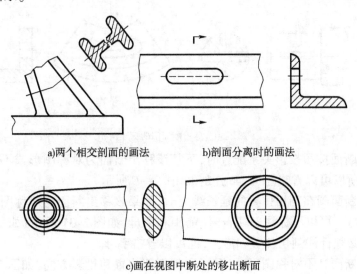

a)两个相交剖面的画法　　b)剖面分离时的画法

c)画在视图中断处的移出断面

图 2-28　移出断面图(二)

2 重合断面图

画在视图轮廓之内的断面图称为重合断面图。如图 2-29 所示的断面即为重合断面。

为了使图形清晰,避免与视图中的线条混淆,重合断面的轮廓线用细实线画出。当重合断面的轮廓线与视图的轮廓线重合时,仍按视图的轮廓线画出,不应中断,如图 2-29a)所示。

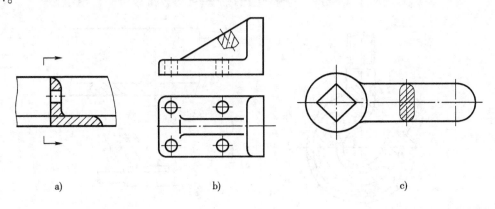

a)　　　　　　　　b)　　　　　　　　c)

图 2-29　重合断面图

3 剖切位置与标注

(1)当移出断面不画在剖切位置的延长线上时,如果该移出断面为不对称图形,必须标注剖切符号与带字母的箭头,以表示剖切位置与投影方向,并在断面图上方标出相应的名称"×—×",如图 2-30 中的"A—A";如果该移出断面为对称图形,因为投影方向不影响断面形状,所以可以省略箭头。

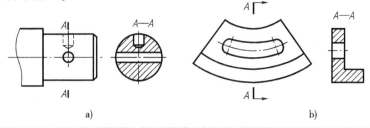

图2-30　移出断面图的标注图

(2)当移出断面按照投影关系配置时,不管该移出断面为对称图形或不对称图形,因为投影方向明显,所以可以省略箭头,如图2-26中 $C-C$ 所示。

(3)当移出断面画在剖切位置的延长线上时,如果该移出断面为对称图形,只需用细点画线标明剖切位置,可以不标注剖切符号、箭头和字母,如图2-31所示;如果该移出断面为不对称图形,则必须标注剖切位置和箭头,但可以省略字母。

(4)当重合断面为不对称图形时,需标注其剖切位置和投影方向,如图2-32所示,当重合断面为对称图形时,一般不必标注,如图2-33所示。

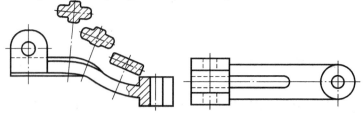

图2-31　布置在剖切线延长线上的断面图

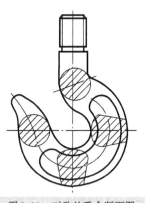

图2-32　对称的重合断面图

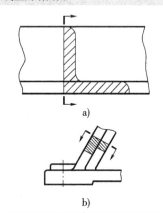

图2-33　不对称重合断面图

任务实施

根据支架模型图,经过结构形状分析,我们可以确定以下几种表达方案,并进行对比,选择最优的。

方案一：

如图 2-34 所示，采用主视图和俯视图，并在俯视图上采用了 $A—A$ 全剖视表达支架的内部结构，十字肋的形状是用虚线表示的。

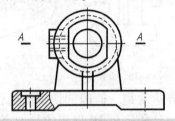
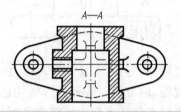

图 2-34　方案一

方案二：

如图 2-35 所示，采用了主、俯、左三个视图。主视图上作局部剖视，表达安装孔；左视图采用全剖视，表达支架的内部结构形状；俯视图采用了 $A—A$ 全剖视，表达了左端圆锥台内的螺孔与中间大孔的关系及底板的形状。为了清楚地表达十字肋的形状，增加了一个 $B—B$ 移出断面图。

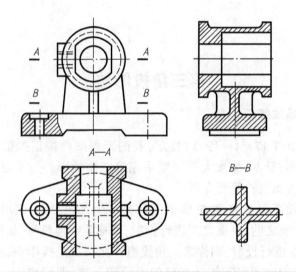

图 2-35　方案二

方案三：

如图 2-36 所示，主视图和左视图作了局部剖视，使支架上部内、外结构形状表达得比较清楚，俯视图采用了 $B—B$ 全剖视表达十字肋与底板的相对位置及实形。

以上三个表达方案中，方案一虽然视图数量较少，但因虚线较多图形不够清晰；各部分的相对位置表达不够明显，给读图带来一定困难，所以方案一不可取。

方案二和方案三，都能完整地表达支架的内外部结构形状，方案二的俯、左视图均为全剖视图，表达支架的内部结构；方案三的主、左视图均为局部剖，不仅把支架的内部结构表达清楚了，而且还保留了部分外部结构，使得外部形状及其相对位置的表达优于方案二。再比

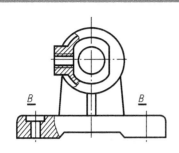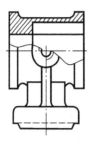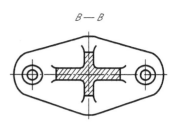

图2-36 方案三

较俯视图,两方案对底板的形状均已表达清楚。但因剖切平面的位置不同,方案二的A—A剖视图仍在表达支架内部结构和螺孔;方案三B—B剖切的是十字肋,使俯视图突出表现了十字肋与底板的形状及两者的位置关系,从而避免重复表达支架的内部结构,并省去一个断面图。

综合以上分析:方案三的各视图表达意图清楚,剖切位置选择合理,支架内外形状表达基本完整,层次清晰,图形数量适当,便于作图和读图。因此,方案三是一个较好的表达方案。

第三角投影法

1 第三角投影基本知识

根据国家标准(GB/T 17451—1998)规定,我国工程图样按正投影绘制,并优先采用第一角投影,而美国、英国、日本、加拿大等国则采用第三角投影。为了便于国际技术交流,下面对第三角投影原理及画法作简要介绍。

三个互相垂直的投影面V、H和W将空间分为八个区域,每一区域称为一个分角,若将物体放在H面之上,V面之前,W面之左进行投射,则称第一角投影;如将零件放置在H面之下,V面之后,W面之左进行投射,则称第三角投影。在第三角投影中,投影面位于观察者和物体之间,就如同隔着玻璃观察物体并在玻璃上绘图一样,即形成人—面—物的相互关系,习惯上物体在第三角投影中得到的三视图是前视图、顶视图和右视图,如图2-37所示。

2 视图的配置

第三角投影也可以从物体的前、后、左、右、上、下六个方向,向六个基本投影面投影得到六个基本视图,它们分别是前视图、顶视图、右视图、底视图、左视图和后视图。六个基本视图展开后,各基本视图的配置如图2-38所示。

3 第三角投影与第一角投影的比较

第三角投影与第一角投影的视图比较如图2-39所示。名称更改:主视图——前视图;

左视图——右视图;俯视图——顶视图;右视图——左视图;仰视图——底视图;后视图不变。

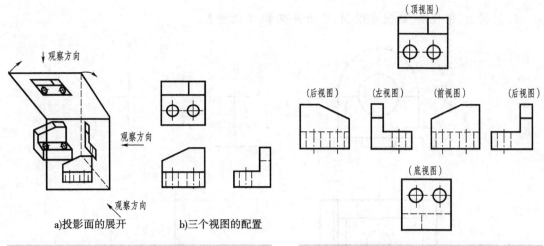

图 2-37 第三角投影　　　　　图 2-38 第三角投影中六个基本视图的配置

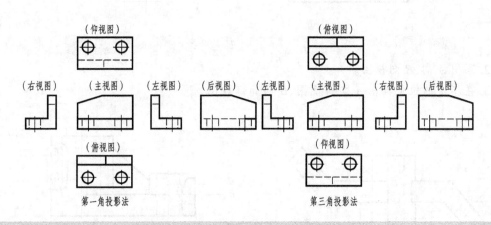

图 2-39 第一角投影和第三角投影法比较

4 第三角画法的标志

国家标准(GB/T 14692—1983)中规定,采用第三角画法时,必须在图样中画出第三角投影的识别符号,而在采用第一角画法时,如有必要也可画出第一角投影的识别符号。两种投影的识别符号如图2-40所示。

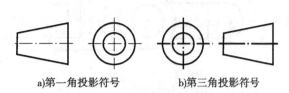

图 2-40 两种投影法的标志符号

项目二 零件常用表达方法

自我评价

1. 依据主、俯视图，画出左视图，画出 A 向和 B 向视图。

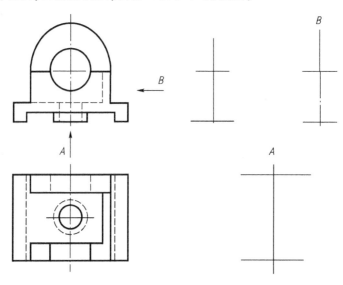

题 1 图

2. 画出 A 向、B 向视图。
3. 在指定的位置画出 A 向斜视图、B 向局部视图。

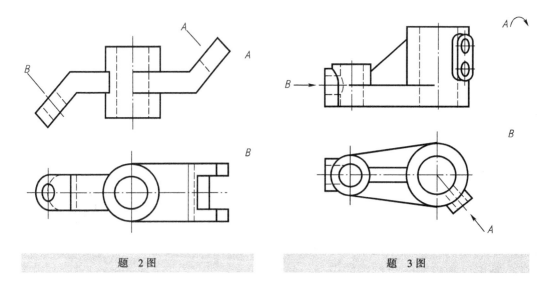

题 2 图　　　　　　　　　题 3 图

4. 补全剖视图中所缺轮廓线及剖面线。

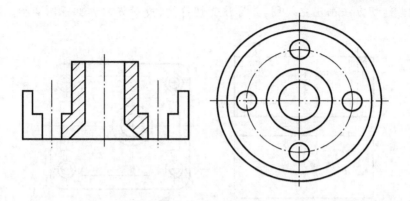

题 4 图

5. 将主视图改画成合适的剖视图。

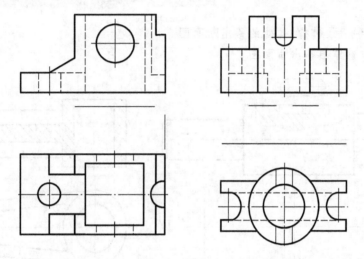

题 5 图(1)　　　　题 5 图(2)

6. 画出正确的局部剖视图。

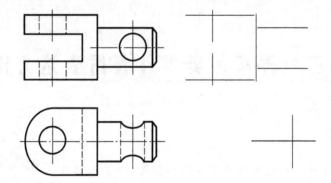

题 6 图

项目二　零件常用表达方法

7. 用适当剖切方法画出主视图,并标注剖切符号、投射方向和剖视图名称。

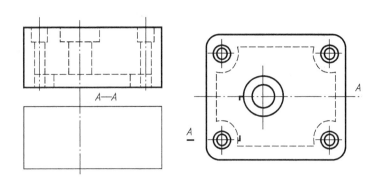

题 7 图

8. 作出轴上平面、键槽、孔处的移出断面图。

9. 在指定位置作出移出断面图。

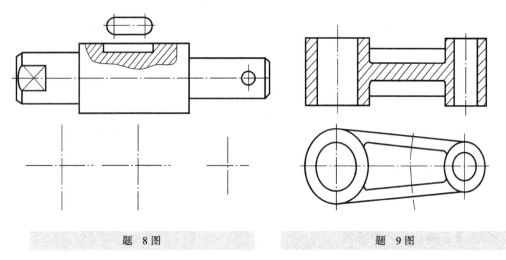

　　　　　　　　　　　　题 9 图

任务二　汽车轴类零件视图表达方法的选择

任务描述

图2-41所示为一个典型车轴类零件的模型图,要求根据此模型图的结构形式,选用适当的一组视图来表达该零件。

图2-41　典型车轴模型图

一 局部放大视图

根据零件的结构大小选择一定的比例画出图形时,仍有细小结构没有表达清楚,又没有必要将图形全部放大,可将零件的这部分结构,用大于原图形的比例画出,这种表达方法称为局部放大图,如图2-42所示。局部放大图的绘图比例应在国家标准规定的系列数值中选取,此比例是指该图形与零件实际大小之比,与被放大部位原视图所采用的比例无关。局部放大图可画成视图、剖视或断面图,与原视图所采用的表示法无关。

绘制局部放大图时,一般应用细实线圈出被放大的部位。当同一零件上有两处及两处以上被放大部位时,要用罗马数字依次编号,并在局部放大图上方居中位置用分式形式标注,分子标注其编号,分母标注所采用的比例;若零件上仅有一处被放大部位时,在局部放大图的上方只需标注所采用的比例,如图2-43所示。

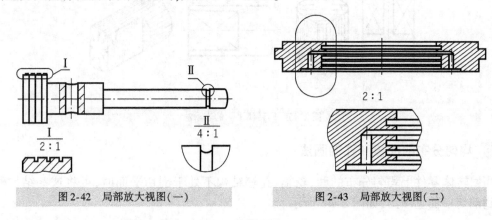

图2-42 局部放大视图(一)　　　　图2-43 局部放大视图(二)

二 简化画法和其他规定画法

为了简化作图和提高绘图效率,对零件的某些结构在图形表达方法上进行简化,使图形既清晰又简单易画,常用的简化画法如下:

1 肋、轮辐及薄壁的画法

对于零件上的肋、轮辐及薄壁等,如按纵向剖切,这些结构都不画剖面符号,而用粗实线将它与邻接部分分开,如图2-44所示。

2 平面的画法

当回转体上图形不能充分表达平面时,可用平面符号表示该平面,如图2-45所示。

项目二　零件常用表达方法

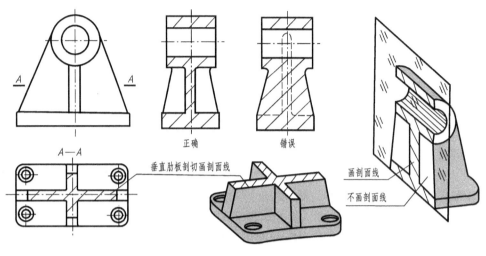

图 2-44　肋板剖切的画法

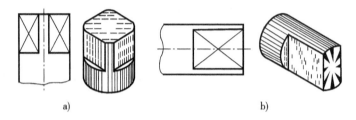

图 2-45　回转体平面的表示法

3 均匀分布的肋板和孔的画法

当回转体零件上均匀分布的肋、轮辐、孔等结构不处于剖切平面时,可将这些结构假想旋转到剖切平面上画出,如图 2-46 所示。

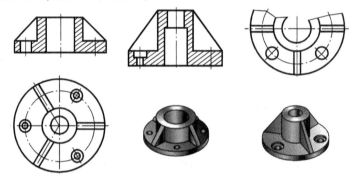

图 2-46　均布结构的肋、轮辐剖视画法

4 断开画法

较长的零件(轴、杆、型材等)沿长度方向的形状相同或按一定规律变化时,可断开后缩

短绘制，断开后的结构应按实际长度标注尺寸；断裂边界可用波浪线、双折线绘制，如图2-47所示。

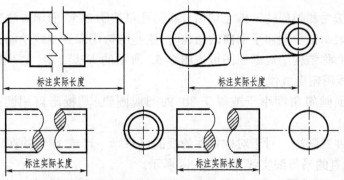

图2-47　断开画法

5　相同结构要素的画法

当零件具有若干形状相同且规律分布的孔、槽等结构时，可以仅画出一个或几个完整的结构，其余用点画线表示其中心位置，并将分布范围用细实线连接，如图2-48所示。

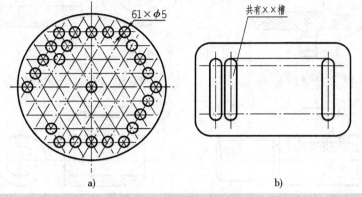

图2-48　相同结构的简化画法

6　小圆角、小倒角的简化画法

在不至于引起误解时，零件图中的小圆角、锐边的倒角或45°小倒角允许省略不画，但必须注明尺寸或在技术要求中加以说明，如图2-49所示。

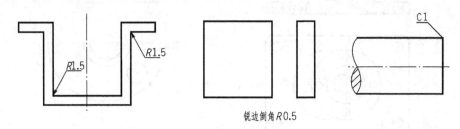

图2-49　小圆角、小倒角的简化画法

7 其他的简化画法

（1）圆柱形法兰和类似的零件上均匀分布的孔可按图2-50所示方法表示。

（2）在需要表示位于剖切平面前的结构时，这些结构用双点画线绘制，如图2-51所示。

（3）零件上对称结构的局部视图可按图2-52所示的方法绘制，在不至于引起混淆的情况下，允许将交线用轮廓线代替。

（4）与投影面倾斜角度小于或等于30°的圆或圆弧，其投影可用圆或圆弧代替，如图2-53所示。

（5）对称零件的画法。对于对称零件的视图可只画一半或1/4，并在对称中心线的两端画出两条与其垂直的平行细实线，如图2-54所示。

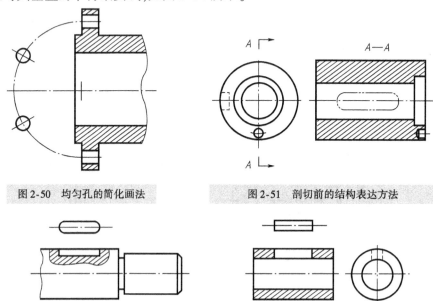

图2-50 均匀孔的简化画法　　　　图2-51 剖切前的结构表达方法

图2-52 对称结构的局部视图

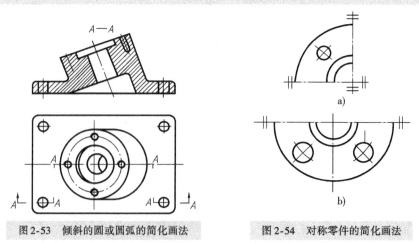

图2-53 倾斜的圆或圆弧的简化画法　　　　图2-54 对称零件的简化画法

(6)在不至于引起误解的情况下,零件图中的移出断面允许省略剖面符号,但剖切位置和断面图的标注必须遵照原来的规定,如图2-55所示。

(7)零件上有网状物、编织物或滚花部分,可在轮廓线附近用粗实线示意画出,并在零件图或技术要求中注明这些结构的具体要求,如图2-56所示。

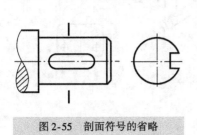
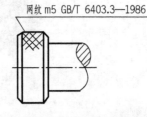

图2-55　剖面符号的省略　　　　图2-56　网状物、编织物、滚花的表示

三　综合应用举例

1　表达方法选用原则

表达零件的各种方法,有视图、剖视图、断面图及各种规定画法和简化画法等。在绘制图样时,确定零件表达方案的原则是:在完整、清晰地表达零件各部分内外结构形状及相对位置的前提下,力求看图方便,绘图简单。因此,在绘制图样时,应针对零件的形状、结构特点,合理、灵活地选择表达方法,并进行综合分析、比较,确定出最佳的表达方案。

(1)视图数量应适当:在看图方便的前提下,完整、清晰地表达零件,视图的数量要减少,但也不是越少越好,如果由于视图数量的减少而增加了看图的难度,则应适当补充视图。

(2)合理地综合运用各种表达方法:视图的数量与选用的表达方案有关。因此,在确定表达方案时,既要注意使每个视图、剖视图和断面图等具有明确的表达内容,又要注意它们之间的相互联系及分工,以达到表达完整、清晰的目的。在选择表达方案时,应首先考虑主体结构和整体的表达,然后针对次要结构及细小部位进行修改和补充。

(3)比较表达方案,择优选用:同一零件,往往可以采用多种表达方案。不同的视图数量、表达方法和尺寸标注方法可以构成多种不同的表达方案。同一零件的几种表达方案相比较,可能各有优缺点,但要认真分析,择优选用。

2　表达方法综合举例

如图2-57所示,选用适当的一组图形表达该支架。

(1)选主视图:根据零件的结构形状,选择主视图的投影方向如图2-57所示。主视图采用局部剖视,可表达肋、圆柱、斜板的外形和孔的内部形状。

(2)左视图采用局部视图,可避免绘制倾斜结构,可进一步表达清楚圆柱的形状。

(3)采用A向斜视图来表达底板的实形。

(4)十字肋板采用移出断面表达。

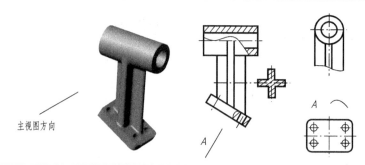

图 2-57 支架视图表达

任务实施

根据此轴类零件的模型图,综合比较各种表达方法,最终可以选择下面一组视图(图2-58)来对此零件进行结构形体的表达:基本视图需要一个主视图进行轴类零件整体结构形状的表达;在主视图图上键槽正面的形状已经表达清楚,但是键槽还需要表达深度的断面图;在主视图上为了表达清楚左端圆孔的深度,可选择局部剖来表达;对于轴类零件左端部分的平面结构可采用一个局部视图 B 来表示,平面部分结构的表示可以采用规定画法来表示;对于轴上两处结构较小的位置,可采用两个局部放大视图来表示。

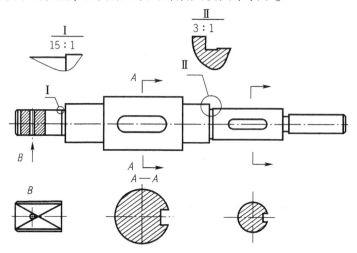

图 2-58 车轴零件视图表达

知识拓展

常用表达方法归纳

零件的结构有简有繁,形状千变万化,所以制图标准中规定的表达方法多达几十种,常用的表达方法归纳见表2-2。

常用表达方法归纳 表2-2

分类	用途	名称	适用条件	图形特点	说明
视图	主要用于表达零件的外部结构形状	基本视图	用于表达零件的外形	按常规配置	视图按规定位置配置，不加任何标注，视图中无必要的虚线应省略
		向视图	用于表达零件的外形(或内形)	随意配置	是基本视图的另一种表达形式，可自由配置，必须标注
		局部视图	用于表达零件的局部外形	以波浪线分界，完整轮廓则封闭	一般应标注。但按投影关系配置，中间没有其他图形隔开时，可省略标注
		斜视图	用于表达零件下倾斜部分的外形	图形倾斜或注有旋转符号	按投射方向配置，也可按向视图配置，图形可顺时针、逆时针旋转，旋转符号的方向要与实际转向一致，必须标注
剖视图	主要用于表达零件的内部结构形状	全剖视图	用于表达外简内繁零件的整个内部形状(用于剖切面完整地剖开零件)	展示整个内腔及其后部看得见的结构形状	用单一剖切面、几个平行的剖切平面、几个相交的剖切面中的任意一种，均可得到全剖视图、半剖视图和局部剖视图 剖视图也可根据需要按向视图的配置形式配置(必须标注) 除单一剖切平面通过零件的对称面或剖切位置明显，且中间又无其他图形隔开，可省略标注外，含单一斜剖切面剖切在内的其余剖切方法，都必须标注
		半剖视图	表达内、外均需表达的对称零件(沿零件的对称面切开)	组合的图形以对称线为界	
		局部剖视图	用于表达零件的局部内形和保留零件的局部外形，或不宜采用全剖、半剖的零件(多沿零件的对称面、轴线局部地切开)	组合的图形多以波浪线分解。剖切的范围可大可小	
断面图	主要用于表达零件某一断面的形状	移出断面图	由于表达零件局部结构的断面形状	画在视图之外，轮廓为粗实线	断面图的标注，要根据图形是否对称及其配置部位，从看图的角度出发，采取自行试问的方式，以便于查找、辨向为准绳，进而决定标不标或省略某些要素(箭头、字母)
		重合断面图	用于表达零件局部结构的断面形状	画在视图之内，轮廓为细实线	

续上表

分类	用途	名称	适用条件	图形特点	说明
局部放大图	用于零件上细小结构的放大	局部放大图	用于零件上细小结构在视图中表达不清楚或不便于标注尺寸和技术要求的部位	画在视图外,于细实线圈出的部位相对应	在放大图上方标明放大比例。该比例为该图形中零件要素的线性尺寸与实际零件相应要素的线性尺寸之比,而不是与原图形上采用的比例之比
简化画法	主要是为了提高绘图效率和增加图形的清晰度	主要内容			简化画法包括规定画法、省略画法和示意画法应明确,如不能确保简化的正确性,除肋的画法外,均应按投影规律画出运用简化画法的原则: (1)必须保证不致引起误解和不会产生理解的多意性,应力求制图简便 (2)便于识读和绘制,注重简化的综合效果 (3)不可无据简化,避免随意性
		规定画法:(1)回转体上的小平面可用两条相交的细实线表示;(2)对称零件的视图可只画一半或四分之一;(3)细长零件可折断缩短画出;(4)肋、轮辐件纵向不剖,横向剖;(5)回转体上未剖的均布肋、轮辐、孔可旋转视为剖;(6)小角度的倾斜圆或圆弧的投影可用圆或圆弧代替;(7)剖切平面前的结构可按假象的轮廓线绘出;(8)圆柱形法兰的均布孔可就地翻转表示。多个断面轮廓可合并绘制			
		省略画法:(1)若干相同结构可只画出几个完整的结构;(2)剖面符号可省略或涂色;(3)若干相同孔可只画一个或几个;(4)小结构及斜度在一个图形中已明确的,在其他图形中应省略;(5)小圆角、小倒角可不画,但必注尺寸			
		示意画法:滚花可在轮廓线附近用细实线局部地画出			

绘制零件图样时,应考虑看图方便,在完整、清晰地表达零件各部分结构形状的前提下,力求制图简便。为此在确定一个零件的表达方案时,要针对其结构形状特点,恰当地选用前面所学的各种表达方法把零件表达出来,对同一零件来说,可能有几种表达方案,经过比较之后,确定较好的方案。

自我评价

1. 按照下图比例,补画下图中的Ⅰ、Ⅱ处的局部放大视图。

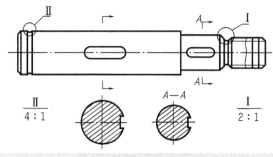

题 1 图

2. 零件表达综合方法应用。

(1) 内容：根据模型（或轴测图）画剖视图，并标注尺寸。

(2) 目的：初步训练选择零件表达方法的能力；掌握剖视图的画法。

(3) 要求：用 A3 图纸；自定图纸横、竖放置以及绘图比例；图形表达清晰完整，尺寸正确。

(4) 作图步骤：进行形体分析，了解零件的结构形状；按照零件的结构特点，确定表达方案；根据规定的图幅选定比例，合理布置图面；轻画底稿；画出剖面符号；检查后描深；标注尺寸，填写标题栏。

(5) 注意：剖面线一般不应画底稿，而在描深时一次画成；注意区分哪些剖切位置和剖视图名称应标注，哪些不必标注。注意局部剖视图中波浪线的画法；标注尺寸仍须应用形体分析法。

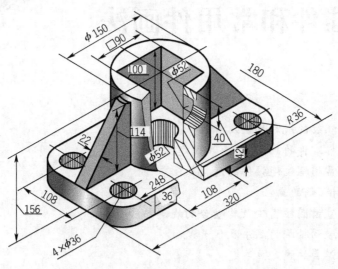

题 2 图

项目三 标准件和常用件画法

知识目标
- ◎ 掌握螺纹的规定画法及标注。
- ◎ 掌握标准件的画法,查表和规定标注。
- ◎ 掌握常用螺纹连接件的连接画法。
- ◎ 掌握键、销的画法。
- ◎ 掌握直齿圆柱齿轮及其啮合的规定画法。
- ◎ 了解滚动轴承的画法及代号。
- ◎ 了解弹簧的规定画法。

能力目标
- ◎ 能够查找相关国家标准。
- ◎ 能够按照国家标准规定正确的绘制螺纹、螺纹连接件,并能正确进行标注。
- ◎ 能够按照国家标准规定正确的绘制键、销以及键销的配合,并能正确进行标注。
- ◎ 能够按照国家标准规定正确的绘制直齿圆柱齿轮。
- ◎ 能够按照国家标准规定正确的绘制轴承及弹簧。

任务一 汽车螺栓连接部分的画法

任务描述

已知在汽车中有两构件是使用螺栓连接的,其中螺栓连接中各螺纹紧固件的标记为:螺栓 GB/T 5782M8×L;螺母 GB/T 6170M8;垫圈 GB/T 97.18-140HV;被连接零件材料的厚度 $\delta1=11mm$、$\delta2=14mm$,要求用比例法画出螺栓连接装配图。

知识准备

在机器或部件中,除一般零件外,还广泛使用螺栓、螺钉、螺母、垫圈、键、销和滚动轴承等零件,这类零件的结构和尺寸均已标准化,称为标准件。还经常使用齿轮、弹簧等零件,这类零件的部分结构和参数也已标准化,称为常用件。由于标准化,这些零件可组织专业化大批量生产,提高生产效率和获得质优价廉的产品。在进行设计、装配和维修机器时,可以按规格选用和更换。

下面介绍标准件与常用件的基本知识、规定画法、代号与标记以及相关标准表格的查用。

一 螺纹

1 螺纹的基本知识

螺纹是零件上常见的结构形式,它主要用于连接零件,但也可起传递动力和改变运动的作用,前者称为连接螺纹,而后者称为传动螺纹。

1 螺纹的形成

圆柱面(或圆锥面)上一动点绕其轴线做匀速旋转运动,同时又沿着母线做匀速直线运动,该动点的复合运动轨迹即为螺旋线,如图3-1所示。

螺纹可认为是一平面图形沿圆柱(或圆锥)表面上的螺旋线运动而形成具有相同断面的连续凸起和沟槽。在圆柱(或圆锥)外表面上所形成的螺纹称为外螺纹;在圆柱(或圆锥)内表面上所形成的螺纹称为内螺纹。螺纹的形成如图3-2所示。

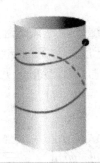
图3-1 螺旋线的形成

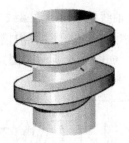
图3-2 螺纹的形成

2 螺纹的加工

螺纹的加工方法很多,如图3-3a)、b)是在车床上加工内、外螺纹的情况,它是根据螺旋线原理加工而成。圆柱形工件作等速旋转运动,车刀与工件相接触作等速的轴向移动,刀尖相对工件即形成螺旋线运动。由于刀刃的形状不同,在工件表面被切去部分的断面形状也不同,所以可加工出各种不同的螺纹。图3-3c)、d)表示用板牙或丝锥加工直径较小的螺纹,俗称套扣或攻丝。

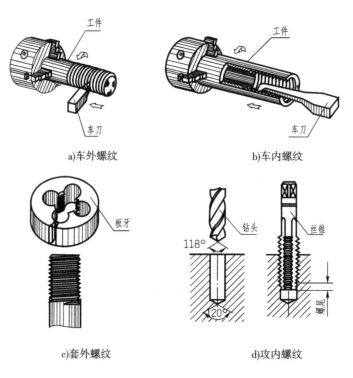

图3-3 螺纹加工方法

2 螺纹的基本要素

1 牙型

在通过螺纹轴线的断面上,螺纹的轮廓形状,称为螺纹牙型。其凸起部分称为螺纹的牙,凸起的顶端称为螺纹的牙顶,沟槽的底部称为螺纹的牙底。常见的螺纹牙型有三角形、梯形、锯齿形等。如图3-4所示。国家标准对标准牙型规定了标记符号,见表3-1。

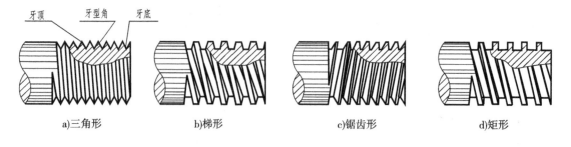

图3-4 螺纹的牙型

常用的标准螺纹 表3-1

种类		牙型符号	牙型图	说 明
连接螺纹	普通螺纹 粗牙 细牙	M	三角形牙型 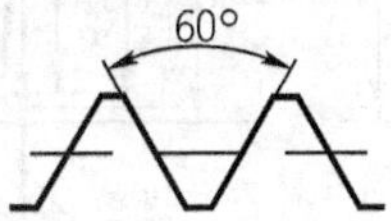 60°	最常用的连接螺纹,在相同的大径下,细牙螺纹较粗牙螺纹的螺距小 一般连接多用粗牙,而细牙则适于薄壁连接
	管螺纹 55°密封管螺纹	R_p R_1 R_2 R_c	三角形牙型 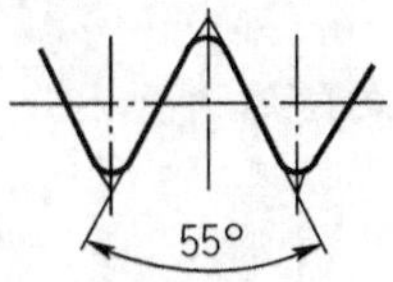 55°	包括圆柱内螺纹与圆柱外螺纹、圆锥内螺纹与圆锥外螺纹两种连接形式 适用于管道、管接头、阀门等处的连接。必要时允许在螺纹副内添加密封物,以保证连接的密封性
	55°非密封管螺纹	G	三角形牙型 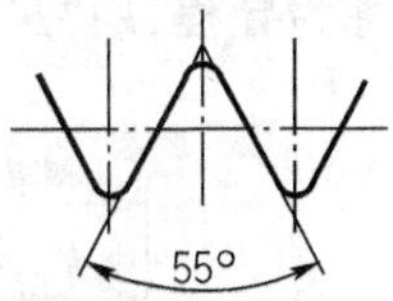 55°	该螺纹本身不具密封性,若要求具有密封性,可采用其他方法 适用于管道、管接头、旋塞、阀门等处的连接
传动螺纹	梯形螺纹	Tr	梯形牙型 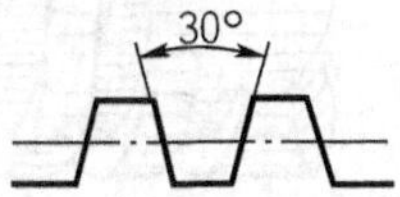 30°	用于传递运动和动力,如机床丝杠、尾架丝杠等
	锯齿形螺纹	B	锯齿形牙型  3° 30°	用于传递单向压力,如千斤顶螺杆等

2 螺纹的直径

根据螺纹的结构特点,将螺纹的直径分为以下几种:

大径:螺纹的最大直径,又称公称直径,即与外螺纹的牙顶或内螺纹的牙底相重合的假想圆柱面的直径。外螺纹的大径用"d"表示,内螺纹的大径用"D"表示。

小径:螺纹的最小直径,即与外螺纹的牙底或内螺纹的牙顶相重合的假想圆柱面的直径。外螺纹的小径用"d_1"表示,内螺纹的小径用"D_1"表示。

中径:在大径和小径之间有一假想圆柱面,在其母线上牙型的沟槽宽度和凸起宽度相等,此假想圆柱面的直径称为中径,外螺纹中径用"d_2"表示,内螺纹中径用"D_2"表示。

顶径和底径:外螺纹的大径和内螺纹的小径,又称顶径;外螺纹的小径和内螺纹的大径,又称底径。如图3-5所示。

3 线数

螺纹有单线和多线之分。沿一条螺旋线形成的螺纹,称为单线螺纹;沿两条或两条以上,且在轴向等距离分布的螺旋线所形成的螺纹,称为多线螺纹,螺纹的线数用n表示。

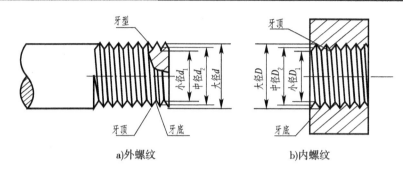

a) 外螺纹　　　　　　b) 内螺纹

图 3-5　螺纹的直径

4 螺距和导程

相邻两牙在中径线上对应两点间的轴向距离，称为螺距，用"P"表示。在同一螺旋线上的相邻两牙在中径线上对应两点间的轴向距离，称为导程，用"L"表示，如图 3-6 所示。若螺旋线数为 n，则导程与螺距有如下关系：$L = nP$

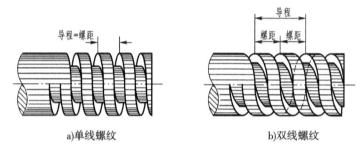

a) 单线螺纹　　　　　　b) 双线螺纹

图 3-6　螺距和导程

5 旋向

螺纹分左旋和右旋两种，顺时针旋转时旋入的螺纹，称为右旋螺纹；逆时针旋转时旋入的螺纹，称为左旋螺纹。常用的螺纹为右旋螺纹。内外螺纹必须成对配合使用，螺纹的牙型、大径、螺距、线数和旋向，这五个要素完全相同时，内外螺纹才能相互旋合，如图 3-7 所示。

在上述五项要素中，改变其中任何一项，都会得到不同规格的螺纹。因此，相互旋合的内、外螺纹这五项要素必须相同。

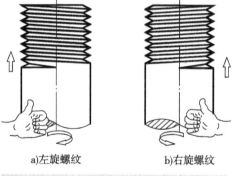

a) 左旋螺纹　　　　b) 右旋螺纹

图 3-7　螺纹的旋向

3 螺纹的分类

1 螺纹的牙型、大径和螺距称为螺纹的三要素

根据螺纹的三要素是否符合标准分类如下：

(1) 标准螺纹：牙型、大径和螺距三要素均符合标准的螺纹；
(2) 特殊螺纹：牙型符合标准，公称直径和螺距不符合标准的螺纹；
非标准螺纹：牙型不符合标准的螺纹(如方牙螺纹)。

2 螺纹按用途可分为连接螺纹和传动螺纹两大类

普通螺纹是最常用的连接螺纹，牙型角为60°。根据螺距不同，又可将其分为粗牙普通螺纹和细牙普通螺纹两种。

管螺纹也是连接螺纹，牙型角为55°。根据管螺纹的特性，又可将其分为用螺纹密封的管螺纹和非螺纹密封的管螺纹两种。

用螺纹密封的管螺纹，可以是内外螺纹均为圆锥形管螺纹，也可以是圆柱内管螺纹与圆锥外管螺纹相配合。其连接本身具有一定的密封性，多用于高温高压系统。

非螺纹密封的管螺纹其内外螺纹都是圆柱管螺纹，无密封性，常用于润滑管路系统。

最常见的传动螺纹是梯形和锯齿形螺纹。其中梯形螺纹应用最广。

4 螺纹的结构

1 螺纹起始端倒角或倒圆

为了便于螺纹的加工和装配，常在螺纹的起始端加工成倒角或倒圆等结构，如图3-8所示。

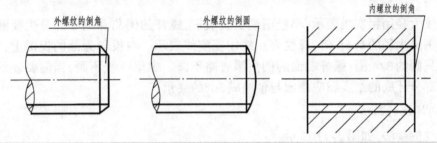

图3-8 螺纹倒角倒圆

2 螺纹的收尾和退刀槽

车削螺纹，刀具运动到螺纹末端时要逐渐退出切削，因此螺纹的末尾部分的牙型是不完整的，这一段牙型是不完整的部分称螺纹的收尾，如图3-9a)、b)所示。为了避免产生螺尾，可以在螺纹末尾处加工出一槽，称为退刀槽，如图3-9c)、d)所示。然后再车削螺纹。

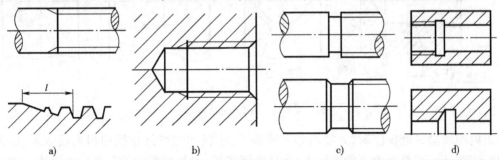

图3-9 螺尾和退刀槽

5 螺纹的规定画法

国家标准 GB/T 4459.1—1995 中统一规定了螺纹的画法,螺纹结构要素均已标准化,故绘图时不必画出螺纹的真实投影。

1 外螺纹的画法

外螺纹的画法,如图 3-10 所示。

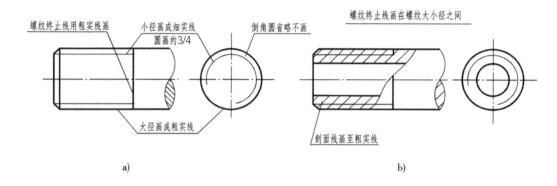

图 3-10 外螺纹的画法

外螺纹大径用粗实线表示,小径用细实线表示,螺杆的倒角和倒圆部分也要画出,小径可近似地画成大径的 0.85 倍,螺纹终止线用粗实线表示。在投影为圆的视图上,表示牙底的细实线只画约 3/4 圈,螺杆端面的倒角圆省略不画。螺尾一般不画,当需要表示螺尾时,表示螺尾部分牙底的细实线应画成与轴线成 30°的夹角。

2 内螺纹的画法

内螺纹的画法,如图 3-11 所示。

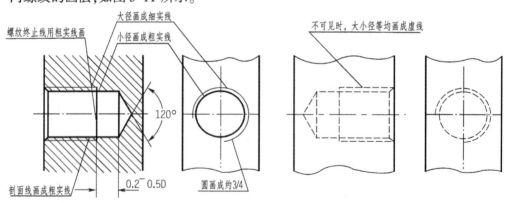

图 3-11 内螺纹的画法

当内螺纹画成剖视图时,大径用细实线表示,小径和螺纹终止线用粗实线表示,剖面线画到粗实线处。在投影为圆的视图上,小径画粗实线,大径用细实线只画约 3/4 圈。对于不穿通的螺孔,应将钻孔深度和螺孔深度分别画出,钻孔深度比螺孔深度深 $0.5d$。底部的锥顶角应画成 $120°$。内螺纹不剖时,在非圆视图上其大径和小径均用虚线表示。

3 螺纹连接的画法

螺纹连接的画法,如图 3-12 所示。

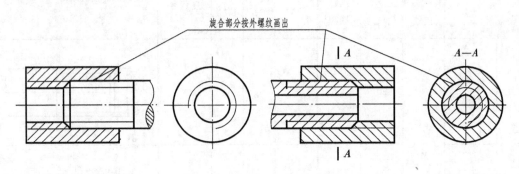

图 3-12 螺纹连接的画法

内外螺纹连接画成剖视图时,旋合部分按外螺纹的画法绘制,即大径画成粗实线,小径画成细实线,其余部分仍按各自的规定画法绘制。此时,内外螺纹的大径和小径应对齐,螺纹的小径与螺杆的倒角大小无关,剖面线均应画到粗实线。

4 螺孔相贯线的画法

螺孔与螺孔相贯或螺孔与光孔相贯时,其画法如图 3-13 所示。

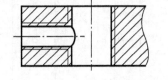

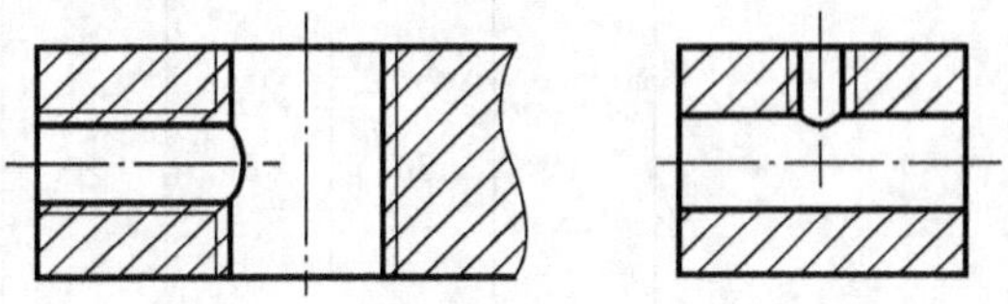

5 螺纹牙型的表示方法

当需要表示螺纹的牙型时,可用局部剖视图和局部放大图表示,如图 3-14 所示。

图 3-13 螺孔相贯线的画法

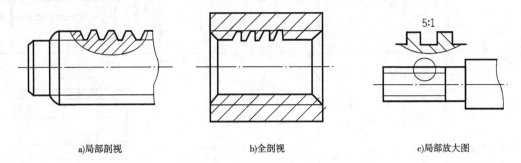

a) 局部剖视   b) 全剖视   c) 局部放大图

图 3-14 螺纹牙型的表示方法

6 螺纹的标注方法

由于螺纹的投影采用了简化画法,各种螺纹的画法相同,在图样中不反映牙型、螺距、线数、旋向等要素,因此必须对螺纹进行标注。常用标准螺纹的标记方法,见表 3-2。

标准螺纹的标记和标注　　　　　　　　　　表 3-2

螺纹种类		螺纹代号				公差带代号		旋合长度代号	标注比例
		特征代号	公称直径	螺距（导程）	旋向	中径	顶径		
普通螺纹	粗牙普通螺纹	M	20	2.5	右	6g	6g	N	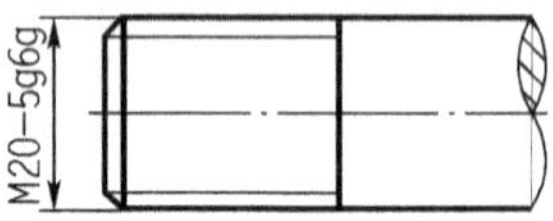 M20-5g6g
	细牙普通螺纹		20	2	左	6H	6H	S	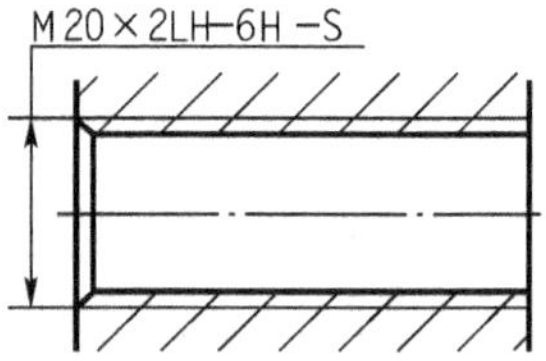 M20×2LH-6H-S
梯形螺纹		Tr	30	6	左	7e		L	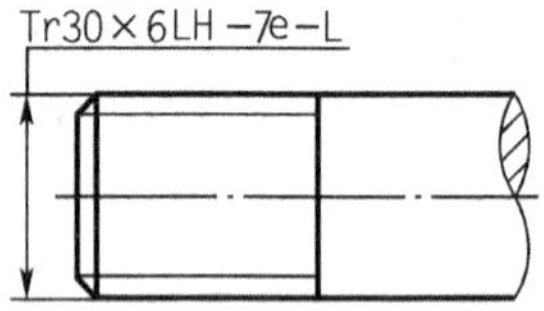 Tr30×6LH-7e-L
			30	6(12)	右	7H		N	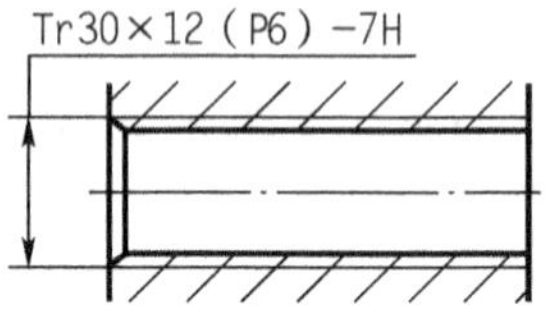 Tr30×12（P6）-7H
非螺纹密封的管螺纹		G	3/4	1.814	右	公差等级代号			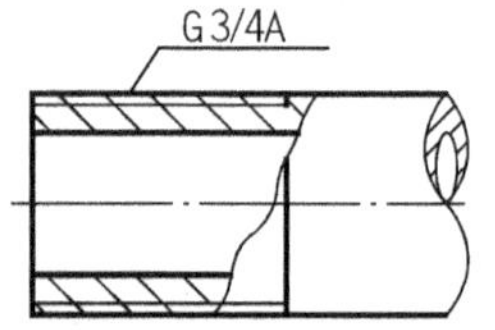 G3/4A
			1 1/2	2.309	左	A			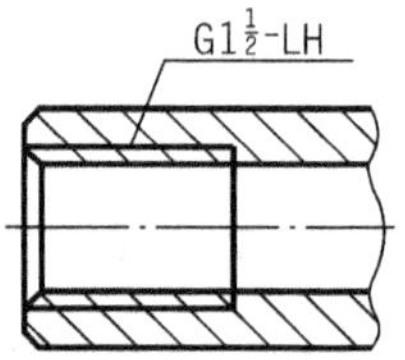 G1½-LH

续上表

螺纹种类	螺纹代号				公差带代号		旋合长度代号	标注比例
	特征代号	公称直径	螺距(导程)	旋向	中径	顶径		
用螺纹密封管螺纹	圆锥外螺纹	$R_2(R_1)$	3/8		右 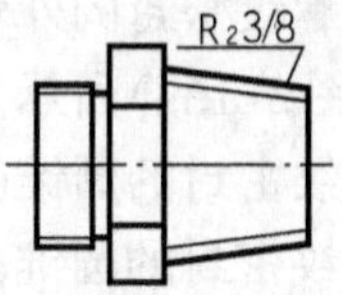			
	圆柱内螺纹	R_p	1/2	1.814	左 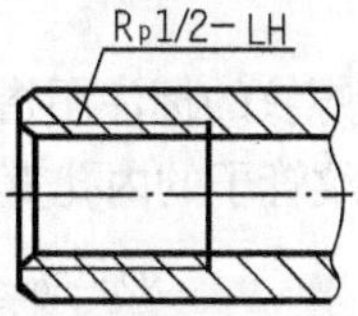			
	圆锥内螺纹	R_c	1/2	1.814	右 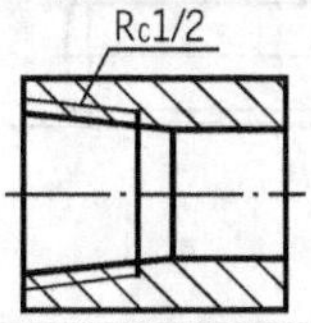			

❶ 普通螺纹的标记

粗牙普通螺纹的标记:螺纹特征代号 M 公称直径 旋向 – 公差带代号 – 旋合长度代号(不注螺距,右旋不标注,左旋标注代号"LH")

细牙普通螺纹的标记:螺纹特征代号 M 公称直径×螺距 旋向 – 公差带代号 – 旋合长度代号(要注螺距,旋向要求同上)

上述标记中的公差带代号是由数字表示的螺纹公差等级和拉丁字母(内螺纹用大写字母,外螺纹用小写字母)表示的基本偏差代号组成,公差等级在前,基本偏差代号在后。先写中径公差带代号,后写顶径公差带代号,如果中径和顶径的公差带代号一样,则只注写一次。旋合长度是指两个相互旋合的螺纹,沿轴线方向相互接合的长度。对于普通螺纹,旋合长度代号有 S、N、L,分别表示短、中、长三种旋合长度。一般情况下均采用中等旋合长度,故在标记中 N 不写出。必要时才注出 S 或 L。各种旋合长度所对应的具体值可根据螺纹直径和螺距在有关标准中查出。

标注举例:

公称直径为 20 mm 的粗牙普通螺纹,螺距为 2.5mm,右旋,中径和顶径公差带代号分别为 5g、6g,短旋合长度。其标记形式为:M20 – 5g6g – S,如图 3-15a)所示;公称直径为 10mm 的细牙普通螺纹,螺距为 1,左旋,中径、顶径公差带代号均为 6H,中等旋合长度。其标记形式为:M10×1 LH – 6H,如图 3-15b)所示。

❷ 管螺纹的标记

非螺纹密封的管螺纹:螺纹特征代号 G 尺寸代号 公差等级代号 – 旋向

非螺纹密封的管螺纹,其螺纹公差等级分 A、B 两级,而内管螺纹只有一种等级,故不标记公差等级代号。

螺纹密封的管螺纹:螺纹特征代号 R 或 Rc 或 Rp 尺寸代号 – 旋向。

圆锥外螺纹代号为 R,圆锥内螺纹代号为 R_c,圆柱内螺纹代号为 R_p。

标注举例:

非螺纹密封的外管螺纹,尺寸代号为 1/2、左旋,公差等级为 A 级。标记形式:G1/2A – LH,如图 3-16a)所示。

螺纹密封的圆锥(外)管螺纹,尺寸代号 3/4、右旋。标记形式:R3/4。

螺纹密封的圆锥(内)管螺纹,尺寸代号 1/2、左旋。标记形式:RC1/2 – LH,如图 3-16b)所示。

管螺纹的标注用指引线由螺纹的大径线引出。其尺寸代号数值,不是指螺纹大径,而是指带有外螺纹管子的内孔直径(通径)。螺纹的大小径数值可根据尺寸代号在有关标准中查到。

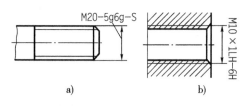

图 3-15 普通螺纹标注

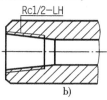

图 3-16 管螺纹标注

❸ 梯形螺纹标记

单线梯形螺纹:螺纹特征代号 Tr 公称直径×螺距 旋向 – 公差带代号 – 旋合长度。

多线梯形螺纹:螺纹特征代号 Tr 公称直径×导程(P 螺距) 旋向 – 公差带代号 – 旋合长度。

梯形螺纹的公差带代号只注中径公差带代号。旋合长度有中等旋合长度 N 和长旋合长度 L。旋合长度按螺纹公称直径和螺距尺寸在有关标准中查阅。

标注举例:公称直径 $d=40$mm,双线,螺距 P = 7,左旋,中径公差带代号 7H,中等旋合长度的梯形螺纹。标记形式为:Tr 40×14(P7)LH – 7H,如图 3-17 所示。

❹ 锯齿形螺纹的标记

单线锯齿形螺纹:螺纹特征代号 B 公称直径×螺距 旋向 – 公差带代号 – 旋合长度。

多线锯齿形螺纹:螺纹特征代号 B 公称直径×导程(P 螺距) 旋向 – 公差带代号 – 旋合长度

标注举例:公称直径 $d=40$mm,导程 L = 14,螺距 P = 7,左旋,公差带代号 8c,长旋合长度的锯齿形螺纹,标记形式为:B40×14(P7)LH – 8c – L,如图 3-18 所示。

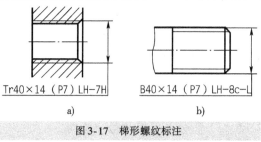

图 3-17 梯形螺纹标注

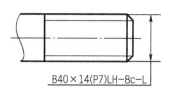

图 3-18 锯齿形螺纹标注

必须注意:螺纹的标注除了应标注其标记外,还应包括螺纹长度的标注,图样中标注的螺纹长度均指不包括螺尾在内的有效螺纹长度。

二 螺纹紧固件

螺纹紧固件连接是在工程上应用最广泛的可拆连接方式。运用螺纹的连接作用来连接和紧固一些零部件的零件称螺纹紧固件。常用的螺纹紧固件有螺栓、双头螺柱、螺钉、螺母和垫圈等,如图3-19所示。这类零件的结构、型式、尺寸和技术要求都已列入有关的国家标准,并由专门的工厂组织生产,成为"标准件"。用户可根据需要,按名称、规格、代号等购买。

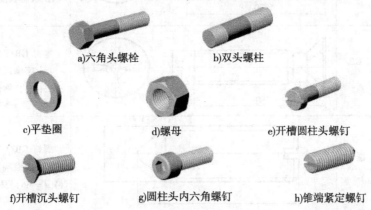

图3-19 螺纹紧固件

螺纹连接:就是运用一对内、外螺纹的连接作用来连接紧固一些零部件。表3-3列举了一些常用螺纹紧固件的图例及规定标记。

常用螺纹紧固件的图例和标记示例 表3-3

名称及标准编号	简 图	标记及说明
六角头螺栓 GB/T 5782—2000		螺栓 GB/T 5782 M12×50 (A级六角头螺栓,螺纹规格 d = M12,公称长度为 l = 50mm)
双头螺柱 GB/T 897 ~900—1988	A型 B型	螺柱 GB/T 897 M12×50 (双头螺柱,两端均为粗牙普通螺纹,螺纹规格 d = M12,公称长度 l = 50mm,B型,b_m = 1d) 螺柱 GB/T 898 – 1988 – AM12×1×50 (双头螺柱,旋入机体一端为粗牙普通螺纹,旋入螺母一端为螺距 P = 1 的细牙普通螺纹,螺纹规格 d = M12,公称长度 l = 50mm,A型,b_m = 1.25d)

续上表

名称及标准编号	简图	标记及说明
开槽圆柱头螺钉 GB/T 65—2000	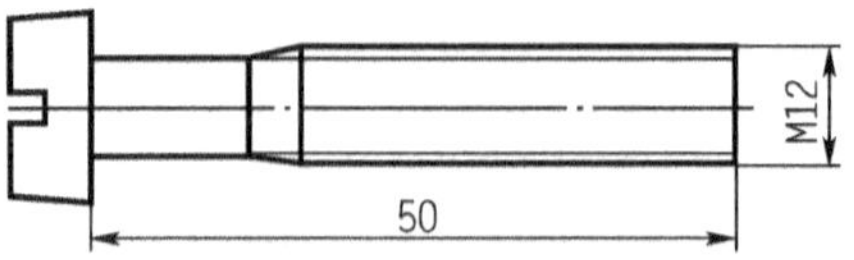	螺钉 GB/T 65 M12×50（开槽圆柱头螺钉，螺纹规格 d = M12，公称长度 l = 50mm）
开槽沉头螺钉 GB/T 68—2000	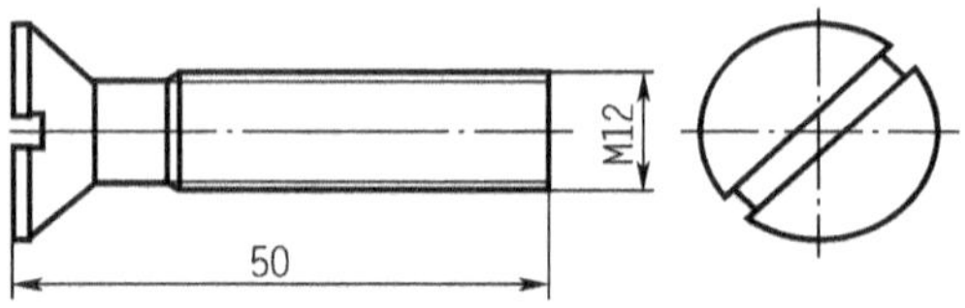	螺钉 GB/T 68 M12×50（开槽沉头螺钉，螺纹规格 d = M12，公称长度 l = 50mm）
十字槽沉头螺钉 GB/T 819.1—2000	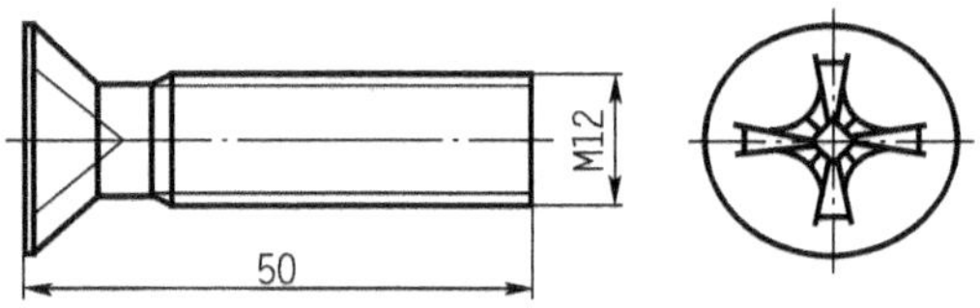	螺钉 GB/T 819.1 M12×50（十字槽沉头螺钉，螺纹规格 d = M12，公称长度 l = 50mm）
开槽锥端紧定螺钉 GB/T 71—1985	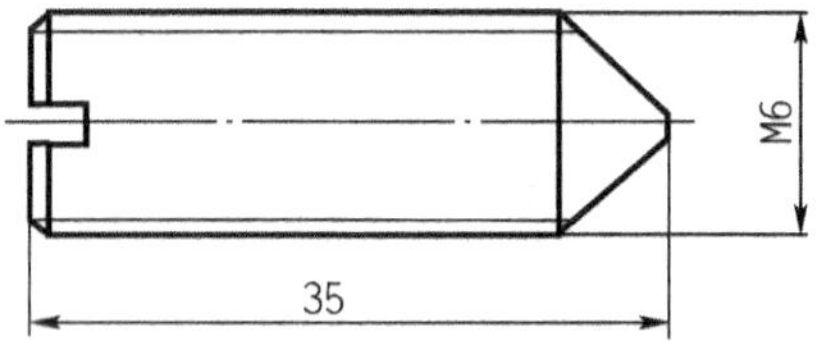	螺钉 GB/T 71 M6×35（开槽锥端紧定螺钉，螺纹规格 d = M6，公称长度 l = 35mm）
1 型六角螺母 A 级和 B 级 GB/T 6170—2000	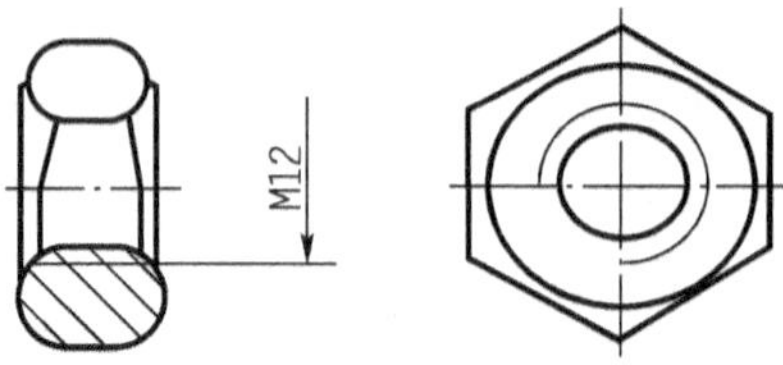	螺母 GB/T 6170 M12（A 级的 1 型六角螺母，螺纹规格 D = M12）
平垫圈 – A 级 GB/T 97.1—1985 * 平垫圈倒角型 – A 级 GB/T 97.2—1985 *	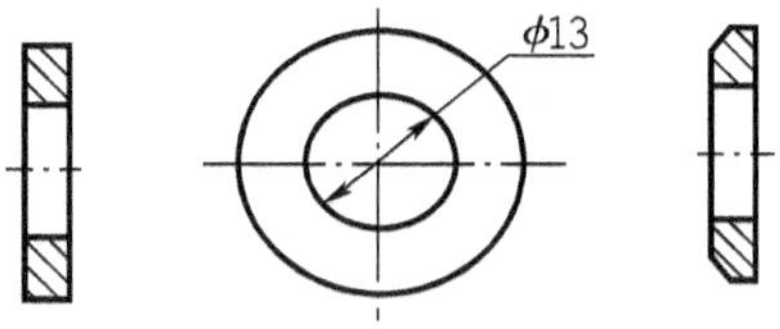	垫圈 GB/T 97.1 12 – 140HV（A 级平垫圈，公称尺寸（指螺纹大径）d = 12，力学性能等级为 140HV（指材料 V 氏硬度为 140）从标准中可查得，当垫圈公称尺寸 d = 12 时，该垫圈的孔径为 13）
标准型弹簧垫圈 GB/T 93—1987	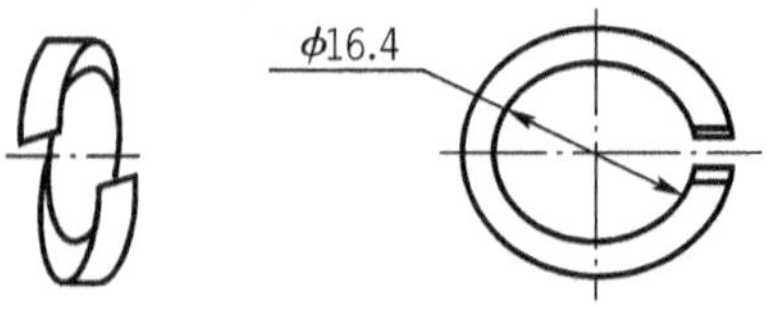	垫圈 GB/T 93 16（标准型弹簧垫圈，公称尺寸（指螺纹大径）d = 16）

1 螺纹紧固件的画法

画螺纹紧固件的方法有以下两种：

1 按标准数据画图

紧固件各部分可根据规定标记中的公称直径 d（或 D）在国家标准中查出有关尺寸画出，按标准规定的数据画图。

2 按比例画图

为提高画图速度，螺纹紧固件各部分的尺寸（有效长度除外）都可按螺纹的公称直径 d 或 D 的一定比例关系画图，称为比例画法。

各种常用螺纹连接件的比例画法，见表3-4。

各种螺纹连接件的比例画法　　　　　　表3-4

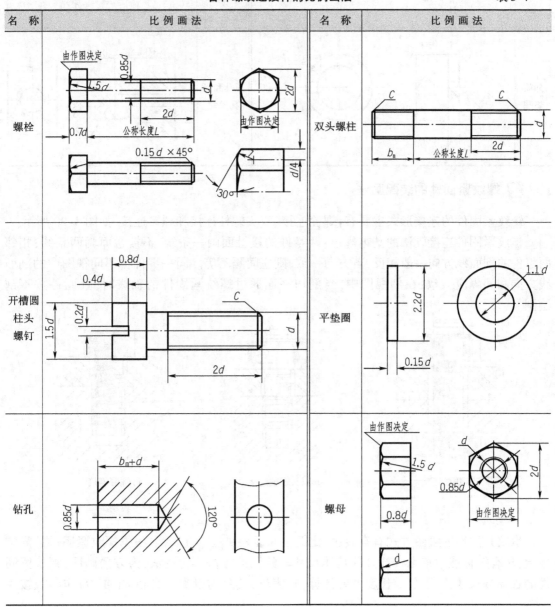

续上表

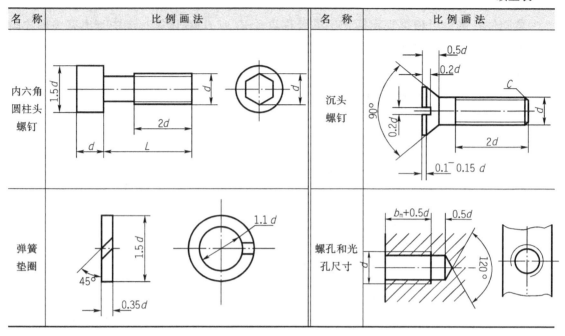

2 螺纹紧固件的装配画法

螺纹紧固件的连接形式主要有：螺栓连接、双头螺柱连接和螺钉连接，如图3-20所示。

螺纹紧固件连接画法的基本规定：两零件的接触面画一条线，不接触面画两条线；相邻两零件的剖面线方向一般相反，若方向一致，则应间隔不等。同一零件在不同视图中的剖面线方向和间隔应一致；在剖视图中，当剖切平面通过螺纹紧固件的轴线时，紧固件按不剖绘制。

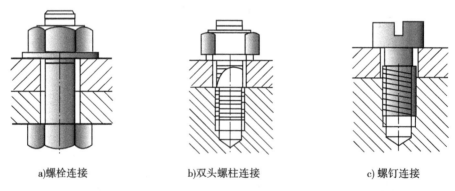

a) 螺栓连接　　b) 双头螺柱连接　　c) 螺钉连接

图3-20　连接方式

螺纹紧固件的绘图方式有查表法、比例法和插入块法。查表法：根据螺纹紧固件的规定标记，从有关标准中查出各部分的具体尺寸来绘图的方法。比例法：为方便画图，螺纹紧固件的各部分尺寸，除了公称长度需要计算，查表外，其余均以螺纹大径 d（或 D）作参数按一定比例绘图的方法。插入块法:用 AutoCAD 中的保存块(WBLOCK)命令,把组成紧固件的各标准件做成块,然后用插入块(INSERT)命令把各标准件插入的方法。

1 螺栓连接

从图 3-20a)可知,螺栓用于连接不太厚的两零件。两零件都钻成通孔,螺栓穿过通孔后套上垫圈,拧紧螺母。图 3-21 为用比例法画螺栓连接的装配图和确定紧固件各部尺寸的比例关系式。参照表 3-3 中的六角头螺栓,其中螺栓公称长度(L)按下列步骤确定。

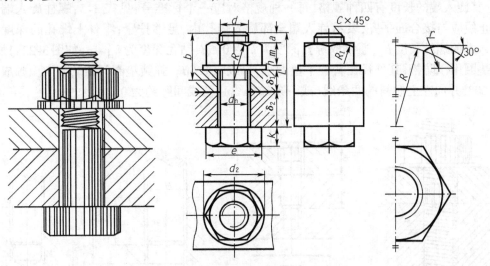

图 3-21 用比例法画螺栓连接装配图

第一步:初算公称长度。

$$L_计 = \delta_1 + \delta_2 + h + m_{max} + a$$

式中:δ_1、δ_2——两被连接件的厚度;
  m、h——螺母和垫圈的厚度,需要查表确定;
  a——螺栓伸出螺母外的长度,$a = (0.2 \sim 0.4)d$。

第二步:取标准长度 L。

根据 $L_计$,在螺栓标准的 L 公称系列值中,选取一个相近的标准尺寸数值。

其中:$a = 0.3d, m = 0.8D, h = 0.15D, k = 0.7d, R = 1.5D, b = 2d, e = 2d, d_2 = 2.2D, R_1 = D, c = 0.15d, r$ 由作图决定 $d_h \approx 1.1d$。

①按比例画法,根据计算确定的尺寸,画出三视图轴线和大径 d,并画出各零件的高度。
②画出螺栓、螺母、垫圈等零件的外形轮廓以及两被连接件的通孔投影。
③画出螺栓、螺母等各部分形状。
④画出被连接件的剖面线(两被连接件的 剖面线方向应相反),完成螺栓连接装配图。

画螺栓连接图时注意:螺栓上的螺纹终止线应画出,表示螺母还有拧紧的余地,而两个被连接件之间无间隙存在。

2 双头螺柱连接

双头螺柱连接常用于被连接件之一太厚而不能加工成通孔的情况。双头螺柱两端都有螺纹,其中一端全部旋入被连接件的螺孔内,称为旋入端。其长度用 b_m 表示;另一端穿过另一被连接件的通孔,加上垫圈,旋紧螺母,如图 3-22 所示。在拆卸时只需拧出螺母、取下垫圈,而不必旋出螺柱,因此采用这种连接不会损坏被连接件上的螺纹孔。在较薄的零件上加工成通孔,孔径取 $1.1d$,而在较厚的零件上制出不穿通的内螺纹,钻头头部形成的锥顶角为 120°。

画螺柱连接时应注意:螺柱的旋入端 b_m 与被连接件的材料有关,根据螺孔零件的材料不同,其旋入端的长度有四种规格,每一种规格对应一个标准号,见表 3-5;螺柱旋入端的螺纹终止线应与接合面平齐,表示旋入端全部旋入螺孔内,足够拧紧;零件上螺孔的深度应大于旋入端的螺纹长度 b_m,通常取螺孔深度为 $b_m + 0.5d$,钻孔深度为 $b_m + d$,如图 3-23a)所示;弹簧垫圈用作防松,其外径比普通平垫圈小,一般取 $1.5d$。弹簧垫圈开槽的方向应画成与水平成 60°,并向左上倾斜的两条线(或一条加粗线),两线间距约为 $0.1d$。

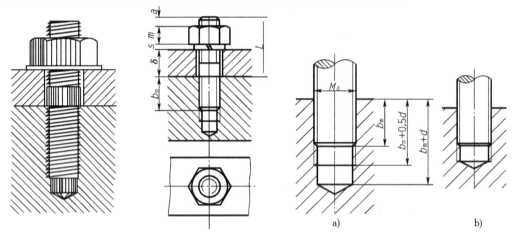

图 3-22 双头螺柱连接　　　　　图 3-23 钻孔和螺孔的深度

旋 入 端 长 度　　　　　　　　　　　　　表 3-5

螺孔的材料	旋入端的长度	标准编号
钢与青铜	$b_m = d$	GB/T 897—1988
铸铁	$b_m = 1.25d$	GB/T 898—1988
铸铁或铝合金	$b_m = 1.5d$	GB/T 899—1988
铝合金	$b_m = 2d$	GB/T 900—1988

双头螺柱的有效长度应按下式估算:
$$L \approx \delta + S + m + (0.3 \sim 0.4)d$$
式中: δ——零件厚度;
　　　S——垫圈厚度;
　　　m——螺母厚度;
　　　d——螺柱旋出长度。

(0.3~0.4)

不穿通螺纹孔的钻孔深度也可不表示,仅按有效螺纹部分的深度画出,如图3-23b)所示。

❸ 螺钉连接

螺钉连接一般用于受力不大而又不经常拆卸的地方。被连接的零件中一个为通孔,另一个为不通的螺纹孔。螺孔深度和旋入深度的确定与双头螺柱连接基本一致,螺钉头部的形式很多,应按规定画出。其比例画法如图3-24所示。

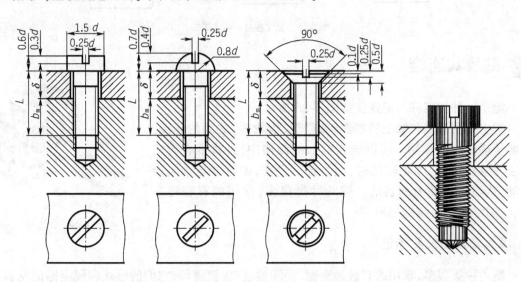

图3-24 螺钉连接的画法

螺钉的公称长度计算如下:

$$l \geqslant \delta(通孔零件厚) + b_m$$

b_m 为螺钉的旋入长度,其取值与螺柱连接时的相同。按上式计算出公称长度后再查表取标准值。

画螺钉连接时应注意以下几点:螺钉的螺纹终止线不能与接合面平齐,应画在接合面的上方(光孔零件内),表示螺钉还有拧紧余地,以保证连接紧固;螺钉头部与沉孔、螺钉杆部与通孔之间分别应有间隙,应画出两条轮廓线。但对于沉头螺钉,则应注意锥面处只画一条轮廓线;当采用开槽螺钉连接时,一字槽的画法为:在非圆视图上槽位于螺钉头部的中间位置,而在圆投影的视图上槽应与水平成45°绘制,如果需要绘制左视图,一字槽也画在中间位置。当槽宽小于或等于2mm时,可涂黑表示;在圆投影的视图中,螺钉头部及其槽的倒角投影一般省略不画;紧定螺钉用来固定两零件的相对位置,一般按照螺钉的末端形式来划分。

❹ 简化画法

工程实践中为简化作图,螺纹紧固件连接图一般采用简化画法,如图3-25所示。

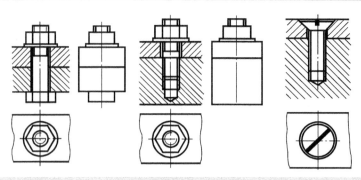

图 3-25 螺纹连接的简化画法

三、键及其连接

键是一种标准件。键连接如图 3-26 所示。

键主要用于轴和轴上的零件（如带轮、齿轮等）之间的连接，起着传递转矩的作用。将键嵌入轴上的键槽中，再将带有键槽的齿轮装在轴上，当轴转动时，因为键的存在，齿轮就与轴同步转动，达到传递动力的目的。键的种类很多，常用的有普通平键、半圆键和钩头楔键三种。

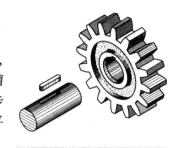

图 3-26 键连接

1 常用键及其标记

键的种类很多，常用的有普通平键、半圆键、钩头楔键等，它们的形式和规定标记见表 3-6。

键的形式和规定标记　　　　　　表 3-6

名称及标准编号	图 例	标 记 示 例
普通平键　GB/T 1096—1979		键 10×36 GB/T 1096—1979 表示：圆头普通平键（A 字可不写） 键宽 $b=10$ 键长 $L=36$
半圆键　GB/T 1099—1979		键 6×25 GB/T 1099.1—2003 表示：半圆键 键宽 $b=6$ 直径 $d_1=25$
钩头楔键　GB/T 1565—1979		键 8×40 GB/T 1565—2003 表示：钩头楔键 键宽 $b=8$ 键长 $L=40$

2 普通平键的种类和标记

普通平键根据其头部结构的不同可以分为圆头普通平键(A 型)、平头普通平键(B 型)、和单圆头普通平键(C 型)三种形式,如图 3-27 所示。

普通平键的标记格式和内容为:键 形式代号 宽度×长度 标准代号,其中 A 型可省略形式代号。例如:宽度 $b = 18$mm,高度 $h = 11$mm,长度 $L = 100$mm 的圆头普通平键(A 型),其标记是:键 18 × 100 GB1096—1979。宽度 $b = 18$mm,高度 $h = 11$mm,长度 $L = 100$mm 的平头普通平键(B 型),其标记是:键 B 18 × 100 GB1096—1979。宽度 $b = 18$mm,高度 $h = 11$mm,长度 $L = 100$mm 的单圆头普通平键(C 型),其标记是:键 C 18 × 100 GB1096—1979。

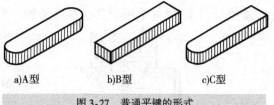

图 3-27 普通平键的形式

3 普通平键的连接画法

采用普通平键连接时,键的长度 L 和宽度 b 要根据轴的直径 d 和传递的转矩大小从标准中选取适当值。轴和轮毂上的键槽的表达方法及尺寸如图 3-28 所示。

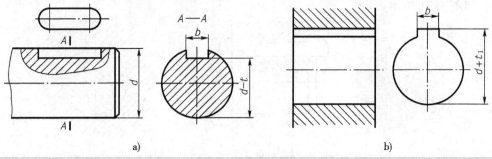

图 3-28 普通平键的画法

普通平键连接:普通平键是用两侧面为工作面来做周向固定和传递运动和动力,因此,其两侧面和下底面均与轴上、轮毂上键槽的相应表面接触,而平键顶面与轮子键槽顶面之间不接触,则留有间隙。其装配图画法如图 3-29 所示。

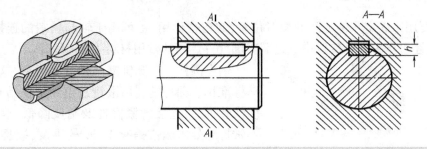

图 3-29 普通平键的连接画法图

项目三 标准件和常用件画法

4 半圆键连接

半圆键的两侧面为工作面,与轴和轮上的键槽两侧面接触,而半圆键的顶面与轮子键槽顶面之间不接触,则留有间隙。由于半圆键在键槽中能绕槽底圆弧摆动,可以自动适应轮毂中键槽的斜度,因此适用于具有锥度的轴。画法如图3-30所示。

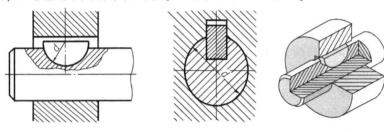

图3-30 半圆键的连接画法

5 钩头楔键连接

钩头楔键的上下两面是工作面,而键的两侧为非工作面,楔键的上表面有1∶100的斜度,装配时打入轴和轮毂的键槽内,靠楔面作用传递转矩,能轴向固定零件和传递单向的轴向力。如图3-31所示。

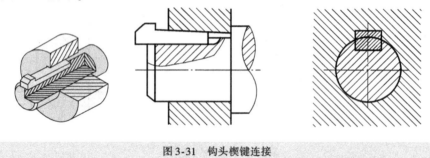

图3-31 钩头楔键连接

四 销及其连接

1 销的作用及种类

销主要用来固定零件之间的相对位置,起定位作用,也可用于轴与轮毂的连接,传递不大的载荷,还可作为安全装置中的过载剪断元件。销的常用材料为35、45钢。

销有圆柱销和圆锥销两种基本类型,这两类销均已标准化。圆柱销利用微量过盈固定在销孔中,经过多次装拆后,连接的紧固性及精度降低,故只宜用于不常拆卸处。圆锥销有1∶50的锥度,装拆比圆柱销方便,多次装拆对连接的紧固性及定位精度影响较

a)圆柱销　b)圆锥销　c)开口销

图3-32 销

小，因此应用广泛。常用的销有圆柱销、圆锥销、开口销等，其形状如图 3-32 所示。

2 销的标记

销的标记见表 3-7。

销的形式及标记　　　　　　　表 3-7

名称	标准号	图例	标记示例
圆柱销	GB/T119.1—2000 GB/T 119.2—2000		公称直径 d = 6mm、长度 l = 30mm 的圆柱销：销 GB/T 119.1—2000 6×30
圆锥销	GB/T117—2000		公称直径 d = 6mm、长度 l = 30mm 的圆锥销：销 GB/T 117—2000 6×30
开口销	GB/T 91—2000		公称直径 d = 5mm，长度 l = 30mm，材料为 Q215 或 Q235，不经表面表面处理的开口销 销 GB/T 91—2000 5×30

3 销连接画法

在销连接中，两零件上的孔是在零件装配时一起配钻的。因此，在零件图上标注销孔的尺寸时，应注明"配作"。

绘图时，销的有关尺寸从标准中查找并选用。在剖视图中，当剖切平面通过销的回转轴线时，按不剖处理，如图 3-33 所示。

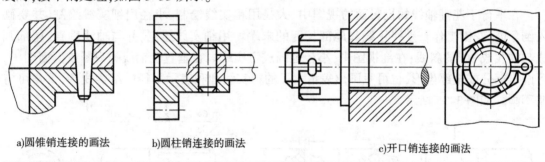

a)圆锥销连接的画法　　b)圆柱销连接的画法　　c)开口销连接的画法

图 3-33　销连接的画法

任务实施

（1）先确定螺栓公称长度。由附录中表 B8 和表 B3 查得垫圈厚度 h = 1.6mm，螺母高度

$m = 6.8$。

取 $a = 0.3d = 0.3 \times 8\text{mm} = 2.4\text{mm}$，得：$L_{\text{计}} = \delta_1 + \delta_2 + h + m + a = 35.8\text{mm}$

再在表 B1 中查得最接近的标准长度 $L = 35\text{mm}$。

（2）根据比例关系式计算出紧固件的各部分绘图尺寸后，即可画出螺栓连接装配图。作图过程如图 3-34 所示。

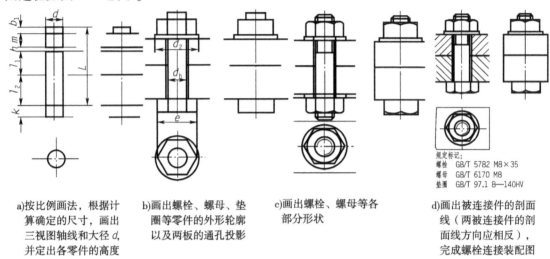

a）按比例画法，根据计算确定的尺寸，画出三视图轴线和大径 d，并定出各零件的高度

b）画出螺栓、螺母、垫圈等零件的外形轮廓以及两板的通孔投影

c）画出螺栓、螺母等各部分形状

d）画出被连接件的剖面线（两被连接件的剖面线方向应相反），完成螺栓连接装配图

图 3-34　螺栓连接装配图绘制步骤

花 键 连 接

花键连接又称多槽键连接。其特点是键和键槽的数量较多，轴和键制成一体。

1 外花键的画法

在平行于花键轴线的投影面的视图中，大径用粗实线绘制，小径用细实线绘制，并要画入倒角内；花键工作长度终止线和尾部长度的末端均用细实线绘制，并与轴线垂直，尾部画成与轴线成 30° 的斜线；在剖视图中，小径也画成粗实线。在垂直于轴线的视图或剖面图中，可画出部分或全部齿形，也可只画出表示大径的粗实线圆和表示小径的细实线圆，倒角可省略不画。如图 3-35 所示。

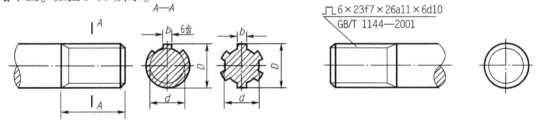

图 3-35　外花键的画法

2 内花键的画法

在平行于花键轴线的剖视图中,大径及小径均用粗实线绘制。在垂直于轴线的视图中,可画出部分或全部齿形,如图3-36所示。

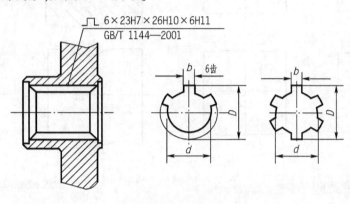

图3-36　内花键的画法

3 内、外花键的连接画法

花键连接用剖视图和剖面图表示时,其连接部分按外花键的规定画法绘制。如图3-37所示。

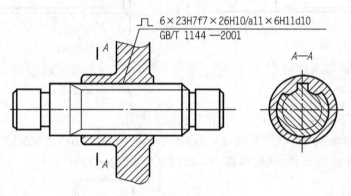

图3-37　内外花键连接的画法

1.指出图中错误,并在指定位置画出正确的图形。
2.根据给出的参数,标注螺纹代号和精度。
(1)粗牙普通螺纹,大径24,螺距3,单线,右旋,中径公差带代号5g,顶径公差带代号6g。

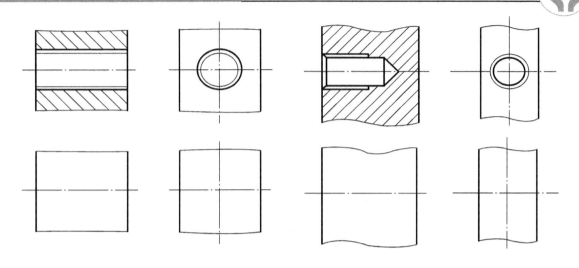

| 题 1 图(1) | 题 1 图(2) |

(2) 细牙普通螺纹,大径24,螺距1.5,单线,左旋,中径及顶径公差带代号均为6H。

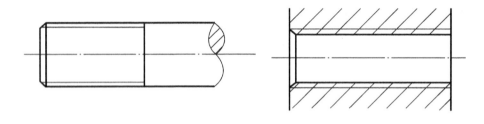

| 题 2 图(1) | 题 2 图(2) |

3. 查表确定下列各连接件的尺寸,并写出规定标记。
(1) 六角头螺栓-A 级,螺纹规格 $d=20$、公称长度 $l=80$(GB/T 5782—2000)。
(2) 1 型六角螺母-B 级,螺纹规格 $D=20$(GB/T 6172—2000)。

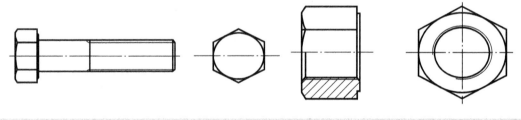

| 题 3 图(1) | 题 3 图(2) |

4. 更正下列各图中画法上的错误。
5. 补全图5所缺的线条。

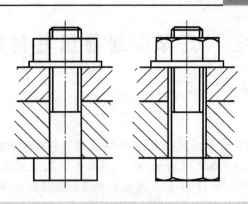

题 4 图

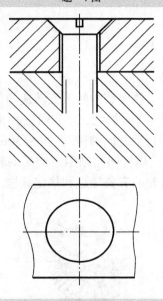

题 5 图

6. 键、销连接

(1) 已知轮孔径 φ25，长 35，铸铁件，试查手册画平键槽并标注尺寸。

(2) 已知轴径 φ25mm，试根据题(1)轮的厚度，查手册画轴键槽图并标注尺寸。

(3) 根据(1)、(2)题意，画其普通平键连接图(轮紧靠阶梯轴肩)并作 B—B 剖视图。

(4) 用销 GB/T 117—2000 8×50 画销连接图。

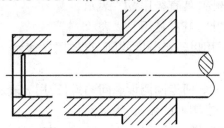

题 6 图

项目三 标准件和常用件画法

任务二 汽车变速器圆柱齿轮的绘制

给定图 3-38 所示的汽车齿轮实物模型,已知该直齿圆柱齿轮齿数为 28,模数为 6,压力角为 20,齿轮轴孔直径为 30,均布六个圆孔直径为 20,其他各部分尺寸可自行按比例估计,要求完成该直齿圆柱齿轮的零件图。

图 3-38 齿轮模型

一 齿轮

齿轮是用于机器中传递动力、改变旋向和改变转速的传动件。根据两啮合齿轮轴线在空间的相对位置不同,常见的齿轮传动可分为下列三种形式,如图 3-39 所示。其中,图 3-39a)所示的圆柱齿轮用于两平行轴之间的传动;图 3-39b)所示的圆锥齿轮用于垂直相交两轴之间的传动;图 3-39c)所示的蜗杆蜗轮则用于交叉两轴之间的传动。本节主要介绍具有渐开线齿形的标准直齿圆柱齿轮的有关知识和规定画法。

a)圆柱齿轮

b)圆锥齿轮

c)蜗杆蜗轮

图 3-39 常见齿轮的传动形式

1 直齿圆柱齿轮各部分的名称和代号

直齿圆柱齿轮各部分的名称和代号,如图 3-40 所示。

(1)齿顶圆:轮齿顶部的圆,其直径用"d_a"表示。
(2)齿根圆:轮齿根部的圆,其直径用"d_f"表示。
(3)分度圆:齿轮加工时用以轮齿分度的圆,直径用 d 表示。在一对标准齿轮互相啮合时,两齿轮的分度圆应相切。
(4)齿距:在分度圆上,相邻两齿同侧齿廓间的弧长,用 p 表示。
(5)齿厚:一个轮齿在分度圆上的弧长,用 s 表示。
(6)槽宽:一个齿槽在分度圆上的弧长,用 e 表示。在标准齿轮中,齿厚与槽宽各为齿距的一半,即 $s = e = p/2$,$p = s + e$。

(7)齿顶高:分度圆至齿顶圆之间的径向距离,用"h_a"表示。

(8)齿根高:分度圆至齿根圆之间的径向距离,用"h_f"表示。

(9)全齿高:齿顶圆与齿根圆之间的径向距离,用 h 表示。$h = h_a + h_f$。

(10)齿宽:沿齿轮轴线方向测量的轮齿宽度,用 b 表示。

(11)压力角:轮齿在分度圆的啮合点上 C 处的受力方向与该点瞬时运动方向线之间的夹角,用 α 表示。标准齿轮 $\alpha = 20°$。

(12)节圆:在两齿轮啮合时,齿廓的接触点将齿轮的连心线分为两段。分别以 o_1、o_2 为圆心,以 o_1c、o_2c 为半径所画的圆,称为节圆,其直径用"d'"表示。齿轮的传动就可以假想成这两个圆在作无滑动的纯滚动。正确安装的标准齿轮,分度圆和节圆相等,即 $d = d'$。

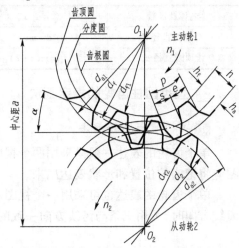

图 3-40 直齿圆柱齿轮各部分的名称和代号

(13)中心距:两齿轮回转中心的连线称为中心距,用"a"表示。

2 直齿圆柱齿轮的基本参数与齿轮各部分的尺寸关系

(1)模数:当齿轮的齿数为 z 时,分度圆的周长 = $\pi d = zp$。令 $m = p/\pi$,则 $d = mz$,m 即为齿轮的模数。因为一对啮合齿轮的齿距 p 必须相等,所以,它们的模数也必须相等。模数是设计、制造齿轮的重要参数。模数越大,则齿距 p 也增大,随之齿厚 s 也增大,齿轮的承载能力也增大。不同模数的齿轮要用不同模数的刀具来制造。为了便于设计和加工,模数已经标准化,我国规定的标准模数数值见表 3-8。

标准模数(圆柱齿轮摘自 GB/T 1357—1987)　　　　　　　　　表 3-8

第一系列	1,1.25,1.5,2,2.5,3,4,5,6,8,10,12,16,20,25,32,40,50
第二系列	1.75,2.25,2.75,(3.25),3.5,(3.75),4.5,5.5,(6.5),7,9,(11),14,18,22,28,(30),36,45

注:选用时,优先采用第一系列,括号内的模数尽可能不用。

(2)齿轮各部分的尺寸关系:当齿轮的模数 m 确定后,按照与 m 的比例关系,可计算出齿轮其他部分的公称尺寸,见表 3-9。

标准直齿圆柱齿轮各部分尺寸关系(单位:mm)　　　　　　　　表 3-9

名称及代号	公 式	名称及代号	公 式
模数 m	$m = p\pi = d/z$	齿根圆直径 d_f	$d_f = m(z-2.5)$
齿顶高 h_a	$h_a = m$	齿形角 α	$\alpha = 20°$
齿根高 h_f	$h_f = 1.25m$	齿距 p	$P = \pi m$
全齿高 h	$h = h_a + h_f$	齿厚 s	$s = p/2 = \pi m/2$

续上表

名称及代号	公 式	名称及代号	公 式
分度圆直径 d	$d = mz$	槽宽 e	$e = p/2 = \pi m/2$
齿顶圆直径 d_a	$d_a = m(z+2)$	中心距 a	$a = (d_1 + d_2)/2 = m(z_1 + z_2)/2$

3 直齿圆柱齿轮的规定画法

1 单个圆柱齿轮画法

单个齿轮的表达一般只采用两个视图,主视图画成剖视图,可采用半剖。投影为圆的视图应将键槽的位置和形状表达出来。

单个齿轮的表达也可采用一个视图和一个局部视图。当需要表示斜齿轮和人字齿轮的齿线方向时,可用三条与齿线方向一致的细实线表示,如图 3-41 所示。

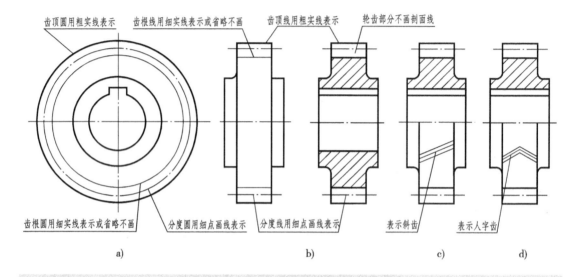

图 3-41 单个齿轮的画法

齿顶线和齿顶圆用粗实线绘制;分度线和分度圆用细点画线绘制;齿根线和齿根圆用细实线绘制,也可省略不画。在剖视图中,当剖切平面通过齿轮轴线时,齿根线用粗实线绘制,轮齿按不剖处理,即轮齿部分不画剖面线。

齿轮的零件图应按零件图的全部内容绘制和标注完整,并且在其零件图的右上角画出有关齿轮的啮合参数和检验精度的表格并注明有关参数。

2 两齿轮啮合的画法

在垂直于齿轮轴线的投影面的视图中,啮合区内的齿顶圆均用粗实线绘制,也可省略不画。两分度圆用点画线画成相切,两齿根圆省略不画,如图 3-42 所示。

在剖视图中,啮合区内的两条节线重合为一条,用细点画线绘制。两条齿根线都用粗实线画出,两条齿顶线,其中一条用粗实线绘制,而另一条用虚线或省略不画。齿顶线与齿根线之间有 $0.25m$ 的间隙。

若不画成剖视图，啮合区内的齿顶线和齿根线都不必画出，节线用粗实线绘制。

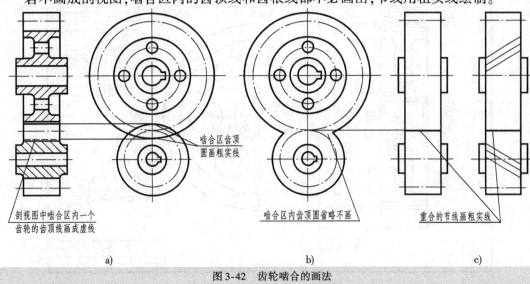

图 3-42 齿轮啮合的画法

4 锥齿轮

锥齿轮用于垂直相交两轴之间的传动。由于锥齿轮的轮齿分布在圆锥面上，所以其齿厚、齿高、模数和直径由大端到小端是逐渐变小的。为了便于设计制造，规定锥齿轮的大端端面模数为标准模数。在计算各部分尺寸时，齿顶高、齿根高沿大端背锥素线量取，其背锥素线与分锥素线垂直。

画图时，单个锥齿轮常用的表达方法，其主视图一般画成剖视图，在左视图中，用粗实线画出大端和小端的齿顶圆，用点画线画出大端的分度圆。大、小端齿根圆及小端分度圆均不画出。

两锥齿轮啮合时，其锥顶交于一点，两分度圆画成相切，主视图画成剖视图，其啮合区域的表达与圆柱齿轮相同。若主视图不剖，两分度圆锥相切处的节线用粗实线绘制。

5 蜗杆、蜗轮

蜗轮和蜗杆通常用于垂直交叉的两轴之间的传动，蜗杆是主动件，蜗轮是从动件。它们的齿向是螺旋形的，为了增加接触面积，蜗轮的轮齿顶面常制成圆弧形。蜗杆的齿数称为头数，相当于螺杆上螺纹的线数，有单头和多头之分。在传动时，蜗杆旋转一圈，蜗轮只转一个齿或两个齿。蜗轮蜗杆传动，其传动比较大，且传动平稳，但效率较低。

相互啮合的蜗轮蜗杆，其模数必须相同，蜗杆的导程角与蜗轮的螺旋角大小相等，方向相同。

蜗杆的画法与圆柱齿轮画法基本相同。为了表达蜗杆上的牙型，一般采用局部放大图。

蜗轮蜗杆啮合的画法，在蜗轮投影为非圆的视图上，蜗轮与蜗杆重合的部分，只画蜗杆不画蜗轮。在蜗轮投影为圆的视图上，蜗杆的节线与蜗轮的节圆画成相切。在剖视图中，当剖切平面通过蜗杆的轴线时，齿顶圆或齿顶线均可省略不画。

图 3-43 是齿轮零件图，与其他零件图不同的是，除了要表示出齿轮的形状、尺寸和技术要求外，还要注明加工齿轮所需的基本参数。

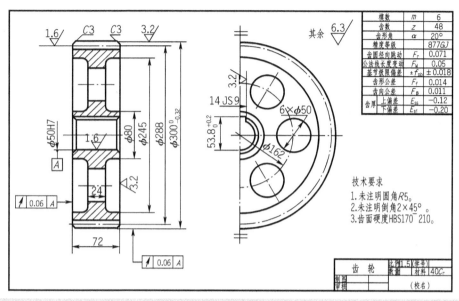

图 3-43　直齿圆柱齿轮的零件图

二、滚动轴承的构造与种类

滚动轴承一般由外圈、内圈、滚动体和保持架组成,如图 3-44 所示。

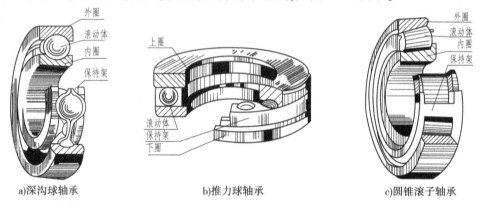

a) 深沟球轴承　　　b) 推力球轴承　　　c) 圆锥滚子轴承

图 3-44　常用滚动轴承的结构

按承受载荷的方向,滚动轴承可分为三类:主要承受径向载荷,如图 3-44a)所示的深沟球轴承;主要承受轴向载荷,如图 3-44b)所示的推力球轴承;同时承受径向载荷和轴向载荷,如图 3-44c)所示的圆锥滚子轴承。

1 滚动轴承的代号

滚动轴承的代号是由基本代号、前置代号和后置代号三部分组成,各部分的排列如下:

| 前置代号 | 基本代号 | 后置代号 |

滚动轴承的基本代号表示轴承的基本类型、结构和尺寸,是滚动轴承代号的基础,使用时必须标注,它由轴承类型代号、尺寸系列代号、内径代号三部分构成。类型代号由数字或字母表示;尺寸系列代号由轴承宽(高)度系列代号和直径系列代号组合而成,用两位数字表示;其中左边一位数字为宽(高)度系列代号,右边一位数字为直径系列代号,内径代号用数字表示。前置代号和后置代号是轴承在结构形式、尺寸、公差和技术要求等有改变时,在其基本代号前后添加的补充代号。

❶ 轴承类型代号

轴承类型代号:用数字或字母表示,见表 3-10。

轴承类型代号(摘自 GB/T 272—1993)　　表 3-10

代号	0	1	2	3	4	5	6	7	8	N	NU	QJ
轴承类型	双列角接触球轴承	调心球轴承	调心滚子轴承	推力调心滚子轴承	圆锥滚子轴承	双列深沟球轴承	推力球轴承	深沟球轴承	角接触球轴承	推力圆柱滚子轴承	圆柱滚子轴承	外球面球轴承	四点接触球轴承

❷ 尺寸系列代号

尺寸系列代号:由轴承宽(高)度系列代号和直径系列代号组合而成,一般用两位数字表示(有时省略其中一位)。它的主要作用是区别内径(d)相同而宽度和外径不同的轴承,具体代号需查阅相关标准。向心轴承、推力轴承尺寸系列代号,见表 3-11。

滚动轴承尺寸系列代号　　表 3-11

直径系列代号	向心轴承 宽度系列代号									推力轴承 宽度系列代号		
	8	0	1	2	3	4	5	6	7	9	1	2
	尺寸系列代号											
7	—	—	17	—	37	—	—	—	—	—	—	—
8	—	08	18	28	38	48	58	68	—	—	—	—
9	—	09	19	29	39	49	59	69	—	—	—	—
0	—	00	10	20	30	40	50	60	70	90	10	—
1	—	01	11	21	31	41	51	61	71	91	11	—
2	82	02	12	22	32	42	52	62	72	92	12	22
3	83	03	13	23	33	43	53	63	73	93	13	23
4	—	04	—	24	—	—	—	—	74	94	14	24
5	—	—	—	—	—	—	—	—	—	95	—	—

尺寸系列代号有时可以省略:除圆锥滚子轴承外,其余各类轴承宽度系列代号"0"均省略;深沟球轴承和角接触球轴承的10尺寸系列代号中的"1"可以省略;双列深沟球轴承的宽度系列代号"2"可以省略。

2 内径代号

内径代号表示轴承的公称内径,见表3-12。

滚动轴承内径代号　　　　　　表3-12

轴承公称内径 d(mm)		内 径 代 号
0.6~10(非整数)		用公称内径毫米数直接表示,在其与尺寸系列代号之间用"/"分开
1~9(整数)		用公称内径毫米数直接表示,对深沟球轴承及角接触轴承7、8、9直径系列,内径与尺寸系列代号之间用"/"分开
10~17	10	00
	12	01
	15	02
	17	03
20~480(22、28、32除外)		公称内径除以5的商数,商数为个位数,需要在商数左边加"0",如08
≥500以及22、28、32		用尺寸内径毫米数直接表示,但在与尺寸系列代号之间用"/"分开

轴承基本代号举例:

6209:09为内径代号,d=45mm;2为尺寸系列代号(02),其中宽度系列代号0省略,直径系列代号为2;6为轴承类型代号,表示深沟球轴承。

62/22:22为内径代号,d=22mm(用公称内径毫米数值直接表示);2和6与例1的含义相同。

30314:14为内径代号,d=70mm;03为尺寸系列代号(03),其中宽度系列代号为0,直径系列代号为(3);3为轴承类型代号,表示圆锥滚子轴承。

3 滚动轴承的画法

滚动轴承是标准组件,一般不单独绘出零件图,国家标准规定在装配图中采用简化画法和规定画法来表示,其中简化画法又分为通用画法和特征画法两种。在装配图中,若不必确切地表示滚动轴承的外形轮廓、载荷特征和结构特征,可采用通用画法来表示。即在轴的两侧用粗实线矩形线框及位于线框中央正立的十字形符号表示,十字形符号不应与线框接触。在装配图中,若要较形象地表示滚动轴承的结构特征,可采用特征画法来表示,规定画法和特征画法见表3-13。

在装配图中,若要较详细地表达滚动轴承的主要结构形状,可采用规定画法来表示。此时,轴承的保持架及倒角省略不画,滚动体不画剖面线,各套圈的剖面线方向可画成一致,间隔相同。一般只在轴的一侧用规定画法表达,在轴的另一侧仍然按通用画法表示。

在同一图样中,一般只采用其中的一种画法。

常用滚动轴承的画法（摘自 GB/T 4459.7—1998）　　　　表 3-13

名称、标准号和代号	主要尺寸数据	规定画法	特征画法	装配示意图
深沟球轴承 60000	D d B	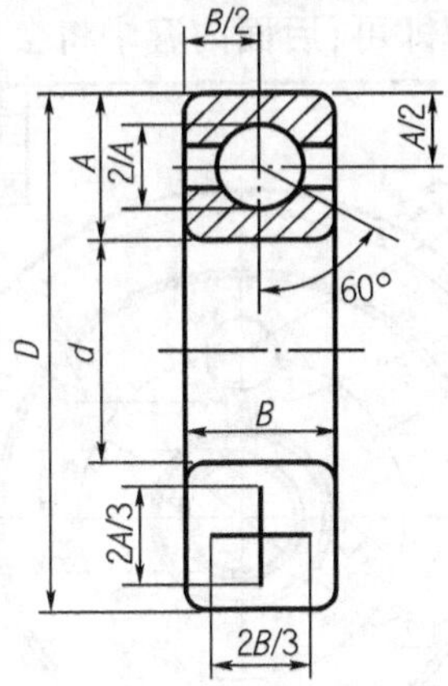	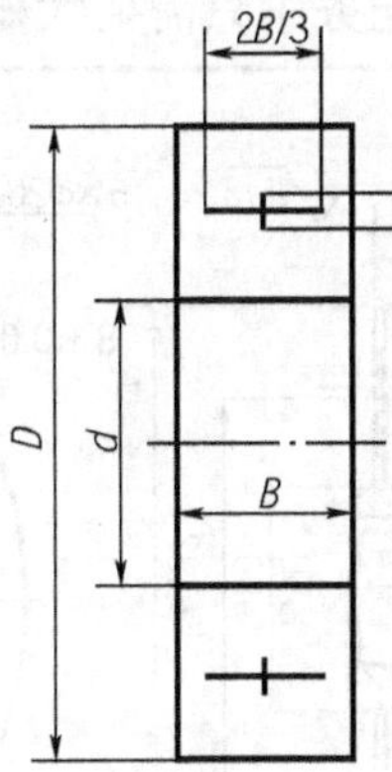	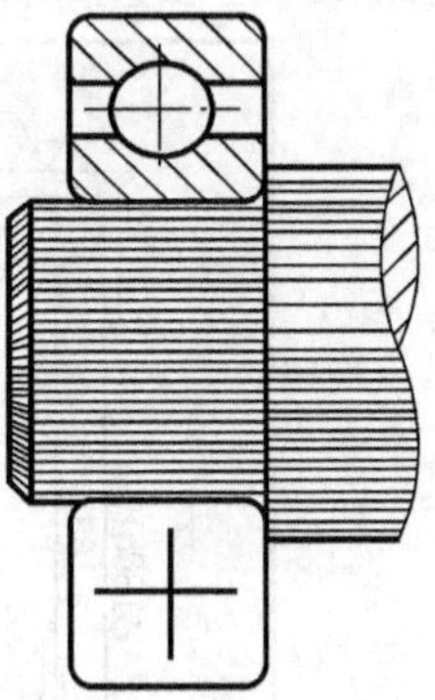
圆锥滚子轴承 30000	D d B T C	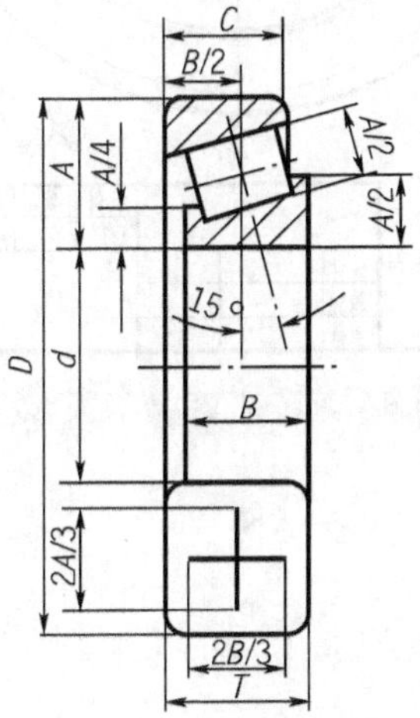	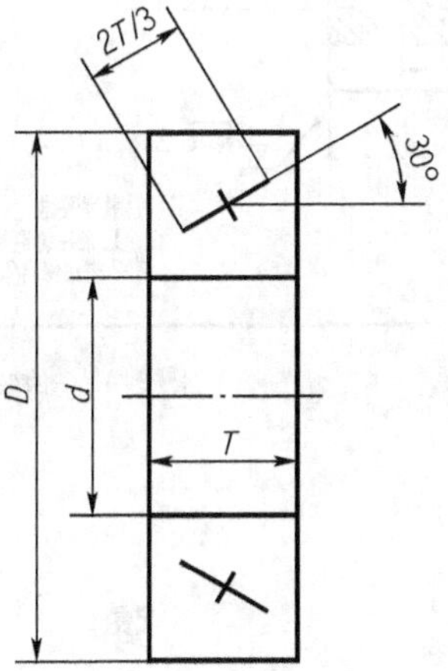	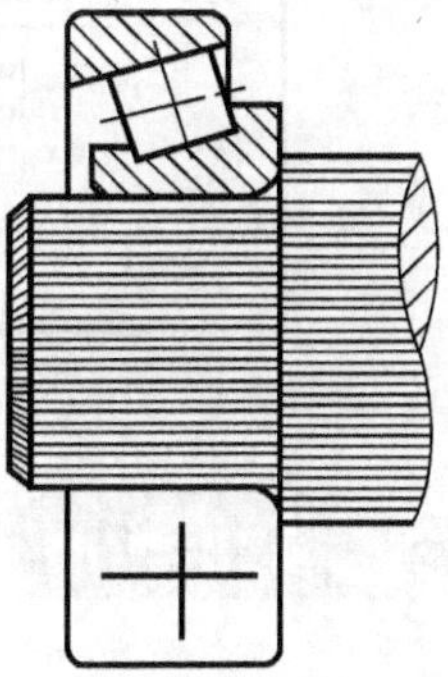
推力球轴承 50000	D d T	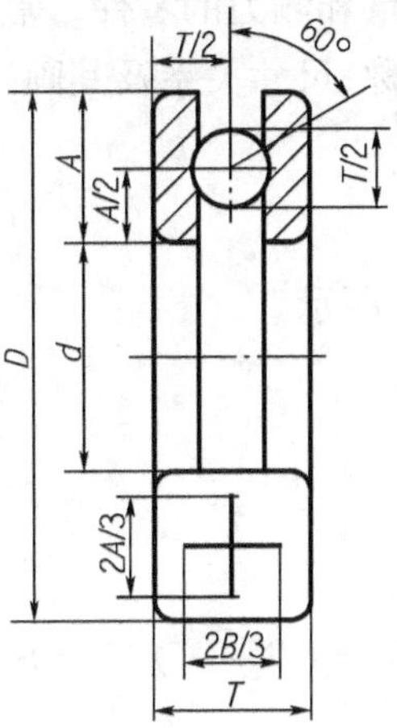	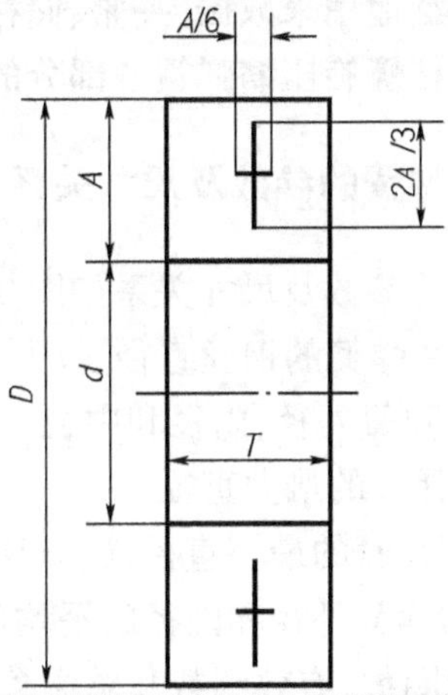	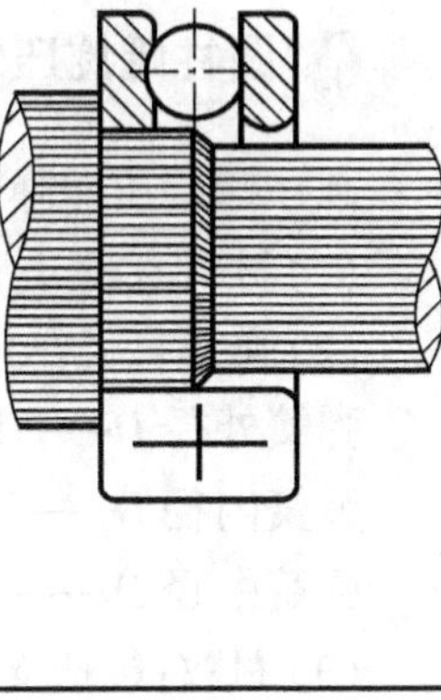

项目三 标准件和常用件画法

任务实施

根据任务要求以及齿轮的绘图规定,齿轮参考工作图如图3-45所示,图中的表面粗糙度以及尺寸公差的标注在此任务中只需要大概了解即可,后面内容中将会做详细说明。

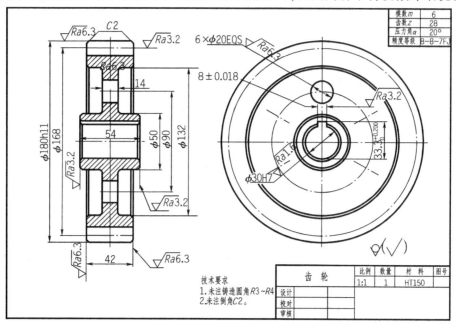

图3-45 齿轮工作图

弹 簧

弹簧是在机械中广泛地用来减振、夹紧、储存能量和测力的零件。常用的弹簧如图3-46所示。本节主要介绍圆柱螺旋压缩弹簧各部分的名称、尺寸关系及其画法。

1 圆柱螺旋压缩弹簧的参数及尺寸关系

圆柱螺旋压缩弹簧的参数及尺寸关系如图3-47所示。

(1)材料直径d:制造弹簧的钢丝直径。

(2)弹簧直径:分为弹簧外径、内径和中径。

弹簧外径D——即弹簧的最大直径。

弹簧内径D_1——即弹簧的最小直径,$D_1 = D - 2d$。

弹簧中径D_2——即弹簧外径和内径的平均值,$D_2 = (D + D_1)/2 = D - d = D_1 + d$。

(3)圈数:包括支承圈数、有效圈数和总圈数。

a)压缩弹簧　　b)拉力弹簧　　c)扭力弹簧

图 3-46　圆柱螺旋弹簧

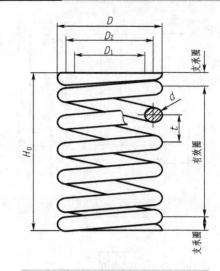

图 3-47　弹簧的参数

支承圈数 n——为使弹簧工作时受力均匀,弹簧两端并紧磨平而起支承作用的部分称为支承圈,两端支承部分加在一起的圈数称为支承圈数(n_2)。当材料直径 $d ≤ 8mm$ 时,支承圈数 $n_2 = 2$;当 $d > 8mm$ 时,$n_2 = 1.5$,两端各磨平 3/4 圈。

有效圈数——支承圈以外的圈数为有效圈数。

总圈数 n_1——支承圈数和有效圈数之和为总圈数,$n_1 = n + n_2$。

(4)节距 t:除支承圈外的相邻两圈对应点间的轴向距离。

(5)自由高度 H_0:弹簧在未受负荷时的轴向尺寸。

(6)展开长度 L:弹簧展开后的钢丝长度。有关标准中的弹簧展开长度 L 均指名义尺寸,其计算方法为:当 $d ≤ 8mm$ 时,$L = \pi D_2(n+2)$;当 $d > 8mm$ 时,$L = \pi D_2(n+1.5)$。

(7)旋向:弹簧的旋向与螺纹的旋向一样,也有右旋和左旋之分。

2　弹簧的规定画法

在平行于弹簧轴线的投影面的视图中,各圈的轮廓线画成直线。

螺旋弹簧均可画成右旋,但左旋弹簧不论画成左旋或右旋,一律要注出旋向"左"字。

压缩弹簧在两端有并紧磨平时,不论支承圈数多少或末端并紧情况如何,均按支承圈数 2.5 圈的形式画出。

有效圈数在四圈以上的螺旋弹簧,中间部分可以省略。中间部分省略后,允许适当缩短图形长度。

(1)圆柱螺旋压缩弹簧的画图方法和步骤,如图 3-48 所示。

(2)弹簧在装配图中的画法,如图 3-49 所示。

①弹簧后面被遮挡住的零件轮廓不必画出,如图 3-49a)所示。

②当弹簧的簧丝直径小于或等于 2mm 时,端面可以涂黑表示,如图 3-49b)所示。也可采用示意画法画出,如图 3-49c)所示。

项目三　标准件和常用件画法

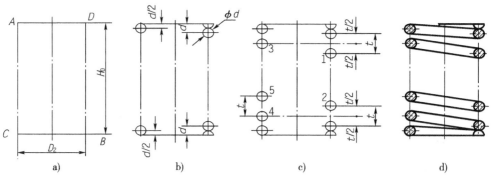

图3-48　圆柱螺旋压缩弹簧的画图步骤

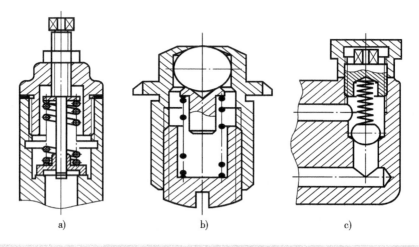

图3-49　圆柱螺旋压缩弹簧在装配图中的画法

自我评价

1. 补全齿轮啮合的主视图和左视图。

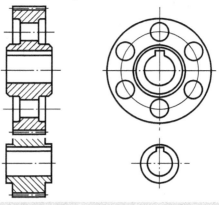

题　1图

2. 用规定画法在轴端画出轴承与轴的装配图,并解释滚动轴承代号的含义。

滚动轴承 6205

含　义：

内　径：

尺寸系列：

轴承类型：

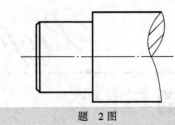

题 2 图

3. 已知圆柱螺旋压缩弹簧外径 D 为 45mm,弹簧直径 d 为 5mm,节距 f 为 10mm,有效圈数 n 为 8,支承圈数 n_2 为 2.5,右旋,根据弹簧画图步骤,画出此弹簧。

项目四　零件图绘制与识读

项目四
零件图绘制与识读

知识目标
- ◎ 了解零件图作用和内容,掌握绘制和识读零件图的方法。
- ◎ 掌握零件图的视图表达方法。
- ◎ 掌握零件图的尺寸的注法。
- ◎ 理解公差与配合的术语。
- ◎ 掌握公差与配合代号在图样上的标注。
- ◎ 掌握形状和位置公差代号的标注,理解代号中各种符号和数字的含义。
- ◎ 掌握表面粗糙度代号的标注,了解代号中各种符号和数字的含义。

能力目标
- ◎ 能够正确绘制和识读中等复杂程度的零件图。
- ◎ 能够正确、完整、清晰并较合理地标注零件图的尺寸。
- ◎ 能够较正确地标注和识读零件图上的尺寸公差、形位公差和表面粗糙度等技术要求。

 任务一　汽车齿轮轴零件图的绘制

任务描述

已知图4-1为一汽车齿轮轴模型图,其中齿轮模数为2.5,齿数为22,压力角为20°,键槽部分直径为20,其他各部分尺寸可根据模型结构大小按比例设定,要求绘制出该零件的零件图。

图4-1　汽车齿轮轴模型图

一 零件图的作用及内容

组成机器或部件的最基本的机件,称为零件。表示一个零件的工程图样称为零件图。

零件图的作用:机器或部件都是由许多零件装配而成,制造机器或部件必须首先制造零件。零件图是表单个零件的图样,它是制造和检验零件的主要依据。零件图是生产中指导制造和检验该零件的主要图样,它不仅仅是把零件的内、外结构形状和大小表达清楚,还需要对零件的材料、加工、检验、测量提出必要的技术要求。零件图必须包含制造和检验零件的全部技术资料。

零件图的内容:一张完整的零件图(图4-2),应包括以下内容:

(1)一组视图。准确、清晰、完整地表达零件的内、外结构形状;

(2)正确、完整、清晰、合理的零件尺寸;

(3)技术要求。用规定的代号、数字、字母和文字注出制造和检验零件时,在技术指标上应达到的要求,如表面粗糙度、尺寸公差、形状和位置公差、热处理等;

(4)标题栏。填写零件名称、材料、数量、画图比例、设计、制图人员的签名及单位名称等项内容。

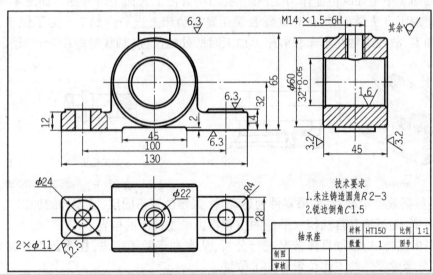

图4-2 轴承座零件图

二 零件图视图的选择

1 主视图的选择

主视图是零件的视图中最重要的视图,选择零件图的主视图时,一般应从主视图的投射方向和零件的摆放位置两方面来考虑。

项目四 零件图绘制与识读

❶ 选择主视图的投射方向

形体特征原则:所选择的投射方向所得到的主视图应最能反映零件的形状特征。如图 4-3 所示,A 向好。

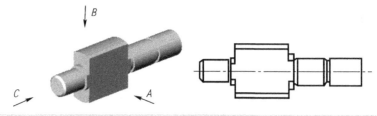

图 4-3 形体特征原则

❷ 选择主视图的位置

当零件主视图的投射方向确定以后,还需确定主视图的位置。所谓主视图的位置,即是零件的摆放位置。一般分别从以下几个原则来考虑:

(1)工作位置原则:所选择的主视图的位置,应尽可能与零件在机械或部件中的工作位置相一致,如图 4-4 所示。

(2)加工位置原则:工作位置不易确定或按工作位置画图不方便的零件,主视图一般按零件在机械加工中所处的位置作为主视图的位置,方便工人加工时看图。如图 4-5 所示,该零件的主要加工方法是车削,有些重要表面还要在磨床上进一步加工。为了便于工人对照图样进行加工,故按该轴在车床和磨床上加工时所处的位置(轴线侧垂放置)来绘制主视图。

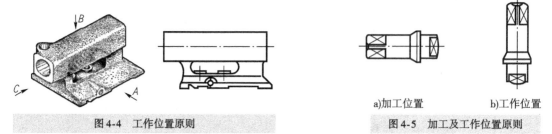

图 4-4 工作位置原则　　　　　　　　a)加工位置　　b)工作位置

图 4-5 加工及工作位置原则

(3)自然摆放稳定原则:如果零件为运动件,工作位置不固定,或零件的加工工序较多其加工位置多变,则可按其自然摆放平稳的位置作为画主视图的位置。

主视图的选择,应根据具体情况进行分析,从有利于看图出发,在满足形体特征原则的前提下,充分考虑零件的工作位置和加工位置。

❷ 其他视图的选择

对于简单的轴、套、球类零件,一般只用一个视图,再加所注的尺寸,就能把其结构形状表达清楚。对于一些较复杂的零件,一个主视图是很难把整个零件的结构形状表达完全的。一般在选择好主视图后,还应选择适当数量的其他视图与之配合,才能将零件的结构形状表达清楚。一般应优先选用左、俯视图,然后再选用其他视图。

一个零件需要多少视图才能表达清楚,只能根据零件的具体情况分析确定。考虑的一般原则是:在保证充分表达零件结构形状的前提下,尽可能使零件的视图数目为最少。应使每一个视图都有其表达的重点内容,具有独立存在的意义。

图 4-6 所示的支架,主视图确定后,为了表达中间部分的结构形状,选用左视图,并在主视图上作移出断面表示其断面形状。为了表达清楚底板的形状,补充了 B 向局部视图(也可画成 B 向完整视图)。

如果没有 B 向局部视图,仅以主、左两个视图是不能完全确定底板的形状的。因为底板如果做成图 4-7 所示的两种不同的形状,仍然符合主、左视图的投影关系。

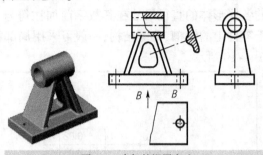

图 4-6 支架的视图表达

图 4-8 所示开关轴,除主视图外,还需用左视图、A 向斜视图和移出断面图配合才能将整个零件表达清楚。少其中任何一个视图都不行。

在零件的视图选择时,应多考虑几种方案,加以比较后,力求用较好的方案表达零件。另外,通过多画、多看、多比较、多总结,不断实践,才能逐步提高表达能力。

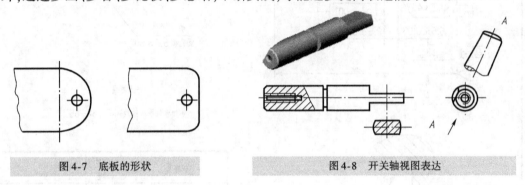

图 4-7 底板的形状　　　　图 4-8 开关轴视图表达

三 常见零件的表达方法分析

常见的零件可以分成五种类型:轴套类、轮盘类、板盖类、叉架类和箱壳类。

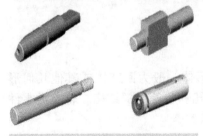

图 4-9 轴套类零件

1 轴套类零件

1 结构分析

轴套类零件的基本形状是同轴回转体。在轴上通常有键槽、销孔、螺纹退刀槽、倒圆等结构,如图 4-9 所示。此类零件主要是在车床或磨床上加工。图 4-9 所示的柱塞阀即属于轴套类零件。

2 主视图选择

这类零件的主视图按其加工位置选择,一般按水平位置放置。这样既可把各段形体的相对位置表示清楚,同时又能反映出轴上轴肩、退刀槽等结构。

3 其他视图的选择

轴套类零件主要结构形状是回转体，一般只画一个主视图。确定了主视图后，由于轴上的各段形体的直径尺寸在其数字前加注符号"φ"表示，因此不必画出其左（或右）视图。对于零件上的键槽、孔等结构，一般可采用局部视图、局部剖视图、移出断面和局部放大图。如图4-10所示。

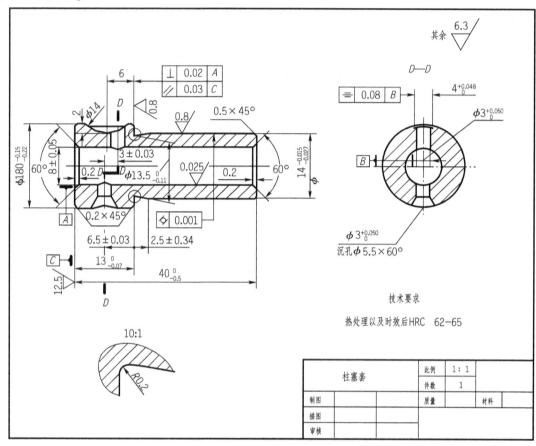

图4-10　柱塞阀零件图

2 盘盖类零件

1 结构分析

轮盘类零件包括端盖、阀盖、齿轮等，这类零件的基本形体一般为回转体或其他几何形状的扁平的盘状体，通常还带有各种形状的凸缘、均布的圆孔和肋等局部结构。轮盘类零件的作用主要是轴向定位、防尘和密封，如图4-11所示的轴承盖。

2 主视图选择

轮盘类零件的毛坯有铸件或锻件，机械加工以车削为主，主视图一般按加工位置水平放置，但有些较复杂的盘盖，因加工工序较多，主视图也可按工作位置画出。为了表达零件内部结构，主视图常取全剖视。

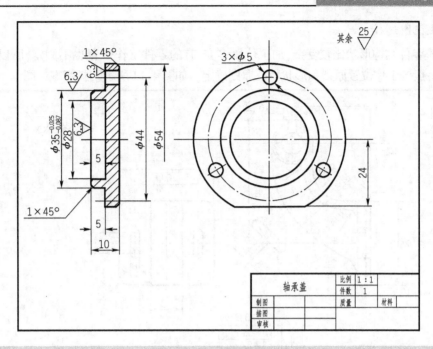

图 4-11 轴承盖零件图

❸ 其他视图的选择

轮盘类零件一般需要两个以上基本视图表达,除主视图外,为了表示零件上均布的孔、槽、肋、轮辐等结构,还需选用一个端面视图(左视图或右视图),如图 4-11 中就增加了一个左视图,以表达凸缘和三个均布的通孔。此外,为了表达细小结构,有时还常采用局部放大图。

3 叉架类零件

❶ 结构分析

叉架类零件一般有拨叉、连杆、支座等。此类零件常用倾斜或弯曲的结构连接零件的工作部分与安装部分。叉架类零件多为铸件或锻件,因而具有铸造圆角、凸台、凹坑等常见结构,图 4-12 所示踏脚座属于叉架类零件。

图 4-12 叉架类零件

❷ 主视图选择

叉架类零件结构形状比较复杂,加工位置多变,有的零件工作位置也不固定,所以这类零件的主视图一般按工作位置原则和形状特征原则确定。如图4-13所示踏脚座零件图。

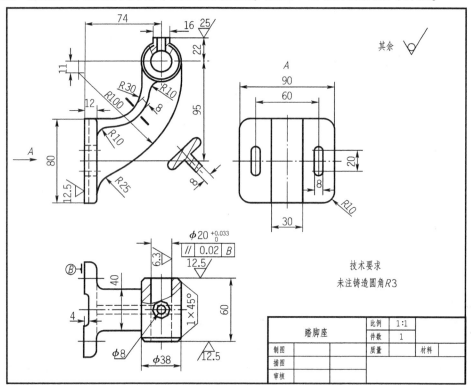

图4-13 踏脚座零件图

❸ 其他视图的选择

对其他视图的选择,常常需要两个或两个以上的基本视图,并且还要用适当的局部视图、断面图等表达方法来表达零件的局部结构。图所示踏脚座零件图选择表达方案精练、清晰,对于表达轴承和肋的宽度来说右视图是没有必要的,而对T字形肋,采用移出断面比较合适。

4 箱体类零件

❶ 结构分析

箱体类零件主要有阀体、泵体、减速器箱体等零件,其作用是支持或包容其他零件,如图4-14所示。这类零件有复杂的内腔和外形结构,并带有轴承孔、凸台、肋板,此外还有安装孔、螺孔等结构。

图4-14 箱体类零件

❷ 主视图选择

由于箱体类零件加工工序较多,加工位置多变,所以在选择主视图时,主要根据工作位置原则和形状特征原则来考虑,并采用剖视,以重点反映其内部结构,如图 4-15 中的主视图所示。

3 其他视图的选择

为了表达箱体类零件的内外结构,一般要用三个或三个以上的基本视图,并根据结构特点在基本视图上取剖视,还可采用局部视图、斜视图及规定画法等表达外形。在图 4-15 中,由于主视图上无对称面,采用了大范围的局部剖视来表达内外形状,并选用了 A—A 剖视,C—C 局部剖和密封槽处的局部放大图。

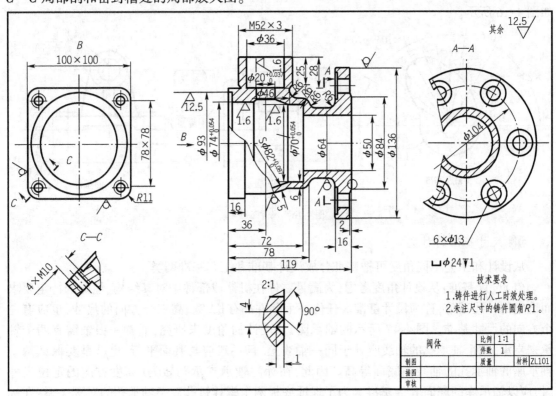

图 4-15 阀体零件图

四 零件图的尺寸标注

零件的视图只用来表示零件的结构形状,其各组成部分的大小和相对位置,是根据视图上所标注的尺寸数值来确定的。

1 对零件图上标注尺寸的要求

零件图上的尺寸是加工和检验零件的重要依据,是零件图的重要内容之一,是图样中指令性最强的部分。

在零件图上标注尺寸,必须做到:正确、完整、清晰、合理。

前三项要求,组合体的尺寸标注中已经进行过较详细的讨论。这里着重讨论尺寸标注

项目四 零件图绘制与识读

的合理性问题和常见结构的尺寸注法,并进一步说明清晰标注尺寸的注意事项。

2 合理标注尺寸的初步知识

标注尺寸的合理性,就是要求图样上所标注的尺寸既要符合零件的设计要求,又要符合生产实际,便于加工和测量,并有利于装配。这里只介绍一些合理标注尺寸的初步知识。

标注尺寸的起点,称为尺寸基准(简称基准)。零件上的面、线、点,均可作为尺寸基准,如图 4-16 所示。

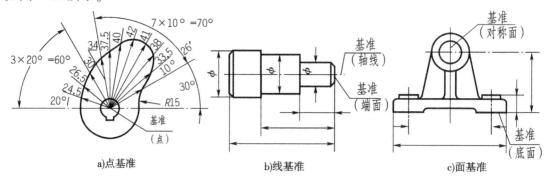

图 4-16 尺寸基准

1 尺寸基准的种类

从设计和工艺不同角度可把基准分成设计基准和工艺基准两类。

(1)设计基准:从设计角度考虑,为满足零件在机器或部件中对其结构、性能的特定要求而选定的一些基准,称为设计基准。任何一个零件都有长、宽、高三个方向的尺寸,也应有三个方向的尺寸基准。图 4-17 所示的轴承座,从设计的角度来研究,通常一根轴需有两个轴承来支承,两个轴承孔的轴线应处于同一轴线上,且一般应与基面平行,也就是要保证两个轴承座的轴承孔的轴线距底面等高。因此,在标注轴承支承孔 φ160 高度方向的定位尺寸时,应以轴承座的底面 B 为基准。为了保证底板两个螺栓过孔对于轴承孔的对称关系,在标注两孔长度方向的定位尺寸时,应以轴承座的对称平面 C 为基准。D 面是轴承座宽度方向的定位面,是宽度方向的设计基准。底面 B、对称面 C 和 D 面就是该轴承座的设计基准。

(2)工艺基准:从加工工艺的角度考虑,为便于零件的加工、测量和装配而选定的一些基准,称为工艺基准。

图 4-18 所示凸缘,在车床上加工时是以凸缘左端面 E 为定位面的,故端面 E 是该凸缘的轴向工艺基准。

测量键槽深度时是以孔 φ40 的素线 L 为依据的,因此素线 L 是该凸缘键槽深度尺寸的工艺基准。

2 尺寸基准的选择:

从设计基准标注尺寸时,可以满足设计要求,能保证零件的功能要求,而从工艺基准标注尺寸,则便于加工和测量。实际上有不少尺寸,从设计基准标注与工艺要求并无矛盾,即有些基准既是设计基准也是工艺基准。在考虑选择零件的尺寸基准时,应尽量使设计基准与工艺基准重合,以减少尺寸误差,保证产品质量。图4-19所示轴承座底面B,既是设计基准也是工艺基准。

为了满足设计和制造要求,零件上某一方向的尺寸,往往不能都从一个基准注出。如图4-17轴承座高度方向的尺寸,主要以底面B为基准注出,而顶部的螺孔深度尺寸6,为了加工和测量方便,则是以顶面E为基准标注的。可见零件的某个方向可能会出现两个或两个以上的基准。在同方向的多个基准中,一般只有一个是主要基准,其他为辅助基准。辅助基准与主要基准之间应有联系尺寸,图4-17尺寸中58就是E与B的联系尺寸。

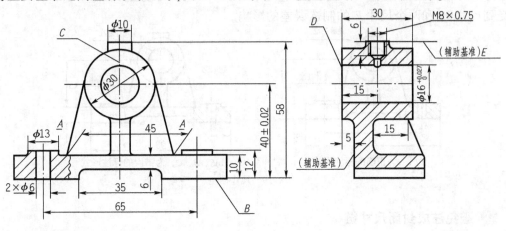

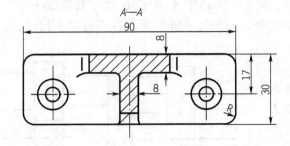

图4-17 轴承座视图

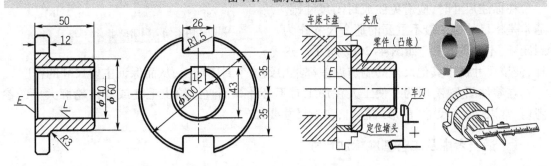

图4-18 凸缘

3 重要尺寸必须从设计基准直接注出

零件上凡是影响产品性能、工作精度和互换性的尺寸都是重要尺寸。为保证产品质量,重要尺寸必须从设计基准直接注出。如图 4-19 所示轴承座,轴承支承孔的中心高是高度方向的重要尺寸,应按图 4-19a)所示从设计基准(轴承座底面)直接注出尺寸 A,而不能像图 4-19b)那样注成尺寸 B 和尺寸 C。因为在制造过程中,任何一个尺寸都不可能加工的绝对准确,总是有误差的。如果按图 4-19b)那样标注尺寸,则中心高 A 将受到尺寸 B 和尺寸 C 的加工误差的影响,若最后误差太大,则不能满足设计要求。同理,轴承座上的两个安装过孔的中心距 L 应按图 4-19a)那样直接注出。如按图 4-19b)所示分别标注尺寸 E,则中心距 L 将受到尺寸 90 和两个尺寸 E 的制造误差的影响。

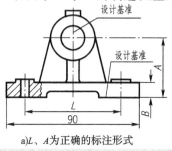
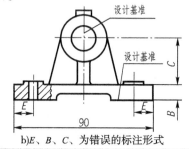

a) L、A 为正确的标注形式　　　　b) E、B、C、为错误的标注形式

图 4-19　尺寸标注

4 避免注成封闭尺寸链

一组首尾相连的链状尺寸称为尺寸链,如图 4-20a)中 A、B、C、D 尺寸就组成一个尺寸链。组成尺寸链的每一个尺寸称为尺寸链的环。如果尺寸链中所有各环都注上尺寸,这样的尺寸链称封闭尺寸链。

从加工的角度来看,在一个尺寸链中,总有一个尺寸是其他尺寸都加工完后自然得到的。例如图中 4-20 加工完尺寸 A、B 和 D 后,尺寸 C 就自然得到了。这个自然得到的尺寸称为尺寸链的封闭环。

在标注尺寸时,应避免注成封闭尺寸链。通常是将尺寸链中最不重要的那个尺寸作为封闭环,不注写尺寸,如图 4-20b)所示。这样,使该尺寸链中其他尺寸的制造误差都集中到这个封闭环上,从而保证主要尺寸的精度。

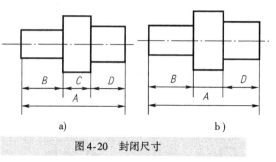

图 4-20　封闭尺寸

在零件图上,有时为了使工人在加工时不必计算而直接给出毛坯或零件轮廓大小的参考值,常以"参考尺寸"的形式注出,参考尺寸要加( )。

5 适当考虑从工艺基准标注尺寸

零件上除主要尺寸应从设计基准直接注出外,其他尺寸则应适当考虑按加工顺序从工艺基准标注尺寸,以便于工人看图、加工和测量,减少差错。

表 4-1 所示传动轴在轴线方向,尺寸是重要尺寸,应从设计基准(轴肩右端面)直接标注。因为要求该尺寸比齿轮宽度尺寸 $32_{-0.05}^{0}$ 要略小一点,才能保证弹簧挡圈能轴向压紧齿

轮。其他轴向尺寸在结构上没有多大特殊要求,所以按加工顺序从工艺基准标注尺寸。

传动轴的加工过程　　　　　　　　　表4-1

序号	说明	工序简图	序号	说明	工序简图
1	下料：车两端面钻中心孔	φ40, 106	5	切槽倒角	$32_{-0.05}^{0}$, 1.2, 2, 2, C1
2	中心孔定位：车φ25,长67	φ25, 67	6	调头：车φ35,车φ20,长30	φ35, φ20, 30
3	车φ20、长30	φ20, 30	7	切槽倒角	C1, 2
4	车φ17、长17	φ17, 17	8	淬火后磨：φ17　φ25　φ20	φ20, φ25, φ17

表4-1中列出了该轴的机械加工顺序。表中第2、3、4和6工序的轴向尺寸都是以轴的两个端面为基准标注的,符合车工加工工艺要求,这与上图中的尺寸注法是完全一致的。

6　考虑测量的方便与可能

图4-21中,显然图4-21a)中所注各尺寸测量不方便,不能直接测量。而图4-21b)中的注法测量就方便,能直接测量。

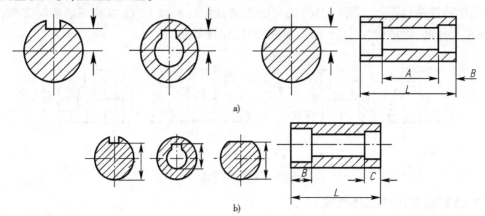

图4-21　尺寸标注一

7 关联零件间的尺寸应协调

关联零件间的尺寸必须协调(所选基准应一致,相配合的公称尺寸应相同,并应直接注出),组装时才能顺利装配,并满足设计要求。

如图4-22所示零件2和零件1的槽配合,要求零件1和零件2右端面保持平齐,并满足基本尺寸为8的配合。图4-22b)的尺寸注法就能满足这些要求,是正确的。而图4-22c)的尺寸注法,就单独的一个零件来看,其尺寸注法是可以的。然而把零件1和零件2联系起来看,配合部分的公称尺寸8没有直接注出,由于误差的积累,则可能保证不了配合要求,甚至不能装配,所以图4-22c)所示的注法是错误的。

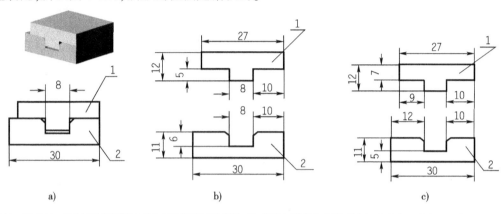

图 4-22 关联尺寸一

8 应注意考虑毛坯面与加工面之间的尺寸联系

在铸造或锻造零件上标注尺寸时,应注意同一方向的加工表面只应有一个以非加工面作基准标注的尺寸。图4-23a)所示壳体,图中所指两个非加工面,已由铸造或锻造工序完成。加工底面时,不能同时保证尺寸8和21,所以图4-23a)的注法是错误的。如果按图4-23b)的标注,加工底面时,先保证尺寸8,然后再加工顶面,显然也不能同时保证尺寸35和14,因而这种注法也不行。图4-23c)的注法正确,因为,尺寸13已由毛坯制造时完成,先按尺寸8加工底面,然后按尺寸35加工顶面,即能保证要求。

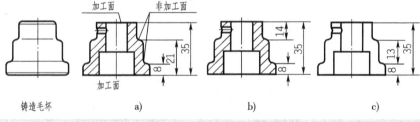

图 4-23 加工面非加工面尺寸标注

9 清晰标注尺寸注意事项

要使零件图上所标的尺寸清晰,便于查找,除了要注意组合体中介绍的有关标注要求以

外,还应注意以下几点:

1 零件的外部结构尺寸和内部尺寸宜分开标注

图4-24中,外部结构的轴向尺寸全部标注在视图的上方,内部结构的轴向尺寸全部标注在视图的下方。这样内外尺寸一目了然,查找方便,加工时也不易出错。

2 不同工种的尺寸宜分开标注

图4-25中,铣削加工的轴向尺寸全部标注在视图的上方,而车削加工的轴向尺寸全部标注在视图的下方。这样标注其清晰程度是显而易见的,工人看图方便。

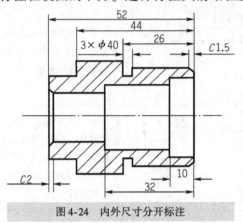

图4-24 内外尺寸分开标注

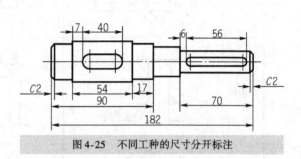

图4-25 不同工种的尺寸分开标注

3 适当集中标注尺寸

零件上某一结构在同工序中应保证的尺寸,应尽量集中标注在一个或两个表示该结构最清晰的视图中。不要分散注在几个地方,以免看图时到处寻找,浪费时间。图4-26a)不可取,图4-26b)所示标注得比较合理。

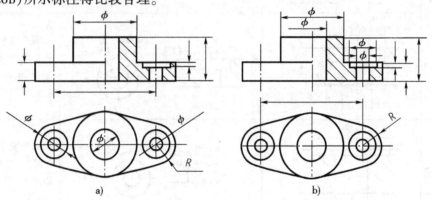

图4-26 集中标注尺寸

10 零件上常见孔的尺寸标注

零件上常见结构较多,它们的尺寸注法已基本标准化。表4-2为零件上常见孔的尺寸注法。

常见孔的尺寸标注 表 4-2

结构类型		普通注法	旁注法	说 明
光孔	一般孔	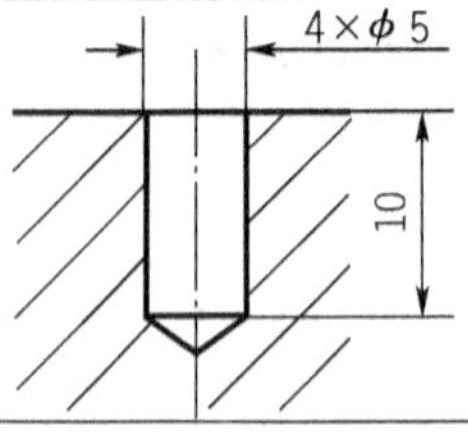 4×φ5，深10	4×φ5▽10	4×φ5 表示四个孔的直径均为 φ5。三种注法任选一种均可（下同）
光孔	精加工孔	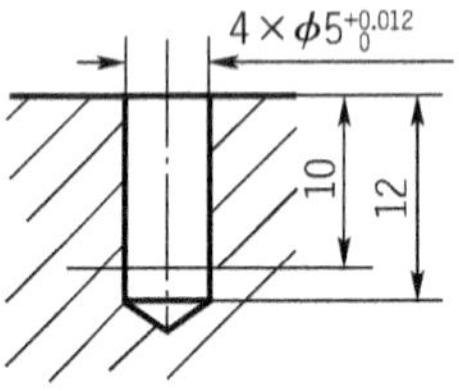 4×φ5$^{+0.012}_{0}$，深10，钻深12	4×φ5$^{+0.012}_{0}$▽10	钻孔深为 12，钻孔后需精加工至 φ5$^{+0.012}_{0}$ 精加工深度为 9
光孔	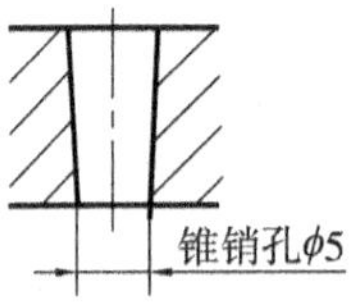 锥销孔	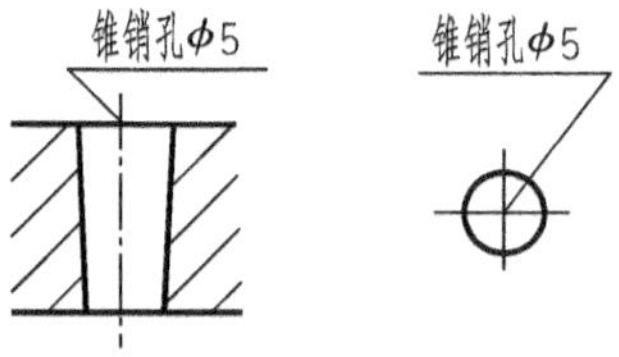 锥销孔 φ5	锥销孔 φ5	φ5 为与锥销孔相配的圆锥销小头直径（公称直径）锥销孔通常是相邻两零件装在一起时加工的
沉孔	锥形沉孔	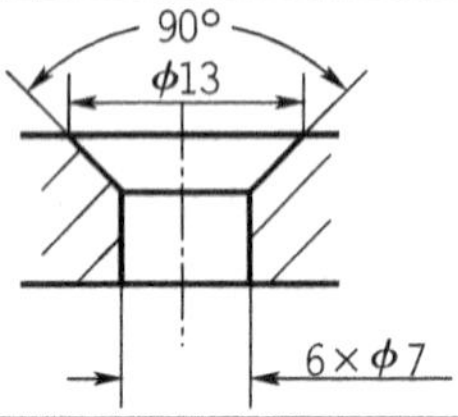 90°，φ13，6×φ7	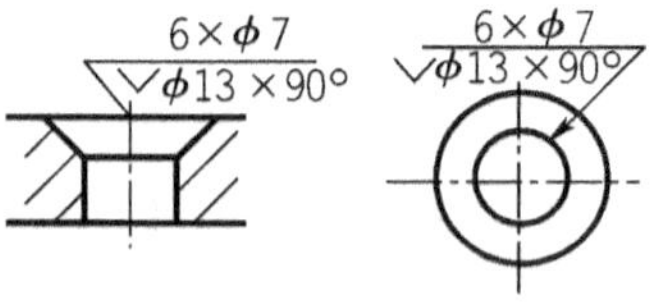 6×φ7，▽φ13×90°	6×φ7 表示 6 个孔的直径均为 φ7。锥形部分大端直径为 φ13，锥角为 90°
沉孔	柱形沉孔	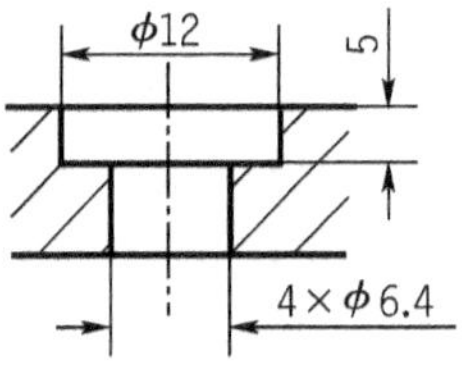 φ12，深5，4×φ6.4	4×φ6.4，⊔φ12▽4.5	四个柱形沉孔的小孔直径为 φ6.4，大孔直径为 φ12，深度为 4.5
沉孔	锪平面孔	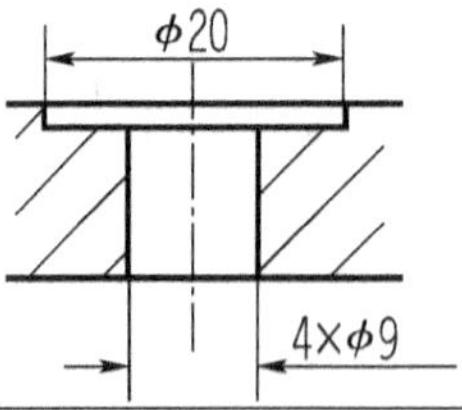 φ20，4×φ9	4×φ9，⊔φ20	锪平面 φ20 的深度不需标注，加工时一般锪平到不出现毛面为止
螺纹孔	通孔	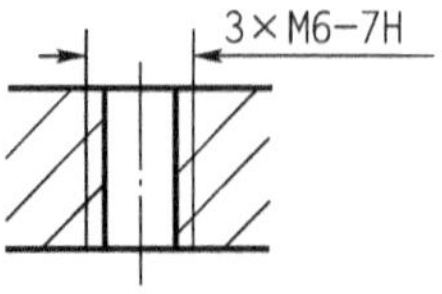 3×M6-7H	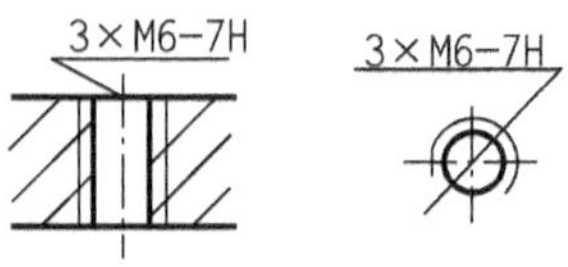 3×M6-7H	3×M6-7H 表示 3 个直径为 6，螺纹中径、顶径公差带为 7H 的螺孔

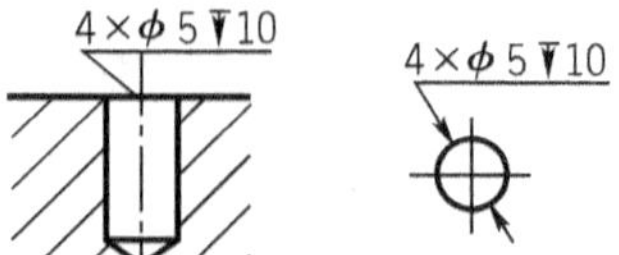

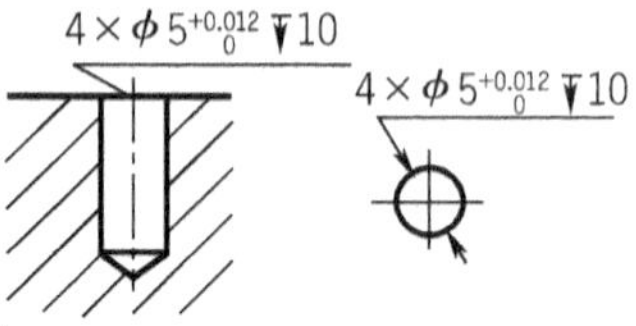

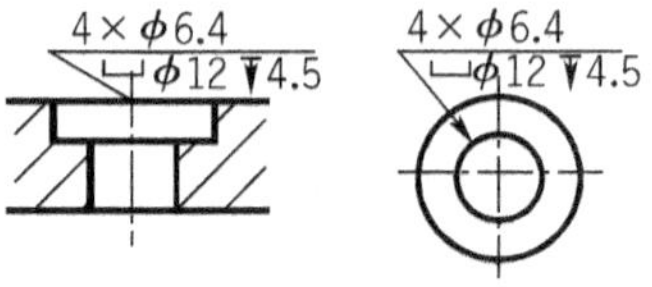

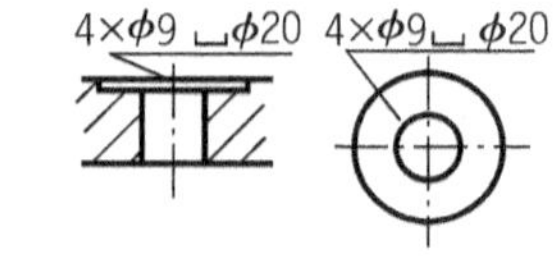

续上表

结构类型		普通注法	旁注法	说明
螺纹孔	不通孔	3×M6-7H，深10	3×M6-7H▽10；3×M6-7H▽10	深9是指螺孔的有效深度 尺寸为9,钻孔深度以保证螺孔有效深度为准,也可查有关手册确定
	不通孔	3×M6，深10，孔深12	3×M6▽10 孔▽12；3×M6▽10 孔▽12	需要注出钻孔深度时,应明确标注出钻孔深度尺寸

五 零件图上的技术要求

在零件图上,除了用视图表达出零件的结构形状和用尺寸标明零件的各组成部分的大小及位置关系外,通常还标注有相关的技术要求。

零件图上的技术要求一般有以下几个方面的内容:零件的极限与配合要求;零件的形状和位置公差;零件上各表面的粗糙度;对零件材料的要求和说明;零件的热处理、表面处理和表面修饰的说明;零件的特殊加工、检查、试验及其他必要的说明;零件上某些结构的统一要求,如圆角、倒角尺寸等。

技术要求中,凡已有规定代号、符号的,用代号、符号直接标注在图上,无规定代号、符号的,则可用文字或数字说明,书写在零件图的右下角标题栏的上方或左方适当空白处。

这部分中公差、配合及表面粗糙度详细内容见下篇中项目六和项目七讲解。

六 零件的测绘

根据已有的零件,不用或只用简单的绘图工具,用较快的速度,徒手目测画出零件的视图,测量并注上尺寸及技术要求,得到零件草图。然后参考有关资料整理绘制出供生产使用的零件工作图。这个过程称为零件测绘。

零件测绘对推广先进技术、改造现有设备、技术革新、修配零件等都有重要作用。因此,零件测绘是实际生产中的重要工作之一,是工程技术人员必须掌握的制图技能。

零件测绘的步骤

1 了解和分析测绘对象

首先应了解零件的名称、材料以及它在机器或部件中的位置、作用及与相邻零件的关系,然后对零件的内外结构形状进行分析。下面以泵体零件为例进行说明。

❷ 确定表达方案

由于泵座的内外结构都比较复杂,应选用主、左、仰三个基本视图。泵体的主视图应按其工作位置及形状结构特征选定,为表达进、出油口的结构与泵腔的关系,应对其中一个孔道进行局部剖视。为表达安装孔的形状也应对其中一个安装孔进行局部剖视。

为表达泵体与底板、出油口的相对位置,左视图应选用 A—A 旋转剖视图,将泵腔及孔的结构表示清楚。

然后再选用一俯视图表示底板的形状及安装孔的数量、位置。俯视图取向局部视图。最后选定表达方案如图 4-27 所示。

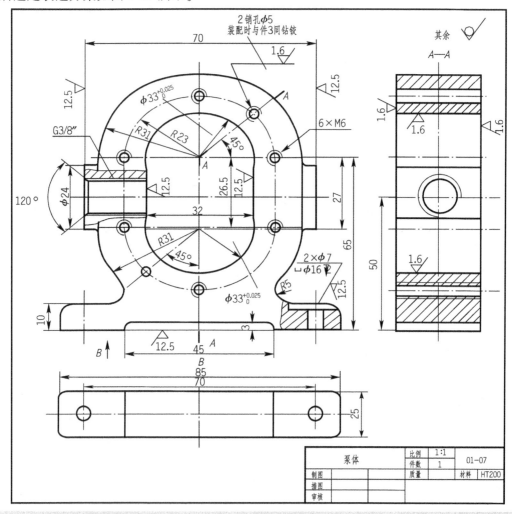

图 4-27 泵体零件图

❸ 绘制零件草图

(1)绘制图形:根据选定的表达方案,徒手画出视图、剖视等图形,其作图步骤与画零件画相同。但需注意以下两点:零件上的制造缺陷(如砂眼、气孔等),以及由于长期使用造成的磨损、碰伤等,均不应画出;零件上的细小结构(如铸造圆角、倒角、倒圆、退刀槽、砂轮越程槽、凸台和凹坑等)必须画出。

(2)标注尺寸:先选定基准,再标注尺寸。具体应注意以下三点:先集中画出所有的尺寸界线、尺寸线和箭头,再依次测量、逐个记入尺寸数字;零件上标准结构(如键槽、退刀槽、销孔、中心孔、螺纹等)的尺寸,必须查阅相应国家标准,并予以标准化;与相邻零件的相关尺寸(如泵体上螺孔、销孔、沉孔的定位尺寸,以及有配合关系的尺寸等)一定要一致。

(3)注写技术要求:零件上的表面粗糙度、极限与配合、形位公差等技术要求,通常可采用类比法给出。具体注写时需注意以下三点:主要尺寸要保证其精度,泵体的两轴线、轴线距底面以及有配合关系的尺寸等,都应给出公差,如图 4-27 所示;有相对运动的表面及对形状、位置要求较严格的线、面等要素,要给出既合理又经济的粗糙度或形位公差要求;有配合关系的孔与轴,要查阅与其相接合的轴与孔的相应资料(装配图或零件图),以核准配合制度和配合性质;填写标题栏,一般可填写零件的名称、材料及绘图者的姓名和完成时间等。

4 根据零件草图画零件图

草图完成后,便可根据草图绘制零件图,其方法步骤这里不再重述。泵体零件图如图 4-27 所示。

任务实施

具体绘图过程略,绘制好的零件参考图如图 4-28 所示。

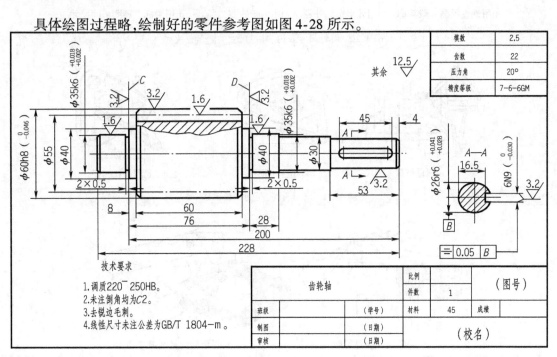

图 4-28 齿轮轴零件图

零件尺寸的测量

1 测量工具

测量尺寸是零件测绘过程中一个很重要的环节,尺寸测量得准确与否,将直接影响机器的装配和工作性能,因此,测量尺寸要谨慎。测量时,应根据对尺寸精度要求的不同选用不同的测量工具。常用的量具有钢直尺,内、外卡钳、游标卡尺、千分尺等;此外,还有专用量具,如螺纹规、圆角规等。

2 测量方法

线性尺寸及内、外径尺寸的测量方法如图4-29所示;壁厚、孔间距的测量方法如图4-30所示;螺距、圆弧半径的测量方法如图4-31所示;曲面、曲线的测量方法如图4-32所示。

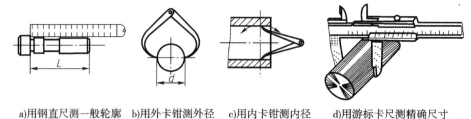

a)用钢直尺测一般轮廓　b)用外卡钳测外径　c)用内卡钳测内径　d)用游标卡尺测精确尺寸

图4-29　线性尺寸及内、外径尺寸的测量方法

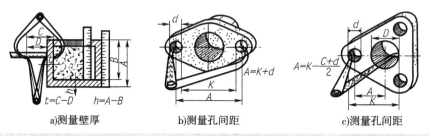

a)测量壁厚　　　　b)测量孔间距　　　　c)测量孔间距

图4-30　壁厚、孔间距的测量方法

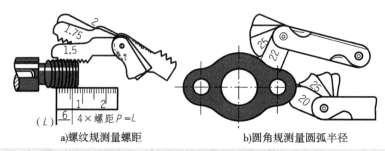

a)螺纹规测量螺距　　　　b)圆角规测量圆弧半径

图4-31　螺距、圆弧半径的测量方法

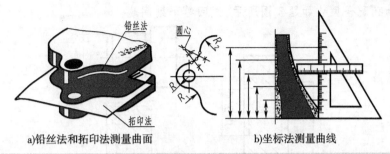

a) 铅丝法和拓印法测量曲面　　　　b) 坐标法测量曲线

图4-32　曲面、曲线的测量方法

1. 标注下列图示零件的表面结构要求。圆柱面取 $Ra1.6$，倒角及锥面取 $Ra6.3$，其余各平取 $Ra3.2$。

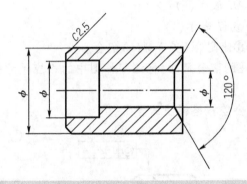

题 1 图

2. 改正题2图a)中表面结构标注中的错误，并将正确的结果标注在题2图b)中。

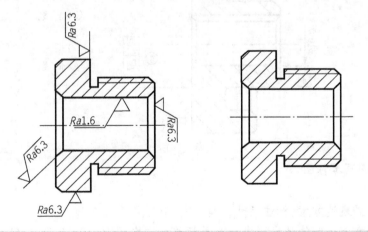

题 2 图

3. 已知轴孔配合尺寸如题 3 图所示，试回答下列问题。

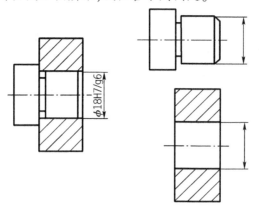

题 3 图

(1) 说明配合尺寸 ϕ18 H7/g6 的含义。
① ϕ18 表示（ ）；　② H 表示（ ）；
③ g 表示（ ）；　　④ 7 表示（ ）；
⑤ 6 表示（ ）；　　⑥ H7 表示（ ）；
⑦ g6 表示（ ）；　　⑧ 此配合是（ ）制（ ）配合。

(2) 根据装配图中所注的配合尺寸，标注零件图中的相应尺寸（要求注出尺寸的上下极限偏差）

4. 用文字说明图 4 中公差框格标注的含义。

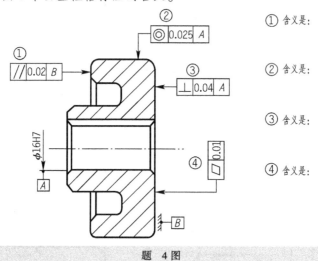

题 4 图

5. 由轴测图画零件图。
作业要求：
(1) 合理选择表达方案，标注尺寸；
(2) 将下面文字说明的技术要求用公差框格标注在图中：ϕ28h8 和 ϕ16h8 外圆表面对两 ϕ20k7 公共轴线的径向圆跳动公差分别为 0.050 mm 和 0.040 mm。

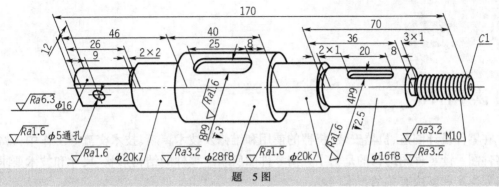

题 5 图

任务二 汽车阀体零件图的识读

任务描述

已知图4-33为一汽车阀体的零件图,要求对此零件图进行识读,构想出零件实体结构形状。

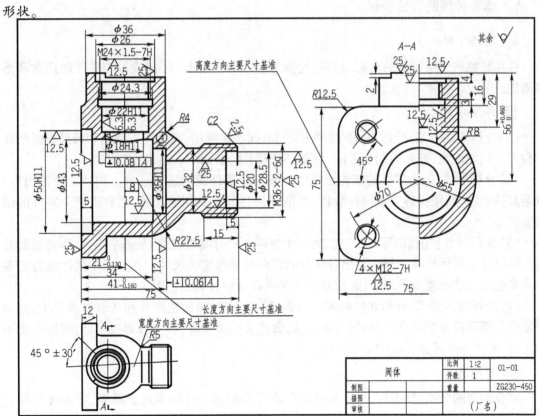

图4-33 汽车阀体零件图

一 读零件图

在零件设计制造、机器安装、机器的使用和维修及技术革新、技术交流等工作中,常常要读零件图。读零件图的目的是为了弄清零件图所表达零件的结构形状、尺寸和技术要求,以便指导生产和解决有关的技术问题。

1 读零件图的基本要求

(1)了解零件的名称、用途和材料。
(2)分析零件各组成部分的几何形状、结构特点及作用。
(3)分析零件各部分的定形尺寸和各部分之间的定位尺寸。
(4)熟悉零件的各项技术要求。

2 读零件图的方法步骤

❶ 概括了解

从标题栏内了解零件的名称、材料、比例等,并浏览视图。可初步得知零件的用途和形体概貌。

❷ 详细分析

(1)分析表达方案:分析零件图的视图布局,找出主视图、其他基本视图和辅助视图所在的位置。根据剖视、断面的剖切方法、位置,分析剖视、断面的表达目的和作用。

(2)分析形体、想出零件的结构形状这一步是看零件图的重要环节。先从主视图出发,联系其他视图、利用投影关系进行分析,弄清零件各部分的结构形状,想象出整个零件的结构形状。

(3)分析尺寸:先找出零件长、宽、高三个方向的尺寸基准,然后从基准出发,搞清楚哪些是主要尺寸。再用形体分析法找出各部分的定形尺寸和定位尺寸。在分析中要注意检查是否有多余的尺寸和遗漏的尺寸,并检查尺寸是否符合设计和工艺要求。

(4)分析技术要求:分析零件的尺寸公差、形位公差、表面粗糙度和其他技术要求,弄清楚零件的哪些尺寸要求高,哪些尺寸要求低,哪些表面要求高,哪些表面要求低,哪些表面不加工,以便进一步考虑相应的加工方法。

❸ 归纳总结

综合前面的分析,把图形、尺寸和技术要求等全面系统地联系起来思索,并参阅相关资料,得出零件的整体结构、尺寸大小、技术要求及零件的作用等完整的概念。

必须指出,在看零件图的过程中,上述步骤不能把它们机械地分开,往往是参差进行的。

二 读零件图举例

图 4-34 为制动支架零件图,具体读图过程如下:

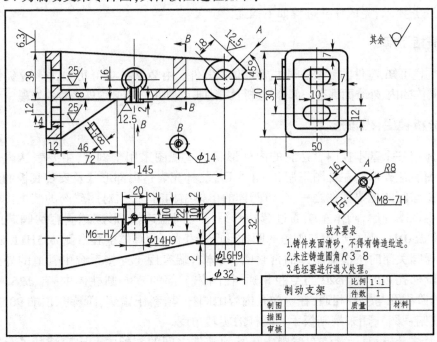

图 4-34 汽车制动支架零件图

1 概要了解

从标题栏中了解零件的名称(制动支架)、材料(HT200)等。

2 详细分析

(1)表达方案分析:该支架零件图由主视图、俯视图、左视图、一个局部视图、一个斜视图、一个移出断面组成。主视图上用了两个局部剖视和一个重合断面,俯视图上也用了两个局部剖视,左视图只画外形图,用以补充表示某些形体的相关位置。

(2)进行形体分析和线面分析:先看大致轮廓,再分几个较大的独立部分进行形体分析,逐一看懂;对外部结构逐个分析;对内部结构逐个分析;对不便于形体分析的部分进行线面分析。

(3)进行尺寸分析和技术要求:这个零件各部分的形体尺寸,按形体分析法确定。标注尺寸的基准是:长度方向以左端面为基准,从它注出的定位尺寸有 72 和 145;宽度方向以经加工的右圆筒端面和中间圆筒端面为基准,从它注出的定位尺寸有 2 和 10;高度方向的基准是右圆筒与左端底板相连的水平板的底面,从它注出的定位尺寸有 12 和 16。

3 归纳总结

把零件的结构形状、尺寸标注、工艺和技术要求等内容综合起来,就能了解零件的全貌,也就看懂了零件图。

根据任务要求,完成任务过程如下描述。

1 概括了解

从标题栏可知,零件的名称是阀体,属箱体类零件。由 ZG230-450 可知,材料是铸钢,该零件是铸件。阀体的内、外表面都有一部分要进行切削加工,加工之前必须先做时效处理。

2 分析视图,想象形状

该阀体用三个基本视图表达它的内外形状。主视图采用全剖视,主要表达内部结构形状。俯视图表达外形。左视图采用 A—A 半剖视,补充表达内部形状及安装底板的形状。

阀体是球阀的主要零件之一,分析阀体的形体结构时,必须对照球阀的装配图进行。读图时先从主视图开始,阀体左端通过螺柱和螺母与阀盖连接,形成球阀容纳阀芯的 $\phi 43$ 空腔,左端的 $\phi 50H11$ 圆柱形槽与阀盖的圆柱形凸缘相配合;阀体空腔右侧 $\phi 35H11$ 圆柱形槽,用来放置球阀关闭时不泄漏流体的密封圈;阀体右端有用于连接系统中管道的外螺纹 $M36 \times 2$,内部阶梯孔 $\phi 28.5$、$\phi 20$ 与空腔相通;在阀体上部的 $\phi 36$ 圆柱体中,有 $\phi 26$、$\phi 22H11$、$\phi 18H11$ 的阶梯孔与空腔相通,在阶梯孔内容纳阀杆、填料压紧套;阶梯孔顶端 $90°$ 扇形限位凸块(对照俯视图),用来控制扳手和阀杆的旋转角度。

通过上述分析,对于阀体在球阀中与其他零件之间的装配关系比较清楚了。然后再对照阀体的主、俯、左视图综合想象它的形状:球形主体结构的左端是方形凸缘;右端和上部都是圆柱形凸缘,凸缘内部的阶梯孔与中间的球形空腔相通。

3 分析尺寸

阀体的结构形状比较复杂,标注尺寸很多,这里仅分析其中主要尺寸,其余尺寸读者自行分析。

以阀体水平轴线为径向(高度方向)尺寸基准,注出水平方向的径向直径尺寸 $\phi 50H11$、$\phi 35H11$、$\phi 20$ 和 $M36 \times 2$ 等。同时还要注出水平轴线到顶端的高度尺寸 $56^{+0.460}_{0}$(在左视图上)。

以阀体垂直孔的轴线为长度方向尺寸基准,注出铅垂方向的径向直径尺寸 $\phi 36$、$M24 \times 1.5$、$\phi 22H11$、$\phi 18H11$ 等。同时还要注出铅垂孔轴线与左端面的距离 $21^{+0.460}_{0}$。

以阀体前后对称面为宽度方向尺寸基准,注出阀体的圆柱体外形尺寸 $\phi 55$、左端面方形凸缘外形尺寸 75×75,以及四个螺孔的定位尺寸 $\phi 70$。同时还要注出扇形限位块的角度定位尺寸 $45° \pm 30'$(在俯视图上)。

4 了解技术要求

通过上述尺寸分析可以看出,阀体中的一些主要尺寸多数都标注了公差带代号或偏差数值,如上部阶梯孔(φ22H11)与填料压紧套有配合关系、(φ18H11)与阀杆有配合关系,与此对应的表面粗糙度要求也较高,Ra 值为 6.3μm。阀体左端和空腔右端的阶梯孔 φ50H11、φ35H11 分别与密封圈有配合关系,因为密封圈的材料是塑料,所以相应的表面粗糙度要求稍低,Ra 值为 12.5μm。零件上不太重要的加工表面的表面粗糙度 Ra 值为 25μm。

主视图中对于阀体的形位公差要求是:空腔右端与相对水平轴线的垂直度公差为 0.06;φ18H11 圆柱孔相对 φ35H11 圆柱孔的垂直度公差为 0.08。

5 归纳总结

把零件的结构形状、尺寸标注、工艺和技术要求等内容综合起来,就能了解零件的全貌,如图 4-35 所示。

零件结构的工艺性简介

绝大部分零件都要经过铸造、锻造和机械加工等过程制造出来,因此,零件的结构形状不仅要满足设计要求,还要符合制造工艺、装配等方面的要求,以保证零件质量好、成本低、效益高。

图 4-35 阀体模型图

1 铸造零件的工艺结构

1 起模斜度

用铸造方法制造的零件称为铸件,制造铸件毛坯时,为了便于在型砂中取出模型,一般沿模型起模方向作成约 1:20 的斜度,称为起模斜度,如图 4-36 所示。起模斜度在图上可以不标注,也不一定画出,如图 4-36b)所示,必要时,可以在技术要求中用文字说明。

2 铸造圆角

铸件毛坯在表面的相交处,都有铸造圆角,如图 4-37 所示,这样既能方便起模,又能防止浇铸铁水时将砂型转角处冲坏,还可以避免铸件在冷却时产生裂缝或缩孔。铸造圆角在图上一般不标注,常集中注写在技术要求中。

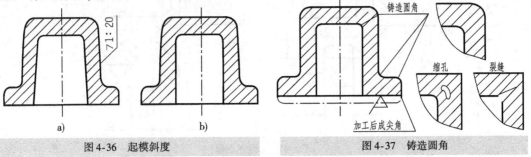

图 4-36 起模斜度　　　　图 4-37 铸造圆角

图 4-37 所示铸件毛坯的底面(作为安装底面),需要经过切削加工。这时,铸造圆角被削平。

❸ 铸件壁厚

在浇铸零件时,为了避免各部分因冷却速度的不同而产生缩孔或裂缝,铸件壁厚应均匀变化、逐渐过渡,如图 4-38 所示。

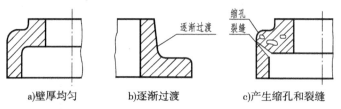

a)壁厚均匀　　b)逐渐过渡　　c)产生缩孔和裂缝

图 4-38　铸件壁厚

2 零件加工面的工艺结构

❶ 倒角和倒圆

如图 4-39 所示,为了去除零件的毛刺、锐边和便于装配,在轴、孔的端部,一般都加工成倒角;为了避免因应力集中而产生裂纹,在轴肩处往往加工成圆角,称为倒圆。

❷ 螺纹退刀槽和砂轮越程槽

在切削加工中,特别是在车螺纹和磨削时,为了便于退出刀具或使砂轮可以稍稍越过加工面,通常在零件待加工面的末端,先车出螺纹退刀槽或砂轮越程槽,如图 4-40 和图 4-41 所示。

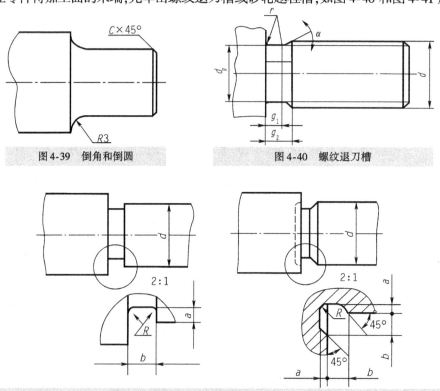

图 4-39　倒角和倒圆　　　　图 4-40　螺纹退刀槽

图 4-41　砂轮越程槽

❸ 钻孔结构

用钻头钻出的盲孔,在底部有一个120°的锥角,钻孔深度指圆柱部分的深度,不包括锥坑,如图4-42a)所示。在阶梯钻孔的过渡处,有120°的锥角圆台,其画法及尺寸标注,如图4-42b)所示。

用钻头钻孔时,要求钻头轴线垂直于被钻孔的端面,以保证钻孔准确和避免钻头折断,如图4-43所示。

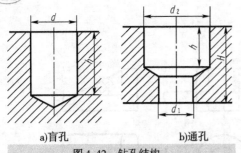

图4-42 钻孔结构

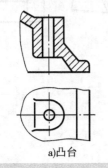 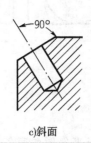

图4-43 三种钻孔端面的正确结构

❹ 凸台和凹坑

为了减少加工面积,并保证零件表面之间接触,通常在铸件上设计出凸台或加工成凹坑。如图4-44所示。

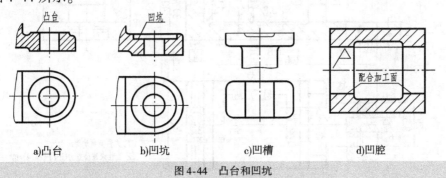

图4-44 凸台和凹坑

❺ 过渡线的画法

由于铸造圆角的影响,铸件表面的截交线、相贯线变得不明显,为了便于看图时明确相邻两形体的分界面,画零件图时,仍按理论相交的部位画出其截交线和相贯线,但在交线两端或一端留出空白,此时的截交线和相贯线称过渡线,如图4-45所示。

(1)如图4-45a)表示两曲面立体相交,轮廓线相交处画出圆角,曲面交线端部与轮廓线间留出空白。

(2)如图4-45b)表示两曲面立体有相交部位,交线附近应留空白。

(3) 肋板过渡线画法如图 4-45b) 所示。

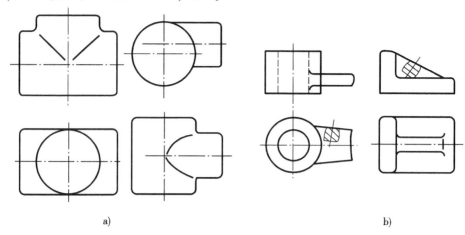

图 4-45　过渡线

自我评价

看下面三张零件图并回答问题。

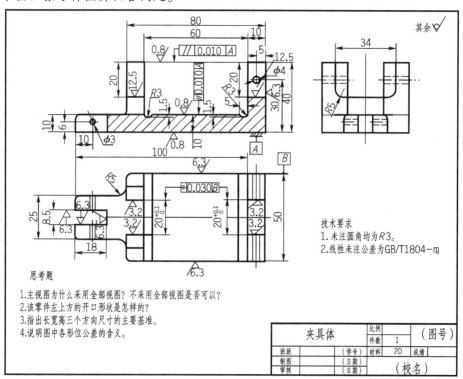

技术要求
1. 未注圆角均为 R3。
2. 线性未注公差为 GB/T1804-m

思考题
1. 主视图为什么采用全部视图？不采用全部视图是否可以？
2. 该零件左上方的开口形状是怎样的？
3. 指出长宽高三个方向尺寸的主要基准。
4. 说明图中各形位公差的含义。

夹具体　　材料 20

题　图 (1)

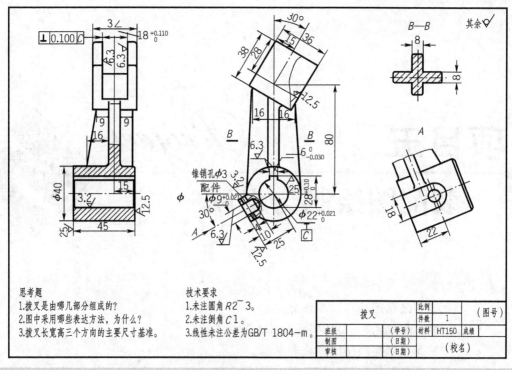

思考题
1. 拨叉是由哪几部分组成的?
2. 图中采用哪些表达方法,为什么?
3. 拨叉长宽高三个方向的主要尺寸基准。

技术要求
1. 未注圆角 $R2\sim3$。
2. 未注倒角 $C1$。
3. 线性未注公差为GB/T 1804-m。

题 图(2)

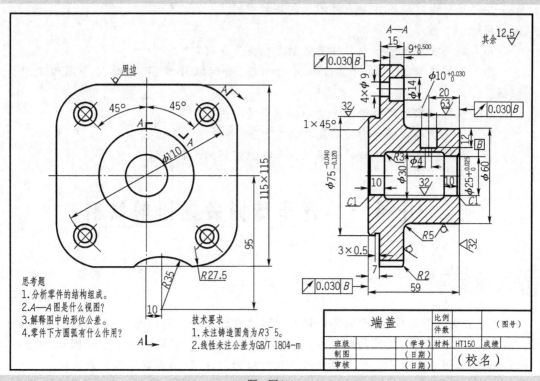

思考题
1. 分析零件的结构组成。
2. A—A图是什么视图?
3. 解释图中的形位公差。
4. 零件下方圆弧有什么作用?

技术要求
1. 未注铸造圆角为 $R3\sim5$。
2. 线性未注公差为GB/T 1804-m

题 图(3)

项目五 装配图绘制与识读

项目五 装配图绘制与识读

知识目标
- ◎ 了解装配图的作用和内容。
- ◎ 掌握装配图的规定画法、特殊表达方法。
- ◎ 熟悉装配体的测绘方法和步骤。
- ◎ 掌握装配图的读图方法及步骤。
- ◎ 了解由装配图拆画零件图的方法和步骤。

能力目标
- ◎ 能够在绘图过程中严格遵守制图相关基本规定。
- ◎ 能够正确合理的对装配体进行测绘,绘制零件草图、零件工作图以及装配图。
- ◎ 能够准确阅读中等以上复杂程度的装配图。
- ◎ 能够正确合理的由装配图拆画零件图。
- ◎ 能够初步养成良好的绘图习惯和一丝不苟的工作作风。

任务一　汽车球阀装配图的绘制

 任务描述

　　球阀是安装在管路中,用于启闭和调节流体流量的部件。阀的形式很多,球阀是阀的一种,它的阀芯是球形的。球阀的轴测装配图如图5-1所示。下面给出了该球阀几个重要零件的零件图,如图5-2所示。要求参照该球阀所给的零件图,绘制该球阀的装配图。

汽车机械识图与公差配合

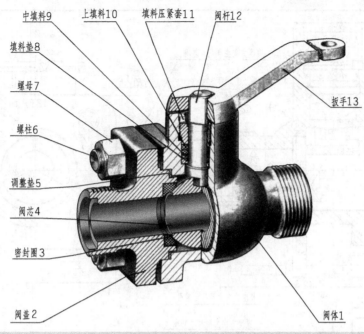

图 5-1 球阀的轴测装配图

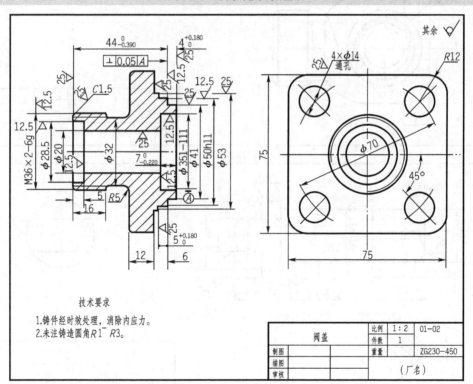

技术要求
1. 铸件经时效处理，消除内应力。
2. 未注铸造圆角 $R1 \sim R3$。

	阀盖	比例	1:2	01-02
		件数	1	
制图			重量	ZG230-450
描图				
审核			（厂名）	

a) 阀盖零件图

图 5-2

项目五 装配图绘制与识读

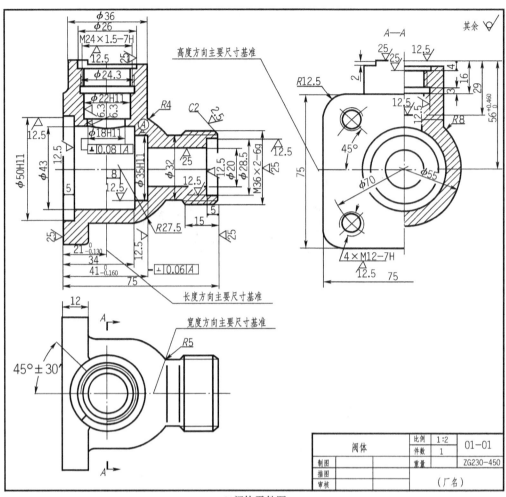

b) 阀体零件图

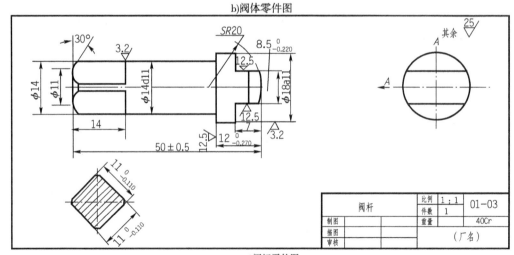

c) 阀杆零件图

图 5-2

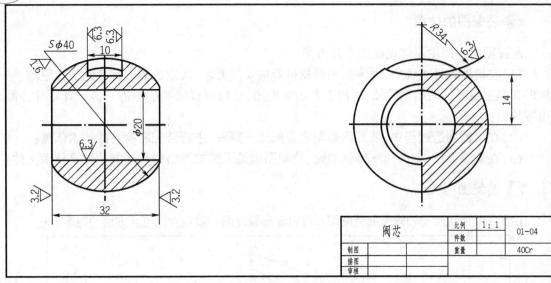

d) 阀芯零件图

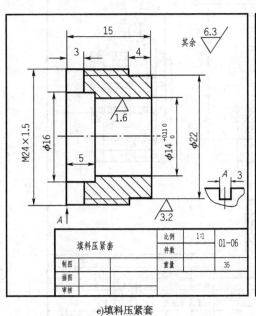

e) 填料压紧套

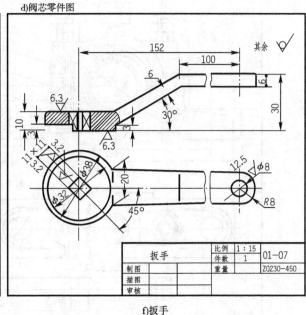

f) 扳手

图 5-2 球阀的零件图

一、装配图的作用和内容

机器或部件是由若干零件按一定的关系和技术要求组装而成,表达机器或部件的图样称为装配图。它是进行设计、装配、检验、安装、调试和维修时所必需的技术文件。

项目五 装配图绘制与识读

1 装配图的作用

装配图的作用主要体现在以下几方面：

（1）在机器设计过程中，通常要先根据机器的功能要求，确定机器或部件的工作原理、结构形式和主要零件的结构特征，画出它们的装配图，然后再根据装配图进一步设计零件并画出零件图；

（2）在机器制造过程中，装配图是制定装配工艺规程、进行装配和检验的技术依据；

（3）在安装调试、使用和维修机器时，装配图也是了解机器结构和性能的重要技术文件。

2 装配图内容

图5-3是一正滑动轴承座的装配图。可以看出装配图一般包含以下几方面的内容：

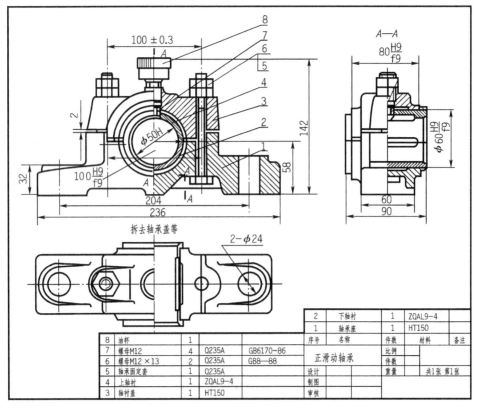

图5-3 活动轴承的装配图

（1）一组必要的图形：用以表明机器或部件的工作原理，显示零件、部件间的装配连接关系及主要零件的结构特征；

（2）必要的尺寸：装配图中应标注出机器或部件的规格（性能）尺寸、外形尺寸、安装尺寸、装配尺寸及其他重要尺寸；

（3）技术要求：用文字或符号说明机器或部件性能、装配、检验、安装、调试以及使用、维修等方面的要求；

（4）零件序号、明细栏和标题栏。用以说明机器或部件的名称、代号、数量、画图比例、设计审核签名，以及它所包含的零件、部件的代号、名称、数量、材料等。

装配图的视图表达

前面介绍的零件的各种表达方法，如视图、剖视图、断面图、局部放大图等，同样适用于装配图。但由于装配图和零件图的表达重点不同，因此，装配图还有一些规定画法和特殊表达方法。

1 装配图规定画法

（1）两相邻零件的接触面和配合面只画一条线，如图5-4①处所示。相邻两零件不接触或不配合的表面，即使间隙很小，也必须画两条线，如图5-4③处所示。

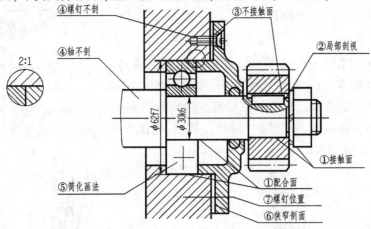

图5-4 规定画法

（2）相邻两零件的剖面线方向一般应相反，当三个零件相邻时，若有两个零件的剖面线方向一致，则间隔应不相等，剖面线尽量相互错开，如图5-4中局部放大图所示。装配图中同一零件在不同剖视图中的剖面线方向应一致、间隔相等。

（3）当剖切平面通过螺纹紧固件以及实心轴、手柄、连杆、球、销、键等零件的轴线时，均按不剖绘制。如图5-4中④所示。用局部剖表明这些零件上的局部构造，如凹槽、键槽、销孔等，如图5-4中②所示。

2 装配图的特殊表达方法

为了简便清楚地表达部件，国家标准还规定了以下一些特殊表达方法。

1 沿接合面剖切或拆卸画法（简化画法）

在装配图中，当某些零件遮住了所需表达的部分时，可假想沿某些零件的接合面剖切或拆卸某些零件后绘制，并标注"拆去××零件"，如图5-5俯视图的右半部分沿轴承盖与轴承座的接合面剖开,并拆去上面部分以表示轴瓦和轴承座的装配情况。必须注意,横向剖切的实心零件,如轴、螺栓、销等,应画出剖面线,而接合处不画剖面线。

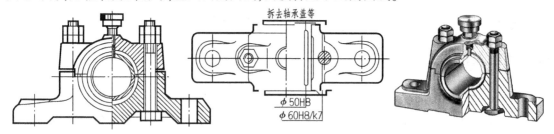

图 5-5 沿零件的接合面剖切及拆卸画法

2 假想画法

为了表示某个零件的运动极限位置,或部件与相邻部件的装配关系,可用双点画线画出其轮廓,如图 5-6 用双点画线表示手柄的另一个极限位置。

3 展开画法

为了表达传动系统的传动关系及各轴的装配关系,假想将各轴按传动顺序,沿它们的轴线剖开,并展开在同一平面上。这种展开画法在表达机床的主轴箱、进给箱、汽车的变速器等装置时经常运用,展开图必须进行标注,如图 5-7 所示。

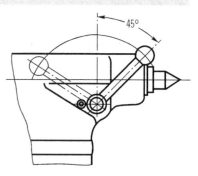

图 5-6 双点画线表示手柄的另一个极限位置

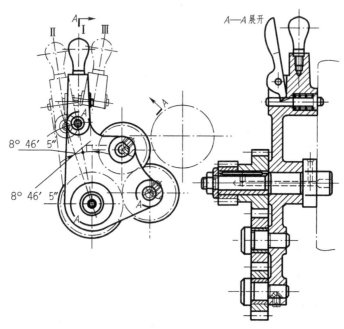

图 5-7 展开画法

4 简化画法

在装配图中,零件的工艺结构,如圆角、倒角、退刀槽等细节可省略不画。装配图中的标准件可采用简化画法,如图5-4⑤所示。若干相同的连接组件,如螺栓连接等,可只画一组,其余用点画线表示其位置,如图5-4⑦所示。

5 夸大画法

在装配图上,对薄垫片、小间隙、小锥度等,允许将其适当夸大画出,以便于画图和看图,如图5-4⑥所示。

三 装配图的视图选择

画装配图时,必须把装配体的工作原理、装配关系、传动路线、连接方式及其零件的主要结构等了解清楚,作深入细致地分析和研究,才能确定出较为合理的表达方案。

装配图的视图选择原则:装配图的视图选择与零件图一样,应使所选的每一个视图都有其表达的重点内容,具有独立存在的意义。一般来讲,选择表达方案时应遵循这样的思路:以装配体的工作原理为线索,从装配干线入手,用主视图及其他基本视图来表达对部件功能起决定作用的主要装配干线,兼顾次要装配干线,再辅以其他视图表达基本视图中没有表达清楚的部分,最后达到把装配体的工作原理、装配关系等完整清晰地表达出来。

主视图的选择:确定装配体的安放位置 一般可将装配体按其在机器中的工作位置安放,以便了解装配体的情况及与其他机器的装配关系。如果装配体的工作位置倾斜,为画图方便,通常将装配体按放正后的位置画图;确定主视图的投影方向 装配体的位置确定以后,应该选择能较全面、明显地反映该装配体的主要工作原理、装配关系及主要结构的方向作为主视图的投影方向;由于多数装配体都有内部结构需要表达,因此,主视图多采用剖视图画出。所取剖视的类型及范围,要根据装配体内部结构的具体情况决定。

其他视图的选择:主视图确定之后,若还有带全局性的装配关系、工作原理及主要零件的主要结构还未表达清楚,应选择其他基本视图来表达。

基本视图确定后,若装配体上尚还有一些局部的外部或内部结构需要表达时,可灵活地选用局部视图、局部剖视或断面等来补充表达。

在决定装配体的表达方案时,还应注意以下问题:应从装配体的全局出发,综合进行考虑,特别是一些复杂的装配体,可能有多种表达方案,应通过比较优选用;设计过程中绘制的装配图应详细一些,以便为零件设计提供结构方面的依据,指导装配工作的装配图,则可简略一些,重点在于表达每种零件在装配体中的位置;装配图中,装配体的内外结构应以基本视图来表达,而不应以过多的局部视图来表达,以免图形支离破碎,看图时不易形成整体概念;若视图需要剖开绘制时,一般应从各条装配干线的对称面或轴线处剖开,同一视图中不宜采用过多的局部剖视,以免使装配体的内外结构的表达不完整;装配体上对于其工作原理、装配结构、定位安装等方面没有影响的次要结构,可不必在装配图中一一表达清楚,可留待零件设计时由设计人员自定。

装配体表达方案举例:手压滑油泵表达方案分析,如图5-8所示。

项目五　装配图绘制与识读

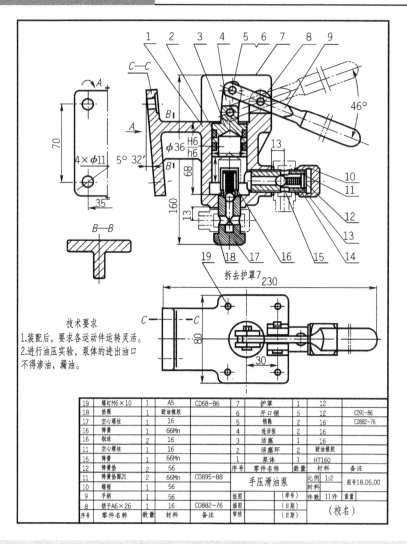

图 5-8　手压滑油泵装配图

1 功用

该部件一般安装在汽车或其他机械上，接上管路后可添加润滑油。安装时，以泵体的左端面为安装面，用四个 M10 的螺栓固定。

2 结构分析

泵体主孔 $\phi 36 H6$ 的轴线方向为主要的装配干线。上部装有手柄9、销轴5、销轴8、连接板4及活塞3等零件，下部装进油接头（双点画线所示）、空心螺柱17、弹簧16、钢球15等零件。泵体右端水平孔的轴线方向为另一条装配干线，装有空心螺柱14、弹簧13、弹簧垫12、弹簧挡圈11、钢球15、出油接头（双点画线所示）等零件。泵的上方装有一个方形铁皮护罩7。

3 工作原理

该泵使用时用手操纵。手柄右端下压,通过连接板4、销轴5、8带动活塞上行,使泵体内腔体积增大,形成负压,油液在大气压的作用下,顶开空心螺栓17内的钢球进入内腔。然后手柄上提,活塞下行,使泵体内腔体积变小,形成正压。此时,空心螺栓17内的钢球被弹簧及压力油压紧,油液无法从这里流出。但油液会顶开空心螺栓14内的钢球而排入出油管道流向需要润滑油的地方。如此不断往复运动,便可实现润滑油的输送。

4 表达分析

图5-8所示是将部件按工作位置放置的,使两条装配干线的轴线都平行于正面绘制的主视图。主视图采用了全剖视,这样就将该部件的两条装配干线及多数零件的位置表达清楚了。只要稍加分析,即可了解该部件的工作原理。

另外,选择了拆去护罩的俯视图来表达部件外形及护罩安装孔的情况。

其次,还选用了 A 向局部视图和 B—B 移出断面作为补充表达。A 向局部视图表示了安装接触面的外形及安装孔的定形定位尺寸。B—B 移出断面表示了泵体左端中部连接部分的断面形状。

主视图中的 C—C 局部剖用来表示安装孔的结构情况。同时主视图中还采用了假想画法表示手柄的运动极限位置及进、出油嘴的安装位置。至此,该部件的表达就完整清晰了。

四 装配图上的尺寸标注和技术要求的注写

1 装配图中的尺寸标注

装配图与零件图不同,不是用来直接指导零件生产的,不需要、也不可能注出每一个零件的全部尺寸,一般仅标注出下列几类尺寸。

1 特性、规格尺寸

表示装配体的性能、规格或特征的尺寸。它常常是设计或选择使用装配体的依据。例如,手压滑油泵图中的 $\phi 36 \frac{H6}{h6}$ 和 24,它们决定了油泵活塞往返一次润滑油的输送量。

2 装配尺寸

表示装配体各零件之间装配关系的尺寸,它包括:配合尺寸,表示零件配合性质的尺寸,如 手压滑油泵图中 $\phi 36 \frac{H6}{h6}$,它表示了活塞孔与活塞之间的配合性质;相对位置尺寸,表示零件间比较重要的相对位置尺寸,如手压滑油泵图中的尺寸30。

3 安装尺寸

表示装配体安装时所需要的尺寸。如手压滑油泵图中安装接触面的倾角 5°32′、安装孔的定位尺寸70、35以及定形尺寸 $4 \times \phi 11$ 等。

项目五 装配图绘制与识读

④ 外形尺寸

表示装配体的外形轮廓尺寸,如总长、总宽、总高等。这是装配体在包装、运输、安装时所需的尺寸。如手压滑油泵图中的 230、160、80 等尺寸。

⑤ 其他重要尺寸

经计算或选定的不能包括在上述几类尺寸中的重要尺寸,如手压滑油泵图中的尺寸 68。此外,有时还需要注出运动零件的极限位置尺寸,如手压滑油泵图中的 46。

上述几类尺寸,并非在每一张装配图上都必须注全,应根据装配体的具体情况而定。在有些装配图上,同一个尺寸,可能兼有几种含义。如手压滑油泵图中的 $\phi 36 \frac{H6}{h6}$ 既是规格尺寸又是配合尺寸。

2 装配图上技术要求的注写

装配图中的技术要求,一般可从以下几个方面来考虑:装配体装配后应达到的性能要求,如手压滑油泵图中技术要求的第 1 条;装配体在装配过程中应注意的事项及特殊加工要求,例如,有的表面需装配后加工,有的孔需要将有关零件装好后配作等;检验、试验方面的要求,如手压滑油泵图中技术要求的第 2 条;使用要求,如对装配体的维护方面的要求及操作使用时应注意的事项等。与装配图中的尺寸标注一样,不是上述内容在每一张图上都要注全,而是根据装配体的需要来确定。

技术要求一般注写在明细表的上方或图样下部空白处。如果内容很多,也可另外编写成技术文件作为图样的附件。

五、装配图中零部件的序号及明细栏

为了便于看图和图样的配套管理以及生产组织工作的需要,装配图中的零件和部件都必须编写序号,同时要编制相应的明细栏。

1 零部件序号

① 一般规定

装配图中所有零部件都必须编写序号;装配图中,一个部件可只编写一个序号,例如滚动轴承就只编写一个序号;同一装配图中,尺寸规格完全相同的零部件,应编写相同的序号;装配图中的零部件的序号应与明细栏中的序号一致。

② 序号的标注形式

标注一个完整的序号,一般应有三个部分:指引线、水平线(或圆圈)及序号数字,如图 5-9a)、b)、c)所示。也可以不画水平线或圆圈,如图 5-9d)所示。

指引线:指引线用细实线绘制,应自所指部分的可见轮廓内引出,并在可见轮廓内的起始端画一圆点,如下图;水平线或圆圈:水平线或圆圈用细实线绘制,用以注写序号数字。如图 5-10 所示;序号数字在指引线的水平线上或圆圈内注写序号时,其字高比该装配图中所注尺寸数字高度大一号,如图 5-9a)、b)所示。也允许大两号,如图 5-9c)所示。当不画水平线或圆圈,在指引线附近注写序号时,序号字高必须比该装配图中所标注尺寸数字高度大两号,如图 5-9d)所示。

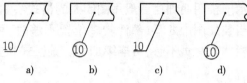

图 5-9 序号的标注一

❸ 序号的编排方法

序号在装配图周围按水平或垂直方向排列整齐,序号数字可按顺时针或逆时针方向依次增大,以便查找。在一个视图上无法连续编完全部所需序号时,可在其他视图上按上述原则继续编写。如图 5-8 所示。

❹ 其他规定

同一张装配图中,编注序号的形式应一致;当序号指引线所指部分内不便画圆点时(如很薄的零件或涂黑的剖面),可用箭头代替圆点,箭头需指向该部分轮廓,如图 5-10a)所示;指引线可以画成折线,但只可曲折一次,如图 5-10b)所示;指引线不能相交;当指引线通过有剖面线的区域时,指引线不应与剖面线平行,如图 5-10c)所示;一组紧固件或装配关系清楚的零件组,可采用公共指引线,注法如图 5-11 所示。但应注意水平线或圆圈要排列整齐。

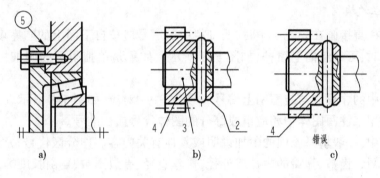

图 5-10 序号的标注二

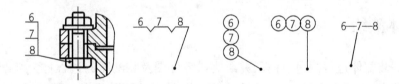

图 5-11 序号的标注三

❷ 明细栏

❶ 明细栏的画法

明细栏一般应紧接在标题栏上方绘制。若标题栏上方位置不够时,其余部分可画在标题栏的左方,如图5-8所示;当明细栏直接绘制在装配图中时,其格式和尺寸如图5-12所示。校用明细栏一般用图5-8的格式绘制;明细栏最上方(最末)的边线一般用细实线绘制;当装配图中的零、部件较多位置不够时,可作为装配图的续页按A4幅面单独绘制出明细栏。若一页不够,可连续加页。其格式和要求参看国家标准GB/T 10609.2—1989。

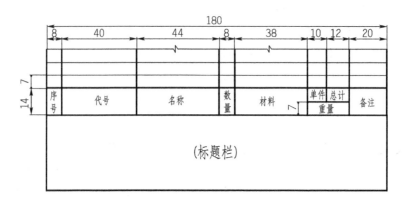

图5-12 明细栏

② 明细栏的填写

①当明细栏直接画在装配图中时,明细栏中的序号应按自下而上的顺序填写,以便发现有漏编的零件时,可继续向上填补,如图5-8所示。如果是单独附页的明细栏,序号应按自上而下的顺序填写。

②明细栏中的序号应与装配图上编号一致,即一一对应,如图5-8所示。

③代号栏用来注写图样中相应组成部分的图样代号或标准号。

④备注栏中,一般填写该项的附加说明或其他有关内容。如分区代号、常用件的主要参数,如齿轮的模数、齿数,弹簧的内径或外径、簧丝直径、有效圈数、自由长度等。

⑤螺栓、螺母、垫圈、键、销等标准件,其标记通常分两部分填入明细栏中。将标准代号填入代号栏内,其余规格尺寸等填在名称栏内(校用明细栏参照图5-8的形式填写)。

六 装配体测绘

对现有的装配体进行测量、计算,并绘制出零件图及装配图的过程称为装配体测绘。它对推广先进技术、交流生产经验、改造或维修设备等有重要的意义。因此,装配体测绘也是工程技术人员应该掌握的基本技能之一。

下面以铣床上使用的顶尖座为例说明测绘的步骤和方法。

1 测绘的准备工作

测绘装配体之前,一般应根据其复杂程度编制测绘计划,准备必要的拆卸工具、量具,如扳手、锤子、螺丝刀、铜棒、钢皮尺、卡尺、细铅丝等,还应准备好标签及绘图用品等。

2 研究测绘对象

测绘前,要对被测绘的装配体进行必要的研究。一般可通过观察、分析该装配体的结构和工作情况,查阅有关该装配体的说明书及资料,搞清该装配体的用途、性能、工作原理、结构及零件间的装配关系等。

如图 5-13 所示顶尖座,在使用时,靠螺栓、螺母(图中未画出)压紧在铣床工作台上,用它来支承、顶紧工件,进行铣削加工。它主要有以下三个方向的运动及锁紧机构。

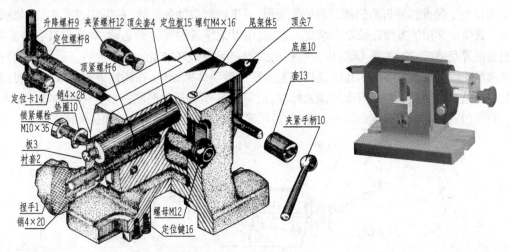

图 5-13 顶尖座

❶ 顶尖轴线方向的运动及锁紧机构

它由捏手 1、衬套 2、顶紧螺杆 6、板 3、顶尖套 4、尾架体 5、顶尖 7 及夹紧螺杆 12、套 13、夹紧手柄 11 等主要零件组成。

转动捏手 1,通过衬套 2、销 4×20 使螺杆 6 旋进或旋出,然后通过板 3、销 4×28 带动顶尖套 4 及顶尖 7 沿其轴线方向左右移动,即可松开或顶紧工件。当顶尖顶紧工件需要固定不动时,可转动夹紧手柄 11,通过套 13 及夹紧螺杆 12 的锥面压迫尾架体 5 右下端的开槽部分,即可锁紧顶尖套 4。

❷ 顶尖升降及其锁紧机构

它由定位螺杆 8、升降螺杆 9、定位卡 14、定位板 15、螺母 M12 等零件组成。

欲使顶尖上升或下降时,先松开螺母 M12,然后转动升降螺杆 9,便可使顶尖上升或下降。其原理是,由于升降螺杆 9 下面的颈部被定位卡卡住,使其只能在定位卡中转动,不能轴向移动,从而迫使定位螺杆 8 带动定位板 15 及尾架体 5 上的所有零件同时上升或下降。当顶尖高度位置调整好后,旋紧螺母 M12,即可使其上下位置锁紧固定。

❸ 顶尖在正平面的转动及其锁紧机构

它由尾架体 5、夹紧螺杆 12、定位板 15、锁紧螺栓 M10×35 等零件组成。

要调整顶尖轴线相对于水平面的角度时,可先将螺母 M12 松开,再将锁紧螺栓 M10×

35 松开,握住捏手 1,使尾架体 5 绕夹紧螺杆 12 的轴线转动。转动的角度范围为 20°(-5°~+15°)。当调整到需要的角度后,拧紧锁紧螺杆 M10×35,角度便固定了。再旋紧螺母 M12,即可进行顶尖的轴向调整了。

此外,顶尖座在铣床工作台上固定时,靠定位键 16 起定位作用。螺钉 M4×16 的作用是遮盖油孔。当注入润滑油后将螺钉旋入,可起到防尘防切屑掉入的作用。

3 绘制装配示意图和拆卸零件

为了便于装配体被拆后仍能顺利装配复原,对于较复杂的装配体,在拆卸过程中应尽量做好记录。最简便常用的方法是绘制出装配示意图,用以记录各种零件的名称、数量及其在装配体中的相对位置及装配连接关系,同时也为绘制正式的装配图做好准备。条件允许,还可以用照相乃至录像等手段做记录。装配示意图是将装配体看作透明体来画的,在画出外形轮廓的同时,又画出其内部结构。装配示意图可参照国家标准《机械制图 机构运动简图符号》(GB 4460—1984)绘制。对于国家标准中没有规定符号的零件,可用简单线条勾出大致轮廓,如图 5-14 所示。

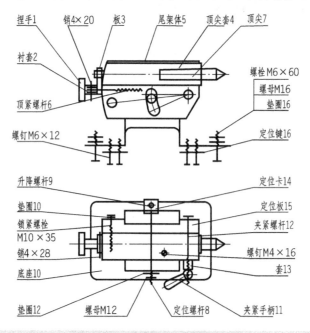

图 5-14 装配示意图

在示意图上应编注零件的序号,并注明零件的数量。在拆下的每个(组)零件上,应扎上标签,标签上注明与示意图相对应的序号及名称,并妥善保管。

另外,在拆卸零件时,要把拆卸顺序搞清楚,并选用适当的工具。拆卸时注意不要破坏零件间原有的配合精度。还要注意不要将小零件(如销、键、垫片、小弹簧等)丢失。对于高精度的零件,要特别注意,不要碰伤或使其变形、损坏。

顶尖座的拆卸顺序是:松开夹紧手柄 11,逆时针旋转捏手 1 即可将顶紧螺杆 6 及顶尖套 4 组合件从尾架体 5 上卸出。然后旋下螺母 M12,定位螺杆 8 及升降螺杆 9 组合件,即可从定位板 15 及底座 10 的孔中抽出。此时,定位板 15 及尾架体 5 组合部分可从底座的上方卸出。最后取掉各组合件间的连接件,即可将全部零件分离。

4 画零件草图及零件工作图

组成装配体的零件,除去标准件,其余非标准件均应画出零件草图及工作图。在画零件草图中,要注意以下几点:

(1) 零件间有连接关系或配合关系的部分,它们的公称尺寸应相同。测绘时,只需测出其中一个零件的有关公称尺寸,即可分别标注在两个零件的对应部分上,以确保尺寸的协调。

(2) 标准件虽不画零件草图,但要测出其规格尺寸,并根据其结构和外形,从有关标准中查出它的标准代号,把名称、代号、规格尺寸等填入装配图的明细栏中。

(3) 零件的各项技术要求(包括尺寸公差、形状和位置公差、表面粗糙度、材料、热处理及硬度要求等)应根据零件在装配体中的位置、作用等因素来确定。也可参考同类产品的图样,用类比的方法来确定。图 5-15 是顶尖座中部分零件的零件草图。

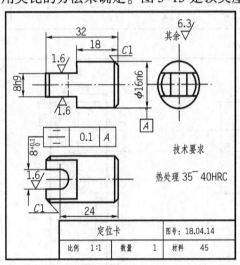
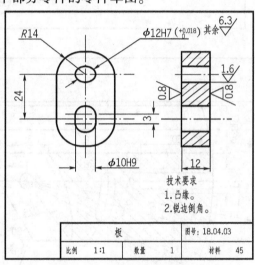

图 5-15

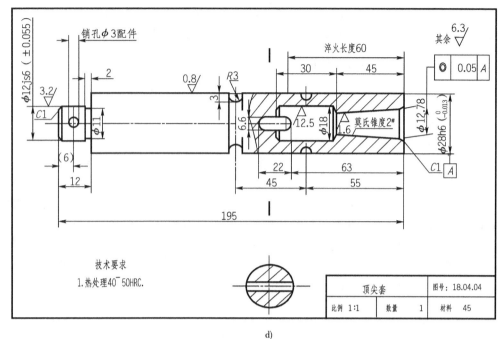

图 5-15

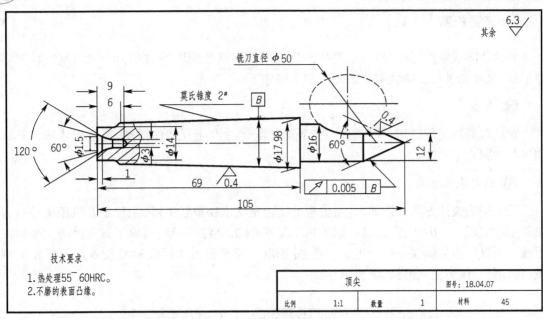

f)

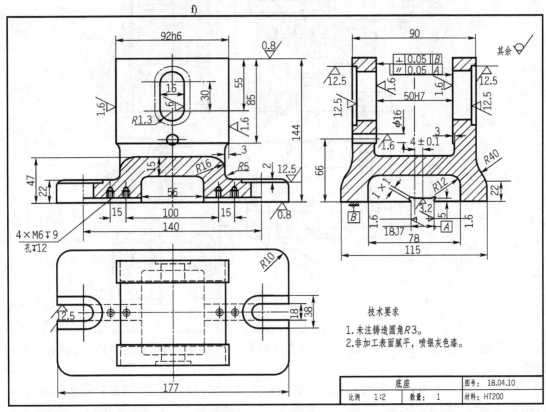

g)

图 5-15 零件草图

5 画装配图

零件草图或零件图画好后,还要拼画出装配图。画装配图的过程,是一次检验、校对零件形状、尺寸的过程。画装配图的方法和步骤如下。

① 准备

对已有资料进行整理、分析、进一步弄清装配体的性能及结构特点,对装配体的完整结构形状做到心中有数。

② 确定表达方案

顶尖座的表达方案分析如下:顶尖座的功能是支承和顶紧工件,主要是靠沿顶尖轴线方向的运动实现的。因此,完成这一运动和所有零件间的装配关系,构成了该部件的主要装配干线。所以将顶尖轴线平行于正面放置,并选取一正平面通过顶尖轴线及顶紧螺杆 6 的轴线将其剖开,作为主视图,如图 5-16 所示。

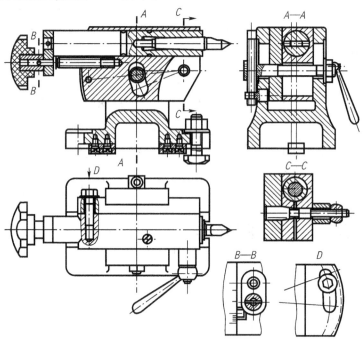

图 5-16 表达方案

用左视图及俯视图表达主视图上没有表达清楚的外形及装配关系,并将左视图沿 A—A 位置剖开。

C—C 剖视一方面表示顶尖轴向运动的锁紧机构,同时和主视图、俯视图联系起来,还可分析出顶尖轴线绕正垂轴转动,是通过尾架体 5 绕夹紧螺杆 12 的轴线旋转来实现的。D 向局部视图显示出可转动的最大范围。B—B 剖视则表示了转动角度的刻度指示情况及捏手衬套 2 与顶紧螺杆 6 的连接情况。

3 确定比例和图幅

根据装配体的大小及复杂程度选定绘制装配图的合适比例。一般情况下,只要可以选用1∶1的比例就应尽量选用1∶1的比例画图,以便于看图。比例确定后,再根据选好的视图,并考虑标注必要的尺寸、零件序号、标题栏、明细栏和技术要求等所需的图面位置,确定出图幅的大小(在计算机上绘图,可不过多考虑布图问题)。

4 画装配图应注意的事项

(1)要正确确定各零件间的相对位置。运动件一般按其一个极限位置绘制,另一个极限位置需要表达时,可用双点画线画出其轮廓,螺纹连接件一般按将连接零件压紧的位置绘制。

(2)某视图已确定要剖开绘制时,应先画被剖切到的内部结构,即由内逐层向外画。这样其他零件被遮住的外形就可以省略不画。

(3)装配图中各零件的剖面线是看图时区分不同零件的重要依据之一,必须按第二节中的有关规定绘制。剖面线的密度可按零件的大小来决定,不宜太稀或太密。

5 具体步骤

(1)布局(在计算机上绘图,可不考虑布图问题):如图5-17a)所示,首先画出各基本视图的作图基准线及主要中心线,这一步很重要,应进行认真仔细的计算才行。因为基准线一旦确定了,视图在图中的位置也就确定了。基准线等画好后,再从主视图所表达的主要装配干线着手,画顶尖、及顶尖套的大致轮廓。

(2)架体的大致轮廓,如图5-17b)所示。

(3)定位螺杆和顶紧螺杆,如图5-17c)所示。

(4)底座和升降螺杆,如图5-17d)所示。

(5)必要的尺寸及技术要求,如图5-17e)所示。

(6)查、修改、加深,如图5-17e)所示。

(7)序号、填写明细栏、标题栏,如图5-17)e所示。

(8)检查全图、清洁修饰图面。

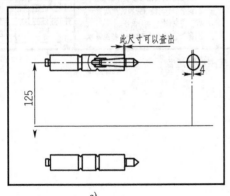
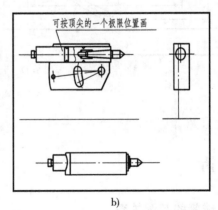

图 5-17

项目五　装配图绘制与识读

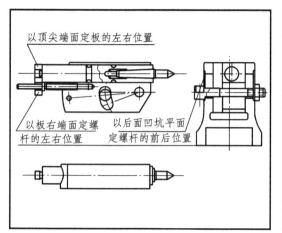
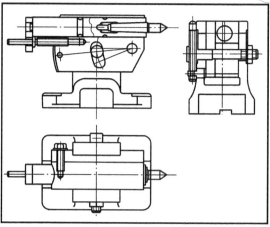
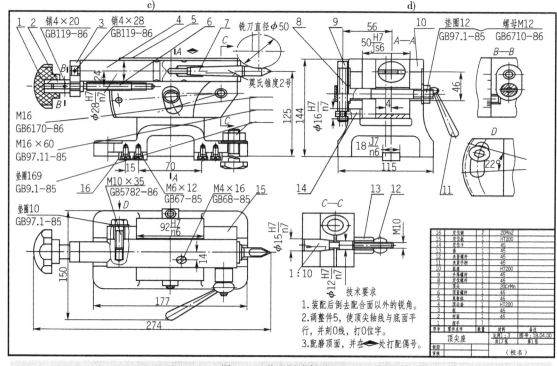

图5-17　装配图绘制过程

任务实施

一、分析

1. 球阀的装配关系

阀体1和阀盖2均带有方形的凸缘,它们用四个双头螺柱6和螺母7连接,用调整垫片

5调节阀芯4与密封圈3之间的松紧程度。在阀体上有阀杆12,阀杆下部有凸块,榫接阀芯4上的凹槽中。为了密封,在阀体与阀杆之间加进填料垫8、填料9和10,旋入填料压紧套11压紧。

2 球阀的工作原理

扳手13的方孔套进阀杆12上部的四棱柱。当扳手处于图5-1所示的位置时,阀门全部开启,管道畅通,当扳手按顺时针方向旋转90°时,阀门全部关闭,管道断流。

3 球阀的视图选择

作为球阀,一般将其通径φ20的轴线水平放置,主视图投射方向选择垂直于阀体两孔轴线所在平面的方向,采用全剖视图来表达球阀阀体内两条主要装配干线,各个主要零件及其相互关系为:水平方向装配干线是阀芯4、阀盖2等零件;垂直方向是阀杆12、填料压紧套11、扳手13等零件。左视图采用半剖视图,是为了进一步将阀杆12与阀芯4的关系表达清楚,同时又把阀体1的螺纹连接件的数量及分布位置表达出来。球阀的俯视图以反映外形为主,同时采取了B—B局部剖视,反映手柄13与阀体1限定位凸块的关系,该凸块用以限制扳手13的旋转位置。

二 作图步骤

作图步骤如图5-18所示。

(1)根据所选择的视图方案,确定图形比例和图幅大小。留出标注尺寸及明细栏、标题栏及注写技术条件的位置。

(2)首先画出各视图主要装配干线、对称中心线及主要零件的基准线。先从主视图开始,配合其他视图,画出阀体的外部轮廓。按装配干线的顺序一件一件地将零件画入,可由外向内或由内向外画。由外向内画时,由于内部零件在视图中被遮挡,内部结构线可用H铅笔画成底稿线,待装入内部零件后,再擦去不必要的图线,避免做重复的工作。

(3)完成底稿后,经校核加深,画剖面线,注尺寸,写技术条件,编写零部件序号,最后填写明细栏及标题栏,即完成装配图。

装配结构的合理性

为了使零件装配成机器或部件后不但能达到性能要求,而且装、拆方便,因此,对零件上的装配结构要有一定的合理性要求。确定合理的装配结构,必须具有丰富的实践经验,并作深入细致的分析比较。现介绍几种常见的装配工艺结构,供画装配图时参考。

(1)为了保证轴肩和孔端紧密配合,孔端要倒角或轴根要切槽。如图5-19a)所示。

项目五 装配图绘制与识读

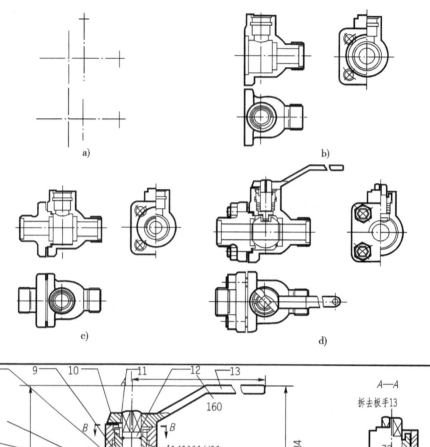

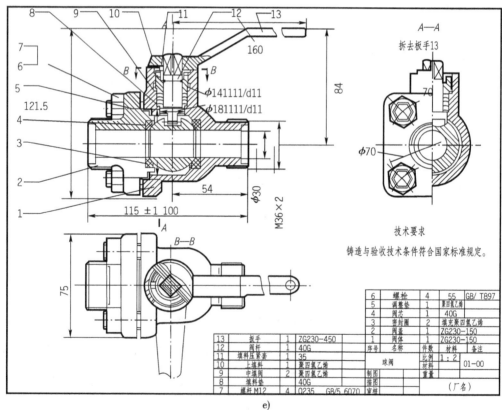

图 5-18 画装配图的步骤

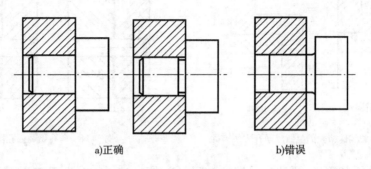

a)正确　　　　　　　　　　　b)错误

图 5-19　孔端倒角或轴根切槽

（2）两个零件接触时，在同一方向上只能有一个接触面，否则会给零件制造和装配等工作造成困难，如图 5-20a)、图 5-21a)、c)所示。

（3）滚动轴承如以轴肩或孔肩定位，则轴肩或孔肩的高度须小于轴承内圈或外圈的厚度，以便拆卸，如图 5-22a)、c)所示。

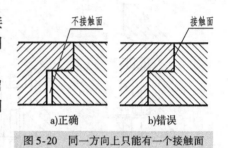

a)正确　　　　b)错误

图 5-20　同一方向上只能有一个接触面

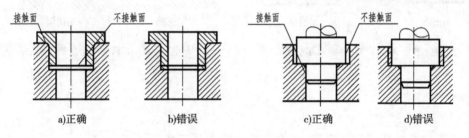

a)正确　　　　b)错误　　　　c)正确　　　　d)错误

图 5-21　两个零件接触时，在同一方向上只能有一个接触面

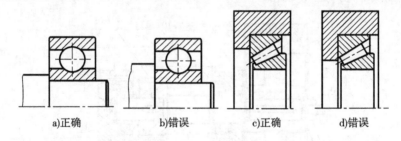

a)正确　　　　b)错误　　　　c)正确　　　　d)错误

图 5-22　滚动轴承的定位

（4）为了保证两零件在装卸前后不一致降低装配精度，便于加工和装拆，在可能的条件下，将有关零件相关部位做成通孔，如图 5-23b)所示。

（5）用圆柱销或圆锥销将两零件定位时，为了加工和装拆的方便，在可能的条件下，最好将销孔做成通孔，如图 5-24a)所示。

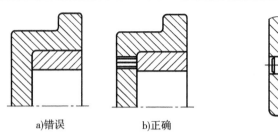

图 5-23 有关零件相关部位做成通孔方便装拆

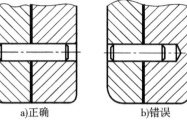

图 5-24 销孔做成通孔图

(6) 为了装拆紧固件,要留有足够的空间。在图 5-25 中,L 小于 H 就无法拆卸螺栓;在图 5-26 中,若预留的扳手活动空间不够,也不可能拆卸螺栓。

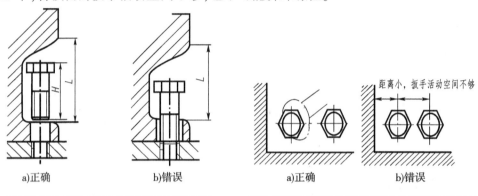

图 5-25 要留有装、拆螺栓的空间　　　图 5-26 要留有扳手活动空间

自我评价

1. 读滚齿机轴系部件装配图,指出各标注字母处画错的原因。
2. 由千斤顶零件图拼画装配图。

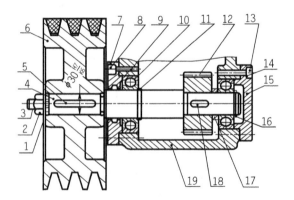

题 1 图

作业说明：根据装配示意图和零件图绘制装配图，图纸幅面和比例自选。

千斤顶工作原理说明：千斤顶是顶起重物的部件，使用时只需要逆时针转动旋转杆3，起重螺杆2就向上移动，并将物体顶起。

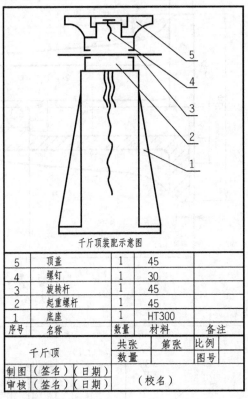

千斤顶装配示意图

5	顶盖	1	45	
4	螺钉	1	30	
3	旋转杆	1	45	
2	起重螺杆	1	45	
1	底座	1	HT300	
序号	名称	数量	材料	备注

千斤顶	共张	第张	比例	
	数量		图号	
制图	（签名）	（日期）	（校名）	
审核	（签名）	（日期）		

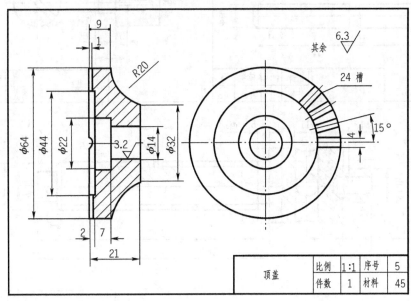

| 顶盖 | 比例 | 1:1 | 序号 | 5 |
| | 件数 | 1 | 材料 | 45 |

项目五　装配图绘制与识读

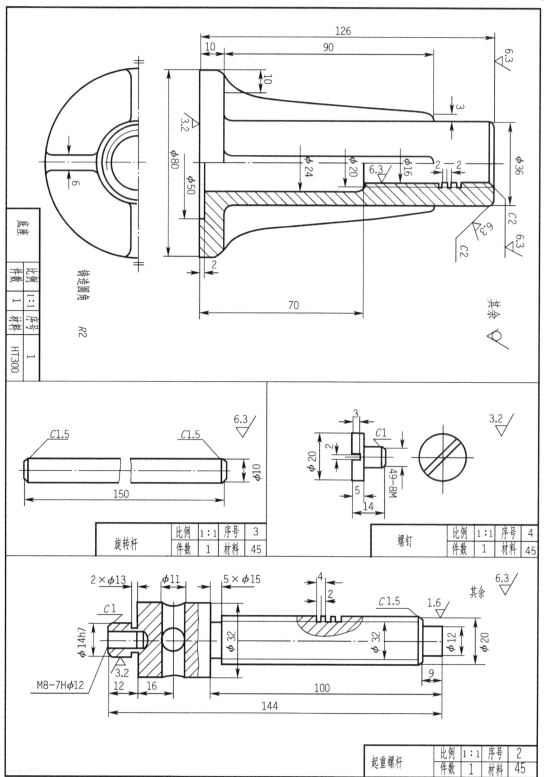

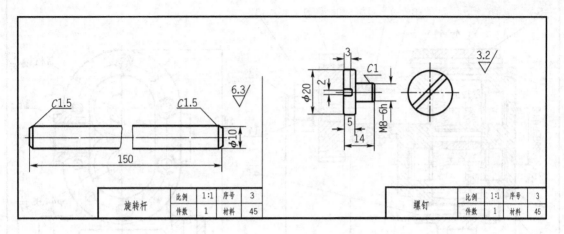

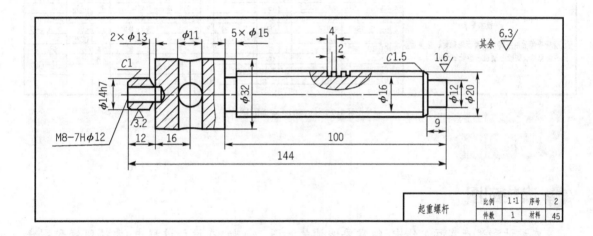

题 2 图

任务二 汽车齿轮油泵装配图的识读

图 5-27 为一汽车齿轮油泵的装配图,要求在读懂此装配图的基础上,拆画出泵体 6 的零件图。

项目五　装配图绘制与识读

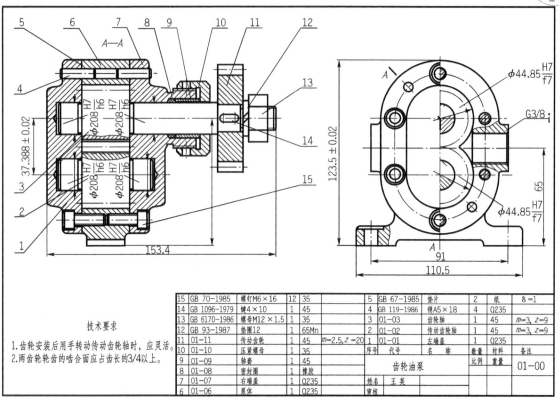

图 5-27　齿轮油泵装配图

一　读装配图

在设计和生产实际工作中，经常要阅读装配图。例如，在设计过程中，要按照装配图来设计和绘制零件图；在安装机器及其部件时，要按照装配图来装配零件和部件；在技术学习或技术交流时，则要参阅有关装配图才能了解、研究一些工程、技术等有关问题。

1　读装配图的要求

（1）了解部件的用途、性能、规格、工作原理。
（2）弄清各零件之间的相对位置、装配关系和连接固定方式。
（3）弄懂各零件的作用和主要结构形状。
（4）了解部件的尺寸和技术要求。

2　读装配图通常可按如下三个步骤进行

1　概括了解

首先从标题栏入手，可了解装配体的名称和绘图比例。从装配体的名称联系生产实践知识，往往可以知道装配体的大致用用途。例如：阀，一般是用来控制流量起开关作用的；台虎钳，一般是用来夹持工件的；减速器则是在传动系统中起减速作用的；各种泵则是在气压、液压或润滑系统中产生一定压力和流量的装置。通过比例，即可大致确定装配体的大小。

再从明细栏了解零件的名称和数量，并在视图中找出相应零件所在的位置。

另外，浏览一下所有视图、尺寸和技术要求，初步了解该装配图的表达方法及各视图间的大致对应关系，以便为进一步看图打下基础。

❷ 详细分析

分析装配体的工作原理，分析装配体的装配连接关系，分析装配体的结构组成情况及润滑、密封情况，分析零件的结构形状。要对照视图，将零件逐一从复杂的装配关系中分离出来，想出其结构形状。分离时，可按零件的序号顺序进行，以免遗漏。标准件、常用件往往一目了然，比较容易看懂。轴套类、轮盘类和其他简单零件一般通过一个或两个视图就能看懂。对于一些比较复杂的零件，应根据零件序号指引线所指部位，分析出该零件在该视图中的范围及外形，然后对照投影关系，找出该零件在其他视图中的位置及外形，并进行综合分析，想象出该零件的结构形状。

在分离零件时，利用剖视图中剖面线的方向或间隔的不同及零件间互相遮挡时的可见性规律来区分零件是十分有效的。

对照投影关系时，借助三角板、分规等工具，往往能大大提高看图的速度和准确性。

对于运动零件的运动情况，可按传动路线逐一进行分析，分析其运动方向、传动关系及运动范围。

❸ 归纳总结

归纳总结，一般可按以下几个主要问题进行：

（1）装配体的功能是什么？其功能是怎样实现的？在工作状态下，装配体中各零件起什么作用？运动零件之间是如何协调运动的？

（2）装配体的装配关系、连接方式是怎样的？有无润滑、密封及其实现方式如何？

（3）装配体的拆卸及装配顺序如何？

（4）装配体如何使用？使用时应注意什么事项？

（5）装配图中各视图的表达重点意图如何？是否还有更好的表达方案？装配图中所注尺寸各属哪一类？

上述读装配图的方法和步骤仅是一个概括的说明。实际读图时几个步骤往往是平行或交叉进行的。因此，读图时应根据具体情况和需要灵活运用这些方法，通过反复的读图实践，便能逐渐掌握其中的规律，提高读装配图的速度和能力。

读装配图举例

下面以图 5-28 机用台虎钳的装配图为例，来说明如何读装配图。

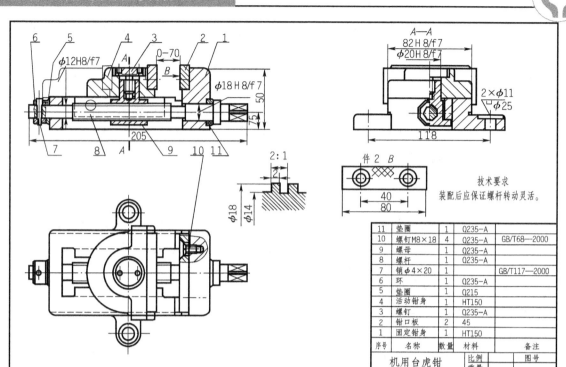

图 5-28 机用台虎钳装配图

1 概括了解装配图的内容

（1）从标题栏中可以了解装配体的名称、大致用途及图的比例等。
（2）从零件编号及明细栏中，可以了解零件的名称、数量及在装配体中的位置。
（3）分析视图，了解各视图、剖视、断面等相互间的投影关系及表达意图。

该装配图大致结构为长方块，规格 0~70；读标题栏和明细栏了解部件名称为"机用台虎钳"，共有零件 11 个，其中标准件 2 个，自制零件 9 个；各零件的名称、材料和数量；按图上的编号了解各零件的大体装配情况。

2 分析表达方案，细读各视图

表达方案：这一组视图由五个视图组成，主、俯、左三个基本视图关系清晰，主视图为全剖视图，并带有局部剖、假想画法；俯视图为局部剖；左视图为半剖视图；另外有局部放大图、端面图、单独零件图。

细读各视图，分析工作原理、装配关系与零件的主要结构形状：

主视图：表达了机用台虎钳的整体形象、工作范围、也表达了装配体的主装配线。在分析工作原理时同时也读出了相关零件的装配关系、部分结构。俯视图：进一步表达了装配体的整体形象，以及各零件的形状特征，局部剖表示了件 10 螺钉把件 2 钳口板固连在件 4 活动钳身上。左视图：进一步表达整体形象、零件形状特征、装配连接关系，这里能清晰看出固定钳身与活动钳身的配合关系。局部放大图:表达了螺杆及螺母的牙型。断面图:表达了螺杆操纵结构"方身"的形状特征及规格。单独零件图:表达了件2钳口板上的特殊结构——网状槽。

工作原理分析:机用台虎钳是安装在机床工作台上,用于夹紧工件,以便进行切削加工的一种通用工具。规定钳身可安装在机床的工作台上,起机座作用,用扳手转动零件8螺杆,能带动零件9螺母作左右移动,因为螺旋线有两个运动:转动和轴向移动,螺杆被轴向固定所以只能转动,轴向移动传递给了螺母,螺母带着件3螺钉(自制螺钉)、件4固定钳身、件2钳口板作左右移动起夹紧或松开工件的作用,这就是该装配体的工作原理。

3 尺寸分析

规格及最佳工作范围:0~70,中心高16;配合尺寸:$\phi 12H8/f7$、$\phi 18H8/f7$、$\phi 20H8/f7$、$80H8/f7$;主要零件关键尺寸:螺杆、螺母牙型尺寸$\phi 14$、$\phi 18$、2、4;螺杆方身尺寸14×14;件2钳口板主要尺寸:中心距40,及长80;安装尺寸:116、$2 \times \phi 11$/锪平$\phi 25$;总体尺寸:(60)、205、(116)。

4 总结归纳

总结归纳是对读图过程的简明连贯地叙述,想象整体形象,部件工作的动作过程,得到机用台虎钳的三维实体模型,如图5-29所示。

图5-29 机用台虎钳模型

根据任务要求,完成任务的步骤如下。

一 泵体装配图识读

1 概括了解

由装配图的标题栏可知,该部件名称为齿轮油泵,是安装在油路中的一种供油装置。由明细栏和外形尺寸可知它由15个零件组成,结构不太复杂。

齿轮油泵装配图由两个视图表达,主视图采用了全剖视,表达了齿轮油泵的主要装配关系。左视图沿左端盖和泵体接合面剖切,并沿进油口轴线取局部剖视,表达了齿轮油泵的工作原理。

2 分析部件的工作原理

从表达传动关系的视图入手,分析部件的工作原理。

如图5-30所示,当主动齿轮逆时针转动,从动齿轮顺时针转动时,齿轮啮合区右边的压力降低,油池中的油在大气压力作用下,从进油口进入泵腔内。随着齿轮的转动,齿槽中的

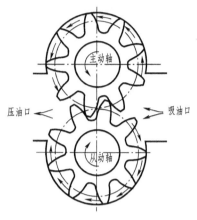

图 5-30 齿轮油泵工作原理

油不断沿箭头方向被轮齿带到左边,高压油从出油口送到输油系统,如图 5-30 所示。

3 分析零件间的装配关系和部件结构

1 配合关系

齿轮油泵有主动齿轮轴系和从动齿轮轴系两条装配线。零件的配合关系是两齿轮轴与两泵盖轴孔的配合为间隙配合 $\phi20.8H7/f6$,两齿轮与两齿轮腔的配合为间隙配合 $\phi44.85H7/f7$。

2 连接和固定方式

左、右端盖与泵体?用螺钉连接,用销钉准确定位。齿轮轴的轴向定位是靠齿轮端面与左、右端盖内侧面接触而定位。齿轮 11 在轴上的定位是用螺母和键在轴向和径向固定、定位。

3 密封装置

为了防止漏油及灰尘、水分进入泵体内影响齿轮传动,在主动齿轮轴的伸出端设有密封装置,靠压盖螺母和压盖将密封圈压紧密封。左、右端盖与泵体之间有垫片 5 密封。垫片的另一个作用是调整齿轮的轴向间隙。

4 装拆顺序

部件的结构应利于零件的装拆。

齿轮油泵的装拆顺序:拆螺钉 15、销钉 4→ 左端盖 1→ 齿轮轴 2→螺母 13 及垫圈 12→齿轮 11→压盖螺母、压盖及密封圈→齿轮轴 1。

4 分析零件,弄清零件的结构形状

以泵体为例说明:根据剖面线的方向及视图间的投影关系,在主、左视图中分离出泵体的主要轮廓如图 5-31 所示。

主体部分:外形和内腔都是长圆形,腔内容纳一对齿轮。前后锥台有进、出油口与内腔相通,泵体上有与左、右端盖连接用的螺钉孔和销孔。

底板部分:根据结构常识,可知底板呈长方形,左、右两边各有一个固定用的螺栓孔,底板上面的凹坑和下面的凹槽,是用于减少加工面,使齿轮油泵固定平稳。

经分析,可知齿轮油泵泵体的形状如图 5-32 所示。逐个零件分析之后各零件的形状如图 5-33 所示。

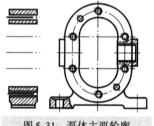

图 5-31 泵体主要轮廓

图 5-32 齿轮油泵泵体

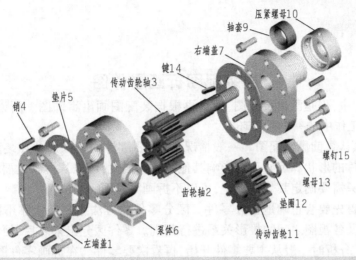

图5-33 齿轮油泵各个零件

由装配图拆画零件图

其过程思路可参考【知识拓展】中相关知识,具体分析绘制过程略,其结果参考图如图5-34所示。

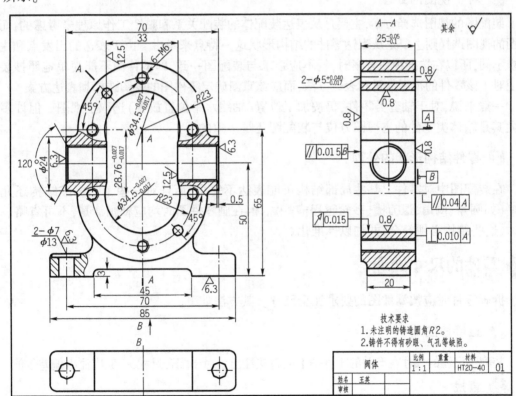

图5-34 阀体零件图

由装配图拆画零件图

在设计过程中,先是画出装配图,然后再根据装配图画出零件图。所以,由装配图拆画零件图是设计工作中的一个重要环节。

拆图前必须认真读懂装配图。一般情况下,主要零件的结构形状在装配图上已表达清楚,而且主要零件的形状和尺寸还会影响其他零件。因此,可以从拆画主要零件开始。对于一些标准零件,只需要确定其规定标记,可以不拆画零件图。

分析零件,首先要会正确地区分零件。区分零件的方法主要是依靠不同方向和不同间隔的剖面线,以及各视图之间的投影关系进行判别。零件区分出来之后,便要分析零件的结构形状和功用。分析时一般从主要零件开始,再看次要零件。在拆画零件图的过程中,要注意处理好下列几个问题。

一 零件的图形处理

1 对于视图的处理

装配图的视图选择方案,主要是从表达装配体的装配关系和整个工作原理来考虑的;而零件图的视图选择则主要是从表达零件的结构形状这一特点来考虑。由于表达的出发点和主要要求不同,所以在选择视图方案时,就不应强求与装配图一致,即零件图不能简单地照抄装配图上对于该零件的视图数量和表达方法,而应该重新确定零件图的视图选择和表达方案。

一般来说,对于轴套类零件,仍按加工位置(轴线水平位置放置)选取主视图。但许多零件尤其是箱体类零件的主视图方位与装配图还是一致的。

2 零件结构形状的处理

在装配图中对零件上某些局部结构可能表达不完全,而且对一些工艺标准结构还允许省略(如圆角、倒角、退刀槽、砂轮越程槽等)。但在画零件图时均应补画清楚,不可省略。拆图时,这些结构必须补全,并加以标准化。

二 零件的尺寸处理

拆画零件时应按零件图的要求注全尺寸。其方法如下。

1 直接抄注

装配图已注的尺寸在有关的零件图上应直接注出。对于配合尺寸,一般应注出偏差数值。

2 查找

(1)对于一些工艺结构,如圆角、倒角、退刀槽、砂轮越程槽、螺栓通孔等,应尽量选用标准结构,查有关标准尺寸标注。详见附录。

(2)对于与标准件相连接的有关结构尺寸,如螺孔、销孔等的直径,要从相应的标准中查取注入图中。

3 计算

有的零件的某些尺寸需要根据装配图所给的数据进行计算才能得到(如齿轮分度圆、齿顶圆直径等),应进行计算后注入图中。

4 量取

一般尺寸均按装配图的图形大小、图的比例,直接量取注出。

应该特别注意,配合零件的相关尺寸不可互相矛盾。

三、零件图中的技术要求

要根据零件在装配体中的作用和与其他零件的装配关系,以及工艺结构等要求,标注出该零件的表面粗糙度等方面的技术要求。

技术要求将直接影响零件的加工质量。但正确制定技术要求,涉及许多专业知识,初学者可参照同类产品的相应零件图用类比法确定。

如有相对运动和配合要求的表面,表面粗糙度要求较严;有密封、耐腐蚀、美观等要求的表面粗糙度也应要求严些;尺寸公差要求高的,表面粗糙度值也要适当降低,等等。

另外,在标题栏中填写零件的材料时,应和明细栏中的一致。

四、从装配图中拆画零件图举例

从机用台虎钳装配图(图2-35)中拆画出固定钳座的零件图。

1 分析

机用台虎钳是一种在机床工作台上用来夹持工件,以便对工件进行加工的夹具。从机用台虎钳装配图中可知:主视图沿前、后对称中心面剖开,采用全剖视,表达机用台虎钳的工作原理;左视图为A—A半剖视,表达主要零件的装配关系;俯剖视为局部剖,表达机用台虎钳的外形及钳口板2与固定钳座的装配关系。

由图5-35中分析可以得到:机用台虎钳由固定钳座1、钳口板2、活动钳身4、螺杆8和方块螺母9等零件组成。当用扳手转动螺杆8时,由于螺杆8的左边用开口销卡住,使它只能在固定钳座1的两圆柱孔中转动,而不能沿轴向移动,这时螺杆8就带动方块螺母9,使活动钳身4沿固定钳座1的内腔作直线运动。方块螺母9与活动钳身4用螺钉3连成整体,这样使钳口闭合或开放,便于夹紧和卸下零件。从主视图可以看到机用台虎钳的活动范围为0~70mm。两块钳口板2分别用沉头螺钉10紧固在固定钳座1和活动钳身4上,以便磨损后更换，如图5-35的俯视图所示。

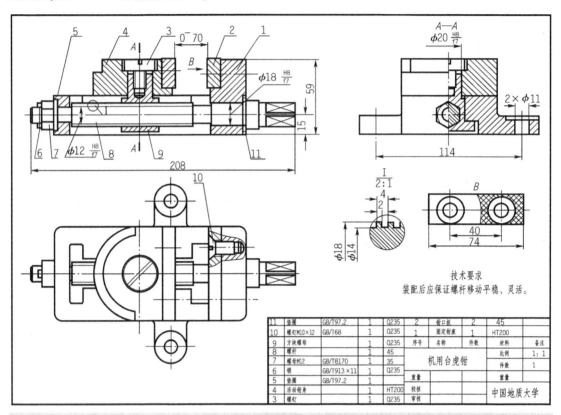

图5-35 机用台虎钳装配图

固定钳座1在装配件中起支承钳口板2、活动钳身4、螺杆8和方块螺母9等零件的作用，螺杆8与固定钳座1的左、右端分别以 $\phi12H8/f7$ 和 $\phi18H8/f7$ 间隙配合。活动钳身4与方块螺母9以 $\phi20H8/f7$ 间隙配合。

固定钳座1的左、右两端是由 $\phi12H8$ 和 $\phi18H8$ 水平的两圆柱孔组成，它支承螺杆8在两圆柱孔中转动，其中间是空腔，使方块螺母9带动活动钳身4沿固定钳座1作直线运动。为了使机用台虎钳固定在机床工作台上用来夹持工件，固定钳座1的前、后有两个凸台，凸台中的两圆孔 $2\times\phi11$ 的中心距为114。

由B向视图表达了钳口板2的结构形状，钳口板2宽为74，两孔中心距为40。

为了便于拆画螺杆零件图，在装配图中用局部放大图表达了螺杆8的螺纹尺寸。

分析图5-35装配图，可以得到机用台虎钳的轴测图，如图5-36所示。

图5-36 机用台虎钳轴测图

2 作图

从装配图中分离出固定钳座1的轮廓，如图5-37所示。根据零件图的视图表达方案，主视图按装配图中主视图的投射方向沿前、后对称中心线全剖视画出；左视图采用 C—C 半剖视。俯视图主要表达固定钳座1的外形，并采用局部剖视表达螺孔的结构。其轴测图如图 5-38 所示。

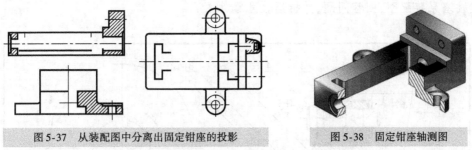

图 5-37　从装配图中分离出固定钳座的投影　　图 5-38　固定钳座轴测图

补全视图中的漏线，最后得固定钳座1的零件图如图 5-39 所示。

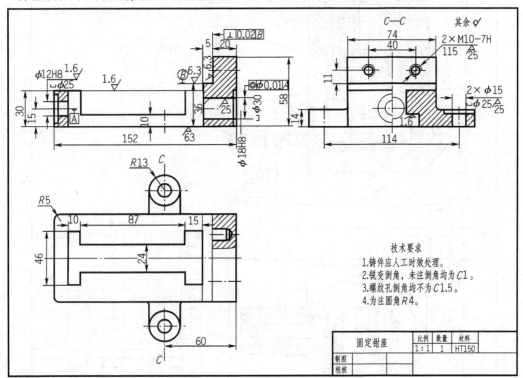

图 5-39　固定钳座零件图

说明：

尺寸标注：除了标注装配图上已给出的尺寸和可直接从装配图上量取的一般尺寸外，又确定了几个特殊尺寸。

确定表面粗糙度：有钻铰的孔和有相对运动的孔的表面粗糙度值要求都小，故给出的 Ra 分别为 0.8 和 1.6，其他表面的表面粗糙度值则是按常规给出的。

技术要求：参考有关同类产品的资料，注写了技术要求，并根据装配图上的公差带代号查出了相应的公差值。

项目五 装配图绘制与识读

读柱塞泵装配图,回答问题,并拆画柱塞零件图。

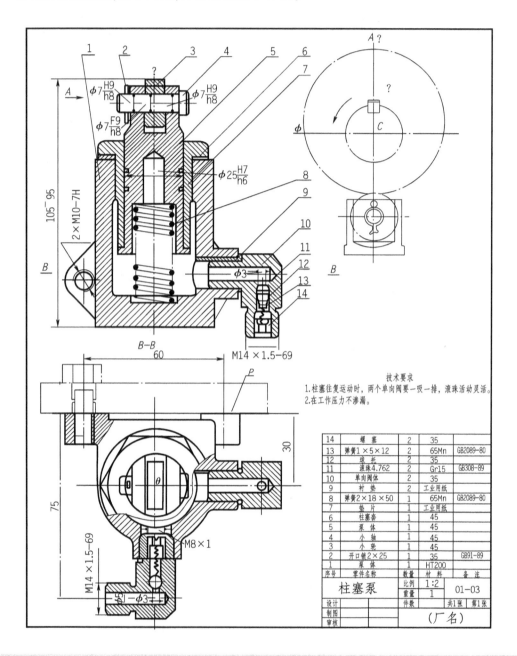

题 图

(1) 柱塞泵由多少种零件组成？其中标准件有哪些？
(2) 左视图中的凸轮和 俯视图的螺栓、长板为何用双点画线画出？
(3) 柱塞泵零、部件间有配合性能要求的尺寸有哪些？是何种配合关系？
(4) 柱塞泵的特性尺寸有哪些？极限尺寸有哪些？

下 篇

汽车零件公差配合与测量

项目六
尺寸公差与配合

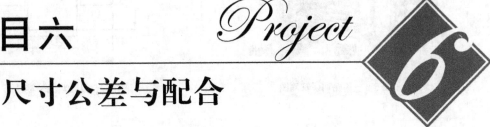

知识目标
◎ 理解互换性的概念。
◎ 掌握尺寸公差与配合的有关术语和标准规定。
◎ 掌握尺寸公差与配合的有关计算：极限偏差的计算、极限过盈间隙的计算、配合公差的计算。
◎ 了解《公差与配合》手册。
◎ 掌握零件图和装配图尺寸公差和配合的标注。
◎ 掌握尺寸公差与配合基准制、尺寸公差等级、配合的选择。

能力目标
◎ 能够正确查寻公差与配合各种表格。
◎ 能够识读机械产品图样中尺寸公差及配合的标注。
◎ 能够正确标注零件图和装配图尺寸公差和配合。
◎ 能够正确选择零件的尺寸公差与配合基准制、尺寸公差等级、配合类型。

任务一 汽车齿轮油泵尺寸公差和配合标注的识读

任务描述

在生产中经常见到轴和孔的配合，如汽车变速器中轴与轴承的配合，轴承外圆与箱体孔的配合，齿轮油泵（图6-1）中齿轮轴与泵盖孔的配合等。那么配合有几种类型？如何确定配合类型？如何选择配合尺寸与公差，保证零件的互换性？针对这些问题需要从学习公称尺寸、极限偏差和公差、精度等级、配合类型以及极限盈隙等知识着手。现要求以齿轮油泵图样中部分尺寸公差与配合标注为例,对图 6-2 中 ϕ18f6、ϕ48f7、图 6-3 中 ϕ18H7、ϕ48H8、图 6-4 中 ϕ18H7/f6、ϕ48H8/f7 的尺寸公差与配合标注形式等进行解读计算。

图 6-1 齿轮油泵轴测图

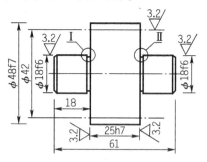

图 6-2 从动齿轮轴零件图

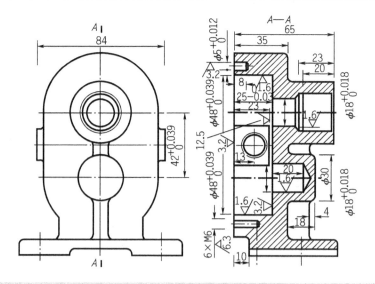

图 6-3 齿轮油泵泵体零件图

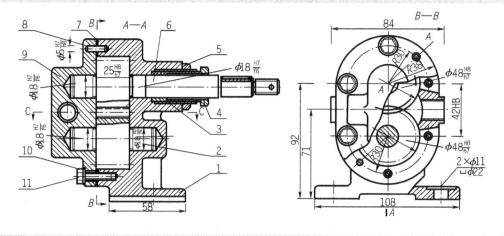

图 6-4 齿轮油泵装配图

一 公差与配合的基本概念

1 互换性、孔、轴、尺寸的定义

互换性：是指从一批相同的零件中任取一件，不经修配就能装配到机器或部件中，并满足产品的性能要求。日常生活中，例如，规格相同的任何一个灯头和灯泡，不论产自哪个厂家，都能装在一起。不用选配，零件有这种规格尺寸和功能上的一致性和替代性，就被认为这些零件具有互换性。

在现代化的大量或成批生产中，要求互相装配的零件或部件都要符合互换性原则。例如，从一批规格为 $\phi 10$ 的油杯（图6-5）中任取一个装入尾架端盖的油杯孔中，都能使油杯顺利装入，并能使它们紧密接合，就两者的顺利接合而言，油杯和端盖都具有互换性。

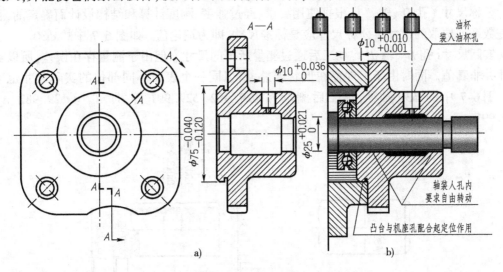

图6-5 互换性基本概念图例

在机器制造业中，遵循互换性的原则，无论在设计、制造和维修等方面，都具有十分重要的意义。在生产中由于机床精度、刀具磨损、测量误差、技术水平等因素的影响，即使同一个工人加工同一批零件，成品尺寸也难以准确无误，尺寸之间总会存在一定的误差。为了保证互换性，就必须控制这种误差。也就是说，在零件图上对某些重要尺寸给予一个允许的变动范围，就能保证加工后的零件具有互换性。这种允许尺寸的变动范围称为尺寸公差。

孔：通常是指工件的圆柱形内表面，也包括非圆柱形内表面（由两平行平面或切面形成的包容面）。孔径用大写字母 D 表示。如图6-6a）所示。

轴：通常是指工件的圆柱形外表面，也包括非圆柱形外表面（由二平行平面或切面形成的被包容面)。孔径用小写字母 d 表示。如图 6-6b) 所示。

从装配关系讲,孔为包容面,在它之内无材料;轴为被包容面,在它之外无材料。

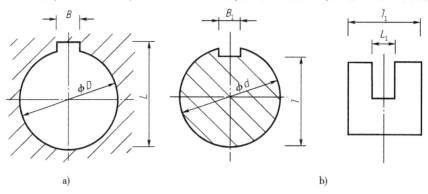

图 6-6 孔和轴

尺寸:用特定单位表示长度值的数字。在机械制造中一般常用毫米(mm)作为特定单位。

公称尺寸(孔 D、轴 d):根据使用要求,经过强度、刚度计算和结构设计而确定的,且按优先数系列选取的尺寸。公称尺寸应是标准尺寸,即为理论值,如图 6-7 中的 $\phi30$。

实际尺寸(孔 D_a、轴 d_a):加工后通过测量所得的尺寸。但由于测量存在误差,所以实际尺寸并非真值。同时由于工件存在形状误差,所以同一个表面不同部位的实际尺寸也不相等。图 6-7 中的 $\phi30$ 轴径,加工后测量为 $\phi29.982$,$\phi29.991$ 等,即 $d_{a1} = \phi29.982$,$d_{a2} = \phi29.991$。

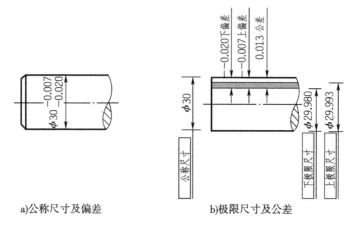

a)公称尺寸及偏差　　　　b)极限尺寸及公差

图 6-7 公称尺寸与极限尺寸

极限尺寸:允许尺寸变化的两个界限值。极限尺寸是以公称尺寸为基数来确定的。

上极限尺寸(孔 D_{max}、轴 d_{max}):允许实际尺寸变动的最大值;下极限尺寸(孔 D_{min}、轴 d_{min}):允许实际尺寸变动的最小值。如图 6-7 中 $\phi30$ 轴径,该尺寸的上极限尺寸是 $\phi29.993$;下极限尺寸是 $\phi29.980$。实际尺寸只要在这两个极限尺寸之间均为合格。

2 尺寸公差及公差带

(1) 尺寸偏差(简称偏差):指某一尺寸减去公称尺寸所得的代数差。尺寸偏差有上偏差、下偏差(统称极限偏差)和实际偏差。

上偏差 = 上极限尺寸 – 公称尺寸

下偏差 = 下极限尺寸 – 公称尺寸

如图 6-7 所示的轴:

上极限偏差 = (29.993 – 30)mm = – 0.007mm

下极限偏差 = (29.980 – 30)mm = – 0.020mm

国家标准规定:用代号 ES 和 es 分别表示孔和轴的上极限偏差;用代号 EI 和 ei 分别表示孔和轴的下极限偏差。偏差可以为正值、负值或零。

实际尺寸减去公称尺寸的代数差称为实际偏差。零件尺寸的实际偏差在上、下极限偏差之间均为合格。

(2) 尺寸公差(简称公差):是指允许尺寸变动的量。即:公差 = 上极限尺寸 – 下极限尺寸;或:公差 = 上极限偏差 – 下极限偏差

如图 6-7 所示的轴中,公差 = 29.993mm – 29.980mm = 0.013mm

或:公差 = [– 0.007 – (– 0.020)] mm = 0.013mm

由于上极限尺寸总是大于下极限尺寸,所以公差总是正值,且不能为零。

在零件图上,凡有公差要求的尺寸,通常不是标注两个极限尺寸,而是标注出公称尺寸和上、下极限偏差,如图 6-7a)所示。

公称尺寸、尺寸偏差和尺寸公差三者的关系如图 6-8 所示。

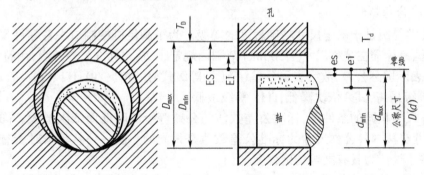

图 6-8 公称尺寸、尺寸偏差和尺寸公差三者关系示意图

(3) 零线、公差带和公差带图:表示零件的尺寸相对其公称尺寸所允许变动的范围,称为尺寸公差带。图解方式为公差带图,如图 6-9 所示。

零线:它是在公差带图中,确定偏差的一条基准直线,即零偏差线。通常以零线表示公称尺寸(图中以毫米为单位标出),标注为"0",偏差由此零线算起,零线以上为正偏差,零线以下为负偏差,分别标注"+"、"–"号,若为零,可不标注。

公差带:公差带图中用与零线平行的直线表示上、下极限偏差(图中以微米或毫米为单

位标出,单位省略不写)。公差带在零线垂直方向上的宽度代表公差值,沿零线方向的长度可适当选取。通常孔公差带用由右上角像左下角的斜线表示,轴公差带用由左上角向右下角的斜线表示。

标准公差:公差与配合国家标准中所规定的用以确定公差带大小的任一公差值。

基本偏差:用以确定公差带相对于零线位置的上极限偏差或下极限偏差,数值均已标准化,一般为靠近零线的那个极限偏差。当公差带在零线以上时,下极限偏差为基本偏差,公差带在零线以下时,上极限偏差为基本偏差,如图6-10所示。

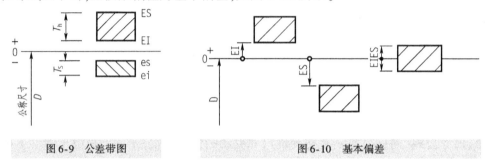

图6-9 公差带图　　　　　图6-10 基本偏差

3 标准公差及基本偏差的国家标准规定

公差带有两个基本参数,即公差带的大小与位置。大小由标准公差确定,位置由基本偏差确定。

国家标准GB/T 1800.3—1998《极限与配合 基础 第三部分:标准公差和基本偏差数值表》规定了两个基本系列,即标准公差系列和基本偏差系列。

1 标准公差系列

标准公差等级是指确定尺寸精确程度的等级。为了满足机械制造中各零件尺寸不同精度的要求,国家标准在公称尺寸至500mm范围内规定了20个标准公差等级,用符号IT和数值表示,IT表示国际公差,数字表示公差(精度)等级代号:IT01、IT0、IT1、IT2~IT18。其中,IT01精度等级最高,其余依次降低,IT18等级最低。

在公称尺寸相同的条件下,标准公差数值随公差等级的降低而依次增大。同一公差等级、同一尺寸分段内各公称尺寸的标准公差数值是相同的。同一公差等级对所有公称尺寸的一组公差也被认为具有同等精确程度。

表6-1列出了国家标准(GB/T 1800.3—1998)规定的机械制造行业常用尺寸(尺寸至1000mm)的标准公差数值。

如图6-2中ϕ18f6轴径的公差等级为6级,查表6-1知其标准公差值为IT6 = 11μm,图6-3中ϕ18H7孔的公差等级为7级,标准公差值为IT7 = 18μm。

2 基本偏差系列

(1)基本偏差代号。国家标准(简称国标)中已将基本偏差标准化,规定了孔、轴各28种公差带位置,孔用大写字母,轴用小写字母。在26个英文字母中,去掉5个字母(孔去掉I、L、O、Q、W,轴去掉i、l、o、q、w),加上7组字母(孔为CD、EF、FG、JS、ZA、ZB、ZC;轴为cd、 ef、fg、js、za、zb、zc),共 28 种,基本偏差系列如图 6-11 所示。

标准公差的数值表(摘自 GB/T 1800.3—1998)   表 6-1

公称尺寸		公差等级																
		IT1	IT2	IT3	IT4	IT5	IT6	IT7	IT8	IT9	IT10	IT11	IT12	IT13	IT14	IT15	IT16	IT17	IT18
大于	至	μm											mm						
—	3	0.8	1.2	2	3	4	6	10	14	25	40	60	0.1	0.14	0.25	0.4	0.6	1	1.4
3	6	1	1.5	2.5	4	5	8	12	18	30	48	75	0.12	0.18	0.3	0.48	0.75	1.2	1.8
6	10	1	1.5	2.5	4	6	9	15	22	36	58	90	0.15	0.22	0.36	0.58	0.9	1.5	2.2
10	18	1.2	2	3	5	8	11	18	27	43	70	110	0.18	0.27	0.43	0.7	1.1	1.8	2.7
18	30	1.5	2.5	4	6	9	13	21	33	52	84	130	0.21	0.33	0.52	0.84	1.3	2.1	3.3
30	50	1.5	2.5	4	7	11	16	25	39	62	100	160	0.25	0.39	0.62	1	1.6	2.5	3.9
50	80	2	3	5	8	13	19	30	46	74	120	190	0.3	0.46	0.74	1.2	1.9	3	4.6
80	120	2.5	4	6	10	15	22	35	54	87	140	220	0.35	0.54	0.87	1.4	2.2	3.5	5.4
120	180	3.5	5	8	12	18	25	40	63	100	160	250	0.4	0.63	1	1.6	2.5	4	6.3
180	250	4.5	7	10	14	20	29	46	72	115	185	290	0.46	0.72	1.15	1.85	2.9	4.6	7.2
250	315	6	8	12	16	23	32	52	81	130	210	320	0.52	0.81	1.30	2.1	3.2	5.2	8.1
315	400	7	9	13	18	25	36	57	89	140	230	360	0.57	0.86	1.4	2.3	3.6	5.7	8.9
400	500	8	10	15	20	27	40	63	97	155	250	400	0.63	0.97	1.55	2.5	4	6.3	9.7
500	630	9	11	16	22	30	44	70	110	175	280	440	0.7	1.1	1.75	2.8	4.4	7	11
630	800	10	13	18	25	35	50	80	125	200	320	500	0.8	1.25	2	3.2	5	8	12.5
800	1000	11	15	21	29	40	56	90	140	230	360	560	0.9	1.4	2.3	3.6	5.6	9	14

(2)基本偏差系列特点。

①基本偏差系列中的 H(h)其基本偏差为零。

②JS(js)与零线对称,上极限偏差 ES(es) = + IT/2,下极限偏差 EI(ei) = – IT/2,上、下极限偏差均可作为基本偏差。

③孔的基本偏差系列中,A ~ H 的基本偏差为下极限偏差,J ~ ZC 的基本偏差为上极限偏差;轴的基本偏差中 a ~ h 的基本偏差为上极限偏差,j ~ zc 的基本偏差为下极限偏差。

④公差带的另一极限偏差"开口",表示其公差等级未定。

(3)基本偏差数值

国家标准已列出轴、孔基本偏差数值表,如附录 C 中表 C1 和表 C2 所示,在实际中可查表确定其数值。

4 尺寸公差表查法介绍

根据孔和轴的公称尺寸、基本偏差代号及公差等级,可以从表中查得标准公差及基本偏差数值,从而计算出上、下极限偏差数值及极限尺寸。

计算公式为:

$$ES = EI + IT \text{ 或 } EI = ES - IT;$$

$ei = es - IT$ 或 $es = ei + IT$。

【例6-1】 已知某轴 $\phi 50f7$，查表计算其上、下极限偏差及极限尺寸。

从表6-1查得：标准公差IT7为0.025，从附表2查得上偏差 es 为 -0.025，则下偏差 $ei = es - IT = -0.050$。

依据查得的上、下极限偏差可计算其极限尺寸如下：

上极限尺寸 $= 50\text{mm} - 0.025\text{mm} = 49.975\text{mm}$

下极限尺寸 $= 50\text{mm} - 0.050\text{mm} = 49.950\text{mm}$

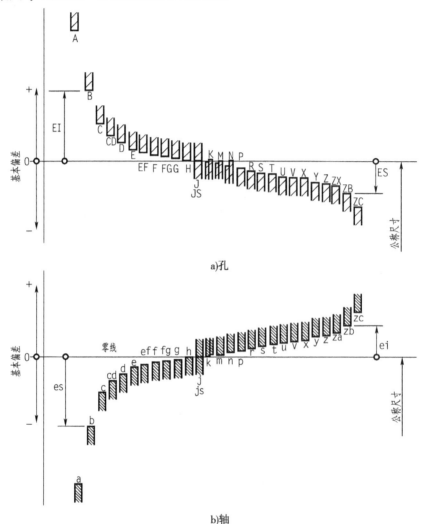

图6-11 基本偏差系列

【例6-2】 已知某孔 $\phi 30K7$，查表计算其上、下极限偏差及极限尺寸。

从表6-1查得：标准公差IT7为0.021，从附录C表C1查得上极限偏差 $ES = (-2 + \Delta)$ μm，其中 $\Delta = 8\mu m$，所以 $ES = 0.006$，则 $EI = ES - IT = -0.015$。

计算其极限尺寸：上极限尺寸 $= 30\text{mm} + 0.006\text{mm} = 30.006\text{mm}$

下极限尺寸 = 30mm − 0.015mm = 29.985mm

如果是基准孔的情况,如 $\phi50H7$,因为其下极限偏差 EI 为 0,根据公式 ES = EI + IT,从表 6-1 中查得 IT = 25μm,即得 ES = 0.025。若是基准轴如 $\phi50h6$,因为其上极限偏差 es 为 0,由公式 ei = es − IT,从表 6-1 中查得 IT = 16μm,即得 ei = −0.016。

5 配合

公称尺寸相同,相互接合的孔与轴公差之间的关系,称为配合。所以配合的前提必须是公称尺寸相同,两者公差带之间的关系确定了孔、轴装配后的配合性质。

间隙或过盈——孔的尺寸减去相配合的轴的尺寸所得的代数差。此差值为正时得间隙,此差值为负时得过盈。

配合可分为间隙配合、过盈配合和过渡配合三种。

1 间隙配合

间隙是指孔的尺寸减去相配合的轴的尺寸之差为正,如图 6-12 所示。

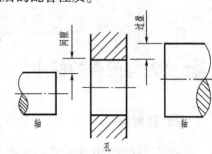

图 6-12 间隙与过盈

间隙配合是指具有间隙(包括最小间隙等于零)的配合。此时,孔的公差带在轴的公差带之上(图 6-13)。

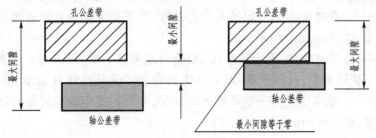

图 6-13 间隙配合

2 过盈配合

过盈是指孔的尺寸减去相配合的轴的尺寸之差为负,如图 6-12 所示。

过盈配合是指具有过盈(包括最小过盈等于零)的配合。此时孔的公差带在轴的公差带之下(图 6-14)。

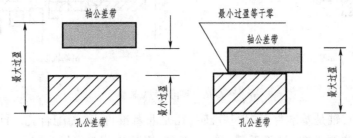

图 6-14 过盈配合

3 过渡配合

可能具有间隙或过盈的配合。此时,孔的公差带与轴的公差带相互交叠(图 6-15)。

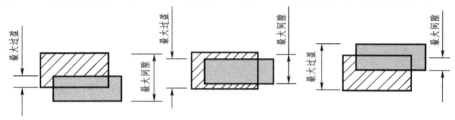

图 6-15 过渡配合

二、公差与配合的标注

1 基准制

为了以尽可能少的标准公差带形成最多种的配合,标准规定了两种基准制:基孔制和基轴制。如有特殊需要,允许将任一孔、轴公差带组成配合。孔、轴尺寸公差代号用基本偏差代号与公差等级代号组成。

(1)基孔制——基本偏差为一定的孔的公差带,与不同基本偏差的轴的公差带形成各种配合的一种制度,如图 6-16a)所示。

在基孔制中,孔是基准件,称为基准孔;轴是非基准件,称为配合轴。同时规定,基准孔的基本偏差是下极限偏差,且等于零,即 $EI=0$,并以基本偏差代号 H 表示,应优先选用。

(2)基轴制——基本偏差为一定的轴的公差带,与不同基本偏差的孔的公差带形成各种配合的一种制度,如图 6-16b)所示。

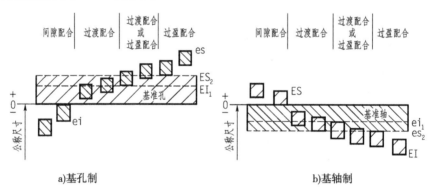

a)基孔制　　　　　　　　　　　b)基轴制

图 6-16 基孔制与基轴制

在基轴制中,轴是基准件,称为基准轴;孔是非基准件,称为配合孔。同时规定,基准轴的基本偏差是上极限偏差,且等于零,即 $es=0$,并以基本偏差代号 h 表示。

由于孔的加工工艺复杂,故制造成本高,因此优先选用基孔制。

2 配合代号

配合代号由孔和轴的公差带代号组成,写成分数形式,分子为孔的公差带代号,分母为轴的公差带代号。凡是分子中含 H 的为基孔制配合,凡是分母中含 h 的为基轴制配合。

例:试说明 $\phi 25H7/g6$ 的含意。

该配合的公称尺寸为 $\phi 25mm$、基孔制的间隙配合,基准孔的公差带为 H7,(基本偏差为 H 公差等级为 7 级),轴的公差带为 g6(基本偏差为 g,公差等级为 6 级)。

3 零件图上的标注方法

零件图上的尺寸公差可按下面三种形式之一标注:

(1) 在公称尺寸右边注出公差带代号,如图 6-17a)所示。

(2) 在公称尺寸右边注出极限偏差,如图 6-17b)所示。

(3) 在公称尺寸右边注出公差带代号和相应的极限偏差。但极限偏差应加上括号,如图 6-17c)所示。

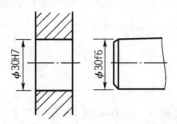

a) 在公称尺寸右边注出公差带代号

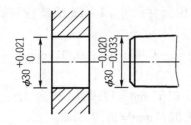

b) 在公称尺寸右边注出极限偏差

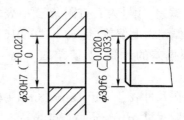

c) 在公称尺寸右边注出公差带代号和相应的极限偏差

图 6-17 零件图上尺寸公差的标注

当标注极限偏差时,上、下偏差的小数点必须对齐,小数点后的位数也必须相同;当上偏差或下偏差为"零"时用数字"0"标出(不加正、负号),并与上偏差或下偏差的小数点前的个位数对齐;当公差带相对于公称尺寸对称配置,即两个偏差绝对值相同时,偏差只需注写一次,并应在偏差与公称尺寸之间注出符号"±",且两者数字高度相同。

4 装配图上的标注方法

装配图上两接合零件有配合要求时,应在公称尺寸右边注出相应的配合代号,其注写形式为图6-18中的三种形式之一。

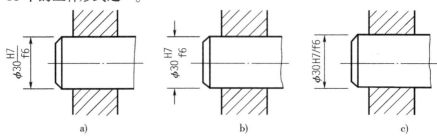

图6-18 装配图上的配合标注

任务实施

图6-2中 $\phi 18f6$、$\phi 48f7$ 是零件图中轴的尺寸公差与配合标注形式之一，图6-3中 $\phi 18H7$、$\phi 48H8$ 是零件图中孔的尺寸公差与配合标注形式之一，图6-4中 $\phi 18H7/f6$、$\phi 48H8/f7$ 等是装配图中常见的尺寸公差与配合标注形式。

1 零件图尺寸公差与配合标注读解

① $\phi 18f6$

(1) 轴公称尺寸：$d = 18$；

(2) 公差等级：查表6-1，由公称尺寸 10~18 的横行与 IT6 的纵列相交处，知标准公差 $IT6 = 11\mu m$；

(3) 基本偏差：代号为 f，查附录 C 中表 C1，由公称尺寸 14~18 的横行与 f 的纵列相交处，查得基本偏差为上偏差，且 es = -0.016；

(4) 极限偏差的计算：下偏差 ei = es - IT6 = -0.016mm - 0.011mm = -0.027mm = $-27\mu m$；

(5) 上极限尺寸：$d_{max} = d + es = 18mm + (-0.016)mm = 17.984mm$

(6) 下极限尺寸：$d_{min} = d + ei = 18mm + (-0.027)mm = 17.973mm$

(7) 尺寸合格条件：$17.973mm \leq d_a \leq 17.984mm$

② $\phi 18H7$

(1) 孔公称尺寸：$D = 18$；

(2) 公差等级：查表6-1，由公称尺寸 10~18 的横行与 IT7 的纵列相交处，知公差标准 $IT7 = 18\mu m$；

(3) 基本偏差：代号为 H，查附录 C 中表 C2，由公称尺寸 14~18 的横行与 H 的纵列相交处，查得基本偏差为下偏差，且 EI = 0；

(4) 极限偏差的计算：上偏差 ES = EI + IT6 = 0 + $18\mu m$ = $+18\mu m$（+0.025mm）；

(5) 上极限尺寸：$D_{max} = D + ES = 18mm + 0.018mm = 18.018mm$

(6) 下极限尺寸：$D_{min} = D + EI = 18mm + 0mm = 18mm$

(7)尺寸合格条件:$18mm \leq D_a \leq 18.018mm$

2 装配图尺寸公差与配合标注 $\phi 18H7/f6$ 读解

(1)孔轴公称尺寸:18;
(2)基准制:基孔制;
(3)配合种类:公差带图如图 6-19 所示,可以判断是间隙配合。
(4)最大间隙:$X_{max} = D_{max} - d_{min} = ES - ei = 18\mu m - (-27)\mu m = 45\mu m$
(5)最小间隙:$X_{min} = D_{min} - d_{max} = EI - es = 0 - (-16)\mu m = 16\mu m$
(6)配合公差 $Tf = X_{max} - X_{min} = 45\mu m - 16\mu m = 29\mu m$。

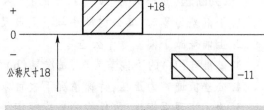

图 6-19 公差带图

未注公差线性尺寸的未注公差

未注公差(又称一般公差)是指在车间一般加工条件下可保证的公差,是机床设备在正常维护和操作情况下,能达到的经济加工精度。采用未注公差时,在该尺寸后不标注极限偏差或其他代号。

未注公差主要用于较低精度的非配合尺寸。当功能上允许的公差等于或大于未注公差时,均应采用未注公差;当要素的功能允许比未注公差大的公差,且注出更为经济时,如装配所钻盲孔的深度,则相应的极限偏差值要在尺寸后注出。在正常情况下,一般可不必检验。未注公差适用于金属切削加工的尺寸,一般冲压加工的尺寸。对非金属材料和其他工艺方法加工的尺寸也可参照采用。

在 GB/T 1804—2000 中,规定了四个公差等级,其线性尺寸未注公差的公差等级及其极限偏差数值见表 6-2。

采用未注公差时,在图样上不标注公差,但应在技术要求中做相应注明,例如选用中等级 m 时,表示为 GB/T 1804—m。

线性尺寸的未注极限偏差的数值(摘自 GB/T 1804—2000)(单位:mm)   表 6-2

公差等级	尺寸分段							
	0.5~3	>3~6	>6~30	>30~120	>120~400	>400~1000	>1000~2000	>2000~4000
f(精密级)	±0.5	±0.05	±0.1	±0.15	±0.2	±0.3	±0.5	—
m(中等级)	±0.1	±0.1	±0.2	±0.3	±0.5	±0.8	±1.2	±2
c(粗糙级)	±0.2	±0.3	±0.5	±0.8	±1.2	±2	±3	±4
v(最粗级)	—	±0.5	±1	±1.5	±2.5	±4	±6	±8

一、判断题（正确的打"√"，错误的打"×"）

1. 下偏差为零时，其公称尺寸与下极限尺寸相等。（   ）
2. 上偏差减下偏差等于公差。（   ）
3. 基准孔（H）的下偏差为零，基准轴（h）的上偏差为零。（   ）
4. 公差值通常为正值，特殊情况下也可以为负值或零。（   ）
5. 为了实现互换性，零件的公差应规定得越小越好。（   ）
6. 相互配合的孔的公差带低于轴的公差带时为过盈配合。（   ）
7. 孔的基本偏差为下偏差；轴的基本偏差为上偏差。（   ）
8. 零件的实际尺寸越接近公称尺寸加工精度就越高。（   ）
9. 过渡配合可能有间隙或过盈，因此过渡配合可能是间隙配合或过盈配合（   ）
10. 用尺寸公差可以直接判断零件尺寸是否合格。（   ）
11. 因配合的孔和轴公称尺寸相等，故其实际尺寸也相等。（   ）
12. 尺寸偏差可以正值、负值或零。（   ）
13. 尺寸误差是指一批零件上某尺寸的实际变动量。（   ）
14. 选择公差等级的原则是，在满足使用要求的前提下，尽可能选择较小的公差等级。（   ）
15. 公差是零件尺寸允许的最大偏差。（   ）

二、填表题

1. 计算出下表中空格处数值，并按规定填写在表中。

公称尺寸	上极限尺寸	下极限尺寸	上偏差	下偏差	公　差
孔 ϕ12	12.050	12.032			
轴 ϕ60			+0.072		0.019
孔 ϕ30		29.959			0.021
轴 ϕ80			−0.010	−0.056	
孔 ϕ50				−0.034	0.039
孔 ϕ40					
轴 ϕ70	69.970				0.074

2. 根据下表中给出的数据计算出空格中的数据，并填入空格内。

公称尺寸	孔			轴			X_{max} 或 Y_{min}	X_{min} 或 Y_{max}	X_{av} 或 Y_{av}	T_f
	ES	EI	T_h	es	ei	T_s				
ϕ25		0			0.021		+0.074		+0.057	

248

续上表

公称尺寸	孔			轴			X_{max} 或 Y_{min}	X_{min} 或 Y_{max}	X_{av} 或 Y_{av}	T_f
	ES	EI	T_h	es	ei	T_s				
φ14	0					0.010		−0.012	+0.0025	
φ45			0.025	0				−0.050	−0.0295	

三、计算题

设有一公称尺寸为 φ60mm 的配合,经计算确定其间隙应为 (25～110)μm;若已决定采用基孔制,试确定此配合的孔、轴公差带代号,并画出其尺寸公差带图。

任务二 汽车气门座和气门导管公差和配合的选用

任务描述

机械零件在设计过程中,需要根据零件的各部位所起的作用决定尺寸的加工精度要求,对于配合部位需要确定配合类型和偏差代号,因此要求学会尺寸公差与配合的选用。现要求以汽车发动机配气机构中的气门座和气门导管(图6-20)为例来说明如何选用图中部分尺寸的公差与配合。

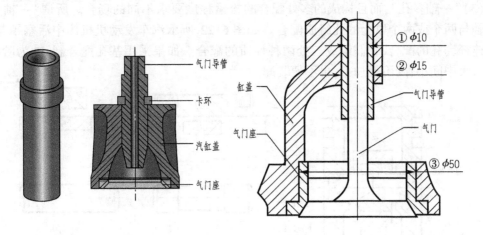

图6-20 发动机气门座结构示意图

一、基准制的选择

1. 基准制选择原则

一般情况下,优先采用基孔配合制。下述情况下则选择基轴制:

(1)用冷拉钢制圆柱型材制作光轴作为基准轴。这一类圆柱型材的规格已标准化,尺寸公差等级一般为 IT7～IT9。它作为基准轴,轴径可以免去外圆的切削加工,只要按照不同的配合性质来加工孔,可实现技术与经济的最佳效果。

(2)与标准件或标准部件配合(如键、销、轴承等),应以标准件为基准件来确定用基孔制还是基轴制。例如,滚动轴承外圈与箱体孔的配合应采用基轴制,滚动轴承内圈与轴的配合应采用基孔制,如图 6-21 所示。

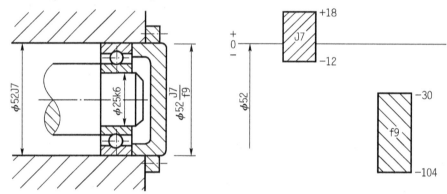

图 6-21　基准制选择示例(一)

(3)"一轴多孔",而且构成的多处配合的松紧程度要求不同的场合。所谓"一轴多孔"指一轴与两个或两个以上的孔组成配合。如图 6-22 所示汽车发动机机体中活塞销与活塞孔及连杆套孔的配合,它们组成三处两种性质的配合。如果采用基孔配合制,轴为阶梯轴,且两头大中间小,既不便加工,也不便装配。

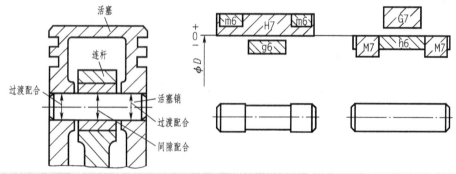

图 6-22　基准制选择示例(二)

特殊情况可以采用非基准制。国家标准规定:为了满足配合的特殊需要,允许采用非基准制配合,即采用任一孔、轴公差带(基本偏差代号非 H 的孔或 h 的轴)组成的配合。

2 基准制选择设计的应用举例

图 6-23 为安全阀装配图,安全阀连接于流体管道中,从下方进入阀体的流体从右侧流出。当流体压力超过预定值时,顶起阀门,即打开安全阀,使流体从阀的左侧泄出,起到安全保护的作用。阀门要求能在阀体内做轴向移动,不得歪斜,阀门与阀体上 φ34 孔的配合不属于适合应用基轴制的情况,也无特殊要求,故优先选用基孔配合制,所以尾座体上 φ34 孔的基本偏差代号为"H"。

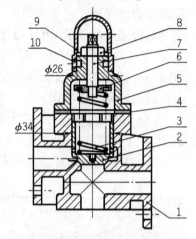

图 6-23 安全阀装配图
1-阀体;2-阀门;3-弹簧;4-衬片;
5-阀盖;6-弹簧托盘;7-螺杆;8-六
角螺母;9-阀帽;10-圆柱端紧定螺钉

二 尺寸公差等级的选择

1 公差等级的选择原则

选择公差等级就是解决制造精度与制造成本之间的矛盾。在满足使用性能的前提下,尽量选取较低的公差等级。

所谓"较低的公差等级"是指:假如 IT7 级以上(含 IT7)的公差等级均能满足使用性能要求,那么,选择 IT7 级为宜。它既保证使用性能,又可获得最佳的经济效益。

2 公差等级的选择方法

(1)类比法(经验法)——就是参考经过实践证明合理的类似产品的公差等级,将所设计的机械(机构、产品)的使用性能、工作条件、加工工艺装备等情况与之进行比较,从而确定合理的公差等级。对初学者来说,多采用类比法,此法主要是通过查阅有关的参考资料、手册,并进行分析比较后确定公差等级。类比法多用于一般要求的配合。

(2)计算法——是指根据一定的理论和计算公式计算后,再根据尺寸公差与配合的标准确定合理的公差等级。即根据工作条件和使用性能要求确定配合部位的间隙或过盈允许的界限,然后通过计算法确定相配合的孔、轴的公差等级。计算法多用于重要的配合。

3 确定公差等级应考虑的几个问题

(1)一般的非配合尺寸要比配合尺寸的公差等级低。

(2)遵守工艺等价原则——孔、轴的加工难易程度相当,在公称尺寸等于或小于 500 mm 时,孔比轴要低一级;在公称尺寸大于 500 mm 时,孔、轴的公差等级相同。这一原则主要用于中高精度(公差等级≤IT8)的配合。

(3)在满足配合要求的前提下,孔、轴的公差等级可以任意组合,不受工艺等价原则的限制。如轴承盖与轴承孔的配合要求很松,它的连接可靠性主要是靠螺钉连接来保证。对配合精度要求很低,相配合的孔件和轴件既没有相对运动,又不承受外界负荷,所以轴承盖的配合外径采用 IT9 是经济合理的。孔的公差等级是由轴承的外径精度所决定的,如果轴承盖的配合外径按工艺等价原则采用 IT6,则反而是不合理的。这样做势必要提高制造成本,同时对提高产品质量又起不到任何作用。

(4)与标准件配合的零件,其公差等级由标准件的精度要求所决定。如与轴承配合的孔和轴,其公差等级由轴承的精度等级来决定。与齿轮孔相配的轴,其配合部位的公差等级由齿轮的精度等级所决定。

(5)用类比法确定公差等级时,一定要查明各公差等级的应用范围和公差等级的选择实例,表 6-3 和表 6-4 供参考。

(6)在满足设计要求的前提下,应尽量考虑工艺的可能性和经济性。

公差等级的应用 表 6-3

公差等级 应用	01	0	1	2	3	4	5	6	7	8	9	10	11	12	13	14	15	16	17	18
量块	—	—	—																	
量规			—	—	—	—	—	—	—											
配合尺寸							—	—	—	—	—	—	—							
特别精密零件					—	—	—	—												
非配合尺寸									—	—	—	—	—	—	—	—				
原材料										—	—	—	—	—	—					

公差等级的应用范围 表 6-4

公差等级	应 用
5 级	主要用在配合公差、形状公差要求甚小的地方,它的配合性质稳定,一般在机床、发动机、仪表等重要部位应用。如:与 D 级滚动轴承配合的箱体孔;与 E 级滚动轴承配合的机床主轴,机床尾架与套筒,精密机械及高速机械中轴径,精密丝杠轴径等
6 级	配合性质达到较高的均匀性,如:与 E 级滚动轴承相配合的孔、轴径;与齿轮、蜗轮、联轴器、带轮、凸轮等连接的轴径,机床丝杠轴径;摇臂钻立柱;机床夹具中导向件外径尺寸;6 级精度齿轮的基准孔,7、8 级精度齿轮基准轴径
7 级	7 级精度比 6 级稍低,应用条件与 6 级基本相似,在一般机械制造中应用较为普遍。如:联轴器、带轮、凸轮等孔径;机床夹盘座孔,夹具中固定钻套,可换钻套;7、8 级齿轮基准孔,9、10 级齿轮基准轴
8 级	在机械制造中属于中等精度。如:轴承座衬套沿宽度方向尺寸,9、10 级齿轮基准孔;11、12 级齿轮基准轴
9 级 10 级	主要用于机械制造中轴套外径与孔;操纵件与轴;空轴带轮与轴;单键与花键
11 级 12 级	配合精度很低,装配后可能产生很大间隙,适用于基本上没有什么配合要求的场合。如:机床上凸缘与止口;滑块与滑移齿轮;加工中工序间尺寸;冲压加工的配合件;机床制造中的扳手孔与扳手座的连接

三、配合的选择

1 配合选择的任务

当基准配合制和孔、轴公差等级确定之后,配合选择的任务是:确定非基准件(基孔配合制中的轴或基轴配合制中的孔)的基本偏差代号。

2 配合选择的方法

配合的选择方法有类比法、计算法和试验法三种。

(1)类比法——同公差等级的选择相似,大多通过查表将所设计的配合部位的工作条件和功能要求与相同或相似的工作条件或功能要求的配合部位进行分析比较,对于已成功的配合作适当的调整,从而确定配合代号。此选择方法主要应用在一般、常见的配合中。

(2)计算法——主要用于两种情况:一是用于保证与滑动轴承的间隙配合,当要求保证液体摩擦时,可以根据滑动摩擦理论计算允许的最小间隙,从而选定适当的配合;二是完全依靠装配过盈传递负荷的过盈配合,可以根据要求传递负荷的大小计算允许的最小过盈,再根据孔、轴材料的弹性极限计算允许的最大过盈,从而选定适当的配合。

(3)试验法——主要用于新产品和特别重要配合的选择。这些部位的配合选择,需要进行专门的模拟试验,以确定工作条件要求的最佳间隙或过盈及其允许变动的范围,然后,确定配合性质。这种方法只要试验设计合理、数据可靠,选用的结果比较理想,但成本较高。

3 配合选择的步骤

采用类比法选择配合时,可以按照下列步骤选择。

1 确定配合的类型

根据配合部位的功能要求,确定配合的类型。

(1)间隙配合。间隙配合有 A~H(a~h)共 11 种,其特点是利用间隙储存润滑油及补偿温度变形、安装误差、弹性变形等所引起的误差。生产中应用广泛,不仅用于运动配合,加紧固件后也可用于传递力矩。不同基本偏差代号与基准孔(或基准轴)分别形成不同间隙的配合。主要依据变形、误差需要补偿间隙的大小、相对运动速度、是否要求定心或拆卸来选定。

(2)过渡配合。过渡配合有 JS~N(js~n)4 种基本偏差,其主要特点是定心精度高且可拆卸。也可加键、销紧固件后用于传递力矩,主要根据机构受力情况、定心精度和要求装拆次数来考虑基本偏差的选择。定心要求高、受冲击负荷、不常拆卸的,可选较紧的基本偏差,如 N(n),反之应选较松的配合,如 K(k)或 JS(js)。

(3)过盈配合。过盈配合有 P~ZC(p~zc)13 种基本偏差,其特点是由于有过盈,装配后孔的尺寸被胀大而轴的尺寸被压小,产生弹性变形,在接合面上产生一定的正压力和摩擦力,用以传递力矩和紧固零件。选择过盈配合时,如不加键、销等紧固件,则最小过盈应能保证传递所需的力矩,最大过盈应不使材料破坏,故配合公差不能太大,所以公差等级一般为 IT5～IT7。基本偏差根据最小过盈量及接合件的标准来选取。

功能要求及对应的配合类型见表 6-5,可按表中的情况进行。

配合类型应用范围　　　　　　　　　　　表 6-5

接合件的工作情况			配合类型
有相对运动	只有移动		间隙较小的间隙配合
	转动或与移动的复合运动		间隙较大的间隙配合
无相对运动	传递转矩	要求精确同轴 永久接合	过盈配合
		可拆接合	过渡配合或间隙最小的间隙配合加紧固件
	不需要精确同轴		间隙较小的间隙配合加紧固件
	不传递转矩		过渡配合或过盈小的过盈配合

注:紧固件指键、销和螺钉等。

❷ 确定非基准件的基本偏差代号

根据配合部位具体的功能要求,通过查表,比照配合的应用实例,参考各种配合的性能特征,选择较合适的配合,即确定非基准件的基本偏差代号。轴的基本偏差的具体选用,可参考表 6-6,基孔制常用和优先配合的特征及应用可参见表 6-7。

轴的基本偏差选用说明及应用　　　　　　　　　表 6-6

配　合	基本偏差	特性及应用
间隙配合	a、b	可得到特别大的间隙,应用很少。例如起重机吊钩的铰链、带榫槽的凸缘推荐配合为 H12/b12
	c	可得到很大的间隙,一般适用于缓慢、松弛的运动配合。用于工作条件较差(如农业机械)、受力变形,或为了便于装配,而必须保证有较大的间隙时,推荐配合为 H11/c11。其较高等级的配合,如 H8/c7 适用于轴在高温工作的紧密配合,例如内燃机排气阀和导管
	d	一般用于 IT7～IT11 级,适用于松的转动配合,如密封盖、滑轮、带轮等与轴的配合,也适用于大直径滑动轴承的配合,如球磨机、轧钢机等重型机械的滑动轴承
	e	多用于 IT7～IT9 级,通常用于要求有明显间隙,易于转动的支承配合,如大跨距支承、多支点支承等配合。高等级的 e 轴也适用于大的、高速、重载的支承,如涡轮发电机、大型电动机及内燃机的主要轴承、凸轮轴轴承等配合
	f	多用于 IT6～IT8 级的一般转动配合,当温度影响不太大时,被广泛用于普通润滑油(或润滑脂)润滑的支承,如齿轮箱、小电动机、泵等的转轴与滑动轴承的配合
	g	配合间隙很小,制造成本很高,除了很轻负荷的精密机构外,一般不用作转动配合。多用于 IT5～IT7 级,最适合不回转的精密滑动轴承,也用于插销等定位配合,如精密连杆轴承、活塞及滑阀、连杆销以及钻套与衬套、精密机床的主轴与轴承、分度头轴颈与轴的配合等。例如钻套与衬套的配合为 H7/g6
	h	配合的最小间隙为零,用于 IT4～IT11 级。广泛用于无相对转动的零件,作为一般定位配合。若无温度、变形影响,也用于精密滑动配合。例如车床尾座体孔与顶尖套筒的配合为 H6/h5

续上表

配合	基本偏差	特性及应用
过渡配合	js	平均起来为稍有间隙的配合,多用于IT4~IT7级,要求间隙比h轴小,并允许稍有过盈的定位配合,如联轴器,可用锤子装配
	k	平均起来没有间隙的配合,适用于IT4~IT7级,推荐用于稍有过盈的定位配合,例如为了消除振动用的定位配合,一般用木锤装配
	m	平均起来具有不大过盈的过渡配合,适用于IT4~IT7级,用于精密定位的配合,如蜗轮的青铜轮缘与轮毂的配合为H7/m6。一般可用木锤装配,但在最大过盈时,要求有相当大的压入力
	n	平均过盈比m轴稍大,很少得到间隙,适用于IT4~IT7级,用锤或压力机装配,拆卸较困难
过盈配合	p	与H6或H7孔配合时是过盈配合,与H8孔配合时为过渡配合。对非铁制零件,为较轻的压入配合,当需要时易于拆卸。对钢、铸铁或铜、钢组件装配是标准压入配合。它主要用于定心精度很高、零件有足够的刚性、受冲击负荷的定位配合
	r	对铁制零件,为中等打入配合,对非铁制零件,为轻打入的配合,当需要时可以拆卸。与H8孔配合,直径在100mm以上时为过盈配合,直径小时为过渡配合
	s	用于钢铁件的永久或半永久接合。可产生相当大的接合力。当用弹性材料,如轻合金时,配合性质与铁制零件的p轴相当。例如套环压装在轴上、阀座等的配合。尺寸较大时,为了避免损伤配合表面,需用热胀或冷缩法装配
	t、u、v、x、y、z	过盈量依次增大,一般不推荐。例如联轴器与轴的配合H7/t6

尺寸≤500mm 基孔制常用和优先配合的特征及应用　　　　表6-7

配合类别	配合代号	应用
间隙配合	H11/c11	间隙非常大,用于很松的、转动很慢的运动配合;要求大公差与大间隙的外露组件;要求装配方便的、很松的配合
	H9/d9	间隙很大的自由转动配合,用于精度非主要要求时,或有大的温度变化、高转速或大的轴颈压力时的配合
	H8/f7	间隙不大的转动配合,用于中等转速与中等轴颈压力的精确转动;也用于装配容易的中等定位配合
	H7/g6	间隙很小的滑动配合,用于不希望自由转动,但可自由移动和滑动并精密定位的配合;也可用于要求明确的定位配合
	H7/h6、H8/h7、H9/h9	均为间隙定位配合,零件可自由装拆,而工作时一般相对静止不动。在最大实体条件下的间隙为零,在最小实体条件下的间隙由公差等级决定
过渡配合	H7/k6	用于精密定位配合
	H7/n6	允许有较大过盈的更精密定位配合
过盈配合	H7/p6	过盈定位配合,既小过盈配合,用于定位精度特别重要时,能以最好的定位精度达到部件的刚性及对中性要求,而对内孔承受压力无特殊要求,不依靠配合的紧固性传递摩擦负荷的配合

续上表

配合类别	配合代号	应 用
过盈配合	H7/s6	中等压入配合,适用于一般钢件,或用于薄壁件的冷缩配合,用于铸铁件可得到最紧的配合
	H7/u6	压入配合,适用于可以承受高压入力的零件,或不易承受大压入力的冷缩配合

举例说明:已知孔、轴公称(基本)尺寸 25,间隙 0.010~0.045mm,试确定孔、轴的公差等级和公差带和配合代号。

解:(1)选择基准制:基孔制。

(2)选择公差等级:

由给定条件知,此孔、轴配合为间隙配合,要求的配合公差为:

$$Tf = |X_{max} - X_{min}| = T_h + T_s = (0.045 - 0.010)\,mm = 0.035\,mm = 35\mu m$$

即所选的孔、轴公差之和应最接近而又不大于 $35\mu m$

假设孔与轴为同级配合,则 $T_h = T_s = T_f/2 = 0.015\,mm = 15.5\mu m$

查表 6-1 知,$IT7 = 21\mu m$,$IT6 = 13\mu m$,故孔与轴的公差等级介于 IT6 与 IT7 之间,一般取孔比轴大一级,即:

孔 $IT7 = 21\mu m$, 轴 $IT6 = 13\mu m$

则配合公差 $T_f = T_h + T_s = (21 + 13)\,\mu m = 34\mu m < 35\mu m$

❸ 确定孔、轴公差带:

因为是基孔制配合,且孔的标准公差为 IT7,所以孔的公差带为:$\phi 25H7(^{+0.021}_{0})$

又因为 $X_{min} = EI - es$,且 $EI = 0$

所以 $es = -X_{min}$

本题要求最小间隙为 $0.01\,mm(10\mu m)$,即轴的基本偏差应接近于 $-10\mu m$

查表 6-2,取轴的基本偏差为 $g,es = -7\mu m$

则 $ei = es - IT6 = (-7 - 13)\,\mu m = -20\mu m$,所以轴的公差带为:$\phi 25g6(^{-0.007}_{-0.020})$

❹ 验算设计结果:

孔、轴配合为 $\phi 25H7/g6$

最大间隙:$X_{max} = ES - ei = 41\mu m$

最小间隙:$X_{min} = EI - es = 7\mu m$

故间隙在 0.010~0.045mm 之间,设计结果满足使用要求。

1 气门座 $\phi 60$ 部位

步骤 1 选择基准制:

气门座与汽缸盖 $\phi50$ 孔的配合结构无特殊要求,优先采用基孔配合制,即汽缸盖上孔的基本偏差代号为 H。

步骤 2　确定尺寸精度等级:

参考表 6-1、表 6-2 和表 6-8,以及考虑遵守工艺等价原则,选择汽缸盖上孔的尺寸精度等级为 7 级,气门座尺寸精度等级为 6 级。

步骤 3　选择配合:

气门座用耐热合金钢或耐热合金铸铁制成,镶嵌在汽缸盖上。因气门座热负荷大,温差变化大,又受气门落座时的冲击,为了保证散热和防止脱落,气门座与座孔之间应有较高的加工精度,较小的表面粗糙度值和较大的配合过盈量,所以选气门座与汽缸盖上 $\phi50$ 孔的配合为 $\phi50H7/s6$。

2 气门导管 $\phi15$ 部位

步骤 1　选择基准制:

气门导管与汽缸盖 $\phi15$ 孔的配合结构无特殊要求,优先采用基孔配合制,即汽缸盖上孔的基本偏差代号为 H。

步骤 2　确定尺寸精度等级:

参考表 6-1、表 6-2 和表 6-8,以及考虑遵守工艺等价原则,选择汽缸盖上孔的尺寸精度等级为 7 级,气门座尺寸精度等级为 6 级。

步骤 3　选择配合:

气门导管一般用含石墨较多的铸铁或粉末冶金制成,镶嵌在汽缸盖上,为防止导管松脱,常用卡环对导管进行轴向定位,因此导管通过过盈配合压入汽缸盖沉孔中,所以选气门导管外圆与汽缸盖上 $\phi15$ 孔的配合为 $\phi50H7/p6$。

3 气门导管 $\phi10$ 部位

步骤 1　选择基准制:

由于气门是标准件,气门导管是被压入汽缸盖 $\phi15$ 孔后再精铰,因而采用基轴配合制,即气门的基本偏差代号为 h。

步骤 2　确定尺寸精度等级:

参考表 6-1、表 6-2 和表 6-8,以及考虑遵守工艺等价原则,选择气门导管内孔的尺寸精度等级为 6 级,气门精度等级为 5 级。

步骤 3　选择配合:

为保证气门和气门导管的精确配合间隙,选择气门导管内孔与气门的配合为 $\phi15G6/h5$。

知识拓展

各种加工方法所能达到的精度可参考表 6-8。

各种加工方法的加工精度 表6-8

加工方法＼公差等级	01	0	1	2	3	4	5	6	7	8	9	10	11	12	13	14	15	16	17	18
研磨			─	─	─	─	─													
珩磨						─	─	─	─											
圆磨							─	─	─	─										
平磨							─	─	─	─										
金刚石车							─	─	─											
金刚石镗							─	─	─											
拉削							─	─	─	─										
铰孔									─	─	─	─								
精车精镗									─	─	─	─								
粗车												─	─	─						
粗镗												─	─	─						
铣									─	─	─	─	─							
刨、插										─	─	─	─							
钻削												─	─	─						
冲压												─	─	─	─	─				
滚压、挤压												─	─	─						
锻造																─	─	─		
砂型铸造																	─	─		
金属型铸造																─	─			
气割																		─	─	─

一、判断题（判断下列同名配合的配合性质是否相同）

(1) $\phi 40 \dfrac{H9}{f8}$ 与 $\phi 40 \dfrac{F9}{h8}$；　(2) $\phi 40 \dfrac{H9}{f9}$ 与 $\phi 40 \dfrac{F9}{h9}$；　(3) $\phi 40 \dfrac{H7}{m7}$ 与 $\phi 40 \dfrac{M7}{h7}$；

(4) $\phi 40 \dfrac{H7}{m6}$ 与 $\phi 40 \dfrac{M7}{h6}$；　(5) $\phi 40 \dfrac{H9}{m8}$ 与 $\phi 40 \dfrac{M9}{h8}$；　(6) $\phi 50 \dfrac{H7}{js6}$ 与 $\phi 50 \dfrac{JS7}{h6}$；

(7) $\phi 40 \dfrac{T8}{h8}$ 与 $\phi 40 \dfrac{H8}{t8}$；　(8) $\phi 40 \dfrac{T7}{h7}$ 与 $\phi 40 \dfrac{H7}{t7}$。

二、 有一孔、轴配合的公称尺寸为 $\phi 30\text{mm}$，要求配合间隙在 $+0.020 \sim +0.055\text{mm}$ 之间，试确定孔和轴的精度等级和配合种类。

汽车机械识图与公差配合

项目七

形位公差与表面粗糙度

项目七 形位公差与表面粗糙度

知识目标
◎ 了解形位公差基本概念。
◎ 掌握形位公差各种特征项目及其意义。
◎ 掌握形位公差的标注。
◎ 了解形位公差设计原则。
◎ 掌握形位公差项目、基准、等级以及公差原则的选择。
◎ 了解形位公差的测量方法。
◎ 掌握表面粗糙度的定义、评定、标注和选用。
◎ 了解表面粗糙度对零件使用性能的影响、表面粗糙度的测量方法。

能力目标
◎ 能够正确查询形位公差各种表。
◎ 能够识读机械产品图样中形位公差的标注。
◎ 能够正确选择和标注零件图和装配图中的形位公差。
◎ 能够正确选择和标注零件加工面的表面粗糙度。

任务一　汽车曲轴零件图形位公差标注的识读

 **任务描述**

在机械零件的生产加工过程中，由于存在加工误差，使零件的几何量不仅会有尺寸误差，而且还会产生形状和位置误差。零件的形状误差和位置误差的存在，将对机器的精度、接合强度、密封性、工作平稳性、使用寿命等产生不良影响。如机床导轨表面的形状误差将

影响刀架的运动精度,齿轮箱上各轴承孔的位置误差将影响齿面的接触均匀性和齿侧间隙等,因此,为了提高机械产品质量和保证零件的互换性,不仅对零件的尺寸误差,而且对零件的形状和位置误差加以控制。那么,如何来确定机械零件的形位公差呢?又如何来检测零件的形位误差?针对这些问题,现要求以图7-1汽车曲轴零件图为例,学会识读形位公差标注,识读图样中的形位公差标注时,需获得以下信息:公差项目名称、被测要素、基准要素、公差值大小、公差意义及公差要求。

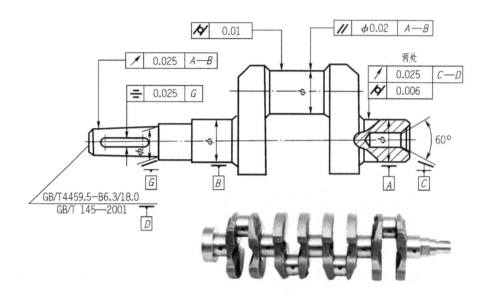

图7-1 发动机曲轴

一 形位公差基本概念

形位公差的研究对象是构成零件几何特征的点、线、面,这些点、线、面统称为零件的几何要素。

1 零件的几何要素分类

构成零件几何特征的点、线、面均称几何要素。
零件的几何要素可从不同角度来分类:

❷ 按存在状态分

实际要素——零件上实际存在的要素，测量时由测得要素代替。由于存在测量误差，测得要素并非该实际要素的真实状况。

理想要素——具有几何学意义的要素。机械图样所表示的要素均为理想要素，它不存在任何误差，是绝对正确的几何要素。理想要素是评定实际要素误差的依据。

❸ 按所处地位分

被测要素——图样中有形位公差要求的要素，是检测对象。

基准要素——用来确定被测要素方向或（和）位置的要素，理想基准要素简称基准。

❹ 按功能要求分

单一要素——仅对其本身给出形状公差要求，或仅涉及其形状公差要求时的要素。它是独立的，与基准要素无关。

关联要素——对被测要素给出位置公差要求的要素，它相对基准要素有位置关系，即与基准相关。

2 形位误差与形位公差

形状误差一般是对单一要素而言的，是被测要素本身的形状对其理想形状的变动量。形状公差是对其理想要素允许的变动量，是对形状误差的限制。

位置误差是对关联要素而言的，是被测要素对其理想要素位置的变动量，理想要素相对于基准有方位要求。位置公差是对位置误差的限制。

3 形位公差带

形位公差带用来限制被测实际要素变动的区域。它是一个几何图形，只要被测要素完全落在给定的公差带内，就表示被测要素的形状和位置符合设计要求。

形位公差带具有形状、大小、方向和位置四要素。

■ 形位公差项目符号及标注

1 形位公差的项目及符号

国家标准规定了 14 项形位公差，其名称、符号如表 7-1。

形位公差项目、符号及分类　　　　　　　表 7-1

分类	项目	符号	分类		项目	符号
形状公差	直线度	—	位置公差	定向	平行度	∥
	平面度	▱			垂直度	⊥
	圆度	○			倾斜度	∠

项目七 形位公差与表面粗糙度

续上表

分类	项目	符号	分类	项目	符号
形状公差	圆柱度	⌭	位置公差	同轴度	◎
	线轮廓度	⌒		对称度	⌯
			定位	位置度	⌖
	面轮廓度	⌓	跳动	圆跳动	↗
				全跳动	⇗

2 形位公差带的形式

形位公差带的形式,见表 7-2。

形位公差带的形式　　　　　　　　表 7-2

两平行直线	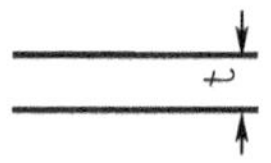	一个圆柱	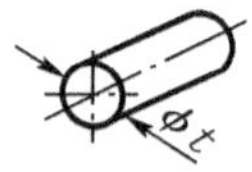
两等距曲线	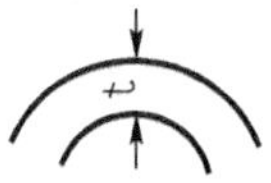	一个四棱柱	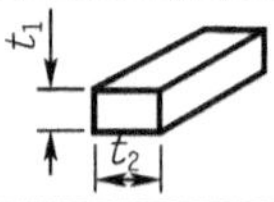
两同心圆	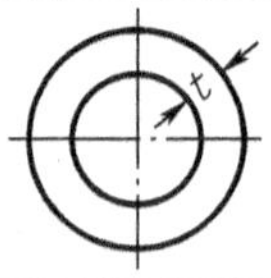	两同轴圆柱	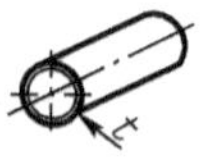
一个圆	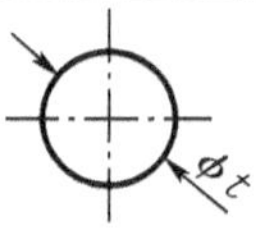	两平行平面	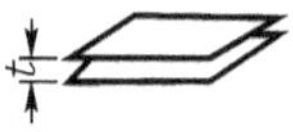
一个球		两等距曲面	

3 形位公差的标注

形位公差代号包括:形位公差有关项目的符号、形位公差框格和指引线、形位公差数值和其他有关符号、基准符号及基准代号,如图 7-2 所示。

1 形位公差框格

公差框格有两格或多格,它可以水平放置,也可以垂直放置,自左至右依次填写公差项目符号、公差数值(单位为 mm)、基准代号字母。第 2 格及其后各格中还可能填写其他有关符号。

2 指引线与被测要素

指引线用细实线表示,可从框格的任一端引出,引出段必须垂直于框格,指向被测要素。

引向被测要素时允许弯折,但不得多于两次。

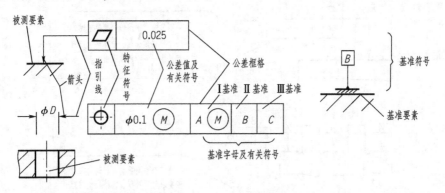

图 7-2　形位公差代号

当被测要素是轮廓要素时,指引线箭头应指向轮廓线或其引出线,且明显地与尺寸线错开。
当被测要素为中心要素时,指引线箭头要与该要素的尺寸线对齐。

❸ 基准符号与基准要素

基准要素需用基准符号示出,基准符号如图 7-2 所示。

当基准要素为轮廓要素时,基准符号应靠近该要素的轮廓线或其引出线标注,并应明显地与尺寸线错开。

当基准要素为中心要素时,基准符号应与该要素的轮廓要素尺寸线对齐,如图 7-2 所示。

基准一般分为三类:

单一基准:由 1 个要素建立的基准,用 1 个字母表示;

公共基准:由两个要素建立的基准,用横线隔开的两个字母在一个框格内表示;

基准体系:由互相垂直的 2 个或 3 个要素构成 1 个基准体系,用 2 个或 3 个字母分别放在不同框格内表示。

①无论基准符号方向如何,框格内的字母都应水平书写;
②基准代号字母:代表基准的字母用大写英文字母表示,为了不引起误解,其中 E、I、J、M、O、P、L、R、F 不用。

❹ 公差数值

如果公差带为圆形或圆柱形,公差值前加注 ϕ,如果是球形,加注 $S\phi$。

❺ 形位公差的特殊标注

形位公差的一些特殊标注如图 7-3 所示。

项目七　形位公差与表面粗糙度

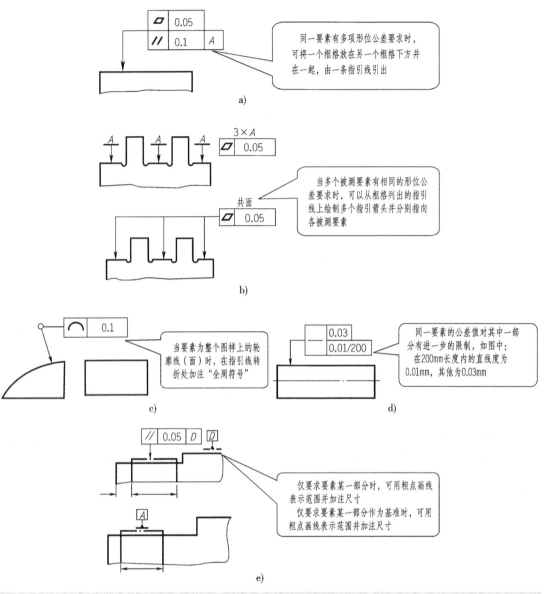

图 7-3　形位公差的特殊标注

三　形位公差带及意义

1　形状公差

形状公差是单一实际要素的形状所允许的变动量。形状公差带是限制单一实际要素变动的一个区域。形状公差带的特点是不涉及基准，它的方向和位置均是浮动的，只能控制被测要素形状误差的大小。其中,线轮廓度和面轮廓度具有双重性:无基准要求时,为形状公差;有基准要求时为位置公差。

典型形状公差读图说明和意义见表7-3。

2 位置公差

位置公差是指关联实际要素的位置对基准所允许的变动量。根据关联要素的对基准功能要求的不同,位置公差可分为定向公差、定位公差和跳动公差。

❶ 定向公差及公差带

定向公差是关联实际要素对基准在方向上所允许的变动量。

定向公差带能综合控制被测要素的形状误差,即,若被测要素的定向误差 f 不超过定向公差 t,其自身的形状误差也不超过 t,因此,当对某一被测要素给出定向公差后,通常不再对该要素给出形状公差,如果在功能上需要对形状精度有进一步要求,则可同时给出形状公差,当然,形状公差值一定小于定向公差值。

定向公差的若干典型类型的读图说明及其意义见表7-4。

❷ 定位公差及公差带

定位公差是关联实际要素对基准在位置上所允许的变动量。

定位公差带能综合控制被测要素的方向和形状误差,当对某一被测要素给出定位公差后,通常不再对该要素给出定向公差和形状公差,如果在功能上对方向和形状有进一步要求,则可同时给出定向公差或形状公差。

定位公差的若干典型类型的读图说明及其意义见表7-5。

典型形状公差读图说明和意义(单位:mm)   表7-3

项 目	标注示例及读图说明	公差带定义	公差意义
直线度	被测要素:表面素线 读法:上表面内任意直线的直线度公差为0.1	在给定平面内,公差带是距离为公差值 t 的两平行直线之间的区域	被测表面的素线必须位于平行于图样所示投影面且距离为公差值0.1的两平行直线内
	被测要素:圆柱体的轴线 读为:圆柱体的轴线的直线度公差为 $\phi 0.08$	在任意方向上,公差带是直径为 ϕt 圆柱面内的区域	被测圆柱体 ϕd 的轴线必须位于直径为公差值 $\phi 0.08$ 圆柱面内

续上表

项　目	标注示例及读图说明	公差带定义	公差意义
平面度	被测要素：上表面 读法：上表面的平面度公差为0.06	公差带是距离为公差值 t 的两平行平面之间的区域	被测上表面必须位于距离为公差值0.06的两平行平面内
圆度	被测要素：圆柱（圆锥）正截面内的轮廓圆 读法：圆柱（圆锥）任一正截面的圆度公差为0.02	公差带是正截面内半径差为公差值 t 的两同心圆之间的区域	被测回转体的正截面内的轮廓圆必须位于半径差为公差值0.02的两同心圆之间的环形区域内
圆柱度	被测要素：圆柱面 读法：圆柱面的公差为0.05	公差带是半径差为公差值 t 的两同轴圆柱面之间的区域	被测圆柱面必须位于半径差为公差值0.05的两同轴圆柱面之间的区域内
线轮廓度	被测要素：轮廓曲线 基准要素：无（形状公差） 读法：曲线的线轮廓度公差为0.04	公差带是包络一系列直径为公差值 t 的小圆的两包络线之间区域，诸圆的圆心应位于理想轮廓线上 （注：带方框的尺寸称为"理论正确尺寸"，用来测定被测要素的理想形状、方向和位置，该尺寸不附带公差。）	在平行于图样所示投影面的任一截面上，被测轮廓曲线必须位于包络一系列直径为公差值0.04，且圆心位于具有理论正确几何形状的线上的圆的两包络线之间区域内

续上表

项 目	标注示例及读图说明	公差带定义	公 差 意 义
面轮廓度	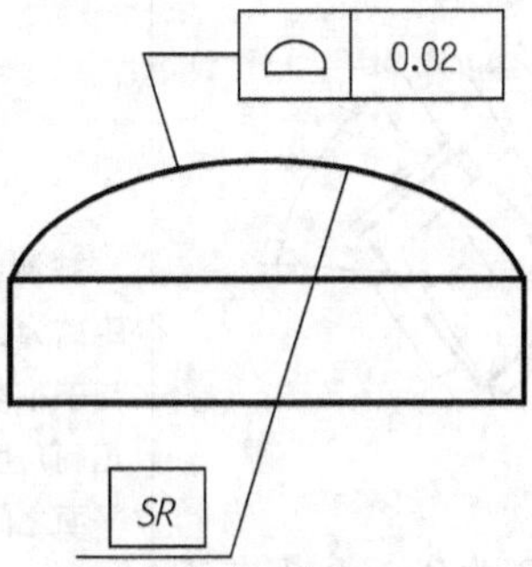 （标注示例图：0.02，SR） 被测要素：轮廓曲面 基准要素：无（形状公差） 读法：所指轮廓曲面的面轮廓度公差为0.02	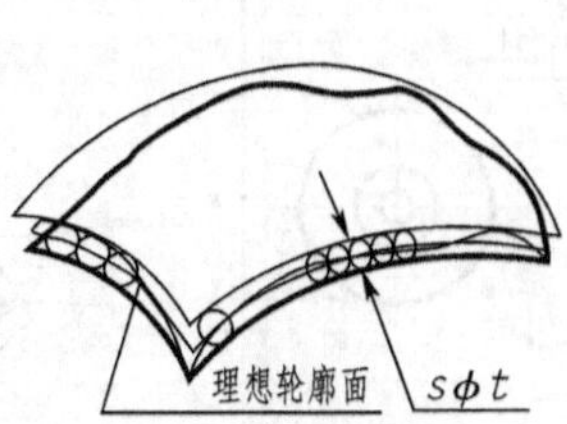 （公差带定义图：理想轮廓面 $s\phi t$） 公差带是包络一系列直径为公差值 t 的小球的两包络面之间区域，诸球的球心应位于理想轮廓面上	被测轮廓曲面必须位于包络一系列直径为公差值0.02，且球心位于具有理论正确几何形状的面上的球的两包络面之间区域内

典型定向公差的读图说明和意义（单位：mm）　　表7-4

项 目	标注示例及读图说明	公差带定义	公 差 意 义
平行度	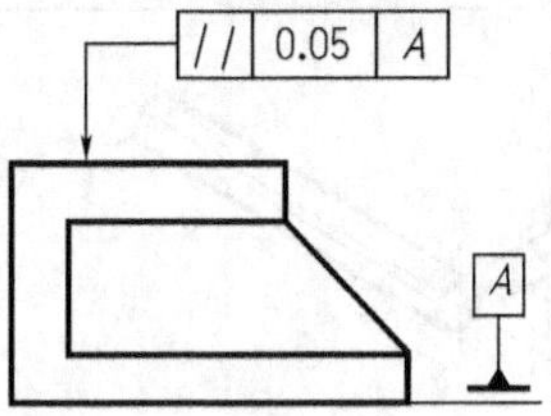 （标注示例图：∥ 0.05 A） 被测要素：上表面 基准要素：底平面 读法：上表面相对于底平面的平行度公差为0.05	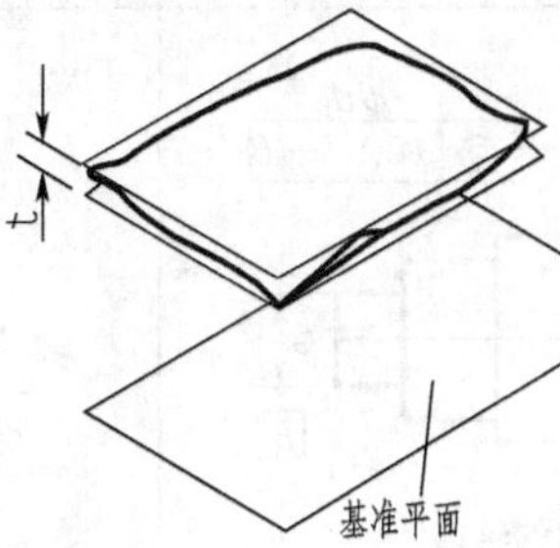 （公差带定义图：基准平面，t） 公差带是距离为公差值 t 且平行于基准面的两平行平面之间的区域	被测表面必须位于距离为公差值0.05，且平行于基准面 A 的两平行平面之间
垂直度	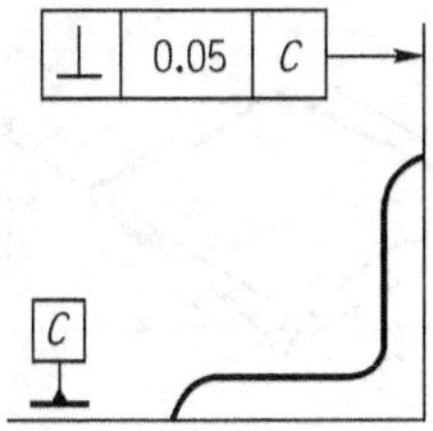 （标注示例图：⊥ 0.05 C） 被测要素：右侧平面 基准要素：底面 读法：右侧平面相对于底面的垂直度公差为0.05	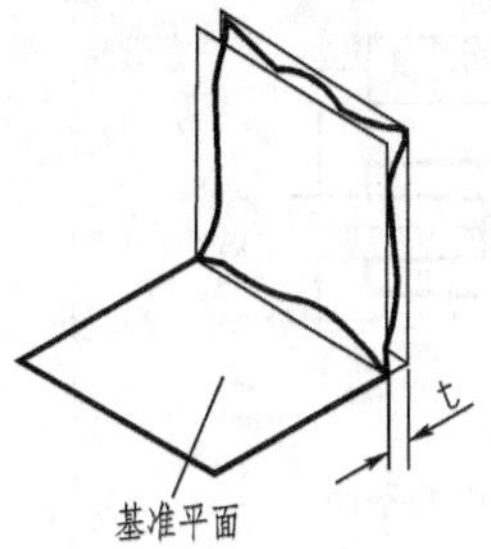 （公差带定义图：基准平面，t） 公差带是距离为公差值 t 且垂直于基准平面的两平行平面之间的区域	右侧平面必须位于距离为公差值0.05，且垂直于基准平面 A 的两平行平面之间

续上表

项　　目	标注示例及读图说明	公差带定义	公差意义
倾斜度	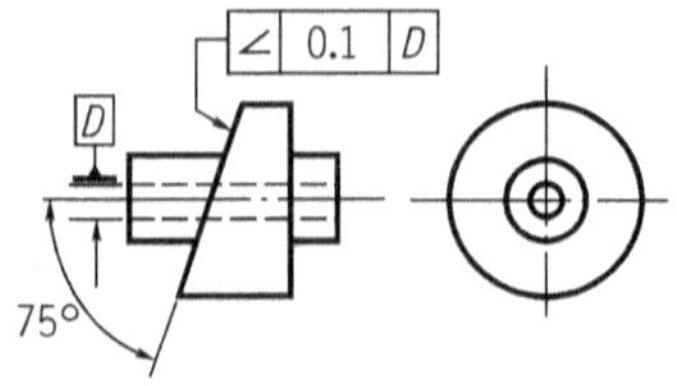 被测要素：斜面 基准要素：轴线 读法：被测斜面相对于 ϕd 轴线的倾斜度公差为0.1	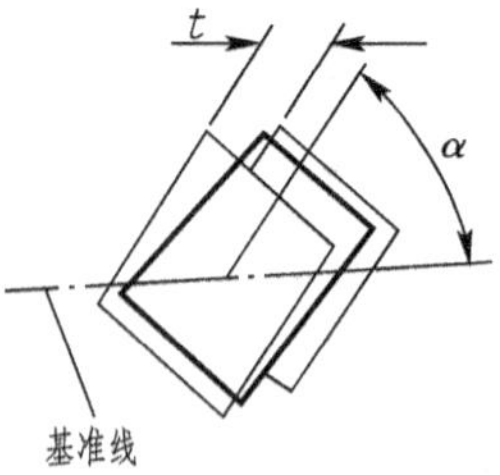 公差带是距离为公差值 t 且与基准轴线成给定的理论正确角度的两平行平面之间的区域	被测斜面必须位于距离为公差值0.1，且与基准轴线 A 成理论正确角度75°的两平行平面之间的区域

定位公差读图说明和意义（单位：mm）　　　　表7-5

项　　目	标注示例及读图说明	公差带定义	公差意义
同轴度	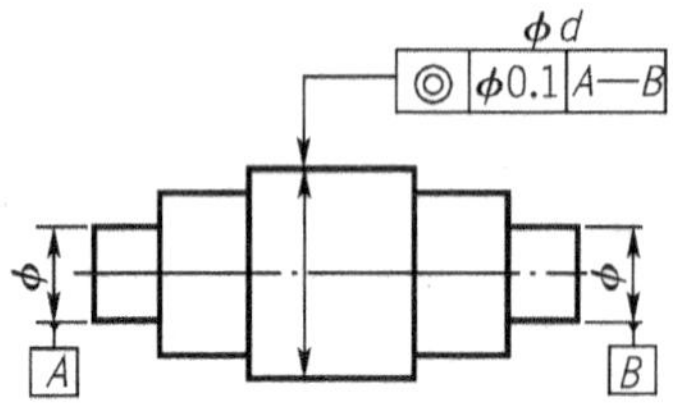 被测要素：ϕd 圆柱面的轴线 基准要素：公共轴线 $A—B$ 读法：被测轴线相对于基准轴线的同轴度公差为 $\phi 0.1$	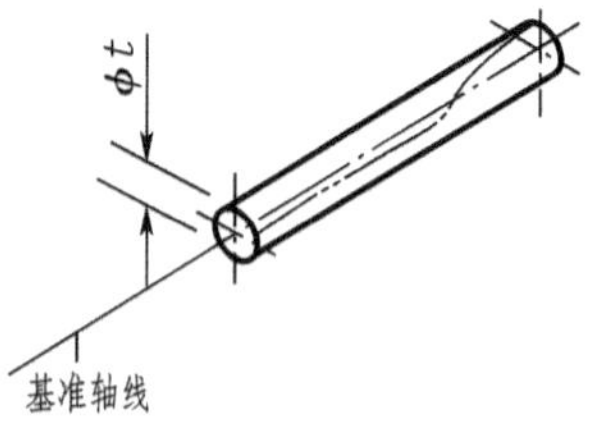 公差带是直径为公差值 ϕt 的圆柱面的区域，该圆柱面的轴线与基准轴线同轴	被测轴线必须位于直径为 $\phi 0.1$ mm，且与公共基准轴线 $A—B$ 同轴的圆柱面内
对称度	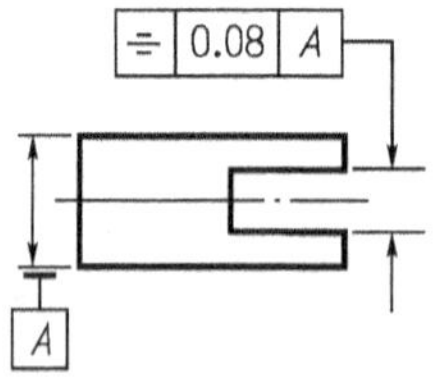 被测要素：槽的对称中心平面 基准要素：中心平面 A 读法：被测中心平面相对于基准中心平面的对称度公差为0.08	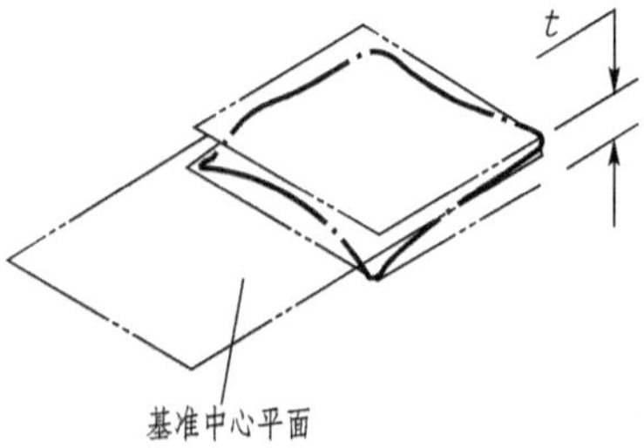 公差带是距离为公差值 t，且相对基准中心平面对称配置的两平行平面之间的区域	被测中心平面必须位于距离为公差值0.08mm，且相对基准中心平面 A 对称配置的两平行平面之间

续上表

项 目	标注示例及读图说明	公差带定义	公差意义
位置度	被测要素：φD 孔的轴线 基准要素：基准面 A、B、C 读法：被测轴线相对于基准面 A、B、C 的位置度公差为 φ0.1	公差带是直径为公差值 φt 的圆柱面内的区域，公差带轴线的位置由相对于三基准面体系的理论正确尺寸确定	每个被测轴线必须位于直径为公差值 0.1mm，且以相对于 A、B、C 基准表面所确定的理想位置为轴线的圆柱内

❸ 跳动公差及公差带

跳动公差是被测实际要素绕基准轴线回转一周或连续回转时所允许的最大跳动量。跳动分为圆跳动和全跳动。

（1）圆跳动。圆跳动公差是指被测实际要素在某种测量截面内相对于基准轴线的最大允许变动量。

根据测量截面的不同，圆跳动分为：

①径向圆跳动——测量截面为垂直于轴线的正截面；

②端面圆跳动——也称轴向圆跳动，测量截面为与基准同轴的圆柱面；

③斜向圆跳动——测量截面为素线与被测锥面的素线垂直或成一指定角度、轴线与基准轴线重合的圆锥面。

（2）全跳动。全跳动公差是指整个被测实际表面相对于基准轴线的最大允许变动量。

①径向全跳动——被测表面为圆柱面的全跳动；

②端面全跳动——被测表面为平面的全跳动。

（3）跳动公差带的特点。跳动公差带相对于基准轴线有确定的位置；可以综合控制被测要素的位置、方向和形状。

跳动公差是按照测量方式而制定出的公差项目。跳动量的测量方法简便、易行，通常作为其他误差项目的替代指标。

①圆跳动——要素绕基准轴线无轴向移动地回转一周时，由位置固定的指示器在给定方向上测得的最大与最小读数之差称为该测量面上的圆跳动，取各测量面上圆跳动的最大值作为被测表面的圆跳动。

②全跳动——被测实际要素绕基准轴线作无轴向移动的回转，同时指示器沿理想素线连续移动（或被测实际要素每回转一周，指示器沿理想素线作间断移动），由指示器在给定方向上测得的最大与最小读数之差。

跳动公差的若干典型类型的读图说明及其意义见表7-6。

典型跳动公差读图说明及其意义　　　　　表7-6

项　　目		标注示例及读图说明	公差带定义	公差意义
圆跳动	径向圆跳动	被测要素：圆柱面 基准要素：ϕd_1 轴线 读法：被测圆柱面相对于基准轴线的圆跳动公差为0.05	公差带是在垂直于基准轴线的任一测量平面内半径为公差值 t，且圆心在基准轴线上的两个同心圆之间的区域	当被测要素围绕基准线 A 作无轴向移动旋转一周时，在任一测量平面内的径向圆跳动量均不得大于0.05mm
	端面圆跳动	被测要素：端面 基准要素：轴线 读法：被测端面相对于基准轴线的圆跳动公差为0.06	公差带是在与基准同轴的任一半径位置的测量圆柱面上距离为 t 的圆柱面区域	被测面绕基准线 A 作无轴向移动旋转一周时，在任一测量圆柱面内的轴向跳动量均不得大于0.06mm
全跳动	径向全跳动	被测要素：圆柱面 基准要素：ϕd_1 与 ϕd_2 的公共轴线 读法：被测圆柱面相对于基准轴线的全跳动公差为0.2	公差带是半径差为公差值 t，且与基准同轴的两圆柱面之间的区域	被测要素围绕基准线 $A—B$ 作若干次旋转，并在测量仪器与工件之间同时作轴向移动，此时在被测要素上各点间的误差均不得大于0.2mm，测量仪器或工件必须沿着基准轴线方向并相对于公共基准轴线 $A—B$ 移动

续上表

项 目		标注示例及读图说明	公差带定义	公差意义
全跳动	端面全跳动	被测要素：端面 基准要素：ϕd 轴线 读法：被测端面相对于基准轴线的全跳动公差为 0.05	公差带是距离为公差值 t，且与基准垂直的两平行平面之间的区域	被测要素绕基准轴线 A 作若干次旋转，并在测量仪器与工件之间同时作径向移动，此时在被测要素上各点间的误差均不得大于 0.05mm，测量仪器或工件必须沿着轮廓具有理想正确形状的线和相对于基准轴线 A 的正确方向移动

图 7-1 发动机曲轴形位公差标注识读见表 7-7。

图 7-1 发动机曲轴形位公差标注识读　　　表 7-7

标注序号	公差特征名称	被测要素	基准要素	公差意义
①	圆柱度	连杆轴颈圆柱面	无	连杆轴颈圆柱面的圆柱度公差为 0.01mm
②	平行度	连杆轴颈轴线	曲轴主轴颈公共轴线	连杆轴颈轴线对曲轴主轴颈中心线的平行度公差为 ϕ0.02mm
③	圆跳动	前端轴圆柱面	曲轴主轴颈公共轴线	前端轴圆柱面对主轴颈公共轴线的径向圆跳动公差为 0.025mm
④	圆跳动	后端轴圆柱面	前后锥孔的公共轴线	后端轴圆柱面对前后锥孔的公共轴线的径向圆跳动公差为 0.025mm
⑤	对称度	前端轴圆柱面	台阶轴轴线	前端轴圆柱面相对于台阶轴轴线的对称度公差为 0.025mm
⑥	圆柱度	后端轴圆柱面	无	后端轴圆柱面的圆柱度公差为 0.006mm

未注形位公差

一、未注形位公差

未注形位公差见表 7-8 ~ 表 7-11。

项目七　形位公差与表面粗糙度

直线度和平面度未注公差值（GB/T 1184—1996）（单位：mm）　　表 7-8

公差等级	直线度和平面度基本长度的范围					
	~10	>10~30	>30~100	>100~300	>300~1000	>1000~3000
H	0.02	0.05	0.1	0.2	0.3	0.4
K	0.05	0.1	0.2	0.4	0.6	0.8
L	0.1	0.2	0.4	0.8	1.2	1.6

垂直度未注公差值（GB/T 1184—1996）（单位：mm）　　表 7-9

公差等级	垂直度公差短边基本长度的范围			
	~100	>100~300	>300~1000	>1000~3000
H	0.2	0.3	0.4	0.5
K	0.4	0.6	0.8	1
L	0.5	1	1.5	2

对称度未注公差值（GB/T 1184—1996）（单位：mm）　　表 7-10

公差等级	对称度公差基本长度的范围			
	~100	>100~300	>300~1000	>1000~3000
H	0.5			
K	0.6		0.8	1
L	0.6	1	1.5	2

圆跳动的未注公差值（GB/T 1184—1996）（单位：mm）　　表 7-11

公差等级	圆跳动一般公差值
H	0.1
K	0.2
L	0.5

二、选用原则

（1）机械加工未注尺寸公差一般选用 m 级，未注形位公差一般选用 K 级。
（2）钣金加工未注尺寸公差一般选用 c 级，未注形位公差一般选用 L 级。

一、判断题（正确的打"√"，错误的打"×"）

1. 某平面对基准平面的平行度误差为 0.05mm，那么这平面的平面度误差一定不大于 0.05mm。　　　　　　　　　　　　　　　　　　　　　　　　　　　　　　　　（　　）

2. 某圆柱面的圆柱度公差为 0.03 mm，那么该圆柱面对基准轴线的径向全跳动公差不小于 0.03mm。　　　　　　　　　　　　　　　　　　　　　　　　　　　　　（　　）

3. 对同一要素既有位置公差要求，又有形状公差要求时，形状公差值应大于位置公差值。（ ）
4. 对称度的被测中心要素和基准中心要素都应视为同一中心要素。（ ）
5. 某实际要素存在形状误差，则一定存在位置误差。（ ）
6. 图样标注中 $\phi 20^{+0.021}_{\ 0}$ mm 孔，如果没有标注其圆度公差，那么它的圆度误差值可任意确定。（ ）
7. 圆柱度公差是控制圆柱形零件横截面和轴向截面内形状误差的综合性指标。（ ）
8. 线轮廓度公差带是指包络一系列直径为公差值 t 的圆的两包络线之间的区域，诸圆圆心应位于理想轮廓线上。（ ）
9. 零件图样上规定 ϕd 实际轴线相对于 ϕD 基准轴线的同轴度公差为 $\phi 0.02$ mm。这表明只要 ϕd 实际轴线上各点分别相对于 ϕD 基准轴线的距离不超过 0.02 mm，就能满足同轴度要求。（ ）
10. 若某轴的轴线直线度误差未超过直线度公差，则此轴的同轴度误差亦合格。（ ）

二、选择题

1. 属于形状公差的有____。
   A. 圆柱度　　B. 平面度　　C. 同轴度　　D. 圆跳动　　E. 平行度
2. 属于位置公差的有____。
   A. 平行度　　B. 平面度　　C. 端面全跳动　　D. 倾斜度　　E. 圆度
3. 圆柱度公差可以同时控制____。
   A. 圆度　　　　　　　　B. 素线直线度
   C. 径向全跳动　　　　　D. 同轴度
   E. 轴线对端面的垂直度
4. 下列论述正确的有____。
   A. 给定方向上的线位置度公差值前应加注符号"ϕ"
   B. 空间中，点位置度公差值前应加注符号"球ϕ"
   C. 任意方向上线倾斜度公差值前应加注符号"ϕ"
   D. 标注斜向圆跳动时，指引线箭头应与轴线垂直
   E. 标注圆锥面的圆度公差时，指引线箭头应指向圆锥轮廓面的垂直方向
5. 对于径向全跳动公差，下列论述正确的有____。
   A. 属于形状公差　　　　　B. 属于位置公差
   C. 属于跳动公差　　　　　D. 与同轴度公差带形状相同
   E. 当径向全跳动误差不超差时，圆柱度误差肯定也不超差
6. 形位公差带形状是半径差为公差值 t 的两圆柱面之间的区域有____。
   A. 同轴度　　　　　　　B. 径向全跳动
   C. 任意方向直线度　　　D. 圆柱度
   E. 任意方向垂直度
7. 形位公差带形状是直径为公差值 t 的圆柱面内区域的有____。

A. 径向全跳动　　　　　　　B. 端面全跳动
C. 同轴度　　　　　　　　　D. 任意方向线位置度
E. 任意方向线对线的平行度

8. 形位公差带形状是距离为公差值 t 的两平行平面内区域的有____。
   A. 平面度　　　　　　　　　B. 任意方向的线的直线度
   C. 给定一个方向的线的倾斜度　D. 任意方向的线的位置度
   E. 面对面的平行度

9. 对于端面全跳动公差,下列论述正确的有____。
   A. 属于形状公差　　　　　　B. 属于位置公差
   C. 属于跳动公差　　　　　　D. 与平行度控制效果相同
   E. 与端面对轴线的垂直度公差带形状相同

10. 下列公差带形状相同的有____。
    A. 轴线对轴线的平行度与面对面的平行度
    B. 径向圆跳动与圆度
    C. 同轴度与径向全跳动
    D. 轴线对面的垂直度与轴线对面的倾斜度
    E. 轴线的直线度与导轨的直线度

三、改错及标注题

1. 改正下面两图中各项形位公差标注上的错误(不得改变形位公差项目)。

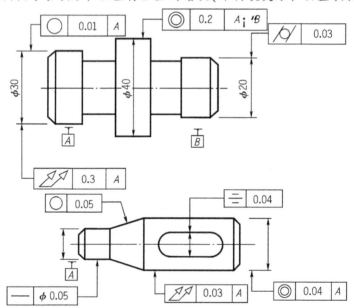

题 1 图

2. 将下列技术要求标注在下图上。
   (1) ϕ100h6 圆柱表面的圆度公差为 0.005mm。

(2) φ100h6 轴线对 φ40P7 孔轴线的同轴度公差为 φ0.015mm。

(3) φ40P7 孔的圆柱度公差为 0.005mm。

(4) 左端的凸台平面对 φ40P7 孔轴线的垂直度公差为 0.01 mm。

(5) 右凸台端面对左凸台端面的平行度公差为 0.02 mm。

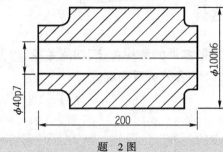

题 2 图

任务二　汽车变速器输出轴形位公差的选用

零件的形位误差对机械产品、机械设备的正常工作有很大影响,因此,正确合理地选择和设计零件的形位精度,对保证机械产品、机械设备的功能要求,提高经济效益有着十分重要的意义。现要求以某汽车变速器的输出轴为例(图7-4),为保证其功能要求,说明如何选择形位公差项目、形位公差基准、公差原则和如何确定形位公差值以及怎样按标准规定进行图样标注。

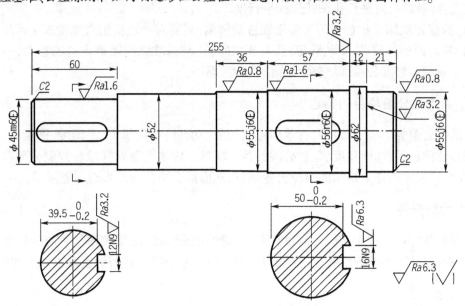

图 7-4　变速器输出轴

一 形位公差项目的选择

形位公差项目的选择应根据零件的结构特征、功能关系、检测条件、有关标准件的要求以及经济性等多方面的因素,经综合分析后确定。

1 零件的结构特征

分析加工后零件可能存在的各种形位误差。例如,圆柱形零件会有圆柱度误差;圆锥形零件会有圆度和素线直线度误差;阶梯轴、孔类零件会有同轴度误差;零件上的孔、槽会有位置度或对称度误差等。

2 零件的功能要求

根据零件各部位要实现的功能来确定恰当的公差项目。例如:

(1)圆柱形零件,当仅需要顺利装配或仅保证轴、孔之间的相对运动以避免磨损时,可选择轴线的直线度;当既要求孔轴间有相对运动、又要求密封性能好以保证在整个配合表面维持均匀小间隙时,应该选择圆柱度来综合控制要素的圆度、素线直线度、轴线直线度等(如柱塞与柱塞套、阀芯与阀体等)。

(2)箱体类零件(如齿轮箱),为保证传动轴正确安装及其上零件的正常传动,应对同轴孔轴线选择同轴度、对平行孔轴线选择平行度。

(3)为保证机床工作台或刀架运动轨迹的精度,需要对导轨提出直线度或平面度要求。

(4)零件间的连接孔、安装孔等,孔与孔之间、孔与基准之间距离误差的控制,一般不用尺寸公差而用位置度公差,以避免尺寸误差的积累等。

3 各形位公差项目的特点

在形位公差的 14 个项目中,有单项控制的公差项目,如直线度、平面度、圆度等;还有综合控制的公差项目,如圆柱度、位置公差的各个项目。应该充分发挥综合控制公差项目的功能,这样可以减少图样上给出的形位公差项目,从而减少需检测的形位误差项目。

4 检测条件

检测条件应包括有无相应的测量设备、测量的难易程度、测量效率是否与生产批量相适应等。在满足功能要求的前提下,应选用简便易行的检测项目代替测量难度较大的项目。

5 经济性

在满足功能要求的前提下,选择项目应尽量少,以获得较好的经济效益。

二 形位公差基准的选择

选择形位公差项目的基准时,主要根据零件的功能和设计要求,并兼顾基准统一原则和零件结构特征等几方面来考虑。

(1)遵守基准统一原则,即设计基准、定位基准和装配基准是同一要素。遵守基准统一原则既可以减少因基准不重合而产生的误差,又可以简化工夹量具的设计、制造和检测过程。

(2)选用三基面体系时,应选择对被测要素的功能要求影响最大或定位最稳的平面(可以定位三点)作为第一基准;影响次之或窄而长的表面(可以定位二点)作为第二基准;影响小或短小的表面(定位一点)作为第三基准。

(3)任选基准只适合于表面形状完全对称,装配时无论正反、上下颠倒均能互换的零件。任选基准比指定基准要求严,故不经济。

三 公差原则的选择

1 公差原则的概念和分类

公差要求(原则)就是处理尺寸公差与形位公差之间关系的一项原则。

公差原则按形位公差是否与尺寸公差发生关系,分为独立原则和相关要求。

相关要求则按应用的要素和使用要求的不同又分为:包容要求、最大实体要求、最小实体要求和可逆要求。

1 独立原则

独立原则是指图样上给定的形位公差与尺寸公差相互独立无关,分别满足要求的原则。

实际要素的尺寸由尺寸公差控制,与形位公差无关;形位误差由形位公差控制,与尺寸公差无关。

(1)图样标注。当被测要素的尺寸公差和形位公差采用独立原则时,图样上不做任何附加标记,即无 E、M、L 和 R 符号,如图 7-5 所示。

(2)被测要素的合格条件。当被测要素应用独立原则时,被测要素的合格条件是:被测要素的实际尺寸应在其两个极限尺寸之间;被测要素的形位误差应小于或等于形位公差。

图 7-5 所示实例,该轴的局部实际尺寸必须位于 $\phi 19.997 \sim 20$ mm 之间,而不论轴的局部实际尺寸为何值,其轴线的直线度误差都不允许大于 $\phi 0.05$ mm。

(3)被测要素的检测方法和计量器具。当被测要素应用独立原则时,采用的检测方法是:用通用计量器具测量被测要素的实际尺寸和形位误差。

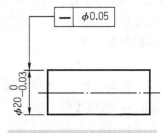

图 7-5 独立原则应用实例

如图 7-5 所示的轴,可用立式光学比较仪测量轴各部位直径的实际尺寸,再用计量器具测量该轴的轴线直线度误差。

(4)应用场合。独立原则主要应用的场合:一是一般用于非配合的零件;二是应用于零件的形状公差或位置公差要求较高,而对尺寸公差要求又相对较低的场合。例如:传统印刷机械的滚筒,其尺寸公差要求不高,但对滚筒的圆柱度公差要求较高,以保证滚筒相对滚碾过程中,圆柱素线紧密贴合,使印刷清晰,因此,按独立原则给出形状公差,而其尺寸公差则按未注公差处理。又如:台钻工作台面的平面度公差、工作台面对其底面的平行度公差以及它们之间的尺寸公差采用独立原则。

2 包容要求

包容要求是指被测实际要素处处位于具有理想形状的包容面内的一种公差要求。该理想形状的尺寸为最大实体尺寸。当被测要素偏离了最大实体状态时,可将尺寸公差的一部分或全部补偿给形状公差。因此,它属于相关要求,表明:尺寸公差与形状公差有关系。

(1)图样标注。在被测要素的尺寸公差后加注符号 E,如图 7-6a)所示。

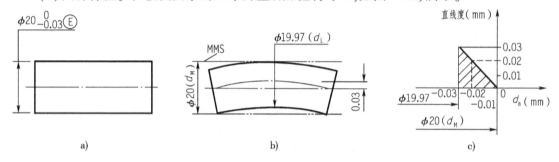

图 7-6 包容要求

(2)被测实际轮廓遵守的理想边界。包容要求遵守的理想边界是最大实体边界。最大实体边界是由最大实体尺寸(MMS)构成的,具有理想形状的边界。如:被测要素是轴或孔(圆柱面),则其最大实体边界是直径为最大实体尺寸,形状是理想的内或外圆柱面。

(3)合格条件。被测要素应用包容要求的合格条件是:被测实际轮廓应处处不得超越最大实体边界,其局部实际尺寸不得超出最小实体尺寸。

轴 $d_{fe} \leq d_M(d_{max})$,$d_a \geq d_L(d_{min})$;

孔 $D_{fe} \geq D_L(D_{max})$,$D_a \leq D_M(D_{max})$。

(4)尺寸公差与形状公差的关系。当被测要素的实体状态为最大实体状态时,被测要素的形位公差值为零;当被测要素的实体状态偏离了最大实体状态时,尺寸偏离量可以补偿给形状公差。即

$$T_\text{补} = |\text{MMS} - d_a(D_a)|$$

例如,图 7-6 所示的轴采用了包容要求,其含义为:该轴的最大实体边界为直径等于 $\phi20\text{mm}$ 的理想圆柱面(孔),当轴的实际尺寸处处为最大实体尺寸 $\phi20\text{mm}$ 时,轴的直线度应为零;当轴的实际尺寸偏离最大实体尺寸时,可以允许轴的直线度(形状误差)相应增加,增加量为最大实体尺寸与实际尺寸之差(绝对值),其最大增加量等于尺寸公差,此时轴的实际

尺寸应处处为最小实体尺寸,轴的直线度误差可增大到 $\phi 0.03$mm。

图7-6c)为反映其补偿关系的动态公差图,表达了轴为不同实际尺寸时所允许的。表7-12列出了轴为不同实际尺寸所允许的形位误差值。

不同实际尺寸所允许的形位误差值　　　　　表7-12

被测要素实际尺寸	允许的直线度误差
$\phi 20$	$\phi 0$
$\phi 19.99$	$\phi 0.01$
$\phi 19.98$	$\phi 0.02$
$\phi 19.97$	$\phi 0.03$

2 公差原则的选择

选择公差原则时,应根据被测要素的功能要求,并考虑采用该种公差原则的可行性与经济性。

(1)独立原则是处理形位公差与尺寸公差关系的基本原则,主要应用在以下场合:

①尺寸精度和形位精度要求都较严,并需分别满足要求。如齿轮箱体上的孔,为保证与轴承的配合和齿轮的正确啮合,要分别保证孔的尺寸精度和孔心线的平行度要求。

②尺寸精度与形位精度要求相差较大。如印刷机的滚筒、轧钢机的轧辊等零件,尺寸精度要求低,圆柱度要求高;平板的尺寸精度要求低,平面度要求高,应分别满足要求。

③为保证运动精度、密封性等特殊要求,单独提出与尺寸精度无关的形位公差要求。如机床导轨为保证运动精度,提出直线度要求,与尺寸精度无关;汽缸套内孔与活塞配合,为了内、外圆柱面均匀接触,并有良好的密封性能,在保证尺寸精度的同时,还要单独保证很高的圆度、圆柱度要求。

④零件上的未注形位公差一律遵循独立原则。

(2)包容要求主要用于需保证配合性质,特别是要求精密配合的场合,用最大实体边界来控制零件的尺寸和形位误差的综合结果,以保证配合要求的最小间隙或最大过盈。

(3)最大实体要求主要用于保证可装配性的场合。例如用于穿过螺栓的通孔的位置度公差。

(4)最小实体要求主要用于需要保证零件的强度和最小壁厚等场合。

(5)可逆要求与最大(或最小)实体要求联用,能充分利用公差带,扩大了被测要素实际尺寸的范围,使实际尺寸超过了最大(或最小)实体尺寸而体外(或体内)作用尺寸未超过最大(或最小)实体实效边界的废品变为合格品,提高了经济效益。在不影响使用要求的情况下可以选用。

三 形位公差等级(或公差值)的选择

1 形位公差等级和公差值

按国家标准 GB/T 1184—1996《形状和位置公差未注公差值》中的规定,在形位公差的

14个项目中,除了线轮廓度和面轮廓度两个项目未规定公差值以外,其余12个项目都规定了公差值。其中,除位置度一项外,其余11个项目还划分了12个公差等级(1~12级);圆度和圆柱度公差划分为13个等级,即0级、1级、…、12级,等级依次降低;各形位公差等级的公差值见表7-13~表7-16。位置度公差值只规定了数系,见表7-17。

直线度、平面度公差值(摘自 GB/T 1184—1996)(单位:μm)　　表7-13

主参数 L(mm)	公差等级											
	1	2	3	4	5	6	7	8	9	10	11	12
≤10	0.2	0.4	0.8	1.2	2	3	5	8	12	20	30	60
>10~16	0.25	0.5	1	1.5	2.5	4	6	10	15	25	40	80
>16~25	0.3	0.6	1.2	2	3	5	8	12	20	30	50	100
>25~40	0.4	0.8	1.5	2.5	4	6	10	15	25	40	60	120
>40~63	0.5	1	2	3	5	8	12	20	30	50	80	150
>63~100	0.6	1.2	2.5	4	6	10	15	25	40	60	100	200
>100~160	0.8	1.5	3	5	8	12	20	30	50	80	120	250
>160~250	1	2	4	6	10	15	25	40	60	100	150	300
>250~400	1.2	2.5	5	8	12	20	30	50	80	120	200	400
>400~630	1.5	3	6	10	15	25	40	60	100	150	250	500
>630~1000	2	4	8	12	20	30	50	80	120	200	300	600

注:主参数 L 为轴、直线、平面的长度。

圆度、圆柱度公差值(摘自 GB/T 1184—1996)(单位:μm)　　表7-14

主参数 $d(D)$ (mm)	公差等级												
	0	1	2	3	4	5	6	7	8	9	10	11	12
≤3	0.1	0.2	0.3	0.5	0.8	1.2	2	3	4	6	10	14	25
>3~6	0.1	0.2	0.4	0.6	1	1.5	2.5	4	5	8	12	18	30
>6~10	0.12	0.25	0.4	0.6	1	1.5	2.5	4	6	9	15	22	36
>10~18	0.15	0.25	0.5	0.8	1.2	2	3	5	8	11	18	27	43
>18~30	0.2	0.3	0.6	1	1.5	2.5	4	6	9	13	21	33	52
>30~50	0.25	0.4	0.6	1	1.5	2.5	4	7	11	16	25	39	62
>50~80	0.3	0.5	0.8	1.2	2	3	5	8	13	19	30	46	74
>80~120	0.4	0.6	1	1.5	2.5	4	6	10	15	22	35	54	87
>120~180	0.6	1	1.2	2	3.5	5	8	12	18	25	40	63	100
>180~250	0.8	1.2	2	3	4.5	7	10	14	20	29	46	72	115
>250~315	1.0	1.6	2.5	4	6	8	12	16	23	32	52	81	130
>315~400	1.2	2	3	5	7	9	13	18	25	36	57	89	140
>400~500	1.5	2.5	4	6	8	10	15	20	27	40	63	97	155

注:主参数 $d(D)$ 为轴(孔)的直径。

平行度、垂直度、倾斜度公差值(摘自 GB/T 1184—1996)(单位:μm)　　表 7-15

主参数 L、d (D)(mm)	公差等级											
	1	2	3	4	5	6	7	8	9	10	11	12
≤10	0.4	0.8	1.5	3	5	8	12	20	30	50	80	120
>10~16	0.5	1	2	4	6	10	15	25	40	60	100	150
>16~25	0.6	1.2	2.5	5	8	12	20	30	50	80	120	200
>25~40	0.8	1.5	3	6	10	15	25	40	60	100	150	250
>40~63	1	2	4	8	12	20	30	50	80	120	200	300
>63~100	1.2	2.5	5	10	15	25	40	60	100	150	250	400
>100~160	1.5	3	6	12	20	30	50	80	120	200	300	500
>160~250	2	4	8	15	25	40	60	100	150	250	400	600
>250~400	2.5	5	10	20	30	50	80	120	200	300	500	800
>400~630	3	6	12	25	40	60	100	150	250	400	600	1000
>630~1000	4	8	15	30	50	80	120	200	300	500	800	1200

注:1. 主参数 L 为给定平行度时轴线或平面的长度或给定垂直度、倾斜度时被测要素的长度。
　　2. 主参数 $d(D)$ 为给定面对线垂直度时,被测要素的轴(孔)直径。

同轴度、对称度、圆跳动、全跳动公差值(摘自 GB/T 1184—1996)(单位:μm)　　表 7-16

主参数 $d(D)$ B、L(mm)	公差等级											
	1	2	3	4	5	6	7	8	9	10	11	12
≤1	0.4	0.6	1.0	1.5	2.5	4	6	10	15	25	40	60
>1~3	0.4	0.6	1.0	1.5	2.5	4	6	10	20	40	60	120
>3~6	0.5	0.8	1.2	2	3	5	8	12	25	50	80	150
>6~10	0.6	1	1.5	2.5	4	6	10	15	30	60	100	200
>10~18	0.8	1.2	2	3	5	8	12	20	40	80	120	250
>18~30	1	1.5	2.5	4	6	10	15	25	50	100	150	300
>30~50	1.2	2	3	5	8	12	20	30	60	120	200	400
>50~120	1.5	2.5	4	6	10	15	25	40	80	150	250	500
>120~250	2	3	5	8	12	20	30	50	100	200	300	600
>250~500	2.5	4	6	10	15	25	40	60	120	250	400	800

注:1. 主参数 $d(D)$ 为给定同轴度时轴直径,或给定圆跳动、全跳动时轴(孔)直径。
　　2. 圆锥体斜向圆跳动公差的主参数为平均直径。
　　3. 主参数 B 为给定对称度时槽的宽度。
　　4. 主参数 L 为给定两孔对称度时的孔心距。

位置度公差值数系表　　表 7-17

1	1.2	1.5	2	2.5	3	4	5	6	8
1×10^n	1.2×10^n	1.5×10^n	2×10^n	2.5×10^n	3×10^n	4×10^n	5×10^n	6×10^n	8×10^n

2 形位公差等级(或公差值)的选择方法

形位公差等级的选择原则是:在满足零件功能要求的前提下,尽量选取较低的公差等级。

确定形位公差值的方法有计算法和类比法。在有些情况下,可利用尺寸链来计算位置公差值,如平行度、垂直度、倾斜度、位置度、同轴度、对称度公差值等。

(1)形状、位置、尺寸公差间的关系应相互协调,其一般原则是:形状公差小于位置公差、小于尺寸公差。

(2)定位公差大于定向公差。一般情况下,定位公差可包含定向公差的要求。

(3)综合公差大于单项公差。如圆柱度公差大于圆度公差、素线和轴线直线度公差。

(4)形状公差与表面粗糙度之间的关系也应协调。通常,中等尺寸和中等精度的零件,表面粗糙度参数值可占形状公差的 20%~25%。

表 7-18~表 7-21 列出了一些形位公差等级的应用场合,供选择形位公差等级时参考。

直线度、平面度公差等级应用　　　　　　　　　　　　　　　表 7-18

公差等级	应用举例
5	1级平板,2级宽平尺,平面磨床的纵导轨、垂直导轨、立柱导轨及工作台,液压龙门刨床和转塔车床床身导轨,柴油机进气、排气阀门导杆
6	普通机床导轨面,如卧式车床、龙门刨床、滚齿机、自动车床等的床身导轨、立柱导轨,柴油机壳体
7	2级平板,机床主轴箱、摇臂钻床底座和工作台,镗床工作台,液压泵盖,减速器壳体接合面
8	机床传动箱体,交换齿轮箱体、车床溜板箱体,柴油机汽缸体,连杆分离面,缸盖接合面,汽车发动机缸盖,曲轴箱接合面,液压管件和凸缘连接面
9	3级平板,自动车床床身底面,摩托车曲轴箱体,汽车变速器壳体,手动机械的支承面

圆度、圆柱度公差等级应用　　　　　　　　　　　　　　　表 7-19

公差等级	应用举例
5	一般计量仪器主轴、测杆外圆柱面,陀螺仪轴颈,一般机床主轴轴颈及主轴轴承孔,柴油机、汽油机活塞、活塞销,与 E 级滚动轴承配合的轴颈
6	仪表端盖外圆柱面,一般机床主轴及前轴承孔,泵,压缩机的活塞,汽缸,汽油发动机凸轮轴,纺机锭子,减速传动轴轴颈,高速船用柴油机、拖拉机曲轴主轴颈,与 E 级滚动轴承配合的外壳孔,与 G 级滚动轴承配合的轴颈
7	大功率低速柴油机曲轴轴颈、活塞、活塞销、连杆、汽缸,高速柴油机箱体轴承孔,千斤顶或压力油缸活塞,机车传动轴,水泵及通用减速器转轴轴颈,与 G 级滚动轴承配合的外壳孔
8	低速发动机、大功率曲柄轴轴颈,压气机连杆盖体,拖拉机汽缸、活塞,炼胶机冷铸轴辊,印刷机传墨辊,内燃机曲轴轴颈,柴油机凸轮轴承孔,凸轮轴,拖拉机、小型船用柴油机汽缸套
9	空气压缩机缸体,液压传动筒,通用机械杠杆与拉杆用套筒销,拖拉机活塞环、套筒孔

平行度、垂直度、倾斜度公差等级应用　　　　　　　　　　　表 7-20

公差等级	应用举例
4,5	卧式车床导轨,重要支承面,机床主轴孔对基准的平行度,精密机床重要零件,计量仪器、量具、模具的基准面和工作面,主轴箱体重要孔,通用减速器壳体孔,齿轮泵的油孔端面,发动机轴和离合器的凸缘,汽缸支承端面,安装精密滚动轴承的壳体孔的凸肩
6,7,8	一般机床的基准面和工作面,压力机和锻锤的工作面,中等精度钻模的工作面,机床一般轴承孔对基准面的平行度,变速器箱体孔,主轴花键对定心直径部位轴线的平行度,重型机械轴承盖端面,卷扬机、手动传动装置中的传动轴,一般导轨,主轴箱体孔,刀架,砂轮架,汽缸配合面对基准轴线,活塞销孔对活塞中心线的垂直度,滚动轴承内、外圈端面对轴线的垂直度
9,10	低精度零件,重型机械滚动轴承端盖,柴油机、煤气发动机箱体曲轴孔、曲轴颈,花键轴和轴肩端面,带式运输机凸缘等端面对轴线的垂直度,手动卷扬机及传动装置中的轴承端面、减速器壳体平面

同轴度、对称度、跳动公差等级应用　　　　　　　　　　　表 7-21

公差等级	应用举例
5,6,7	这是应用范围较广的公差等级。用于形位精度要求较高、尺寸公差等级为 IT8 及高于 IT8 的零件。5 级常用于机床轴颈,计量仪器的测量杆,汽轮机主轴,柱塞油泵转子,高精度滚动轴承外圈,一般精度滚动轴承内圈,回转工作台端面圆跳动。7 级用于内燃机曲轴、凸轮轴、齿轮轴、水泵轴,汽车后轮输出轴,电动机转子、印刷机传墨辊的轴颈,键槽
8,9	常用于形位精度要求一般、尺寸公差等级为 IT9 及高于 IT11 的零件。8 级用于拖拉机发动机分配轴轴颈,与 9 级精度以下齿轮相配的轴,水泵叶轮,离心泵体,棉花精梳机前后滚子,键槽等。9 级用于内燃机气缸套配合面,自行车中轴

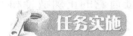

依据图 7-4 所示轴的结构特征和功能要求等进行考虑,变速器输出轴形位公差选用如下,标注如图 7-7 所示。

1 φ55j6 圆柱面

从使用要求分析,两处 φ55j6 圆柱面是该轴的支承轴颈,用以安装滚动轴承,其轴线是该轴的装配基准,故应以该轴安装时两个 φ55j6 圆柱面的公共轴线作为设计基准。为使轴及轴承工作时运转灵活,两处 φ55j6 圆柱面轴线之间应有同轴度要求,但从检测的可能性与经济性分析,可用径向圆跳动公差代替同轴度公差,参照表 7-21 确定公差等级为 7 级,查表 7-16,其公差值为 0.025mm,两处 φ55j6 圆柱面是与滚动轴承内圈配合的重要表面,为保证配合性质和轴承的几何精度,在采用包容要求的前提下,又进一步提出圆柱度公差的要求。查表 7-19 和表 7-14 确定圆柱度公差等级为 6 级,公差值为 0.005mm。

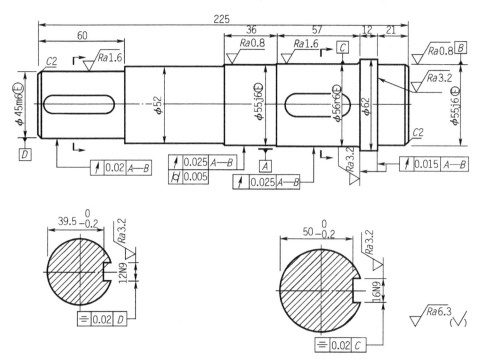

图 7-7 变速器输出轴形位公差设计

2 φ56r6 和 φ45m6 圆柱面

φ56r6 和 φ45m6 圆柱面分别用于安装齿轮和带轮,为保证配合性质,均采用了包容要求;φ56r6 和 φ45m6 圆柱面的轴线分别是齿轮和带轮的装配基础,为保证齿轮的正确啮合和运转平稳,均规定了对两处 φ55j6 圆柱面公共轴线的径向圆跳动公差,公差等级为 7 级,公差值分别为 0.025mm 和 0.020mm。

3 轴肩

φ62mm 处的两轴肩分别是齿轮和轴承的轴向定位基准,为保证轴向定位正确,规定了端面圆跳动公差,公差等级取为 6 级,查表 7-16,公差值为 0.015mm。端面圆跳动的基准原则上为各自的轴线,但为了便于检测,采用了统一的基准,即两处 φ55j6 圆柱面公共轴线。

4 其他要素

图样上没有具体注明形位公差的要素,由未注形位公差来控制。这部分公差,一般机床加工容易保证,不必在图样上注出。

几种形位公差的测量方法

1 直线度的检验方法

(1) 将钢直尺平行地放于测定面,用塞尺测定钢直尺与被测定物的空隙,如图 7-8 所示。
①测定面凹时,与直线度相等数值厚度的塞尺不能插入中央的空隙。
②测定面凸时,在两端放置与直线度相等数值厚度的塞尺。

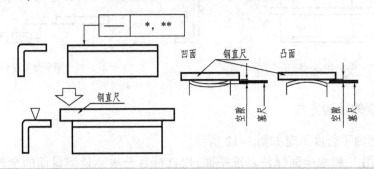

图 7-8 直线度的检验(一)

(2) 将杠杆百分表置于测定面,在 A 点调零,确认到 B 点。测定值 = 最大值 − 最小值,如图 7-9 所示。

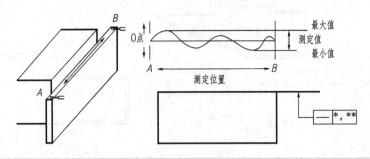

图 7-9 直线度的检验(二)

2 平面度的检验方法

(1) 用钢直尺测定物品平面度。
测量方法:如图 7-10 所示以不包括自重的方法将测量物支撑。
测量范围:测量时将钢直尺放在整个表面(纵、横、对角线方向)用塞尺(数值与平面度相符)测定。
判定:在所有的地方塞尺应不能通过。
(2) 用平台测定平面度,如图 7-11 所示。

测量方法:将物品平放于平台,用塞尺测量物品与平台之间的间隙。塞尺与平台要保持水平状态进行测量。

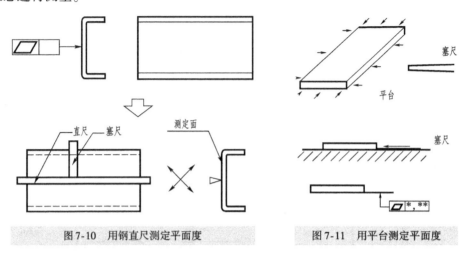

图 7-10　用钢直尺测定平面度　　　　图 7-11　用平台测定平面度

3　平行度的检验方法

(1) 面与面的平行度测定如图 7-12 所示。

在平台上用 V 型块全面保持基准平面,用杠杆百分表测量测量面的全表面,在 A 点调零,确认到 B 点。测定值 = 最大值 − 最小值。

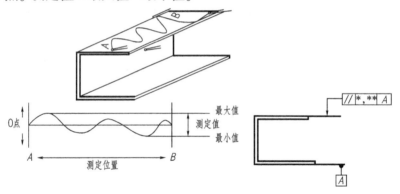

图 7-12　面与面的平行度测定

(2) 线与面的平行度测定如图 7-13 所示。
①将适合的塞规插入两个基准孔内。
②将塞规的两端用平行块(或磁铁)支撑。
③将公差的指定面调至与平台平行,在 A 点调零,确认到 B 点。
④测定指定面,将读数的最大差(最高点减去最低点)作平行度。
(3) 面与线的平行度测定如图 7-14 所示。
在平台上,用磁铁支撑基准面整体,测定两个孔到基准面的尺寸,将该尺寸差作平行度。
(4) 线与线的平行度测定如图 7-15 所示。

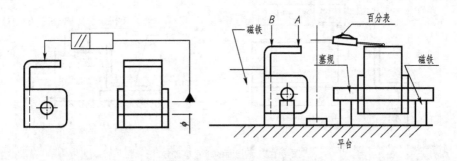

图7-13　线与面的平行度测定

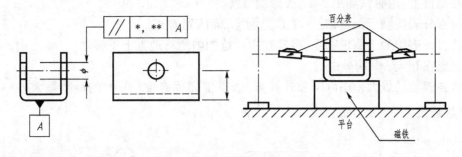

图7-14　面与线的平行度测定

①将适合的塞规插入两个基准孔内。

②用平行块(或磁铁)将塞规两端固定。

③依照图在0°的位置求出 B 与 C 的中心偏移(X),并求出在90°回转位置上的 B 与 C 的中心偏移(Y)。

④将求出值用 $\sqrt{x^2+y^2}$ 算,所得值即平行度。

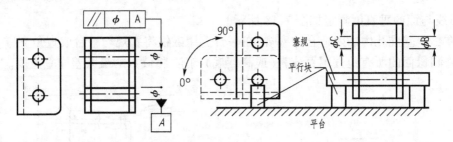

图7-15　线与线的平行度测定

4 垂直度的检验方法

(1)面与面的垂直度测定如图7-16所示。

①将基准面用磁铁与平台平行地支撑。

②将百分表从弯曲根部起移动至前端止,将读数的最大差作垂直度。

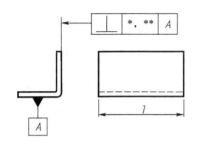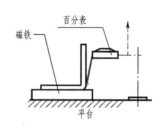

图7-16 面与面的垂直度测定

(2)面与线的垂直度测定如图7-17所示。

①在平台上,用磁铁如图7-17支撑测量物。

②将百分表接触于测量物上,在 B 点调零,确认到 C 点。

③将百分表接触于测量物上,将其在指示范围内所有地方上下移动。

④测定在0°与90°两处进行。

⑤将各读数的最大差用以下公式计算,所得值即垂直度(在0°的读数最大差——X;在90°的读数最大差——Y):垂直度 = $\sqrt{x^2+y^2}$

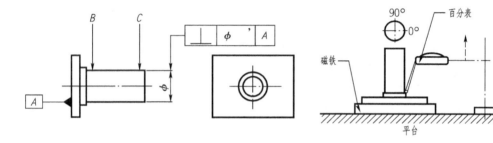

图7-17 面与线的垂直度测定

(3)线与面的垂直度测定如图7-18所示。

①在2个基准孔内插入适合的塞规;在平台上用磁铁将塞规与平台成直角支撑。

②将测量面的所有地方用百分表(或高度规)测定,将读数的最大差作垂直度。

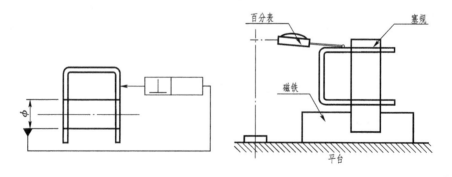

图7-18 线与面的垂直度测定

一、试根据下图按表列要求填表。

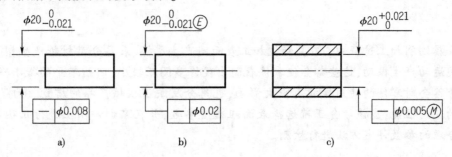

题 1 图

图 例	采用公差原则	边界及边界尺寸	给定的形位公差值	可能允许的最大形位误差值
a				
b				
c				

二、如题 2 图所示，被测要素采用的公差原则是____，最大实体尺寸是____mm，最小实体尺寸是____mm，实效尺寸是____mm。垂直度公差给定值是____mm，垂直度公差最大补偿值是____mm。设孔的横截面形状正确，当孔实际尺寸处处都为 φ60mm 时，垂直度公差允许值是____mm，当孔实际尺寸处处都为 φ60.10mm 时，垂直度公差允许值是____mm。

三、如题 3 图所示，回答下列问题：

（1）采用什么公差原则？

（2）被测要素的同轴度公差是在什么状态下给定的？

（3）当被测要素尺寸为 φ30.021mm，基准要素尺寸为 φ20.013mm 时，同轴度允许的最大公差可达多少？（基准要素未注直线度公差值为 0.03mm）

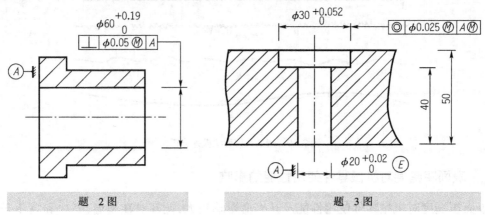

题 2 图　　　　　　　　题 3 图

任务三 零件表面粗糙度的评定和标注

任务描述

在金属切削加工过程中,刀具和被加工表面间产生摩擦、表层分离材料产生塑性变形、机床系统运动产生振动,这些都会使零件表面出现许多间距较小、凹凸不平的微小峰谷。这些微小峰谷会对零件的使用性能有很大影响,也充分反映了机械产品的质量。为了保证机械产品的使用性能,应该学会正确选择表面粗糙度参数,并在零部件图上进行正确标注,同时选定合理的参数评定方法进行检测。

知识准备

一、表面粗糙度的概述

1 表面粗糙度的定义

在机械加工过程中,由于刀具或砂轮切削后遗留的刀痕、切削过程中切屑分离时的塑性变形,以及机床的振动等原因,会使被加工零件的表面存在一定的几何形状误差。其中造成零件表面的凹凸不平,形成微观几何形状误差的较小间距(通常波距小于 1 mm)的峰谷,称为表面粗糙度。它与表面形状误差(宏观几何形状误差)和表面波度的区别,大致可按波距划分。通常波距在 1~10 mm 的属于表面波纹度,波距大于 10 mm 的属于形状误差,如图 7-19 所示。

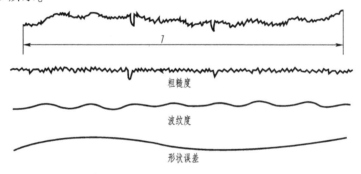

图 7-19 表面几何形状误差分析

2 表面粗糙度对机械零件使用性能的影响

表面粗糙度对机械零件使用性能及其寿命影响较大,尤其对在高温、高速和高压条件下

工作的机械零件影响更大,其影响主要表现在以下几个方面:

① 对摩擦、磨损的影响

具有表面粗糙度的两个零件,当它们接触并产生相对运动时只是一些峰顶间的接触,从而减少了接触面积,比压增大,使磨损加剧。零件越粗糙,阻力就越大,零件磨损也越快。

但需指出,零件表面越光滑,磨损量不一定越小。因为零件的耐磨性除受表面粗糙度影响外,还与磨损下来的金属微粒的刻划以及润滑油被挤出和分子间的吸附作用等因素有关。所以,过于光滑表面的耐磨性不一定好。

② 对配合性能的影响

对于间隙配合,相对运动的表面因其粗糙不平而迅速磨损,致使间隙增大;对于过盈配合,表面轮廓峰顶在装配时易被挤平,实际有效过盈减小,致使连接强度降低。因此,表面粗糙度影响配合性质的可靠性和稳定性。

③ 对抗疲劳强度的影响

零件表面越粗糙,凹痕越深,波谷的曲率半径也越小,对应力集中越敏感。特别是当零件承受交变载荷时,由于应力集中的影响,使疲劳强度降低,导致零件表面产生裂纹而损坏。

④ 对接触刚度的影响

由于两表面接触时,实际接触面仅为理想接触面积的一部分。零件表面越粗糙,实际接触面积就越小,单位面积压力增大,零件表面局部变形必然增大,接触刚度降低,影响零件的工作精度和抗震性。

⑤ 对抗腐蚀性的影响

粗糙的表面,易使腐蚀性物质存积在表面的微观凹谷处,并渗入到金属内部,致使腐蚀加剧。因此,提高零件表面粗糙度的质量,可以增强其抗腐蚀的能力。

⑥ 对机器和仪器工作精度的影响

表面粗糙不平,摩擦系数大,磨损也大,不仅会降低机器或仪器零件运动的灵敏性,而且影响机器或仪器工作精度的保持。由于粗糙表面的实际有效接触面积小,在相同负荷下,接触表面的单位面积压力增大,使表面层的变形增大,即表面层的接触刚度变差,影响机器的工作精度。因此,零件表面粗糙程度越小,机器或仪器的工作精度就越高。

此外,表面粗糙度大小还对零件接合的密封性;对流体流动的阻力等都有很大影响。

◉ 表面粗糙度的评定

① 主要术语定义

(1)取样长度 l:用来判断表面粗糙度特征的一段基准长度。

一般情况下,取样长度至少包括 5 个峰和 5 个谷,如图 7-20 所示。

(2)评定长度 l_n:评定轮廓粗糙度所必需的一段长度,一般情况下取 $l_n = 5l$,如图 7-21

所示。若表面加工不均匀,应取 $l_n > 51$;反之,取 $l_n < 51$。

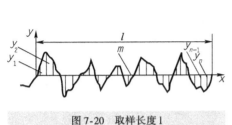

图 7-20　取样长度 l

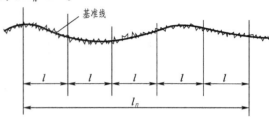

图 7-21　评定长度

(3)轮廓中线(基准线):评定表面粗糙度参数值大小的一条参考线。在生产中常用轮廓算术平均中线,即在轮廓上找到一条直线,该直线使上、下部分的面积相等。如图 7-22 所示。算术平均法常用目测确定中线,是一种近视的图解。

$$F_1 + F_3 + \cdots + F_{2n-1} = F_2 + F_4 + \cdots + F_{2n}$$

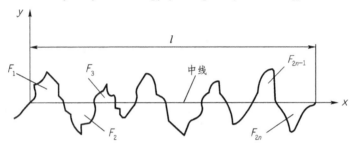

图 7-22　轮廓算术平均中线

2　主要评定参数

为了满足对零件表面不同的功能要求,国家标准 GB/T 3505—2009 从表面微观几何形状幅度、间距和形状等三个方面的特征,规定了相应的评定参数,但在三个评定参数中,Ra 最能客观反映工的表面实际情况,常用来表示零件表面粗糙度。

评定轮廓的算术平均偏差 Ra:在取样长度 l 内,被测轮廓上各点至轮廓中线偏距绝对值的算术平均值,如图 7-23 所示。$Ra = \frac{1}{l}\int_0^l |y| dx$ 或近似为 $Ra = \frac{1}{n}\sum_{i=1}^{n}|y_i|$。

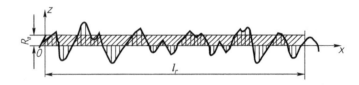

图 7-23　轮廓的算术平均偏差

测得的 Ra 值越大,则表面越粗糙。Ra 能客观地反映表面微观几何形状误差,但因受到计量器具功能限制,不宜用作过于粗糙或太光滑表面的评定参数。

微观不平度十点高度 Rz:在取样长度 l 内,被测表面 5 个最大轮廓峰高的平均值与 5 个最大轮廓的谷深的平均值之和,如图 7-24 所示。

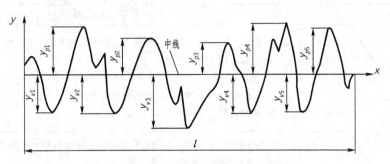

图 7-24　微观不平度十点高度 Rz

Rz 和 Ra 比较,测点少,故 Ra 更客观反映工件的表面实际情况。

表面粗糙度的参数值已经标准化,设计时应按国家标准《产品几何技术规范(GPS) 表面粗糙度 参数及其数值》(GB/T 1031—2009)规定的参数值系列选取。Ra 参数值列于表 7-22。

Ra 的数值(摘自 GB/T 1031—2009)(单位:μm)　　表 7-22

0.012	0.050	0.20	0.80	3.2	12.5	50
0.025	0.100	0.40	1.60	6.3	25	100

在一般情况下测量 Ra 时,推荐按表 7-23 选用对应的取样长度及评定长度值,此时在图样上可省略标注取样长度值。当有特殊要求不能选用表 7-23 中数值时,应在图样上标注出取样长度值。

lr 和 ln 的数值(摘自 GB/T 1031—2009)　　表 7-23

Ra(μm)	lr(mm)	ln(mm)($ln = 5lr$)
≥0.008~0.02	0.08	0.4
>0.02~0.10	0.25	1.25
>0.10~2.0	0.8	4.0
>2.0~10.0	2.5	12.5
>10.0~80.0	8.0	40.0

三　表面粗糙度的标注

图样上所标注的表面粗糙度符号、代号,是该表面完工后的要求。表面粗糙度的标注应符合国家标准 GB/T 131—2006 的规定。

1　表面粗糙度的符号

图样上表示的零件表面粗糙度符号及其说明,见表 7-24。若仅需要加工(采用去除材料的方法或不去除材料的方法)但对表面粗糙度的其他规定没有要求时,允许只注表面粗糙度符号。

表面粗糙度符号（摘自 GB/T 131—2006）　　　表 7-24

符　号	意义及说明
∨	基本符号，表示表面可用任何方法获得。当不加注粗糙度参数值或有关说明时，仅适用于简化代号标注
∇	基本符号加一短划，表示表面是用去除材料的方法获得。例如：车、铣、钻、磨、电加工等
∨（带圆圈）	基本符号加一小圆，表示表面是用不去除材料的方法获得。例如：铸、锻、冲压变形、热轧、粉末冶金等 或用于保持原供应状况的表面（包括保持上道工序的状况）
三种符号加横线	在上述三个符号的长边上均可加一横线，用于标注有关参数和说明
三种符号加小圆	在上述三个符号上均可加一小圆，表示所有表面具有相同的表面粗糙度要求

2 表面粗糙度的代号及其注法

表面粗糙度的代号、数值及其有关规定在符号中注写的位置，如图 7-25 所示。当允许在表面粗糙度参数的所有实测值中超过规定值的个数少于总数的 16% 时，应在图样上标注表面粗糙度参数的上限值或下限值，称"16% 规则"。当要求在表面粗糙度参数的所有实测值中不得超过规定值时，应在图样上标注表面粗糙度参数的最大值或最小值，"最大值规则"。

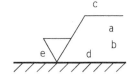

图 7-25　表面粗糙度代号注法

a：传输带或取样长度（单位为 mm）/粗糙度参数代号及其数值（第一个表面结构要求，单位为 μm）；
b：粗糙度参数代号及其数值（第二个表面结构要求）；
c：加工要求、镀覆、涂覆、表面处理或其他说明等；
d：加工纹理方向符号；
e：加工余量（单位为 mm）。

❶ 表面粗糙度基本参数的标注

表面粗糙度幅度参数 Ra 和 Rz 是基本参数，标注在参数值前。表面粗糙度幅度参数的各种标注方法及其意义见表 7-25。

表面粗糙度幅度（高度）参数的标注（摘自 GB/T 131—2006）　　　表 7-25

代　号	意　义	代　号	意　义
Ra 3.2	用任何方法获得的表面粗糙度，Ra 的上限值为 3.2μm	Ra_{max} 3.2	用任何方法获得的表面粗糙度，Ra 的最大值为 3.2μm

续上表

代　号	意　义	代　号	意　义
√Ra 3.2	用去除材料方法获得的表面粗糙度，Ra 的上限值为 3.2μm	√Ra_{max} 3.2	用去除材料方法获得的表面粗糙度，Ra 的最大值为 3.2μm
√Ra 3.2	用不去除材料方法获得的表面粗糙度，Ra 的上限值为 3.2μm	√Ra_{max} 3.2	用不去除材料方法获得的表面粗糙度，Ra 的最大值为 3.2μm
√U Ra 3.2　L Ra 1.6	用去除材料方法获得的表面粗糙度，Ra 的上限值为 3.2μm，Ra 的下限值为 1.6μm	√Ra 3.2　Ra_{min} 1.6	用去除材料方法获得的表面粗糙度，Ra 的最大值为 3.2μm，Ra 的最小值为 1.6μm
√Rz 3.2	用任何方法获得的表面粗糙度，Rz 的上限值为 3.2μm	√Rz_{max} 3.2	用任何方法获得的表面粗糙度，Rz 的最大值为 3.2μm
√U Rz 3.2　L Rz 1.6　√Rz 3.2　Rz 1.6	用去除材料方法获得的表面粗糙度，Rz 的上限值为 3.2μm，Rz 的下限值为 1.6μm（在不引起误会的情况下，也可省略标注 U、L）	√Rz_{max} 3.2　Rz_{min} 1.6	用去除材料方法获得的表面粗糙度，Rz 的最大值为 3.2μm，Rz 的最小值为 1.6μm
√U Ra 3.2　U Rz 1.6	用去除材料方法获得的表面粗糙度，Ra 的上限值为 3.2μm，Rz 的上限值为 1.6μm	√Ra_{max} 3.2　Rz_{max} 1.6	用去除材料方法获得的表面粗糙度，Ra 的最大值为 3.2μm，Rz 的最大值为 1.6μm
√0.008－0.8/ Ra 3.2	用去除材料方法获得的表面粗糙度，Ra 的上限值为 3.2μm，传输带 0.008～0.8mm	√－0.8/ Ra 3 3.2	用去除材料方法获得的表面粗糙度，Ra 的上限值为 3.2μm，取样长度0.8mm，评定包含 3 个取样长度

❷ 表面粗糙度其他项目的标注

取样长度若按标准规定的默认值，且评定长度为 5 个取样长度，在图样上可以省略标注；若选用非标准值或评定长度不为 5 个取样长度，则应在相应位置标注取样长度的值（如表 7-25）或取样长度的个数（图 7-26a）表示评定长度为 3 个取样长度）。

若某表面的粗糙度要求由指定的加工方法(如铣削)获得时,可用文字标注在图7-25规定之处,如图7-26b)所示。

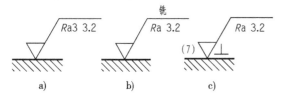

a)　　　　　b)　　　　　c)

图7-26　表面粗糙度其他项目标注

若需要标注加工余量(设加工总余量为7 mm),应将其标注在图7-25规定之处,如图7-26c)所示。

若需要控制表面加工纹理方向时,可在图7-25的规定之处,加注加工纹理方向符号,如图7-26c)所示。标准规定了加工纹理方向符号,见表7-26。

加工纹理方向的符号(摘自 GB/T 131—2006)　　　　表7-26

符号	图例与说明	符号	图例与说明
=	纹理沿平行方向	M	纹理呈多方向
⊥	纹理沿垂直方向	C	纹理近似为以表面的中心为圆心的同心圆
		R	纹理近似为通过表面中心的辐线
X	纹理沿二交叉方向	P	纹理无方向或呈凸起的细粒状

注:若表中所列符号不能清楚表明所要求的纹理方向,应在图样上用文字说明。

3 表面粗糙度图样上的标注方法

表面粗糙度符号、代号一般注在可见轮廓线或其延长线(图 7-27)和指引线(图 7-28)、尺寸线、尺寸界线(图 7-34)上;也可标注在公差框个格上方(图 7-29)或圆柱和棱柱表面上。符号的尖端必须从材料外指向表面。其中注在螺纹直径上的符号表示螺纹工作表面的粗糙度。在同一图样上,每一表面一般只标注一次符号、代号,并尽可能靠近有关的尺寸线(图 7-30);如果每个棱柱表面有不同的要求,则分别单独标注。

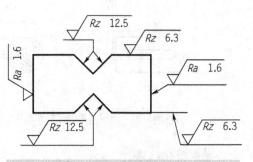

图 7-27 表面粗糙度在轮廓线上的标注

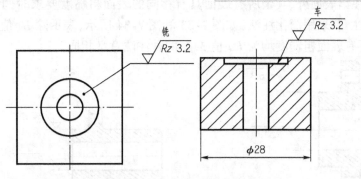

图 7-28 用指引线引出标注表面粗糙度

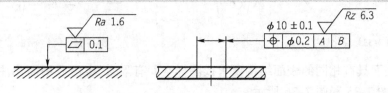

图 7-29 表面粗糙度标注在形位公差框格的上方

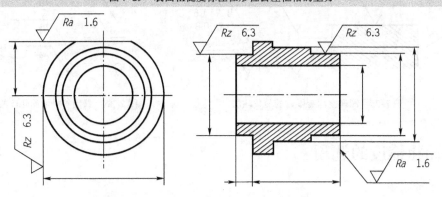

图 7-30 表面粗糙度标注在圆柱特征的延长线上

倒角、圆角和键槽的粗糙度标注方法,如图 7-31 和图 7-32 所示。

项目七　形位公差与表面粗糙度

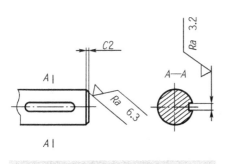

图 7-31　键槽的表面粗糙度注法

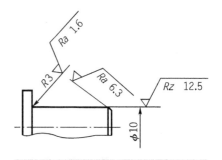

图 7-32　圆角和倒角的表面粗糙度注法

④ 简化注法

当零件除注出表面外、其余所有表面具有相同的表面粗糙度要求时,其符号、代号可在图样上统一标注,并采用简化注法,如图 7-33 和图 7-34 所示,表示除 Rz 值为 1.6 和 6.3 的表面外,其余所有表面粗糙度均为 Ra 值 3.2,两种注法意义相同。

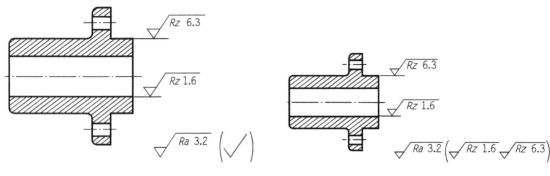

图 7-33　简化标注(一)　　　　　　　　　　图 7-34　简化标注(二)

当多个表面具有相同的表面结构要求或图样空间有限时,也可采用简化注法,以等式的形式给出,如图 7-35 和图 7-36 所示。

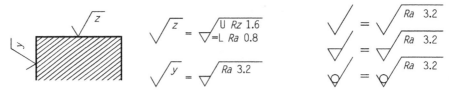

图 7-35　图样空间有限时的简化注法　　　　图 7-36　只用符号的简化注法

四　表面粗糙度的选用

① 评定参数的选用

一般情况下可以从幅度参数 Ra 和 Rz 中任选一个,但在常用值范围内(Ra 为 0.025 ~

6.3μm),优先选用 Ra。因为通常采用电动轮廓仪测量零件表面的 Ra 值,其测量范围为 0.02～8μm。

Rz 通常用光学仪器——双管显微镜或干涉显微镜测量。粗糙度要求特别高或特别低($Ra<0.025$μm 或 $Ra>6.3$μm)时,选用 Rz。Rz 用于测量部位小、峰谷小或有疲劳强度要求的零件表面的评定。

如图 7-37 所示,三种表面的轮廓最大高度参数相同,而使用质量显然不同,由此可见,只用幅度参数不能全面反映零件表面微观几何形状误差。

图 7-37 微观形状对质量的影响

2 参数值的选用

表面粗糙度评定参数值选择的一般原则:在满足功能要求的前提下,尽量选用较大的表面粗糙度参数值,以便于加工,降低生产成本,获得较好的经济效益。表面粗糙度评定参数值的选用通常采用类比法。具体选用时,应注意以下几点:

(1)同一零件上,工作表面的 Ra 或 Rz 值比非工作表面小。

(2)摩擦表面 Ra 或 Rz 值比非摩擦表面小。

(3)运动速度高、单位面积压力大,以及受交变应力作用的重要零件的圆角沟槽的表面粗糙度要求应较高。

(4)配合性质要求高的配合表面(如小间隙配合的配合表面)、受重载荷作用的过盈配合表面的表面粗糙度要求应较高。

(5)在确定表面粗糙度参数值时,应注意它与尺寸公差和形位公差协调。尺寸公差值和形位公差值越小,表面粗糙度的 Ra 或 Rz 值应越小,同一公差等级时,轴的粗糙度 Ra 或 Rz 值应比孔小。

(6)要求防腐蚀、密封性能好或外表美观的表面粗糙度要求应较高。

(7)凡有关标准已对表面粗糙度要求作出规定(如与滚动轴承配合的轴颈和外壳孔的表面粗糙度),则应按该标准确定表面粗糙度参数值。

通常尺寸公差、表面形状公差小时,表面粗糙度要求也高。但表面粗糙度参数值和尺寸公差、表面形状公差之间并不存在确定的函数关系,如手轮、手柄的尺寸公差较大,但表面粗糙度要求却较高。一般情况下,它们之间有一定的对应关系。设表面形状公差值为 T,尺寸公差值为 IT,可参照以下对应关系:

$T\approx0.6$IT,则 $Ra\leq0.05$IT;$Rz\leq0.2$IT

$T\approx0.4$IT,则 $Ra\leq0.025$IT;$Rz\leq0.1$IT

$T\approx0.25$T,则 $Ra\leq0.012$IT;$Rz\leq0.05$IT

$T\leq0.25$IT,则 $Ra\leq0.015$T;$Rz\leq0.6$T

3 表面粗糙度参数值应用实例(见表 7-27)

表面粗糙度参数值应用实例　　　　　表 7-27

$Ra(\mu m)$	$Rz(\mu m)$	加工方法	应用举例
≤80	≤320	粗车、粗刨、粗铣、钻、毛锉、锯断	粗糙工作面,一般很少用
≤20	≤80	粗车、粗刨、粗铣、钻、毛锉、锯断	粗加工表面,如轴端面、倒角、螺钉和铆钉孔表面、齿轮及带轮侧面、键槽底面、焊接前焊缝表面
≤10	≤40	车、刨、铣、镗、钻、粗铰	轴不上安装轴承、齿轮处的非配合表面,筋间的自由装配表面,轴和孔的退刀槽等
≤5	≤20	车、刨、铣、镗、磨、拉、粗刮、滚压	半精加工表面,箱体、支架、套筒和其他零件接合而无配合要求的表面,需要发蓝的表面,机床主轴的非工作表面
≤2.5	≤10	车、刨、铣、镗、磨、拉、刮、滚压、铣齿	接近于精加工表面,衬套、轴承、定位销的压入孔表面,中等精度齿轮齿面,低速传动的轴颈,电镀前金属表面等
≤1.25	≤6.3	车、镗、磨、拉、刮、精铰、滚压、磨齿	圆柱销、圆锥销,与滚动轴承配合的表面,卧式车床导轨面,内、外花键定心表面、中速转动轴颈等
≤0.63	≤3.2	精镗、磨、刮、精铰、滚压	要求配合性质稳定的配合表面,较高精度车床的导轨面,高速工作的轴颈及衬套工作表面
≤0.32	≤1.6	精磨、珩磨、研磨、超精加工	精密机床主轴锥孔,顶尖锥孔,发动机曲轴表面,高精度齿轮齿面,凸轮轴表面等
≤0.16	≤0.8	精磨、研磨、普通抛光	活塞表面,仪器导轨表面,液压阀的工作面,精密滚动轴承的滚道
≤0.08	≤0.4	超精磨、精抛光、镜面磨削	精密机床主轴颈表面,量规工作面,测量仪器的摩擦面,滚动轴承的钢球、滚珠表面
≤0.04	≤0.2	超精磨、精抛光、镜面磨削	特别精密或高速滚动轴承的滚道、钢球、滚珠表面,测量仪器中的中等精度配合表面,保证高度气密的接合表面
≤0.02	≤0.1	镜面磨削、超精研	精密仪器的测量面,仪器中的高精度配合表面,大于 100mm 的量规工作表面等
≤0.01	≤0.05	镜面磨削、超精研	高精度量仪、量块的工作表面,光学仪器中的金属镜面,高精度坐标镗床中的镜面尺等

【例 7-1】 某箱体孔尺寸为 $\phi 50H7$，若其形状公差按其尺寸公差的 60% 选用，试确定该孔的表面粗糙度允许值 Ra 和 Rz。

解：已知尺寸公差 $IT7 = 0.025mm$，形状公差 $T = 0.6IT$，由尺寸公差、形状公差和粗糙度允许值三者之间的关系得：$Ra \leq 0.05IT = 1.25\mu m$ $Rz \leq 0.2IT = 5\mu m$

查表进行标准化圆整，得到最接近的允许值为：

Ra：第一系列 $0.8\mu m$ 或 $1.6\mu m$ 第二系列 $1.25\mu m$

Rz：第一系列 $3.2\mu m$ 或 $6.3\mu m$ 第二系列 $5.0\mu m$

取：(1) $Ra = 0.8\mu m$，$Rz = 3.2\mu m$ 符合优先选用标准，但过于保守，不够经济，要求严格时可以选用。

(2) $Ra = 1.6\mu m$，$Rz = 6.3\mu m$ 符合优先选用标准，但偏于要求低，若不影响使用要求时可以选用。

(3) $Ra = 1.25\mu m$，$Rz = 5.0\mu m$ 虽为第二系列，但不仅符合要求，且经济，若工厂条件允许可以选用。

由于，题目所给的条件不充分，故这里答案不唯一。

在工厂实际中，应根据实际条件具体确定，要综合考虑经济性和实际生产条件。

表面粗糙度的测量

目前常用的表面粗糙度的测量方法主要有：比较法、光切法、针描法、激光反射法等。

1 比较法

比较法是将被测表面与已知其评定参数值的粗糙度样板相比较，如被测表面精度较高时，可借助于放大镜、比较显微镜进行比较，以提高检测精度。比较样板的选择应使其材料、形状和加工方法与被测工件尽量相同。

比较法简单实用，适合于车间条件下判断较粗糙的表面。比较法的判断准确程度与检验人员的技术熟练程度有关。

2 光切法

光切法是利用"光切原理"测量表面粗糙度的方法。光切原理示意图如图 7-38 所示。图 7-38a) 表示被测表面为阶梯面，其阶梯高度为 h。由光源发出的光线经狭缝后形成一个光带，此光带与被测表面以夹角为 45° 的方向 A 与被测表面相截，被测表面的轮廓影像沿 B 向反射后可由显微镜中观察得到图 7-38b)。其光路系统如图 7-38c)所示,光源 1 通过聚光镜 2、狭缝 3 和物镜 5,以 45°角的方向投射到工件表面 4 上,形成一窄细光带。光带边缘的形状,即光束与工件表面的交线,也就是工件在 45°截面上的轮廓形状,此轮廓曲线的波峰在 S_1 点反射,波谷在 S_2 点反射,通过物镜 5,分别成像在分划板 6 上的 S_1'' 和 S_2'' 点,其峰、谷影像高度差为 h''。由仪器的测微装置可读出此值,按定义测出评定参数 Rz 的数值。

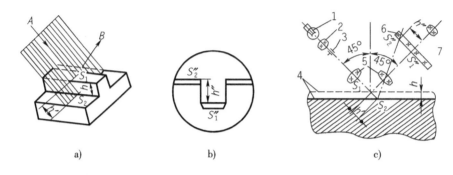

图 7-38 光切法测量原理示意图

按光切原理设计制造的表面粗糙度测量仪器称为光切显微镜(或双管显微镜)其测量范围 Rz 为 $0.8\sim80\mu m$。

3 针描法

针描法是利用仪器的触针在被测表面上轻轻划过,被测表面的微观不平度将使触针作垂直方向的位移,再通过传感器将位移量转换成电量,经信号放大后送入计算机,在显示器上示出被测表面粗糙度的评定参数值。也可由记录器绘制出被测表面轮廓的误差图形,其工作原理如图 7-39 所示。

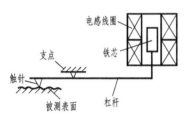

图 7-39 针描法测量原理示意图

按针描法原理设计制造的表面粗糙度测量仪器通常称为轮廓仪。根据转换原理的不同,可以有电感式轮廓仪、电容式轮廓仪、压电式轮廓仪等。轮廓仪可测 Ra、Rz、RSm 及 $Rmr(c)$ 等多个参数。

除上述轮廓仪外,还有光学触针轮廓仪,它适用于非接触测量,以防止划伤零件表面,这种仪器通常直接显示 Ra 值,其测量范围为 $0.02\sim5\mu m$。

4 激光反射法

激光反射法的基本原理是用激光束以一定的角度照射到被测表面,除了一部分光被吸收以外,大部分被反射和散射。反射光与散射光的强度及其分布与被照射表面的微观不平度状况有关。通常,反射光较为集中形成明亮的光斑,散射光则分布在光斑周围形成较弱的光带。较为光洁的表面,光斑较强,光带较弱且宽度较小;较为粗糙的表面则光斑较弱,光带较强且宽度较大。

一、判断题（正确的打"√",错误的打"×"）

1. 定表面粗糙度时,通常可在三项高度特性方面的参数中选取。（　）
2. 评定表面轮廓粗糙度所必需的一段长度称取样长度,它可以包含几个评定长度。（　）
3. Rz 参数由于测量点不多,因此在反映微观几何形状高度方面的特性不如 Ra 参数充分。（　）
4. Ra 参数对某些表面上不允许出现较深的加工痕迹和小零件的表面质量有实用意义。（　）
5. 选择表面粗糙度评定参数值应尽量小好。（　）
6. 零件的尺寸精度越高,通常表面粗糙度参数值相应取得越小。（　）
7. 零件的表面粗糙度值越小,则零件的尺寸精度应越高。（　）
8. 摩擦表面应比非摩擦表面的表面粗糙度数值小。（　）
9. 要求配合精度高的零件,其表面粗糙度数值应大。（　）
10. 受交变载荷的零件,其表面粗糙度值应小。（　）

二、选择题

1. 表面粗糙度值越小,则零件的____。
   A. 耐磨性好　　　B. 配合精度高　　　C. 抗疲劳强度差　　　D. 传动灵敏性差
2. 选择表面粗糙度评定参数值时,下列论述正确的有____。
   A. 同一零件上工作表面应比非工作表面参数值大
   B. 摩擦表面应比非摩擦表面的参数值小
   C. 配合质量要求高,参数值应小
   D. 尺寸精度要求高,参数值应小
   E. 受交变载荷的表面,参数值应大
3. 下列论述正确的有____。
   A. 表面粗糙度属于表面微观性质的形状误差
   B. 表面粗糙度属于表面宏观性质的形状误差
   C. 表面粗糙度属于表面波纹度误差
   D. 经过磨削加工所得表面比车削加工所得表面的表面粗糙度值大
   E. 介于表面宏观形状误差与微观形状误差之间的是波纹度误差
4. 表面粗糙度代(符)号在图样上应标注在____。
   A. 可见轮廓线上　　B. 尺寸界线上　　　C. 虚线上
   D. 符号尖端从材料外指向被标注表面
   E. 符号尖端从材料内指向被标注表面

三、标注题

1. 将表面粗糙度符号标注在图上，要求：
(1) 用任何方法加工圆柱面 ϕd_3，Ra 最大允许值为 $3.2\mu m$。
(2) 用去除材料的方法获得孔 ϕd_1，要求 Ra 最大允许值为 $3.2\mu m$。
(3) 用去除材料的方法获得表面 a，要求 Ry 最大允许值为 $3.2\mu m$。
(4) 其余用去除材料的方法获得表面，要求 Ra 允许值均为 $25\mu m$。

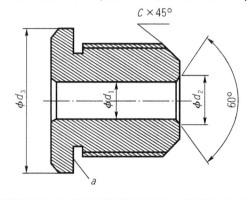

题 1 图

2. 试将下列的表面粗糙度轮廓技术要求标注在题图所示的机械加工的零件的图样上。
(1) 两上 ϕd_1 圆柱面的表面粗糙度轮廓参数 Ra 的上限值为 $1.6\mu m$，下限值为 $0.8\mu m$。
(2) ϕd_2 轴肩的表面粗糙度 Rz 的最大值为 $20\mu m$。
(3) ϕd_2 圆柱面的表面粗糙度轮廓参数 Ra 的最大值为 $3.2\mu m$，最小值为 $1.6\mu m$；
(4) 宽度为 b 的键槽两侧面的表面粗糙度 Ra 的上限值为 $3.2\mu m$；
(5) 其余表面的表面粗糙度 Ra 的最大值为 $12.5\mu m$。

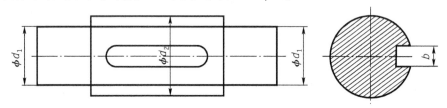

题 2 图

项目八
测量技术基础

知识目标
◎ 了解常见测量工具的种类。
◎ 掌握钢直尺、内外卡钳、塞尺、游标读数量具、螺旋测微量具、指示式量具的测量原理和使用方法。
◎ 了解量具的维护和保养。
◎ 理解光滑极限量规的作用、分类、量规尺寸及公差带。
◎ 掌握量规结构的选用和设计步骤。

能力目标
◎ 能够正确选用和使用适合的量具测量零件尺寸及公差。
◎ 能够正确保养和维护常见测量工具。
◎ 能够简单设计工作量规。

任务一 测量器具的识别与使用

机械零件在制造、装配或检修过程中,需要利用多种测量器具对其加工尺寸、装配尺寸或者磨损量进行测量。工程测量中,测量器具种类较多,选用哪种仪器量具,测量数据如何处理,测量误差如何确定,针对这些问题,现要求以发动机汽缸体(图8-1)为例,通过选用不同的测量工具来解决汽缸体变形和汽缸磨损的测量问题。

项目八　测量技术基础

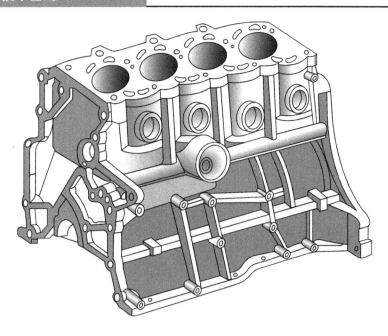

图 8-1　发动机汽缸体结构示意图

一　钢直尺、内外卡钳和塞尺

1　钢直尺

钢直尺是最简单的长度量具，它的长度有 150mm、300mm、500mm 和 1000 mm 四种规格。图 8-2 是常用的 150 mm 钢直尺。

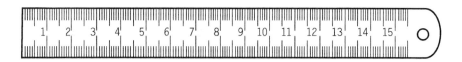

图 8-2　150 mm 钢直尺

钢直尺用于测量零件的长度尺寸（图 8-3），它的测量结果不太准确。这是由于钢直尺的刻线间距为 1mm，而刻线本身的宽度就有 0.1～0.2mm，所以测量时读数误差比较大，只能读出毫米数，即它的最小读数值为 1mm，比 1mm 小的数值，只能估计而得。

如果用钢直尺直接去测量零件的直径尺寸（轴径或孔径），则测量精度更差。其原因是：除了钢直尺本身的读数误差比较大以外，还由于钢直尺无法正好放在零件直径的正确位置。所以，零件直径尺寸的测量，也可以利用钢直尺和内外卡钳配合起来进行。

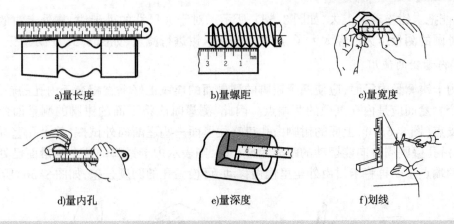

a)量长度　　b)量螺距　　c)量宽度

d)量内孔　　e)量深度　　f)划线

图8-3　钢直尺的使用方法

2 内外卡钳

图8-4所示是常见的两种内外卡钳。内外卡钳是最简单的比较量具。外卡钳是用来测量外径和平面的，内卡钳是用来测量内径和凹槽的。它们本身都不能直接读出测量结果，而是把测量的长度尺寸（直径也属于长度尺寸），在钢直尺上进行读数，或在钢直尺上先取下所需尺寸，再去检验零件的直径是否符合。

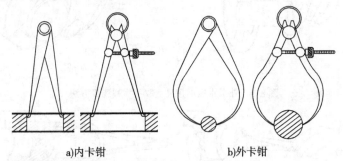

a)内卡钳　　　　b)外卡钳

图8-4　内外卡钳

❶ 外卡钳的使用

外卡钳在钢直尺上取下尺寸时，如图8-5a)所示，一个钳脚的测量面靠在钢直尺的端面上，另一个钳脚的测量面对准所需尺寸刻线的中间，且两个测量面的连线应与钢直尺平行，人的视线要垂直于钢直尺。

用已在钢直尺上取好尺寸的外卡钳去测量外径时，要使两个测量面的连线垂直零件的轴线，靠外卡钳的自重滑过零件外圆时，我们手中的感觉应该是外卡钳与零件外圆正好是点接触，此时外卡钳两个测量面之间的距离，就是被测零件的外径。所以，用外卡钳测量外径，就是比较外卡钳与零件外圆接触的松紧程度，如图8-5b)以卡钳的自重能刚好滑下为合适。如当卡钳滑过外圆时，我们手中没有接触感觉，就说明外卡钳比零件外径尺寸大，如靠外卡钳的自重不能滑过零件外圆，就说明外卡钳比零件外径尺寸小。切不可将卡钳歪斜地放上工件测量，这样有误差，如图8-5c)所示。由于卡钳有弹性，把外卡钳用力压过外圆是错误的,更不能把卡钳横着卡上去,如图 8-5d) 所示。对于大尺寸的外卡钳,靠外卡钳的自重滑过零件外圆的测量压力已经太大了,此时应托住卡钳进行测量,如图 8-5e) 所示。

❷ 内卡钳的使用

用内卡钳测量内径时,应使两个钳脚的测量面的连线正好垂直相交于内孔的轴线,即钳脚的两个测量面应是内孔直径的两端点。因此,测量时应将下面的钳脚的测量面停在孔壁上作为支点(图 8-6a)),上面的钳脚由孔口略往里面一些逐渐向外试探,并沿孔壁圆周方向摆动,当沿孔壁圆周方向能摆动的距离为最小时,则表示内卡钳脚的两个测量面已处于内孔直径的两端点了。再将卡钳由外至里慢慢移动,可检验孔的圆度公差,如图 8-6b) 所示。

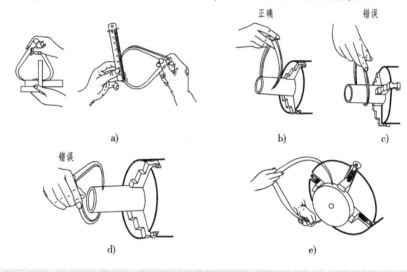

图 8-5 外卡钳在钢直尺上取尺寸和测量方法

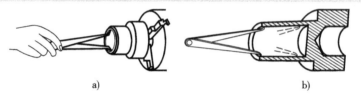

图 8-6 内卡钳测量方法

用已在钢直尺上或在外卡钳上取好尺寸的内卡钳去测量内径,如图 8-7a) 所示,就是比较内卡钳在零件孔内的松紧程度。如内卡钳在孔内有较大的自由摆动时,就表示卡钳尺寸比孔径内小了;如内卡钳放不进,或放进孔内后紧得不能自由摆动,就表示内卡钳尺寸比孔径大了,如内卡钳放入孔内,按照上述的测量方法能有 1~2mm 的自由摆动距离,这时孔径与内卡钳尺寸正好相等。测量时不要用手抓住卡钳测量,如图 8-7b) 所示,这样手感就没有了,难以比较内卡钳在零件孔内的松紧程度,并使卡钳变形而产生测量误差。

❸ 卡钳的适用范围

卡钳是一种简单的量具,由于它具有结构简单、制造方便、价格低廉、维护和使用方便等特点,广泛应用于要求不高的零件尺寸的测量和检验,尤其是对锻铸件毛坯尺寸的测量和检验,卡钳是最合适的测量工具。

卡钳虽然是简单量具,只要我们掌握得好,也可获得较高的测量精度。例如用外卡钳比较两根轴的直径大小时,就是轴径相差只有 0.01mm,有经验的老师傅也能分辨得出。又如用内卡钳与外径百分尺联合测量内孔尺寸时,有经验的老师傅完全有把握用这种方法测量高精度的内孔。这种内径测量方法,称为"内卡搭百分尺",是利用内卡钳在外径百分尺上读取准确的尺寸,如图 8-8 所示,再去测量零件的内径;或内卡在孔内调整好与孔接触的松紧程度,再在外径百分尺上读出具体尺寸。这种测量方法,不仅在缺少精密的内径量具时,是测量内径的好办法,而且,对于某零件的内径,如图 8-7 所示的零件,由于它的孔内有轴而使用精密的内径量具有困难,则应用内卡钳搭外径百分尺测量内径方法,就能解决问题。

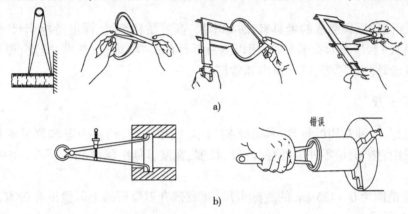

图 8-7 卡钳取尺寸和测量方法

3 塞尺

塞尺又称厚薄规或间隙片。主要用来检验机床特别紧固面和紧固面、活塞与汽缸、活塞环槽和活塞环、曲轴轴向间隙、齿轮啮合间隙等两个接合面之间的间隙大小。塞尺是由许多层厚薄不一的薄钢片组成(图 8-9),按照塞尺的组别制成一把一把的塞尺,每把塞尺中的每片具有两个平行的测量平面,且都有厚度标记,以供组合使用。

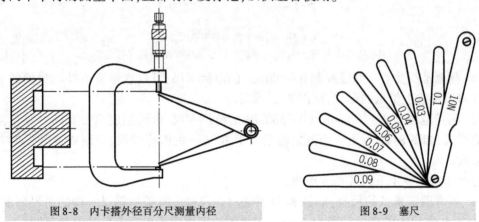

图 8-8 内卡搭外径百分尺测量内径　　图 8-9 塞尺

测量时，根据接合面间隙的大小，用一片或数片重迭在一起塞进间隙内。例如用 0.03mm 的一片能插入间隙，而 0.04mm 的一片不能插入间隙，这说明间隙在 0.03～0.04mm 之间，所以塞尺也是一种界限量规。

使用塞尺时必须注意下列几点：

(1) 根据接合面的间隙情况选用塞尺片数，但片数越少越好。

(2) 测量时不能用力太大，以免塞尺遭受弯曲和折断。

(3) 不能测量温度较高的工件。

二 游标读数量具

应用游标读数原理制成的量具有：游标卡尺，高度游标卡尺、深度游标卡尺、游标量角尺（如万能量角尺）和齿厚游标卡尺等，用以测量零件的外径、内径、长度、宽度、厚度、高度、深度、角度以及齿轮的齿厚等，应用范围非常广泛。

1 游标卡尺

游标卡尺是一种常用的量具，具有结构简单、使用方便、精度中等和测量的尺寸范围大等特点，可以用它来测量零件的外径、内径、长度、宽度、厚度、深度和孔距等。游标卡尺有三种结构形式

(1) 测量范围为 0～125mm 的游标卡尺，制成带有刀口形的上下量爪和带有深度尺的形式，如图 8-10 所示。

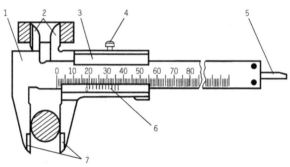

图 8-10　游标卡尺的结构形式之一

1-尺身；2-上量爪；3-尺框；4-坚固螺钉；5-深度尺；6-游标；7-下量爪

(2) 测量范围为 0～200mm 和 0～300mm 的游标卡尺，可制成带有内外测量面的下量爪和带有刀口形的上量爪的形式，如图 8-11 所示。

(3) 测量范围为 0～200mm 和 0～300mm 的游标卡尺，也可制成只带有内外测量面的下量爪的形式，如图 8-12 所示。而测量范围大于 300mm 的游标卡尺，只制成这种仅带有下量爪的形式。

游标卡尺主要由下列几部分组成：

(1) 具有固定量爪的尺身，如图 8-11 中的 1。尺身上有类似钢尺一样的主尺刻度，如图 8-12 中的 6，主尺上的刻线间距为 1mm。主尺的长度决定于游标卡尺的测量范围。

(2)具有活动量爪的尺框,如图 8-11 中的 3。尺框上有游标,如图 8-11 中的 8,游标卡尺的游标读数值可制成 0.1mm、0.05mm 和 0.02mm 三种。游标读数值,就是指使用这种游标卡尺测量零件尺寸时,卡尺上能够读出的最小数值。

(3)在 0～125mm 的游标卡尺上,还带有测量深度的深度尺,如图 8-10 中的 5。深度尺固定在尺框的背面,能随着尺框在尺身的导向凹槽中移动。测量深度时,应把尺身尾部的端面靠紧在零件的测量基准平面上。

(4)测量范围等于和大于 200mm 的游标卡尺,带有随尺框作微动调整的微动装置,如图 8-11 中的 5。使用时,先用固定螺钉 4 把微动装置 5 固定在尺身上,再转动微动螺母 7,活动量爪就能随同尺框 3 作微量的前进或后退。微动装置的作用,是使游标卡尺在测量时用力均匀,便于调整测量压力,减少测量误差。

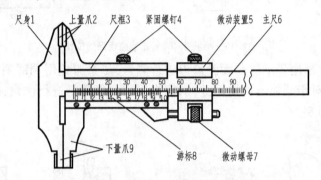

图 8-11 游标卡尺的结构形式之二

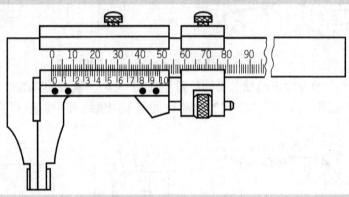

图 8-12 游标卡尺的结构形式之三

2 游标卡尺的使用方法

使用游标卡尺测量零件尺寸时,必须注意以下几点:

(1)测量前应把卡尺揩干净,检查卡尺的两个测量面和测量刃口是否平直无损,把两个量爪紧密贴合时,应无明显的间隙,同时游标和主尺的零位刻线要相互对准。这个过程称为校对游标卡尺的零位。

(2)移动尺框时,活动要自如,不应有过松或过紧,更不能有晃动现象。用固定螺钉固定尺框时,卡尺的读数不应有所改变。在移动尺框时,不要忘记松开固定螺钉,亦不宜过松以免掉了。

(3)当测量零件的外尺寸时,卡尺两测量面的连线应垂直于被测量表面,不能歪斜。测量时,可以轻轻摇动卡尺,放正垂直位置,图 8-13 所示。否则,量爪若在如图 8-13 所示的错误位置上,将使测量结果 a 比实际尺寸 b 大;先把卡尺的活动量爪张开,使量爪能自由地卡进工件,把零件贴靠在固定量爪上,然后移动尺框,用轻微的压力使活动量爪接触零件。如卡尺带有微动装置,此时可拧紧微动装置上的固定螺钉,再转动调节螺母,使量爪接触零件并读取尺寸。决不可把卡尺的两个量爪调节到接近甚至小于所测尺寸,把卡尺强制的卡到零件上去。

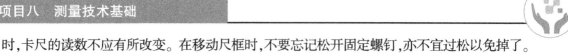

图 8-13　测量外尺寸时正确与错误的位置

测量沟槽时,应当用量爪的平面测量刃进行测量,尽量避免用端部测量刃和刀口形量爪去测量外尺寸。而对于圆弧形沟槽尺寸,则应当用刃口形量爪进行测量,不应当用平面形测量刃进行测量,如图 8-14 所示。

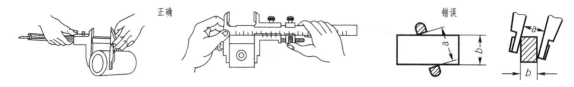

图 8-14　测量沟槽时正确与错误的位置

测量沟槽宽度时,也要放正游标卡尺的位置,应使卡尺两测量刃的连线垂直于沟槽,不能歪斜。否则,量爪若在如图 8-15 所示的错误的位置上,也将使测量结果不准确(可能大也可能小)。

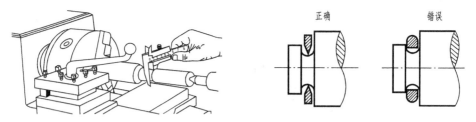

图 8-15　测量沟槽宽度时正确与错误的位置

(4)当测量零件的内孔尺寸时,如图 8-16 所示,要使量爪分开的距离小于所测内尺寸,进入零件内孔后,再慢慢张开并轻轻接触零件内表面,用固定螺钉固定尺框后,轻轻取出卡尺来读数。取出量爪时,用力要均匀,并使卡尺沿着孔的中心线方向滑出,不可歪斜,免使量爪扭伤、变形和受到不必要的磨损,同时会使尺框走动,影响测量精度。

卡尺两测量刃应在孔的直径上,不能偏歪。图 8-17 所示为带有刀口形量爪和带有圆柱面形量爪的游标卡尺在测量内孔时正确和错误的位置。当量爪在错误位置时,其测量结果,

将比实际孔径 D 要小。

图 8-16 内孔的测量方法

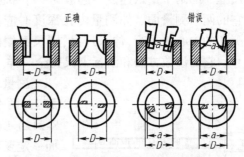

图 8-17 测量内孔时正确与错误的位置

3 高度游标卡尺

高度游标卡尺如图 8-18 所示,用于测量零件的高度和精密划线。它的结构特点是用质量较大的基座 4 代替固定量爪 5,而动的尺框 3 则通过横臂装有测量高度和划线用的量爪,量爪的测量面上镶有硬质合金,提高量爪使用寿命。高度游标卡尺的测量工作,应在平台上进行。当量爪的测量面与基座的底平面位于同一平面时,如在同一平台平面上,主尺 1 与游标 6 的零线相互对准。所以在测量高度时,量爪测量面的高度,就是被测量零件的高度尺寸,它的具体数值,与游标卡尺一样可在主尺(整数部分)和游标(小数部分)上读出。应用高度游标卡尺划线时,调好划线高度,用紧固螺钉 2 把尺框锁紧后,也应在平台上进行先调整再进行划线。图 8-19 所示为高度游标卡尺的应用。

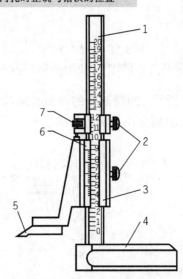

图 8-18 高度游标卡尺
1-主尺;2-坚固螺钉;3-尺框;4-基座;5-量爪;6-游标;7-微动装置

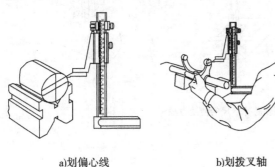
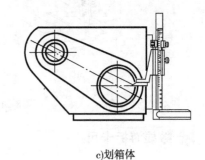

a)划偏心线　　　b)划拨叉轴　　　c)划箱体

图 8-19 高度游标卡尺的应用

4 深度游标卡尺

深度游标卡尺如图 8-20 所示,用于测量零件的深度尺寸或台阶高低和槽的深度。它的结构特点是尺框3的两个量爪连成一起成为一个带游标的测量基座1,基座的端面和尺身4的端面就是它的两个测量面。如测量内孔深度时应把基座的端面紧靠在被测孔的端面上,使尺身与被测孔的中心线平行,伸入尺身,则尺身端面至基座端面之间的距离,就是被测零件的深度尺寸。它的读数方法和游标卡尺完全一样。

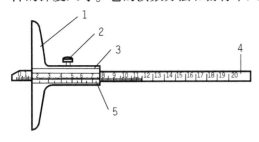

图8-20 深度游标卡尺
1-测量基座;2-紧固螺钉;3-尺框;4-尺身;5-游标

测量时,先把测量基座轻轻压在工件的基准面上,两个端面必须接触工件的基准面,如图8-21a)所示。测量轴类等台阶时,测量基座的端面一定要压紧在基准面,如图8-21 b)、c)所示,再移动尺身,直到尺身的端面接触到工件的量面(台阶面)上,然后用紧固螺钉固定尺框,提起卡尺,读出深度尺寸。多台阶小直径的内孔深度测量,要注意尺身的端面是否在要测量的台阶上,如图8-21 d)所示。当基准面是曲线时,如图8-21 e)所示,测量基座的端面必须放在曲线的最高点上,测量出的深度尺寸才是工件的实际尺寸,否则会出现测量误差。

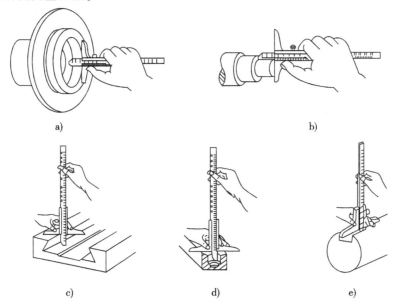

图8-21 深度游标卡尺的使用方法

5 数显游标卡尺

以上所介绍的各种游标卡尺都存在一个共同的问题,就是读数不很清晰,容易读错,有时不得不借放大镜将读数部分放大。现有游标卡尺采用无视差结构,使游标刻线与主尺刻线处在同一平面上,消除了在读数时因视线倾斜而产生的视差。有一种带有数字显示装置的游标卡尺(图8-22),这种游标卡尺在零件表面上量得尺寸时,就直接用数字显示出来,使用极为方便。有的卡尺装有测微表成为带表卡尺(图2-22),便于读数准确,提高了测量精度。

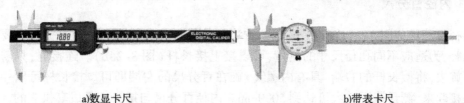

a)数显卡尺　　　　　　　　　　　　　　b)带表卡尺

图8-22　数字显示游标卡尺

三 螺旋测微量具

应用螺旋测微原理制成的量具,称为螺旋测微量具。它们的测量精度比游标卡尺高,并且测量比较灵活,因此,当加工精度要求较高时多被应用。常用的螺旋读数量具有百分尺和千分尺。百分尺的读数值为0.01mm,千分尺的读数值为0.001mm。百分尺的种类很多,机械加工车间常用的有:外径百分尺、内径百分尺、深度百分尺以及螺纹百分尺和公法线百分尺等,并分别测量或检验零件的外径、内径、深度、厚度以及螺纹的中径和齿轮的公法线长度等。

1 外径百分尺的结构

各种百分尺的结构大同小异,常用外径百分尺是用以测量或检验零件的外径、凸肩厚度以及板厚或壁厚等(测量孔壁厚度的百分尺,其量面呈球弧形)。百分尺由尺架、测微头、测力装置和制动器等组成。图8-23所示是测量范围为0~25mm的外径百分尺。尺架1的一端装着固定测砧2,另一端装着测微头。固定测砧和测微螺杆的测量面上都镶有硬质合金,以提高测量面的使用寿命。尺架的两侧面覆盖着绝热板12,使用百分尺时,手拿在绝热板上,防止人体的热量影响百分尺的测量精度。

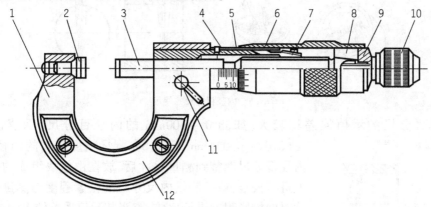

图8-23　0~25mm 外径百分尺

1-尺架；2-固定测砧；3-测微螺杆；4-螺纹轴套；5-固定刻度套筒；6-微分筒；7-调节螺母；8-接头；9-垫片；10-测力装置；11-锁紧螺钉；12-绝热板

2 内径百分尺

内径百分尺如图 8-24a)所示,其读数方法与外径百分尺相同。内径百分尺主要用于测量大孔径,为适应不同孔径尺寸的测量,可以接上接长杆(图 8-24b)。连接时,只需将保护螺帽 5 旋去,将接长杆的右端(具有内螺纹)旋在百分尺的左端即可。接长杆可以一个接一个地连接起来,测量范围最大可达到 5000mm。内径百分尺与接长杆是成套供应的。

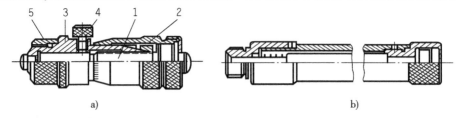

图 8-24　内径百分尺
1-测微螺杆;2-微分筒;3-固定套筒;4-制作螺钉;5-保护螺帽

内径百分尺上,没有测力装置,测量压力的大小完全靠手中的感觉。测量时,是把它调整到所测量的尺寸后(图 8-25),轻轻放入孔内试测其接触的松紧程度是否合适。一端不动,另一端作左、右、前、后摆动。左右摆动,必须细心地放在被测孔的直径方向,以点接触,即测量孔径的最大尺寸处(最大读数处),要防止如图 8-26 所示的错误位置。前后摆动应在测量孔径的最小尺寸处(即最小读数处)。按照这两个要求与孔壁轻轻接触,才能读出直径的正确数值。测量时,用力把内径百分尺压过孔径是错误的,这样做不但使测量面过早磨损,且由于细长的测量杆弯曲变形后,既损伤量具精度,又使测量结果不准确。

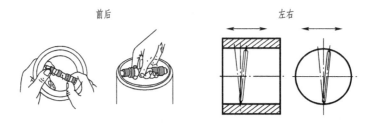

图 8-25　内径百分尺的使用

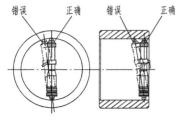

图 8-26　内径百分尺的错误位置

内径百分尺的示值误差比较大,如测 0～600mm 的内径百分尺,示值误差就有 ±(0.01～0.02)mm。因此,在测量精度较高的内径时,应把内径百分尺调整到测量尺寸后,放在由量块组成的相等尺寸上进行校准,或把测量内尺寸时的松紧程度与测量量块组尺寸时的松紧程度进行比较,克服其示值误差较大的缺点。

内径百分尺,除可用来测量内径外,也可用来测量槽宽和机体两个内端面之间的距离等内尺寸。但 50mm 以下的尺寸不能测量,需用内测百分尺。

四 指示式量具

指示式量具是以指针指示出测量结果的量具。车间常用的指示式量具有：百分表、千分表、杠杆百分表和内径百分表等。主要用于校正零件的安装位置，检验零件的形状精度和相互位置精度，以及测量零件的内径等。

1 百分表的结构

百分表和千分表，都是用来校正零件或夹具的安装位置，检验零件的形状精度或相互位置精度的。它们的结构原理没有什么大的不同，就是千分表的读数精度比较高，即千分表的读数值为 0.001mm，而百分表的读数值为 0.01mm，车间里经常使用的是百分表。

百分表的外形如图 8-27 所示。8 为测量杆，6 为指针，表盘 3 上刻有 100 个等分格，其刻度值（即读数值）为 0.01mm。当指针转一圈时，小指针即转动一小格，转数指示盘 5 的刻度值为 1mm。用手转动表圈 4 时，表盘 3 也跟着转动，可使指针对准任一刻线。测量杆 8 是沿着套筒 7 上下移动的，套筒 7 可作为安装百分表用。9 是测量头，2 是手提测量杆用的圆头。

图 8-28 是百分表内部机构的示意图。带有齿条的测量杆 1 的直线移动，通过齿轮传动（Z_1、Z_2、Z_3），转变为指针 2 的回转运动。齿轮 Z_4 和弹簧 3 使齿轮传动的间隙始终在一个方向，起着稳定指针位置的作用。弹簧 4 是控制百分表的测量压力的。百分表内的齿轮传动机构，使测量杆直线移动 1mm 时，指针正好回转一圈。

由于百分表和千分表的测量杆是作直线移动的，可用来测量长度尺寸，所以它们也是长度测量工具。目前，国产百分表的测量范围（即测量杆的最大移动量）有 0~3mm、0~5mm、0~10mm 三种。读数值为 0.001mm 的千分表，测量范围为 0~1mm。

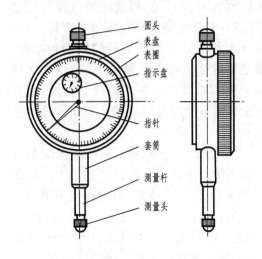

图 8-27 百分表的外部结构

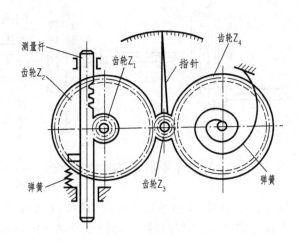

图 8-28 百分表的内部结构

2 百分表和千分表的使用方法

由于千分表的读数精度比百分表高,所以百分表适用于尺寸精度为 IT6~IT8 级零件的校正和检验;千分表则适用于尺寸精度为 IT5~IT7 级零件的校正和检验。百分表和千分表按其制造精度,可分为 0 级、1 级和 2 级三种,0 级精度较高。使用时,应按照零件的形状和精度要求,选用合适的百分表或千分表的精度等级和测量范围。

使用百分表和千分表时,必须注意以下几点:

(1)使用前,应检查测量杆活动的灵活性。即轻轻推动测量杆时,测量杆在套筒内的移动要灵活,没有任何卡滞现象,且每次放松后,指针能恢复到原来的刻度位置。

(2)使用百分表或千分表时,必须把它固定在可靠的夹持架上(如固定在万能表架或磁性表座上,图 8-29),夹持架要安放平稳,免使测量结果不准确或摔坏百分表。

用夹持百分表的套筒来固定百分表时,夹紧力不要过大,以免因套筒变形而使测量杆活动不灵活。

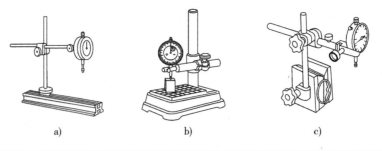

图 8-29 安装在专用夹持架上的百分表

(3)用百分表或千分表测量零件时,测量杆必须垂直于被测量表面,如图 8-30 所示。即使测量杆的轴线与被测量尺寸的方向一致,否则将使测量杆活动不灵活或使测量结果不准确。

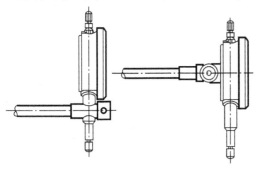

图 8-30 百分表安装方法

(4)测量时,不要使测量杆的行程超过它的测量范围;不要使测量头突然撞在零件上;不要使百分表和千分表受到剧烈的振动和撞击,亦不要把零件强迫推入测量头下,免得损坏百分表和千分表的零件而失去精度。因此,用百分表测量表面粗糙或有显著凹凸不平的零件是错误的。

(5)用百分表校正或测量零件时,如图 8-31 所示。应当使测量杆有一定的初始测力。即在测量头与零件表面接触时,测量杆应有 0.3~1mm 的压缩量(千分表可小一点,有 0.1mm 即可),使指针转过半圈左右,然后转动表圈,使表盘的零位刻线对准指针。轻轻地拉动手提测量杆的圆头,拉起和放松几次,检查指针所指的零位有无改变。当指针的零位稳定后,再开始测量或校正零件的工作。如果是校正零件,此时开始改变零件的相对位置,读出指针的偏摆值,就是零件安装的偏差数值。

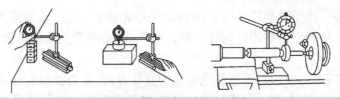

图8-31 百分表尺寸校正与检验方法

（6）检查工件轴类零件圆度、圆柱度及跳动时，如图8-32所示。将工件放在平台上，使测量头与工件表面接触，调整指针使摆动1/3～1/2转，然后把刻度盘零位对准指针，跟着慢慢地移动表座或工件，当指针顺时针摆动时，说明工件偏高，反时针摆动，则说明工件偏低。

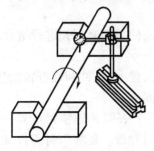
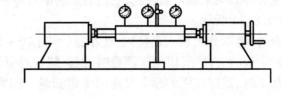

a）工件放在V形铁上　　　　　b）工件放在专用检验架上

图8-32 轴类零件圆度、圆柱度及跳动

当进行轴测的时候，就是以指针摆动最大数字为读数（最高点），测量孔的时候，就是以指针摆动最小数字（最低点）为读数。

（7）在使用百分表和千分表的过程中，要严格防止水、油和灰尘渗入表内，测量杆上也不要加油，免得粘有灰尘的油污进入表内，影响表的灵活性。

（8）百分表和千分表不使用时，应使测量杆处于自由状态，免使表内的弹簧失效。如内径百分表上的百分表，不使用时，应拆下来保存。

3 内径百分表

内径百分表是内量杠杆式测量架和百分表的组合，如图8-33所示。用以测量或检验零件的内孔、深孔直径及其形状精度。

内径百分表测量架的内部结构，由图8-33可见，在三通管3的一端装着活动测量头1，另一端装着可换测量头2，垂直管口一端，通过连杆4装有百分表5。活动测量头1的移动，使传动杆7回转，通过活动杆6，推动百分表的测量杆，使百

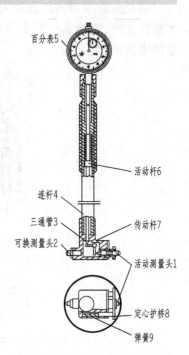

图8-33 内径百分表

分表指针产生回转。由于传动杆 7 的两侧触点是等距离的,当活动测量头移动 1mm 时,活动杆也移动 1mm,推动百分表指针回转一圈。所以,活动测量头的移动量,可以在百分表上读出来。

两触点量具在测量内径时,不容易找正孔的直径方向,定心护桥 8 和弹簧 9 就起了一个帮助找正直径位置的作用,使内径百分表的两个测量头正好在内孔直径的两端。活动测头的测量压力由活动杆 6 上的弹簧控制,保证测量压力一致。

内径百分表的指针摆动读数,刻度盘上每一格为 0.01mm,盘上刻有 100 格,即指针每转一圈为 1mm。

4 内径百分表的使用方法

内径百分表用来测量圆柱孔,它附有成套的可调测量头,使用前必须先进行组合和校对零位,如图 8-34 所示。

组合时,将百分表装入连杆内,使小指针指在 0~1 的位置上,长针和连杆轴线重合,刻度盘上的字应垂直向下,以便于测量时观察,装好后应予紧固。

粗加工时,最好先用游标卡尺或内卡钳测量。因内径百分表同其他精密量具一样属贵重仪器,其好坏与精确直接影响到工件的加工精度和其使用寿命。粗加工时工件加工表面粗糙不平而测量不准确,也使测量头易磨损。因此,须加以爱护和保养,精加工时再进行测量。

测量前应根据被测孔径大小用外径百分尺调整好尺寸后才能使用,如图 8-35 所示。在调整尺寸时,正确选用可换测量头的长度及其伸出距离,应使被测尺寸在活动测量头总移动量的中间位置。

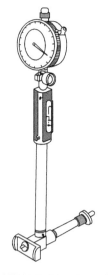

图 8-34　内径百分表

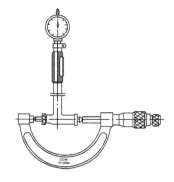

图 8-35　用百分尺调整尺寸

测量时,连杆中心线应与工件中心线平行,不得歪斜,同时应在圆周上多测几个点,找出孔径的实际尺寸,看是否在公差范围以内,如图 8-36 所示。

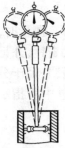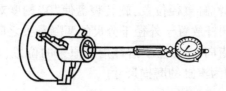

图 8-36 内径百分表的使用方法

任务实施

1 汽缸体变形的测量

汽缸体变形主要表现为上、下平面,端面的翘曲和配合表面的相对位置误差增加。

汽缸体的翘曲变形可用平板作接触检验,也可用刀形样板尺(或钢直尺)和塞尺(厚薄规)检测。用刀形样板尺和塞尺检测汽缸体平面翘曲的方法如图 8-37 所示。将等于或大于被测平面全长的刀形样板尺放到汽缸体平面上,沿汽缸体平面的纵向、横向和对角线方向多处用塞尺进行测量,求得其平面度误差。

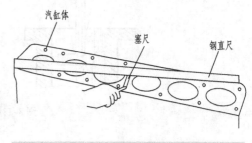

图 8-37 汽缸体平面度的测量

2 汽缸磨损的测量

汽缸的磨损程度一般用圆度和圆柱度表示。在进行测量时,测量部位的选择很重要,汽缸的测量位置如图 8-38 所示,在汽缸体上部距汽缸上平面 10mm 处、汽缸中部和汽缸下部距缸套下口 10mm 处的三个截面,按 A、B 两个方向分别测量汽缸的直径。

测量时,通常使用量缸表,其方法如下:

(1)汽缸圆度的测量。

①根据汽缸直径的尺寸,选择合适的接杆,装入量缸表的下端,并使伸缩杆有 1~2 mm 的压缩量。

②将量缸表的测杆伸入到汽缸中的相应部位,微微摆动表杆,使测杆与汽缸中心线垂直,量缸表指示的最小读数即为正确的汽缸直径。用量缸表在上部 A 向测量,旋转表盘使"0"刻度对准大表针,然后将测杆在此截面上旋转 90°,此时表针所指刻度与"0"位刻度之差的 1/2 即为该截面的圆度误差。

(2)汽缸圆柱度的测量。用量缸表在上部 A 向测量并找出正确的直径位置,旋转表盘使"0"刻度对准大表针。然后依次测出其他五个数值,取五个数值中最大差值的 1/2 作为该汽缸的圆柱度误差。

（3）汽缸磨损尺寸的测量。一般发动机最大磨损尺寸在前后两缸的上部。测量时，用量缸表在上部 A 向测量并找出正确汽缸直径位置，旋转表盘使"0"刻度对准大表针，并记住小表针所指位置。取出量缸表，将测杆放置于外径千分尺的两测量头之间，旋转外径千分尺的活动测量头，使量缸表的大指针指向"0"，且小指针指向原来的位置（在汽缸中所指示的位置）。此时，外径千分尺的尺寸即为汽缸的磨损尺寸。

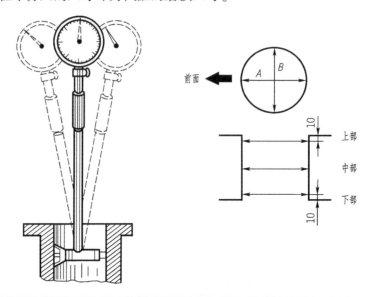

图 8-38　汽缸磨损量的测量

量具的维护和保养

正确地使用精密量具是保证产品质量的重要条件之一。要保持量具的精度和工作的可靠性，除了在使用中要按照合理的使用方法进行操作以外，还必须做好量具的维护和保养工作。

（1）在机床上测量零件时，要等零件完全停稳后进行，否则不但使量具的测量面过早磨损而失去精度，且会造成事故。尤其是车工使用外卡钳时，不要以为卡钳简单，磨损一点无所谓，要注意铸件内常有气孔和缩孔，一旦钳脚落入气孔内，可把操作者的手也拉进去，造成严重事故。

（2）测量前应把量具的测量面和零件的被测量表面都要揩干净，以免因有脏物存在而影响测量精度。用精密量具如游标卡尺、百分尺和百分表等，去测量锻铸件毛坯或带有研磨剂（如金刚砂等）的表面是错误的，这样易使测量面很快磨损而失去精度。

（3）量具在使用过程中，不要和工具、刀具（如锉刀、锤子、车刀和钻头等）堆放在一起，以免碰伤量具。也不要随便放在机床上,以免因机床振动而使量具掉下来损坏。尤其是游标卡尺等,应平放在专用盒子里,以免尺身变形。

(4)量具是测量工具,绝对不能作为其他工具的代用品。例如拿游标卡尺划线,拿百分尺当小锤子,拿钢直尺当螺丝刀旋螺钉,以及用钢直尺清理切屑等都是错误的。把量具当玩具,如把百分尺等拿在手中任意挥动或摇转等也是错误的,都是易使量具失去精度的。

(5)温度对测量结果影响很大,零件的精密测量一定要使零件和量具都在20℃的情况下进行测量。一般可在室温下进行测量,但必须使工件与量具的温度一致,否则,由于金属材料的热胀冷缩的特性,使测量结果不准确。

温度对量具精度的影响亦很大,量具不应放在阳光下或主轴箱上,因为量具温度升高后,也量不出正确尺寸。更不要把精密量具放在热源(如电炉,热交换器等)附近,以免量具受热变形而失去精度。

(6)不要把精密量具放在磁场附近,例如磨床的磁性工作台上,以免量具感磁。

(7)发现精密量具有不正常现象时,如量具表面不平、有毛刺、有锈斑以及刻度不准、尺身弯曲变形、活动不灵活等,使用者不应当自行拆修,更不允许自行用锤子敲、锉刀锉、砂布打光等粗糙办法修理,以免反而增大量具误差。发现上述情况,使用者应当主动送计量站检修,并经检定量具精度后再继续使用。

(8)量具使用后,应及时揩干净,除不锈钢量具或有保护镀层者外,金属表面应涂上一层防锈油,放在专用的盒子里,保存在干燥的地方,以免生锈。

(9)精密量具应实行定期检定和维护,长期使用的精密量具,要定期送计量站进行维护和检定精度,以免因量具的示值误差超差而造成产品质量事故。

自我评价

一、判断题(正确的打"√",错误的打"×")

1. 游标卡尺是最简单的长度量具。　　　　　　　　　　　　　　　　　　(　　)
2. 钢直尺只能读出毫米数,比1mm小的数值,只能估计而得。　　　　　　(　　)
3. 对锻铸件毛坯尺寸的测量和检验,卡钳是最合适的测量工具。　　　　　(　　)
4. 塞尺是由许多层厚薄一样的薄钢片组成。　　　　　　　　　　　　　　(　　)
5. 数显游标卡尺读数最为准确。　　　　　　　　　　　　　　　　　　　(　　)
6. 螺旋测微量具的测量精度比游标卡尺高。　　　　　　　　　　　　　　(　　)
7. 指示性量具不能测量零件的内经。　　　　　　　　　　　　　　　　　(　　)
8. 千分表的读数精度高于百分表的读数精度。　　　　　　　　　　　　　(　　)
9. 内径百分表用来测量圆柱孔时,在使用前不用进行组合和校对零位。　　(　　)
10. 量具虽然是测量工具,有时也可作为其他工具的代用品。　　　　　　　(　　)

二、简答题

1. 简述常见的测量工具有哪些。
2. 简述如何维护和保养量具。

项目八　测量技术基础

任务二　光滑极限量规的选用

检验光滑工件尺寸时,可用通用测量器具,也可使用极限量规。通用测量器具可以有具体的指示值,能直接测量出工件的尺寸,而光滑极限量规是一种没有刻线的专用量具,它不能确定工件的实际尺寸和形位误差,只能判断工件合格与否。对于这种结构简单,使用方便、可靠,验收效率高的专用检具,如何正确选用和设计呢?

一　光滑极限量规概述

在机械制造中,检验尺寸一般使用通用计量器具,直接测取工件的实际尺寸,以判定其是否合格,但是,对成批大量生产的工件,为提高检测效率,则常常使用光滑极限量规来检验。光滑极限量规是用来检验某一孔或轴专用的量具,简称量规。

1 量规的作用

量规是一种无刻度的专用检验工具,用它来检验工件时,只能判断工件是否合格,而不能测量出工件的实际尺寸。检验工件孔径的量规一般又称为塞规,检验工件轴径的量规一般称为卡规。

量规的形状与被检验工件的形状相反,其中检验孔的量规称为塞规,它由通规和止规组成,通规是按孔的下极限尺寸设计的,作用是防止孔的作用尺寸小于其下极限尺寸;止规是按孔的上极限尺寸设计的,作用是防止孔的实际尺寸大于其上极限尺寸,如图8-39a)所示。检验轴的量规称为卡规,它的通规是按轴的上极限尺寸设计的,其作用是防止轴的作用尺寸大于其上极限尺寸;止规是按轴的下极限尺寸设计的,其作用是防止轴的实际尺寸小于其下极限尺寸,如图8-39b)所示。

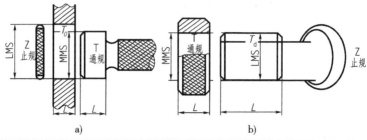

图8-39　光滑极限量规

用量规检验零件时,只有通规通过,止规不通过,被测件才合格。

2 量规的分类

量规按照用途分为工作量规、验收量规、校对量规三种。

1 工作量规

在零件制造过程中,生产工人检验工件时所使用的量规称为工作量规。通规用代号 T 表示,止规用代号 Z 表示。通常使用新的或者磨损较少的量规作为工作量规。

2 验收量规

检验人员或者用户代表验收工件时所用的量规称为验收量规。

验收量规不需要另行制造,一般选择磨损较多或者接近其磨损极限的工作量规作为验收量规。

3 校对量规

用于检验轴用工作量规的量规称为校对量规,由于孔用工作量规使用通用计量器具检验,所以不需要校对量规。校对量规有三种,见表8-1。

校对量规种类　　　　　　　　　　　　　　　　表8-1

量规形状	检验对象	量规名称	量规代号	功　能	判断合格的标志
塞规	轴用工作量规	通规	校通-通	TT	防止通规制造时尺寸过小	通过
		止规	校止-通	ZT	防止止规制造时尺寸过小	通过
		通规	校通-损	TS	防止通规使用中磨损过大	不通过

二 量规尺寸及公差带

1 工作量规公称尺寸

量规是专用量具,它的制造精度要求比被检验工件更高,但不能将量规工作尺寸正好加工到某一规定值,故对量规工作尺寸也要规定制造公差。

工作量规中的通规是用来检验工件的作用尺寸是否超过最大实体尺寸(轴的上极限尺寸或者孔的下极限尺寸),工作量规中的止规是检验工件的实际尺寸是否超过最小实体尺寸(轴的下极限尺寸或孔的上极限尺寸),各种量规即以被检验的极限尺寸为公称尺寸。

2 工作量规公差带

通规在使用过程中,常常与工件相接触,不可避免地发生磨损而使尺寸发生变化,为使通规有一个合理的使用寿命,除规定量规的制造公差外,还必须对通规规定磨损公差和磨损极限。

止规由于不经常通过零件,磨损量少,所以只规定了制造公差。

1 制造公差

国家标准规定量规的公差带不得超越工件的公差带。通规的制造公差带对称于 Z 值

（称为公差带位置要素），其允许磨损量以工件的最大实体尺寸为极限；止规的制造公差带是从工件的最小实体尺寸算起，分布在尺寸公差带之内。其公差带分布如图8-40所示。

工作量规的制造公差 T 和通规公差带位置要素 Z 是综合考虑了量规的制造水平和一定的使用寿命，按被检验零件的公差等级和公称尺寸给定的。具体数值见表8-2。

❷ 磨损极限

通规的磨损极限尺寸就是零件的最大实体尺寸。

由图8-40所示的几何关系，可以得出工作量规上、下极限偏差的计算公式，见表8-3。

❸ 验收量规公差带

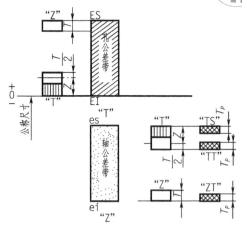

图8-40 量规公差带

IT6～IT10级工作量规制造公差与位置要素值（单位：μm）　　表8-2

工件公称尺寸 D(mm)	IT6	T	Z	IT7	T	Z	IT8	T	Z	IT9	T	Z	IT10	T	Z
~3	6	1	1	10	1.2	1.6	14	1.6	2	25	2	3	40	2.4	4
>3~6	8	1.2	1.4	12	1.4	2	18	2	2.6	60	2.4	4	48	3	5
>6~10	9	1.4	1.6	15	1.8	2.4	22	2.4	3.2	36	2.8	5	58	3.6	6
>10~18	11	1.6	2	18	2	2.8	27	2.8	4	43	3.4	6	70	4	8
>18~30	13	2	2.4	2	2.4	3.4	33	3.4	5	52	4	7	84	5	9
>30~50	16	2.4	2.8	25	3	4	39	4	6	62	5	8	100	6	11
>50~80	19	2.8	3.4	60	3.6	4.6	46	4.6	7	74	6	9	120	7	13
>80~120	22	3.2	3.8	35	4.2	5.4	54	5.4	8	87	7	10	140	8	15
>120~180	25	3.8	4.4	40	4.8	6	63	6	9	100	8	12	160	9	18
>180~250	29	4.4	5	46	5.4	7	72	7	10	115	9	14	185	10	20

工作量规极限偏差的计算　　表8-3

	检验孔的量规	检验轴的量规
通端上极限偏差	$T_s = EI + Z + \dfrac{T}{2}$	$T_{sd} = es - Z + \dfrac{T}{2}$
通端下极限偏差	$T_i = EI + Z - \dfrac{T}{2}$	$T_{id} = es - Z - \dfrac{T}{2}$
止端上极限偏差	$Z_s = ES$	$Z_{sd} = el + T$
止端下极限偏差	$Z_i = ES - T$	$Z_{id} = el$

在量规的国家标准中，没有单独规定验收量规公差带，但规定了检验部门应该使用磨损较多的通规，用户代表应使用接近工件最大实体尺寸的通规以及接近工件最小实体尺寸的止规。

4　校对量规公差带

校对量规的尺寸公差带完全位于被校对量规的制造公差和磨损极限内；校对量规的尺寸公差等于被校对量规尺寸公差的一半，形状误差应控制在其尺寸公差带内。

三、量规结构的选用

进行量规设计时，应明确量规设计原则，合理选择量规的结构，然后根据被测工件的尺寸公差带计算出量规的极限偏差并绘制量规的公差带图及量规的零件图。

光滑极限量规的设计应符合极限尺寸判断原则（泰勒原则），根据这一原则，通规应设计成全形的，即其测量面应具有与被测孔或轴相应的完整表面，其尺寸应等于被测孔或轴的最大实体尺寸，其长度应与被测孔或轴的配合长度一致，止规应设计成两点式的，其尺寸应等于被测孔或轴的最小实体尺寸。

但在实际应用中，极限量规常偏离上述原则。例如：为了用已标准化的量规，允许通规的长度小于接合面的全长；对于尺寸大于 100mm 的孔，用全形塞规通规很笨重，不便使用，允许用不全形塞规；环规通规不能检验正在顶尖上加工的工件及曲轴，允许用卡规代替；检验小孔的塞规止规，为了便于制造常用全形塞规。

通规和止规的形状对检验的影响如图 8-41 和图 8-42 所示。

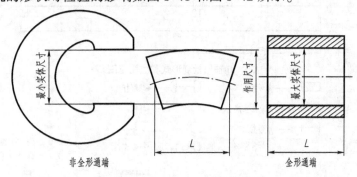

图 8-41　通规形状对检验的影响

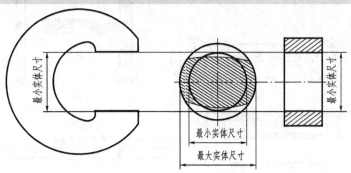

图 8-42　止规形状对检验的影响

必须指出，只有在保证被检验工件的形状误差不致影响配合性质的前提下，才允许使用偏离极限尺寸判断原则的量规。

检验光滑工件的光滑极限量规形式很多，具体选择时可参照国家标准推荐，如图 8-43 所示。图中推荐了不同尺寸范围的不同量规形式，左边纵向的"1"、"2"表示推荐顺序，推荐优先用"1"行。零线上为通规，零线下为止规。

标准量规的结构，在《光滑极限量规形式和尺寸》（GB/T 6322—1986）中，对于孔、轴的光滑极限量规的结构、通用尺寸、适用范围、使用顺序都作了详细的规定和阐述，设计可参考有关手册，选用量规结构形式时，同时必须考虑工件结构、大小、产量和检验效率等。图 8-44 分别给出了几种常用的轴用、孔用量规的结构形式。

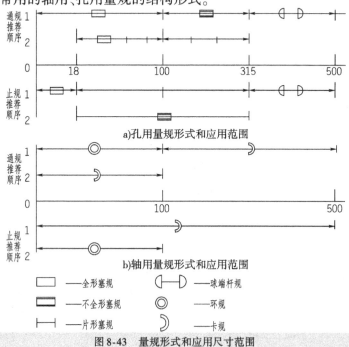

图 8-43 量规形式和应用尺寸范围

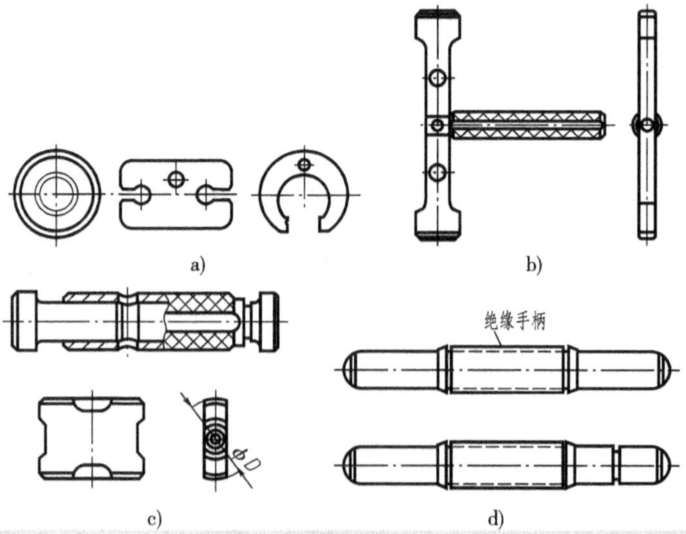

图 8-44 常用量规结构形式

任务实施

工作量规设计步骤大致如下：

(1) 选择量规的结构形式。

(2) 计算工作量规的极限偏差。

(3) 绘制工件量规的公差带图。

【例8-1】 设计检验 $\phi30H8/f7$ 孔轴用工作量规

解：①确定被测孔、轴的极限偏差。查极限与配合标准知：

$\phi30H8$ 的上极限偏差 $ES = +0.033$mm，下极限偏差 $EI = 0$；

$\phi30f7$ 的上极限偏差 $es = -0.020$mm，下极限偏差 $ei = -0.041$mm。

②选择量规的结构形式分别为锥柄双头圆柱塞规和单头双极限圆形片状卡规。

③确定工作量规制造公差 T 和位置要素 Z 由表8-2查得：

塞规：$T = 0.0034$mm，$Z = 0.005$mm

卡规：$T = 0.0024$mm，$Z = 0.0034$mm

④计算工作量规的极限偏差

$\phi30H8$ 孔用塞规

通规：上极限偏差 $= EI + Z + \dfrac{T}{2} = (0 + 0.005 + \dfrac{0.0034}{2})$mm $= +0.0067$mm

下极限偏差 $= EI + Z - \dfrac{T}{2} = (0 + 0.005 - \dfrac{0.0034}{2})$mm $= +0.0033$mm

磨损极限 $= EI = 0$

所以塞规通端尺寸为 $\phi30^{+0.0067}_{+0.0033}$mm，磨损极限尺寸为 $\phi30$mm。

止规：上极限偏差 $= ES = +0.033$mm

下极限偏差 $= ES - T = (0.033 - 0.0034)$mm $= 0.0296$mm

所以塞规止端尺寸为 $\phi30^{+0.033}_{+0.0296}$mm。

$\phi30f7$ 轴用卡规

通规：上极限偏差 $= es - Z + \dfrac{T}{2} = (-0.020 - 0.0034 + \dfrac{0.0024}{2})$mm $= -0.0222$mm

下极限偏差 $= es - Z - \dfrac{T}{2} = (-0.020 - 0.0034 - \dfrac{0.0024}{2})$mm $= -0.0222$mm

磨损极限 $= es = -0.020$mm

所以卡规通端尺寸为 $30^{-0.0222}_{-0.0246}$mm，磨损极限尺寸为 29.980mm。

止规：上极限偏差 $= ei + T = (-0.014 + 0.0024)$mm $= -0.0386$mm

下极限偏差 $= ei = -0.041$mm

所以卡规止端尺寸为 $30^{-0.0386}_{-0.041}$mm

⑤绘制工作量规的公差带图，如图8-45所示，量规的工作简图如图8-46所示。

项目八　测量技术基础

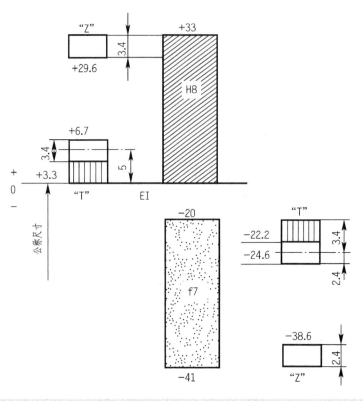

图 8-45　孔、轴工作量规的公差带图

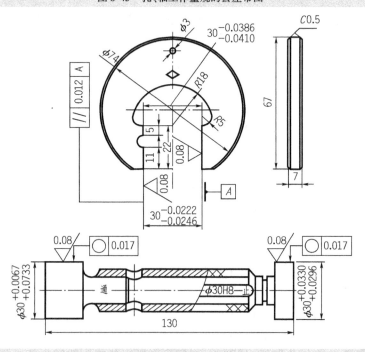

图 8-46　量规工作简图

量规的其他技术要求

1 量规的材料

量规的材料可用碳素工具钢、合金工具钢和硬质合金,也可在测量面上镀以耐磨材料。

2 量规工作面硬度

量规测量表面的硬度对量规使用寿命有一定影响,其测量面的硬度应为 HRC58～65。

3 量规的形位公差

量规的形位公差应控制在尺寸公差带内,形状公差为尺寸公差的 50%,考虑到制造和测量的困难,当量规尺寸公差小于 0.001mm 时,其形状公差仍取 0.001mm。

4 量规工作面的粗糙度

量规测量面的粗糙度主要从量规使用寿命、工件表面粗糙度以及量规制造的工艺水平考虑。一般量规工作面的粗糙度应比被检工件的粗糙度要求更严格些,量规测量面粗糙度要求可以参照表 8-4 选取。

量规测量面的表面粗糙度 Ra 值 表 8-4

工 作 量 规	工件公称尺寸 (mm)		
	≤120	>120～315	>315～500
	Ra(μm)		
IT6 级孔用量规	≤0.025	≤0.05	≤0.1
IT6～IT9 级孔、轴用量规	≤0.05	≤0.2	≤0.2
IT10～IT12 级孔、轴用量规	≤0.1	≤0.2	≤0.4
IT13～IT16 级孔、轴用量规	≤0.2	≤0.4	≤0.4

一、判断题(正确的打"√",错误的打"×")

1. 光滑极限量规是依据包容原则综合检验光滑工件的尺寸与形状的无刻度的检具。
(   )
2. 光滑量规通规的公称尺寸等于工件的上极限尺寸。(   )
3. 止规用来控制工件的实际尺寸不超越最大实体尺寸。(   )
4. 检验孔的尺寸是否合格的量规是通规,检验轴的尺寸是否合格的量规是止规。(   )

5. 塞规是检验孔用的极限量规,它的通规是根据孔的下极限尺寸设计的。（　　）
6. 环规是检验轴用的极限量规,它的通规是根据轴的下极限尺寸设计的。（　　）
7. 塞规中的止规是按轴的上极限尺寸设计的,作用是防止轴的实际尺寸大于轴的上极限尺寸。（　　）
8. 用以检验工作量规的量规是校对量规。（　　）
9. 塞规的工作面应是全形的,卡规应是点状的。（　　）
10. 通规和止规公差由制造公差和磨损公差两部分组成。（　　）

二、简答题

1. 用量规检测工件时,为什么总是成对使用？被检验工件合格的标志是什么？
2. 简述光滑极限量规的作用和分类。

三、计算题

计算 $\phi 40H7/f6$ 孔用和轴用工作量规的工作尺寸,并画出量规公差带图。

项目九
汽车典型零件的公差及检测

知识目标
- ◎ 了解螺纹的类型、主要参数及特征。
- ◎ 掌握普通螺纹的公差带、螺纹旋合长度及其配合精度。
- ◎ 掌握普通螺纹的标记和检测。
- ◎ 掌握平键、花键连接的公差与检测。
- ◎ 了解尺寸链基本概念及其分类。
- ◎ 了解滚动轴承的构造、类型及精度等级的选择。
- ◎ 掌握滚动轴承内外径的公差带、与滚动轴承配合的轴颈和外壳孔的尺寸公差、形位公差、表面粗糙度。
- ◎ 了解齿轮的类型、各部分的名称。
- ◎ 掌握齿轮传动基本要求、齿轮误差分析、齿轮精度评定指标、齿轮精度等级及选用、齿轮副精度、齿轮的检测。

能力目标
- ◎ 能够正确识读螺纹的公差标注。
- ◎ 能够查表选用螺纹、平键与花键的各种公差及配合精度。
- ◎ 能够正确选用螺纹、平键、矩形花键检测工具进行测量。
- ◎ 能够正确选用滚动轴承、齿轮的精度和表面粗糙度。
- ◎ 能够进行齿轮的检测。

项目九　汽车典型零件的公差及检测

任务一　汽车常用连接件的公差及检测

任务描述

螺纹连接是利用螺纹零件构成的可拆连接,螺纹的互换程度很高,螺纹的几何参数较多,国家标准对螺纹的牙型、参数、公差与配合等都做了规定,以保证其几何精度。螺纹主要用于紧固连接、密封、传递动力和运动等。而键连接与花键连接是用于将轴与轴上传动件如齿轮、链轮、带轮或联轴器等连接起来,以传递转矩、运动或用于轴上传动件的导向。无论是螺纹还是键、花键连接,都在汽车制造中得到了广泛应用,为保证其使用功能,必须对它们进行相关公差设计。现以图9-1所示的两零件图为例,要求识读螺纹的公差标注、选择键连接的尺寸以及确定相应的配合公差。

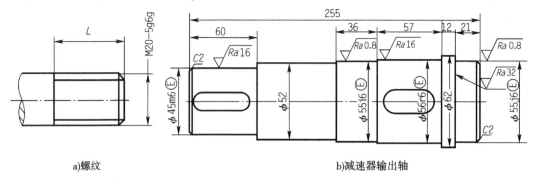

a) 螺纹　　　　　　　　　　　　　b) 减速器输出轴

图 9-1

**知识准备**

一、螺纹连接

1　螺纹的类型

(1)按牙型分为:三角形螺纹、管螺纹——连接螺纹;矩形、梯形、锯齿形螺纹——传动螺纹,如图9-2所示。

(2)按位置分为:内螺纹——在圆柱孔的内表面形成的螺纹;外螺纹——在圆柱孔的外表面形成的螺纹。

(3)三角形螺纹分为:粗牙螺纹——用于紧固件;细牙螺纹——同样的公称直径下,螺距最小,自锁性好,适于薄壁细小零件和冲击变载等。

(4)根据螺旋线绕行方向分为:左旋——不常用;右旋——常用。

(5)根据螺旋线线数分为:单线螺纹($n=1$)——用于连接;双线螺纹($n=2$);多线螺纹($n\geqslant 2$)——用于传动,如图9-3所示。

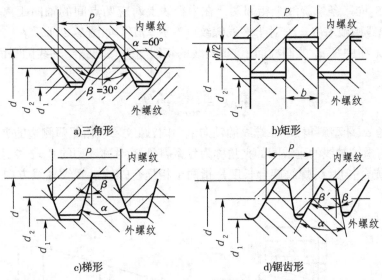

a)三角形　　b)矩形

c)梯形　　d)锯齿形

图9-2　螺纹的牙型

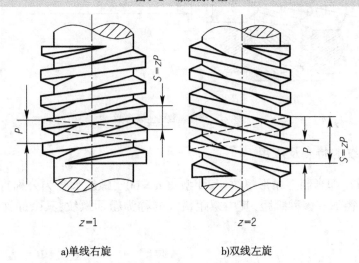

a)单线右旋　　b)双线左旋

图9-3　不同旋向、线数的螺纹

2 螺纹的主要参数

现以图9-4所示的圆柱普通螺纹为例说明螺纹的主要几何参数。

(1)大径 d:与外螺纹牙顶或内螺纹牙底相重合的假想圆柱体的直径,在有关螺纹的标准中称为公称直径。

(2)小径 d_1:与外螺纹牙底或内螺纹牙顶相重合的假想圆柱体的直径,是螺纹的最小直径,常作为强度计算直径。

(3) 中径 d_2：在螺纹的轴向剖面内，牙厚和牙槽宽相等处的假想圆柱体的直径。

(4) 螺距 P：螺纹相邻两牙在中径线上对应两点间的轴向距离。

(5) 导程 S：同一条螺旋线上相邻两牙在中径线上对应两点间的轴向距离。设螺纹线数为 n，则对于单线螺纹有 $S=P$，对于多线螺纹则有 $S=nP$。如图 9-2 所示。

(6) 升角 λ：在中径 d_2 的圆柱面上，螺旋线的切线与垂直于螺纹轴线的平面间的夹角，由图 9-4 可得

$$\tan\lambda = \frac{S}{\pi d_2} = \frac{np}{\pi d_2}$$

(7) 牙型角 α、牙型斜角 β：在螺纹的轴向剖面内，螺纹牙型相邻两侧边的夹角称为牙型角 α。牙型侧边与螺纹轴线的垂线间的夹角称为牙型斜角 β，对称牙型的 $\beta = \alpha/2$，如图 9-2 所示。

(8) 螺纹旋合长度 L：螺纹旋合长度是指两个相配合螺纹沿螺纹轴线方向相互旋合部分的长度。

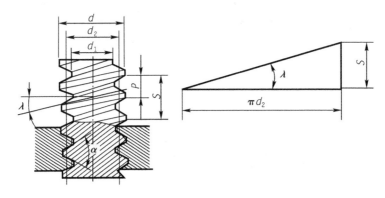

图 9-4　圆柱螺纹的主要参数

3 常用螺纹的特点及应用

(1) 普通螺纹：即米制三角形螺纹，其牙型角 $\alpha = 60°$，螺纹大径为公称直径，以 mm 为单位。同一公称直径下有多种螺距，其中螺距最大的称为粗牙螺纹，其余的称为细牙螺纹，如图 9-5 所示。

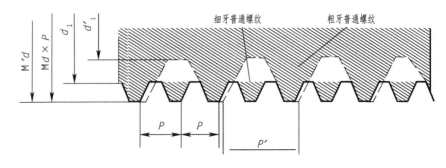

图 9-5　粗牙与细牙螺纹

普通螺纹的当量摩擦系数较大,自锁性能好,螺纹牙根的强度高,广泛应用于各种紧固连接。一般连接多用粗牙螺纹。细牙螺纹螺距小、升角小、自锁性能好,但螺牙强度低、耐磨性较差、易滑脱,常用于细小零件、薄壁零件或受冲击、振动和变载荷的连接,还可用于微调机构的调整。

(2)管螺纹:管螺纹是英制螺纹,牙型角 $\alpha = 55°$,公称直径为管子的内径。按螺纹是制作在柱面上还是锥面上,可将管螺纹分为圆柱管螺纹和圆锥管螺纹。前者用于低压场合,后者适用于高温、高压或密封性要求较高的管连接。

(3)矩形螺纹:牙型为正方形,牙型角 $\alpha = 0°$。其传动效率最高,但精加工较困难,牙根强度低,且螺旋副磨损后的间隙难以补偿,使传动精度降低。常用于传力或传导螺旋。矩形螺纹未标准化,已逐渐被梯形螺纹所替代。

(4)梯形螺纹:牙型为等腰梯形,牙型角 $\alpha = 30°$。其传动效率略低于矩形螺纹,但工艺性好,牙根强度高,螺旋副对中性好,可以调整间隙。广泛用于传力或传导螺旋,如机床的丝杠、螺旋举重器等。

(5)矩齿形螺纹:工作面的牙型斜角为 $3°$,非工作面的牙型斜角为 $30°$。它综合了矩形螺纹效率高和梯形螺纹牙根强度高的特点,但仅能用于单向受力的传力螺旋。

4 普通螺纹公差与配合

1 普通螺纹的公差带

国家标准《普通螺纹》(GB/T 197—2003)将螺纹公差带的两个基本要素:公差带大小(公差等级)和公差带位置(基本偏差)进行标准化,组成各种螺纹公差带。

螺纹配合由内、外螺纹公差带组合而成。考虑到旋合长度对螺纹精度的影响,由螺纹公差带与螺纹旋合长度构成螺纹精度,从而形成了比较完整的螺纹公差体制。

(1)螺纹公差带的大小和公差等级。国家标准规定了内、外螺纹的公差等级,其值和孔、轴公差值不同,有螺纹公差的系列和数值。普通螺纹公差带的大小由公差值确定,公差值又与螺距和公差等级有关。GB/T 197—2003 规定的普通螺纹公差等级见表9-1。各公差等级中3级最高,9级最低,6级为基本级。由于内螺纹较难加工,因此同样公差等级的内螺纹中径公差比外螺纹中径公差大32%左右。对外螺纹的小径和内螺纹的大径不规定具体的公差数值,而只规定内、外螺纹牙底实际轮廓上的任何点均不得超越按基本偏差所确定的最大实体牙型,此外还规定了外螺纹的最小牙底半径。

另外,国家标准对内、外螺纹的顶径和中径规定了公差值,具体数值可查表9-2和表9-3。

普通螺纹的公差等级　　　　表9-1

螺 纹 直 径	公 差 等 级	螺 纹 直 径	公 差 等 级
内螺纹中径 D_2	4,5,6,7,8	外螺纹中径 d_2	3,4,5,6,7,8,9
内螺纹小径 D_1	4,5,6,7,8	外螺纹大径 d_1	4,6,8

普通螺纹中径公差(摘自 GB/T 197—2003)单位:(μm)　　表 9-2

公称直径 D/mm		螺距 P(mm)	内螺纹中径公差 T_{D2}(μm) 公差等级					外螺纹中径公差 T_{d2}(μm) 公差等级						
>	≤		4	5	6	7	8	3	4	5	6	7	8	9
5.6	11.2	0.5	71	90	112	140	—	42	53	67	85	106	—	—
		0.75	85	106	132	170	—	50	63	80	100	125	—	—
		1	95	118	150	190	236	56	71	90	112	140	180	224
		1.25	100	125	160	200	250	60	75	95	118	150	190	236
		1.5	112	140	180	224	280	67	85	106	132	170	212	265
11.2	22.4	0.5	75	95	118	150	—	45	56	71	90	112	—	—
		0.75	90	112	140	180	—	53	67	85	106	132	—	—
		1	100	125	160	200	250	60	75	95	118	150	190	236
		1.25	112	140	180	224	280	67	85	106	132	170	212	265
		1.5	118	150	190	236	300	71	90	112	140	180	224	280
		1.75	125	160	200	250	315	75	95	118	150	190	236	300
		2	132	170	212	265	335	80	100	125	160	200	250	315
		2.5	140	180	224	280	355	85	106	132	170	212	265	335
22.4	45	0.75	95	118	150	190	—	56	71	90	112	140	—	—
		1	106	132	170	212	—	63	80	100	125	160	200	250
		1.5	125	160	200	250	315	75	95	118	150	190	236	300
		2	140	180	224	280	355	85	106	132	170	212	265	335
		3	170	212	265	335	425	100	125	160	200	250	315	400
		3.5	180	224	280	355	450	106	132	170	212	265	335	425
		4	190	236	300	375	475	112	140	180	224	280	355	450
		4.5	200	250	315	400	500	118	150	190	236	300	375	475

普通螺纹基本偏差和顶径公差(摘自 GB/T 197—2003)(μm)　　表 9-3

螺距 P(mm)	内螺纹的基本偏差 EI		外螺纹的基本偏差 es				内螺纹小径公差 T_{D1} 公差等级					外螺纹大径公差 T_d 公差等级		
	G	H	e	f	g	h	4	5	6	7	8	4	6	8
1	+26		−60	−40	−26		150	190	236	300	375	112	180	280
1.25	+28		−63	−42	−28		170	212	265	335	425	132	212	335
1.5	+32		−67	−45	−32		190	236	300	375	475	150	236	375
1.75	+34		−71	−48	−34		212	265	335	425	530	170	265	425
2	+38	0	−71	−52	−38	0	236	300	375	475	600	180	280	450
2.5	+42		−80	−58	−42		280	355	450	560	710	212	335	530
3	+48		−85	−63	−48		315	400	500	630	800	236	375	600
3.5	+53		−90	−70	−53		355	450	560	710	900	265	425	670
4	+60		−95	−75	−60		375	475	600	750	950	300	475	750

(2)螺纹公差带的位置和基本偏差。普通螺纹公差带是以基本牙型为零线布置的,所以螺纹的基本牙型是计算螺纹偏差的基准。内、外螺纹的公差带相对于基本牙型的位置,与圆柱体的公差带位置一样,由基本偏差来确定。对于外螺纹,基本偏差是上极限偏差 es,对于内螺纹,基本偏差是下极限偏差 EI,则外螺纹下极限偏差 ei = es − T,内螺纹上极限偏差 ES = EI + T(T 为螺纹公差)。

国家标准对内螺纹的中径和小径规定了 G、H 两种公差带位置,以下极限偏差 EI 为基本偏差,由这两种基本偏差所决定的内螺纹的公差带均在基本牙型之上,如图 9-6 所示。

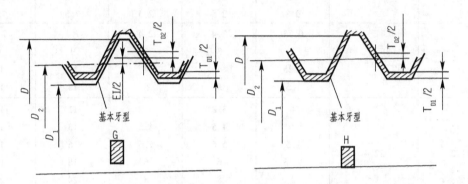

图 9-6 内螺纹的基本偏差

国家标准对外螺纹的中径和大径规定了 e、f、g、h 四种公差带位置,以上极限偏差 es 为基本偏差,由这四种基本偏差所决定的外螺纹的公差带均在基本牙型之下,如图 9-7 所示。

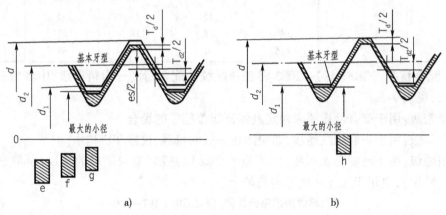

图 9-7 外螺纹的基本偏差

2 螺纹旋合长度及其配合精度

(1)螺纹旋合长度。国家标准以螺纹公称直径和螺距为基本尺寸,对螺纹连接规定了三组旋合长度:短旋合长度(S)、中等旋合长度(N)和长旋合长度(L),其值可从表 9-4 中选取。一般情况采用中等旋合长度,其值往往取螺纹公称直径的 0.5~1.5 倍。

螺纹旋合长度（摘自 GB/T 197—2003）（单位：mm） 表 9-4

公称直径 D、d		螺距 P	旋合长度		
>	≤		S	N	L
			≤	> ≤	>
2.8	5.6	0.35	1	1　3	3
		0.5	1.5	1.5　4.5	4.5
		0.6	1.7	1.7　5	5
		0.7	2	2　6	6
		0.75	2.2	2.2　6.7	6.7
		0.8	2.5	2.5　7.5	7.5
5.6	11.2	0.75	2.4	2.4　7.1	7.1
		1	3	3　9	9
		1.25	4	4　12	12
		1.5	5	5　15	15
11.2	22.4	1	3.8	3.8　11	11
		1.25	4.5	4.5　13	13
		1.5	5.6	5.6　16	16
		1.75	6	6　18	18
		2	8	8　24	24
		2.5	10	10　30	30
22.4	45	1	4	4　12	12
		1.5	6.3	6.3　19	19
		2	8.5	8.5　25	25
		3	12	12　36	36
		3.5	15	15　45	45
		4	18	18　53	53
		4.5	21	21　63	63

（2）配合精度。GB/T 197—2003 将普通螺纹的配合精度分为精密级、中等级和粗糙级三个等级，见表 9-5。

①精密级：用于配合性质要求稳定及保证定位精度的场合。

②中等级：用于一般螺纹连接，如应用在一般的机器、仪器和机构中。

③粗糙级：用于精度要求不高（即不重要的结构）或制造较困难的螺纹（如在较深的盲孔中加工螺纹），也用于工作环境恶劣的场合。

普通螺纹的选用公差带（摘自 GB/T 197—2003） 表 9-5

公差带位置	G			H		
精度	旋合长度					
	S	N	L	S	N	L
精密				4H	4H、5H	5H、6H
中等	(5G)	(6G)	(7G)	*5H	*6H	*7H
粗糙		(7G)			7H	

续上表

公差带位置	e			f			g			h		
	旋合长度											
精度	S	N	L	S	N	L	S	N	L	S	N	L
精密											*4h	(5h、4h)
中等		*6e			*6f		(5g、6g)	*6g	(7g、6g)	(3h、4h)	*6h	
粗糙								8g			8h	(7h、6h)

注：其中大量生产的精制紧固螺纹，推荐采用带方框的公差带；带"*"的公差带应优先选用，其次是不带"*"的公差带；括号内的公差带尽量不用。

(3) 配合的选用。由表9-5所示的内、外螺纹的公差带组合可得到多种供选用的螺纹配合，螺纹配合的选用主要根据使用要求来确定。

① 为了保证螺母、螺栓旋合后的同轴度及连接强度，一般选用最小间隙为零的 H/h 配合。
② 为了便于装拆、提高效率及改善螺纹的疲劳强度，可以选用 H/g 或 G/h 配合。
③ 对单件、小批量生产的螺纹，可选用最小间隙为零的 H/h 配合。
④ 对需要涂镀或在高温下工作的螺纹，通常选用 H/g、H/e 等较大间隙的配合。

5 普通螺纹、梯形螺纹和锯齿形螺纹的标记

1 单个螺纹的标记

普通螺纹及梯形螺纹的完整标记：

螺纹代号-螺纹中径和顶径的公差带代号-旋合长度代号

(1) 螺纹代号。

螺纹牙型符号　公称直径×螺距(单线时)或导程(P 螺距)(多线时)旋向

其中：
螺距——细牙螺纹需要标注出螺距，粗牙普通螺纹螺距省略标注。
旋向——标注中，左旋螺纹需在螺纹代号后加注"LH"。

(2) 公差带代号。螺纹公差带代号是由表示其大小的公差等级数字和表示其位置的字母组成(内螺纹用大写字母，外螺纹用小写字母)如 6H、5g 等。

若螺纹的中径公差带与顶径公差带的代号不同，前者表示中径公差带代号，后者表示顶径公差带代号(顶径指外螺纹的大径和内螺纹的小径)，则分别标注，如 4H5H、5h6h。

中径和顶径公差带代号两者相同时，可只标一个代号。

(3) 旋合长度代号。普通螺纹旋合长度分短(S)、中(N)、长(L)三组，梯形螺纹分 N、L 两组。

当旋合长度为 N 时，省略标注。

【例9-1】　M30×2-5g6g-S

表示：公称直径为30mm，螺距2mm，中径和顶径公差带分别为5g、6g的短旋合长度的普通细牙外螺纹。

【例9-2】　M20×2LH-5H-L

表示：公称直径为20mm，螺距2mm，中径和顶径公差带都为5H的长旋合长度的左旋普通细牙内螺纹。

❷ 螺纹配合的标记

标注螺纹配合时，内、外螺纹的公差带代号用斜线分开，左边（分子）为内螺纹公差带代号，右边（分母）为外螺纹公差带代号。

【例9-3】 M20×2 – 5H/5g6g

表示：公称直径为20mm，螺距2mm，中径和顶径公差带都为5H的内螺纹与中径和顶径公差带分别为5g、6g的外螺纹旋合。

6 螺纹的检测

❶ 综合检验

对于大批量生产，用于紧固连接的普通螺纹，只要求保证可旋合性和一定的连接强度，其螺距误差及牙型半角误差按照包容要求，可由中径公差综合控制。在对螺纹进行综合检验时，使用螺纹综合极限量规进行检验。用螺纹量规的通规检验内、外螺纹的作用中径及底径的合格性，用螺纹量规的止规检验内、外螺纹单一中径的合格性。

螺纹量规分为塞规和环规，分别用来检验内、外螺纹。

图9-8所示为用环规检验外螺纹的图例，用卡规先检验外螺纹大径的合格性，再用螺纹环规的通规检验，如能与被检测螺纹顺利旋合，则表明该外螺纹的作用中径合格。

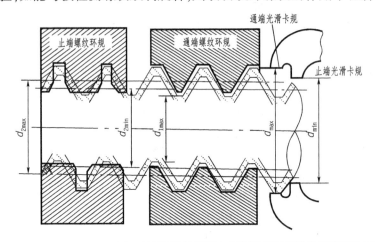

图9-8 用螺纹环规和光滑极限量规检验外螺纹

如图9-9所示为用塞规检验内螺纹的图例。

❷ 单项测量

对于具有其他精度要求和功能要求的精密螺纹，其中径、螺距和牙型半角等参数规定了不同的公差要求，常进行单项测量。

（1）用量针测量。生产中常采用"三针法"测量外螺纹的中径，具有方法简单、测量精度高的优点，应用广泛。图9-10所示为三针法测量原理。

（2）用万能工具显微镜测量螺纹各参数单项测量，还可用万能工具显微镜测量螺纹的各种参数。

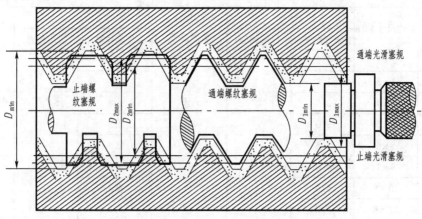

图9-9　用螺纹塞规和光滑极限量规检验内螺纹

二、键连接

1. 平键连接公差

平键连接是由键、轴、轮毂三个零件组成的，通过键的侧面分别与轴槽、轮毂槽的侧面接触来传递运动和转矩，键的上表面和轮毂槽底面留有一定的间隙。因此，键和轴槽的侧面应有足够大的实际有效接触面积来承受负荷，并且键嵌入轴槽要牢固可靠，防止松动脱落。

键和键槽宽 b 是决定配合性质和配合精度的主要参数，为主要配合尺寸，公差等级要求高；而键长 L、键高 h、轴槽深 t 和轮毂槽 t_1 为非配合尺寸，其精度要求较低。

平键标记为：GB/T 1099.1 键 $b \times h \times L$ 键连接的几何参数如图9-11所示。其参数值见表9-6。

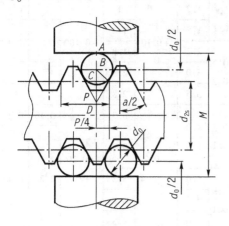

图9-10　用三针法测量外螺纹的单一中径

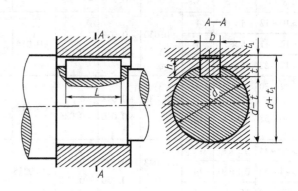

图9-11　平键连接的几何参数

平键的公称尺寸和槽深的尺寸极限偏差（摘自 GB/T 1095—2003）（单位：mm）　表 9-6

轴颈	键	轴槽			轮毂槽		
公称尺寸 d	公称尺寸 $b \times h$	t		$(d-t)$	t_1		$(d+t_1)$
		公称尺寸	极限偏差	极限偏差	公称尺寸	极限偏差	极限偏差
6～8	2×2	1.2	$^{+0.1}_{\ 0}$	$^{\ 0}_{-0.1}$	1	$^{+0.1}_{\ 0}$	$^{+0.1}_{\ 0}$
>8～10	3×3	1.8			1.4		
>10～12	4×4	2.5			1.8		
>12～17	5×5	3.0			2.3		
>17～22	6×6	3.5			2.8		
>22～30	8×7	4.0	$^{+0.2}_{\ 0}$	$^{\ 0}_{-0.2}$	3.3	$^{+0.2}_{\ 0}$	$^{+0.2}_{\ 0}$
>30～38	10×8	5.0			3.3		
>38～44	12×8	5.0			3.3		
>44～50	14×9	5.5			3.8		
>50～58	16×10	6.0			4.3		

平键连接的剖面尺寸均已标准化，在《平键：键和键槽的剖面尺寸》（GB/T 1099-1—2003）中做了规定，见表 9-7。

平键、键和键槽的剖面尺寸及公差（摘自 GB/T 1096—2003）（单位：mm）　表 9-7

轴	键	键槽									
公称直径 d	公称尺寸 $b \times h$	宽度 b					深度				半径 r
		键宽 b	轴槽宽与毂槽宽的极限偏差				轴槽深 t_1		毂槽深 t_2		
			松连接		正常连接		紧密连接	公称尺寸	偏差	公称尺寸	偏差	最大	最小
			轴 H9	毂 D10	轴 N9	毂 JS9	轴和毂 P9						
≤6～8	2×2	2	+0.025 0	+0.060 +0.020	−0.004 −0.029	±0.0125	−0.006 −0.031	1.2	+0.10 0	1	+0.100 0		
>8～10	3×3	3						1.8		1.4			
>10～12	4×4	4	+0.030 0	+0.078 +0.030	0 −0.030	±0.015	−0.012 −0.042	2.5		1.8			
>12～17	5×5	5						3.0		2.3			
>17～22	6×6	6						3.5		2.8			
>22～30	8×7	8	+0.036 0	+0.098 +0.040	0 −0.036	±0.018	−0.015 −0.051	4.0	+0.2 0	3.3	+0.20 0	0.16	0.25
>30～38	10×8	10						5.0		3.3			
>38～44	12×8	12	+0.043 0	+0.120 +0.050	0 −0.043	±0.0215	−0.018 −0.061	5.0		3.3		0.20	0.40
>44～50	14×9	14						5.5		3.8			
>50～58	16×10	16						6.0		4.3			

注：$(d-t)$ 和 $(d+t_1)$ 两组合尺寸的极限偏差按相应的 t 和 t_1 的极限偏差选取。但 $(d-t)$ 的极限偏差应取负号。

❶ 尺寸公差带

在键与键槽宽的配合中，键宽相当于广义的"轴"，键槽宽相当于广义的"孔"。

键宽同时要与轴槽宽和轮毂槽宽配合，而且配合性质又不同，由于平键是标准件，因此平键配合采用基轴制。

键的尺寸大小是根据轴的直径按表9-6选取的。

为保证键在轴槽上紧固，同时又便于拆装，轴槽和轮毂槽可以采用不同的公差带，使其配合的松紧不同，国家标准《平键：键和键槽的剖面尺寸》（GB/T 1099—1—2003）对平键与键槽和轮毂槽的宽度规定了三种连接类型，即松连接、正常连接和紧密连接，对轴和轮毂的键槽宽各规定了三种公差带。而国家标准《普通型 平键》（GB/T1096—2003）对键宽规定了一种公差带h9，这样就构成三种不同性质的配合，以满足各种不同用途的需要。其配合尺寸（键与键槽宽）的公差带均从 GB/T1801—1999 标准中选取，键宽、键槽宽、轮毂槽宽 b 的公差带如图9-12所示。

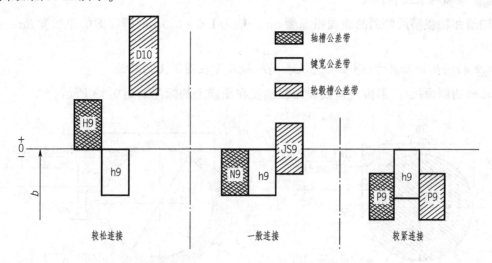

图9-12 平键连接的配合性质

❷ 平键连接的三种配合及应用

平键连接的三种配合及应用见表9-8。

表9-8 平键连接的三种配合及应用

配合种类	尺寸 b 的公差带			应 用
	键	轴槽	轮毂槽	
较松连接	h9	H9	D10	键在轴上及轮毂中均能滑动，主要用于导向平键，轮毂可在轴上移动
一般连接		N9	JS9	键在轴槽中和轮毂槽中均固定，用于载荷不大的场合
较紧连接		P9	P9	键在轴槽中和轮毂槽中均牢固地固定，比一般连接配合更紧。用于载荷较大、有冲击和双向传递转矩的场合

3 键槽的形位公差

键与键槽配合的松紧程度不仅取决于其配合尺寸的公差带,还与配合表面的形位误差有关,同时,为保证键侧与键槽侧面之间有足够的接触面积,避免装配困难,还需规定键槽两侧面的中心平面对轴的基准轴线和轮毂键槽两侧面的中心平面对孔的基准轴线的对称度公差。根据不同的功能要求和键宽的公称尺寸 b,该对称度公差与键槽宽度公差的关系以及与孔、轴尺寸公差的关系可以采用独立原则。

对称度公差等级可按《形状和位置公差未注公差值》(GB/T1184—1996) 一般取 7~9 级。

当键长 L 与键宽 b 之比大于或等于 8 时,应对键宽 b 的两工作侧面在长度方向上规定平行度公差,其公差值应按《形状和位置公差》的规定选取。当 $b \leq 6$ 时,平行度公差选 7 级;当 $6 < b < 36$ 时,平行度公差选 6 级;当 $b \geq 40$ 时,平行度公差选 5 级。

4 键槽的表面粗糙度

轴槽和轮毂槽两侧面的表面粗糙度 Ra 一般为 $1.6 \sim 6.3 \mu m$,槽底面的粗糙度 Ra 一般为 $12.5 \mu m$。

5 轴槽的剖面尺寸、形位公差及表面粗糙度等在图样上的标注

轴槽的剖面尺寸、形位公差及表面粗糙度在图样上的标注如图 9-13 所示。

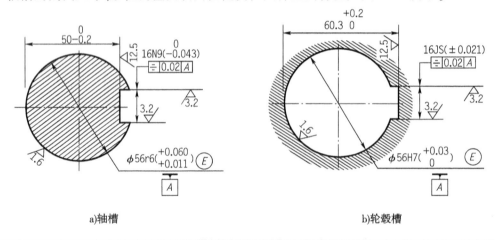

图 9-13 键槽尺寸与公差标注

2 花键连接

花键连接是由内花键(花键孔)和外花键(花键轴)两个零件组成的。与单键连接相比,其主要优点是导向性能好,定心精度高,承载能力强,在机械中应用广泛。花键连接可用作固定连接和滑动连接。花键按其截面形状的不同,可分为矩形花键、渐开线花键、三角形花键等几种,其中矩形花键应用最广。

矩形花键的主要尺寸为大径 D、小径 d、键宽和键槽宽 B,如图 9-14 所示。键数规定为偶数,有 6,8,10 三种,以便于加工和测量,按承载能力的大小,对公称尺寸分为轻系列、中系

列两种规格。同一小径的轻系列和中系列的键数相同键宽（键槽宽）也相同，仅大径不相同。中系列的键高尺寸较大，承载能力强；轻系列的键高尺寸较小，承载能力较低。矩形花键的公称尺寸系列见表9-9。

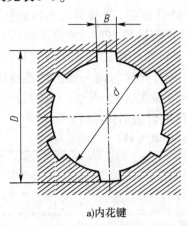
a) 内花键

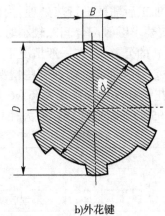
b) 外花键

图9-14 矩形花键的主要尺寸

矩形花键的公称尺寸系列（摘自 GB/T1144—2001）（单位：mm） 表9-9

小径 d	轻 系 列				中 系 列			
	规格 N×d×D×B	键数 N	大经 D	键宽 B	规格 N×d×D×B	键数 N	大经 D	键宽 B
11					6×11×14×3		14	3
13					6×13×16×3.5		16	3.5
16	—		—	—	6×16×20×4		20	4
18					6×18×22×5	6	22	5
21					6×21×25×5		25	
23	6×23×26×6		26		6×23×28×6		28	
26	6×26×30×6		30	6	6×26×32×6		32	6
28	6×28×32×7	6	32	7	6×28×34×7		34	7
32	6×32×36×6		36	6	8×32×38×6		38	6
36	8×36×40×7		40	7	8×36×42×7		42	7
42	8×42×46×8		46	8	8×42×48×8		48	8
46	8×46×50×9		50	9	8×46×54×9		54	9
52	8×52×58×10	8	58	10	8×52×60×10	8	60	10
56	8×56×62×10		62		8×56×65×10		65	
62	8×62×68×12		68	12	8×62×72×12		72	12
72	10×72×78×12	10	78		10×72×82×12	10	82	

1 矩形花键的尺寸公差

内、外花键定心小径、非定心大径和键宽（键槽宽）的尺寸公差带分一般用和精密传动用两类。其内、外花键的尺寸公差带见表9-10。

为减少专用刀具和量具的数量，花键连接采用基孔制配合。

从表9-10可以看出：对一般用的内花键槽宽规定了两种公差带，加工后不再热处理的，公差带为H9；加工后需要进行热处理，为修正热处理变形，公差带为H11；对于精密传动用内花键，当连接要求键侧配合间隙较小时，槽宽公差带选用H7，一般情况选用H9。

定心直径 d 的公差带，在一般情况下，内、外花键取相同的公差等级，且比相应的大径 D 和键宽 B 的公差等级都高。但在有些情况下，内花键允许与高一级的外花键配合。如公差带为H7的内花键可以与公差带为f6、g6、h6的外花键配合，公差带为H6的内花键可以与公差带为f5、g5、h5的外花键配合。而大径只有一种配合为H10/a11。

矩形花键的尺寸公差带（摘自 GB/T 1144—2001）　　　　　　表9-10

内花键				外花键			装配形式
d	D	B		d	D	B	
		拉削后不热处理	拉削后热处理				
一般用							
H7	H10	H9	H11	f7	a11	d10	滑动
				g7		F9	紧滑动
				h7		H10	固定
精密传动用							
H5	H10	H7、H9		f5	a11	d8	滑动
				g5		F7	紧滑动
				h5		H8	固定
H6				f5		D8	滑动
				g6		F7	紧滑动
				h6		H8	固定

注：1. 精密传动用的内花键，当需要控制键侧配合间隙时，槽宽可选用H7，一般情况可选用H9。
　　2. 当内花键公差带为H6和H7时，允许与高一级的外花键配合。

2　矩形花键公差与配合的选择

（1）矩形花键尺寸公差带的选择。传递转矩大或定心精度要求高时，应选用精密传动用的尺寸公差带。否则，可选用一般用的尺寸公差带。

（2）矩形花键的配合形式及其选择。内、外花键的装配形式（即配合）分为滑动、紧滑动和固定三种。其中，滑动连接的间隙较大；紧滑动连接的间隙次之；固定连接的间隙最小。

当内、外花键连接只传递转矩而无相对轴向移动时，应选用配合间隙最小的固定连接；当内、外花键连接不但要传递转矩，还要有相对轴向移动时，应选用滑动或紧滑动连接；而当移动频繁、移动距离长，则应选用配合间隙较大的滑动连接，以保证运动灵活，而且确保配合面间有足够的润滑油层。为保证定心精度要求、工作表面载荷分布均匀或减少反向运转所产生的空程及其冲击，对定心精度要求高、传递的转矩大、运转中需经常反转等的连接，则应用配合间隙较小的紧滑动连接。表9-11列出了几种配合应用情况，可供参考。

矩形花键配合应用　　　　　　　　　　　　表9-11

应用	固定连接		滑动连接	
	配合	特征及应用	配合	特征及应用
精密传动用	H5/h5	紧固程度较高,可传递大转矩	H5/g5	滑动程度较低,定心精度高,传递转矩大
	H6/h6	传递中等转矩	H6/f6	滑动程度中等,定心精度较高,传递中等转矩
一般用	H7/h7	紧固程度较低,传递转矩较小,可经常拆卸	H7/f7	移动频率高,移动长度大,定心精度要求不高

❸ 矩形花键的形位公差和表面粗糙度

(1)矩形花键的形位公差。内、外花键加工时,不可避免地会产生形位误差。为防止装配困难,并保证键和键槽侧面接触均匀,除用包容原则控制定心表面的形状误差外,还应控制花键(或花键槽)在圆周上分布的均匀性(即分度误差),当花键较长时,还可根据产品性能要求进一步控制各个键或键槽侧面对定心表面轴线的平行度。

为保证花键(或花键槽)在圆周上分布的均匀性,应规定位置度公差,并采用相关要求。位置度的公差值见表9-12。

矩形花键的位置度公差(摘自 GB/T 1144—2001) (单位:mm)　　表9-12

键槽宽或键宽 B		3	3.5～6	7～10	12～18
t_1	键槽宽	0.010	0.015	0.020	0.025
	键宽 滑动、固定	0.010	0.015	0.020	0.025
	紧滑动	0.006	0.010	0.013	0.016

当单件、小批量生产时,应规定键(键槽)两侧面的中心平面对定心表面轴线的对称度和花键等分公差。其在图样上的标注如图9-15所示,花键的对称度的公差值见表9-13。

矩形花键的对称度公差(摘自 GB/T 1144—2001) (单位:mm)　　表9-13

键槽宽或键宽 B		3	3.5～6	7～10	12～18
t_2	一般用	0.010	0.015	0.020	0.025
	精密传动用	0.010	0.015	0.020	0.025

(2)矩形花键的表面粗糙度

矩形花键的表面粗糙度 Ra 的上限推荐值见表9-14。

矩形花键表面粗糙度推荐值(单位:μm)　　表9-14

加工表面	内花键	外花键
	Ra 不大于	
大径	6.3	3.2
小径	0.8	0.8
键侧	3.2	0.8

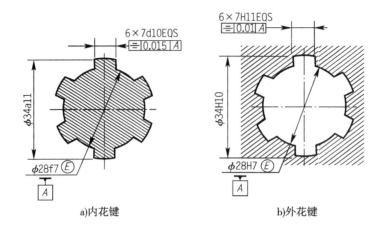

a) 内花键　　　　　　　　　b) 外花键

图 9-15　花键对称度公差的标注

4 矩形花键的标注

矩形花键的规格按下列顺序表示：键数 $N×$ 小径 $d×$ 大径 $D×$ 键宽（键槽宽）B。

例如：矩形花键数 N 为 6，小径 d 的配合为 23H7/f7，大径 D 的配合为 28H10/a11，键宽 B 的配合为 12H/d10 的标记如下：

花键规格 $N×d×D×B$，即 $6×23×28×6$

花键副 $6×23\dfrac{H7}{f7}×28\dfrac{H10}{a11}×6\dfrac{H11}{d10}$（GB/T 1144—2001）

内花键 $6×23H7×28H10×6H11$（GB/T 1144—2001）

外花键 $6×23f7×28a11×6d10$（GB/T 1144—2001）

3 平键与花键的检测

1 单键及其键槽的测量

键和键槽尺寸的检测比较简单，在单件、小批量生产中，键的宽度、高度和键槽宽度、深度等一般用游标卡尺、千分尺等通用计量器具来测量。

在大批量生产中可用极限量规检测，如图 9-16 所示。

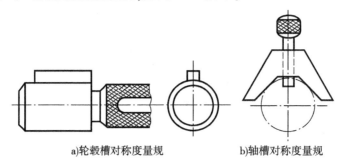

a) 轮毂槽对称度量规　　　　b) 轴槽对称度量规

图 9-16　检验键槽对称度的量规

2 花键的测量

花键的测量分为单项测量和综合检验,也可以说对于定心小径、键宽、大径的三个参数检验,而每个参数都有尺寸、位置、表面粗糙度的检验。

(1)单项测量。单项测量就是对花键的单个参数小径、键宽(键槽宽)、大径等尺寸、位置、表面粗糙度的检验。单项测量的目的是控制各单项参数小径、键宽(键槽宽)、大径等的精度。在单件、小批量生产时,花键的单项测量通常用千分尺等通用计量器具来测量。在大批量生产时,花键的单项测量用极限量规检验。

(2)综合测量。综合检验就是对花键的尺寸、形位误差按控制最大实体实效边界要求,用综合量规进行检验。

花键的综合量规(内花键为综合塞规,外花键为综合环规)均为全形通规,作用是检验内、外花键的实际尺寸和形位误差的综合结果,即同时检验花键的小径、大径、键宽(键槽宽)实际尺寸和形位误差以及各键(键槽)的位置误差,大径对小径的同轴度误差等综合结果,对小径、大径和键宽(键槽宽)的实际尺寸是否超越各自的最小实体尺寸,则采用相应的单项止端量规(或其他计量器具)来检测。

综合检测内、外花键时,若综合量规通过,单项止端量规不通过,则花键合格。当综合量规不通过,花键为不合格。

任务实施

(1)识读图9-1所示零件图的螺纹标记:M20-5g6g,并求出螺纹大径、中经、小径的公称尺寸以及极限偏差和极限尺寸。

解:M20-5g6g 表示:公称直径为20mm,中径和顶径公差带分别为5g、6g的中等旋合长度的粗牙外螺纹。

查 GB/T 196—2003 普通螺纹的公称尺寸:螺距 $P=2.5$mm,大径(顶径)$d=20$mm,中径 $d_2=18.376$mm,小径 $d_1=17.294$mm。

在表9-3中,由螺距2.5mm及外螺纹基本偏差代号g,查出:外螺纹基本偏差 es = -42μm

①大径:

在表9-3中,由螺距2.5mm及外螺纹大径公差等级为6级,查出:大径(顶径)公差 $T_d=335\mu$m,

所以大径公差带下极限偏差 ei = es $- T_d$ = ($-42-335$)μm = -337μm

大径的极限尺寸为:$d_{max}=19.958$mm,$d_{min}=19.623$mm

②中径:

在表9-2中,由公称直径为20mm,螺距2.5mm,外螺纹中径公差等级为5级,查出:

中径公差 $T_{d2}=132\mu$m

所以中径公差带下偏差 ei = es $- T_{d2}$ = ($-42-132$)μm = -174μm

中径的极限尺寸为:$d_{max}=18.334$mm,$d_{min}=18.202$mm

③小径:

对外螺纹,小径下极限偏差不做要求,故小径的极限尺寸为:$d_{max} = 17.252$mm,d_{min} 不超过实体牙型即可。

(2)图 9-1 所示的圆柱齿轮减速器的输出轴中,$\phi 55 r6$ 和 $\phi 45 m6$ 圆柱面分别用于安装齿轮和带轮,它们都是由键连接实现的,为保证使用功能要求,必须进行公差设计。键连接公差设计包括选择键连接的尺寸以及确定相应的配合公差。

由表 9-6,查 $\phi 55 r6$ 和 $\phi 45 m6$ 轴径上的平键的公称尺寸分别为 14×9 和 16×10,$d-t$ 分别为 $49 _{-0.2}^{0}$ 和 $39 _{-0.2}^{0}$。

由表 9-8,查键公差带为 h9,根据零件使用功能要求(键在轴槽中和轮毂槽中均固定,且载荷不大),确定配合种类为一般连接。轴槽的公差带为 N9,轮毂槽的公差带为 JS9。

由表 9-7,查两轴槽极限偏差为($-_{0.034}^{0}$)。

知识拓展

尺 寸 链

机械零件无论在设计或制造中,一个重要的问题就是如何保证产品的质量。也就是说,设计一部机器,除了要正确选择材料,进行强度、刚度、运动精度计算外,还必须进行几何精度计算,合理地确定机器零件的尺寸、几何形状和相互位置公差,在满足产品设计预定技术要求的前提下,能使零件、机器获得经济地加工和顺利地装配。为此,需对设计图样上要素与要素之间,零件与零件之间有相互尺寸、位置关系要求,且能构成首尾衔接、形成封闭形式的尺寸组加以分析,研究它们之间的变化;计算各个尺寸的极限偏差及公差;以便选择保证达到产品规定公差要求的设计方案与经济的工艺方法。

1 尺寸链

在机器装配或零件加工过程中,由相互连接的尺寸形成封闭的尺寸组,该尺寸组称为尺寸链。如图 9-17a)所示,零件经过加工依次得尺寸 A1、A2 和 A3,则尺寸 A0 也就随之确定。A0、A1、A2 和 A3 形成尺寸链,如图 9-17b)所示,A0 尺寸在零件图上是根据加工顺序来确定,在零件图上是不标注的。

2 环

尺寸链中的每一个尺寸,都称为环,如图 9-17 中的 A0、A1、A2 和 A3。

1 封闭环

尺寸链中在装配过程或加工过程最后自然形成的一环,它也是确保机器装配精度要求或零件加工质量的一环,封闭环加下角标"0"表示。任何一个尺寸链中,只有一个封闭环。图中 A0 是封闭环。

2 组成环

尺寸链中除封闭环以外的其他各环都称为组成环,如图 9-17 中的 A1、A2 和 A3。组成环用拉丁字母 A、B、C……表示，序号 $i=1、2、3、…、m$。同一尺寸链的各组成环，一般用同一字母表示。

组成环按其对封闭环影响的不同，又分为增环与减环。

(1) 增环：当尺寸链中其他组成环不变时，某一组成环增大，封闭环亦随之增大，则该组成环称为增环。如图 9-17 中，若 A1 增大，A0 将随之增大，所以 A1 为增环。

(2) 减环：当尺寸链中其他组成环不变时，某一组成环增大，封闭环反而随之减小，则该组成环称为减环。如图 9-17 中，若 A2 和 A3 增大，A0 将随之减小，所以 A2 和 A3 为减环。

有时增减环的判别不是很容易，如图 9-18 所示的尺寸链，当 A0 为封闭环时，增、减环的判别就较困难，这时可用回路法进行判别。方法是从封闭环 A0 开始顺着一定的路线标箭头，凡是箭头方向与封闭环的箭头方向相反的环，便是增环，箭头方向与封闭环的箭头方向相同的环，便为减环。如图 9-18 所示，A1、A3、A5 和 A7 为增环，A2、A4、A6 为减环。

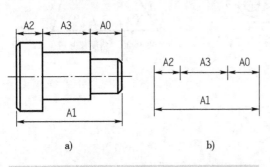

图 9-17 零件尺寸链

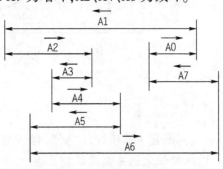

图 9-18 回路法判别增、减环

3 尺寸链的类型

(1) 按在不同生产过程中的应用情况，可分为：

①装配尺寸链。在机器设计或装配过程中，由一些相关零件形成有联系封闭的尺寸组，称为装配尺寸链。

②零件尺寸链。同一零件上由各个设计尺寸构成相互有联系封闭的尺寸组，称为零件尺寸链。设计尺寸是指图样上标注的尺寸。

③工艺尺寸链。零件在机械加工过程中，同一零件上由各个工艺尺寸构成相互有联系封闭的尺寸组，称为工艺尺寸链。工艺尺寸是指工序尺寸、定位尺寸、基准尺寸。

装配尺寸链与零件尺寸链统称为设计尺寸链。

(2) 按组成尺寸链各环在空间所处的形态，可分为：

①直线尺寸链。尺寸链的全部环都位于两条或几条平行的直线上，称为直线尺寸链。

②平面尺寸链。尺寸链的全部环都位于一个或几个平行的平面上，但其中某些组成环不平行于封闭环，这类尺寸链，称为平面尺寸链。如图 9-19 即为平面尺寸链。将平面尺寸链中各有关组成环按平行于封闭环方向投影，就可将平面尺寸链简化为直线尺寸链来计算。

③空间尺寸链。尺寸链的全部环位于空间不平行的平面上，称为空间尺寸链。对于空间尺寸链，一般按三维坐标分解，化成平面尺寸链或直线尺寸链，然后根据需要，在某特定平面上求解。

(3) 按构成尺寸链各环的几何特征,可分为:

①长度尺寸链。表示零件两要素之间距离的,为长度尺寸,由长度尺寸构成的尺寸链,称为长度尺寸链,如图 9-17 所示,其各环位于平行线上。

②角度尺寸链。表示两要素之间位置的,为角度尺寸,由角度尺寸构成的尺寸链,称为角度尺寸链。其各环尺寸为角度量,或平行度、垂直度等。如图 9-20 所示为由各角度所组成的封闭多边形,这时 α_1、α_2、α_3 及 α_0 构成一个角度尺寸链。

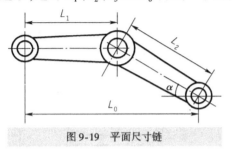

图 9-19　平面尺寸链

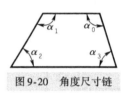

图 9-20　角度尺寸链

自我评价

一、判断题（正确的打"√",错误的打"×"）

1. 左旋螺纹比右旋螺纹常用。（　　）
2. 螺纹的大径称为公称直径。（　　）
3. 在普通螺纹的各公差等级中,3 级最低,9 级最高。（　　）
4. 对于外螺纹,基本偏差是上极限偏差 es,对于内螺纹,基本偏差是下极限偏差 EI。（　　）
5. 螺纹公差带代号由表示其大小的公差等级数字和表示其位置的字母组成。（　　）
6. 平键连接的配合采用基孔制配合,花键连接采用基轴制配合。（　　）
7. 平键连接是通过键的顶面分别与轴槽和轮毂槽的侧面互相连接来传递运动和转矩。（　　）
8. 平键在成大量生产中可用极限量规检测。（　　）
9. 在机器装配或零件加工过程中,由相互连接的尺寸形成封闭的尺寸组,称为尺寸链。（　　）
10. 综合检测内、外花键时,若综合量规、单项止端量规通过,则花键合格。（　　）

二、简答题

1. 简述螺纹代号 M20-5H、M20-5h6h-S 的含义。
2. 简述矩形花键的主要参数和定心方式。

三、查表计算题

1. 有一齿轮与轴的连接用平键传递转矩。平键尺寸 $b=10\text{mm}$,$L=28\text{mm}$。齿轮与轴的配合为 $\phi 35\text{H7/h6}$,平键采用一般连接。试查出键槽尺寸偏差、形位公差和表面粗糙度。
2. 查表写出 M20×2-6H/5g6g 的大、中、小径尺寸,中径和顶径的上下极限偏差和公差。

任务二　汽车轴承与齿轮的公差与检测

汽车制造中应用了大量的滚动轴承与齿轮。滚动轴承的工作性能和使用寿命主要取决于轴承本身的制造精度，同时还与滚动轴承相配合的轴颈和外壳孔的尺寸公差、形位公差和表面粗糙度以及安装正确与否等因素有关，滚动轴承精度在很大程度上决定了机械产品的旋转精度。而齿轮传动是应用最广泛的传动机构之一，它在机床、汽车、仪器仪表等行业得到了广泛的应用，其主要功能是传递运动、动力和精密分度等。齿轮传动的精度将会直接影响机器的传动质量、效率和使用寿命，其精度等级的选择主要依据齿轮的用途、使用要求、工作条件和其他技术要求。国家标准对这些典型常用零件的公差与配合作了具体规定，现要求学会如何选择公差与配合以及如何正确标注和检测。

一、滚动轴承

1. 滚动轴承的构造

滚动轴承一般由内圈、外圈、滚动体和保持架组成，如图9-21所示。内圈与轴径相配，外圈与轴承座孔配合。一般轴和内圈一起转动，外圈在轴承座孔中固定不动，也有外圈回转而内圈不动，或内、外圈同时回转的场合。当内、外圈相对转动时，滚动体即在内、外圈的滚道间滚动。常用的滚动体有：球、圆柱滚子、滚针、圆锥滚子、球面滚子、非对称球面滚子等几种，如图9-22所示。轴承内、外圈上的滚道，有限制滚动体侧向位移的作用。

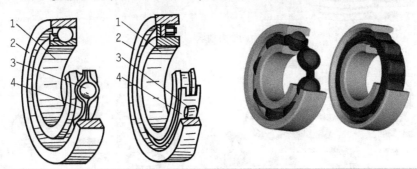

图9-21　滚动轴承结构
1-内圈；2-外圈；3-滚动体；4-保持架

保持架的主要作用是将滚动体均匀隔开。如果没有保持架,则相邻滚动体转动时,将会由于接触处产生较大的相对滑动速度而引起磨损。

从滚动体与滚道接触,有点接触和线接触,点接触的轴承摩擦系数低,质量轻,称为球轴承;线接触的轴承摩擦系数高,质量较大,称为滚子轴承。

2 滚动轴承的类型(图9-22)

(1)轴承按其所能承受的载荷方向或公称接触角的不同,分为:

①向心轴承——主要用于承受径向载荷的滚动轴承,其公称接触角从0°~45°。按公称接触角不同,又细分为:径向接触轴承(公称接触角为0°的向心轴承);向心角接触轴承(公称接触角大于0°~45°的向心轴承)。

②推力轴承——主要用于承受轴向载荷的滚动轴承,其公称接触角大于45°~90°。按公称接触角不同又分为:轴向接触轴承(公称接触角为90°的推力轴承);推力角接触轴承(公称接触角大于45°但小于90°的推力轴承)。

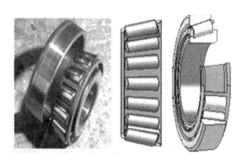

a)推力圆柱滚子轴承　　　　　　　b)圆锥滚子轴承

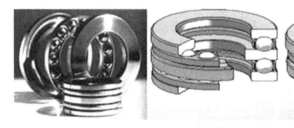

c)推力轴承

d)角接触球轴承　　　　　　　　　e)深沟球轴承

图9-22　几种常用轴承类型

(2)轴承按其滚动体的种类,分为:

①球轴承——滚动体为球。

②滚子轴承——滚动体为滚子。滚子轴承按滚子种类,又分为:圆柱滚子轴承(滚动体是圆柱滚子的轴承);滚针轴承(滚动体是滚针的轴承);圆锥滚子轴承(滚动体是圆锥滚子的轴承);调心滚子轴承(滚动体是球面滚子的轴承)。

(3)轴承按其工作时能否调心,分为:

①调心轴承——滚道是球面形的,能适应两滚道轴心线间的角偏差及角运动的轴承。

②非调心轴承(刚性轴承)——能阻抗滚道间轴心线角偏移的轴承。

3 滚动轴承精度等级的选择

滚动轴承的公差等级由轴承的尺寸公差和旋转精度决定。

在实际应用中,向心球轴承比其他类型轴承应用更为广泛。根据国家标准《滚动轴承 向心轴承公差》(GB/T 307.1—1996)的规定,滚动轴承按尺寸公差与旋转精度分级。向心轴承分为0、6(6x)、5、4和2五个精度等级,其中0级最低,2级最高;圆锥滚子轴承分为0、6x、5、4四个等级;推力球轴承分为0、6、5、4四个等级。

滚动轴承各级精度的应用情况如下:

(1)0级——0级轴承在机械制造业中应用最广,通常称为普通级,在轴承代号标注时不予注出。它用于旋转精度、运动平稳性等要求不高、中等负荷、中等转速的一般机构中,如普通机床的变速机构和进给机构,汽车和拖拉机的变速机构等。

(2)6级——6级轴承应用于旋转精度和运动平稳性要求较高或转速要求较高的旋转机构中,如普通机床主轴的后轴承和比较精密的仪器、仪表等的旋转机构中的轴承。

(3)5、4级——5、4级轴承应用于旋转精度和转速要求高的旋转机构中,如高精度的车床和磨床、精密丝杠车床和滚齿机等的主轴轴承。

(4)2级——2级轴承应用于旋转精度和转速要求特别高的精密机械的旋转机构中,如精密坐标镗床和高精度齿轮磨床和数控机床的主轴等轴承。

4 滚动轴承内、外径的公差带

国家标准对轴承内径和外径尺寸公差做了两种规定:

(1)轴承套圈任意横截面内测得的最大直径与最小直径的平均值 $d_m(D_m)$ 与公称直径 $d(D)$ 的差,即单一平面平均内(外)径偏差 $\Delta d_{mp}(\Delta D_{mp})$ 必须在极限偏差范围内,目的用于控制轴承的配合。表9-15为部分向心轴承单一平面平均内(外)径偏差的极限值。

(2)轴承套圈任意横截面内测得的最大直径、最小直径与公称直径 $d(D)$ 的差,即单一内孔直径(外径)偏差 $\Delta d_s(\Delta D_s)$ 必须在极限偏差范围内,目的用于限制变形量。

对于高精度的2、4级轴承,上述两个公差项目都做了规定,对其余公差等级的轴承只规定了第一项。

向心轴承 Δd_{mo} 和 ΔD_{mo}（摘自 GB/T 307.1—1994） 表 9-15

精度等级		0		6		5		4		2	
公称直径（mm）		极限偏差（μm）									
大于	至	上偏差	下偏差	上偏差	下偏差	上偏差	下偏差	上偏差	下偏差	上偏差	下偏差
内圈	18	30	0	−10	0	−8	0	−6	0	−5	0	−2.5
	30	50	0	−12	0	−10	0	−8	0	−6	0	−2.5
外圈	50	80	0	−13	0	−11	0	−9	0	−7	0	−4
	80	120	0	−15	0	−13	0	−10	0	−8	0	−5

由于滚动轴承是标准部件，所以滚动轴承内圈与轴颈的配合采用基孔制，滚动轴承外圈与外壳孔的配合采用基轴制。

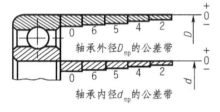

图 9-23 滚动轴承内径、外径公差带

国家标准规定：滚动轴承内径为基准孔公差带，但其位置由原来的位于零线的上方而改为位于以公称内径 d 为零线的下方，即上偏差为零，下偏差为负值，如图 9-23 所示。当它与 GB/T1801—1999 中的过渡配合的轴相配合时，能保证获得一定大小的过盈量，从而满足轴承的内孔与轴颈的配合要求。通常滚动轴承的外圈安装在外壳孔中不旋转，标准规定轴承外圈外径的公差带分布于以其公称直径 D 为零线的下方，即上极限偏差为零，下极限偏差为负值，如图 9-23 所示。它与 GB/T1801—1999 标准中基本偏差代号为 h 的公差带相类似，只是公差值不同。

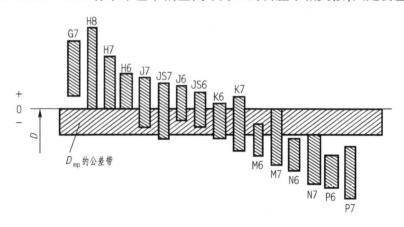

图 9-24 轴承内径与轴颈的配合

5 轴颈和外壳孔的公差带

1 轴颈和外壳孔的公差带

轴承配合的选择就是确定轴颈和外壳孔的公差带的过程。国家标准《滚动轴承与轴和外壳孔的配合》（GB/T275—1993）对与 0 级和 6 级轴承配合的轴颈规定了 17 种公差带，如图 9-24 所示。外壳孔规定了 17 种公差带，如图 9-25 所示。

该标准适用:轴承精度等级为 0 级、6 级;轴为实体或厚壁空心件;轴颈材料为钢,外壳孔为铸铁;轴承游隙为 0 组。

❷ 滚动轴承与轴径、外壳孔的配合的选择

选择轴颈和外壳孔公差带时应考虑的因素及选择的基本原则:

(1)轴承承受负荷的类型。作用在轴承套圈上的径向负荷一般是由定向负荷和旋转负荷合成的。根据轴承套圈所承受的负荷具体情况不同,可分为以下三类:

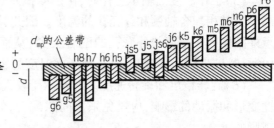

图 9-25 轴承外径轴与外壳孔的配合

①固定负荷。轴承运转时,作用在轴承套圈上的合成径向负荷相对静止,即合成径向负荷始终不变地作用在套圈滚道的某一局部区域上,则该套圈承受着固定负荷。如图 9-26a)中的外圈和图 9-26b)中的内圈,它们均受到一个定向的径向负荷 F_0 作用。其特点是只有套圈的局部滚道受到负荷的作用。

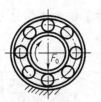   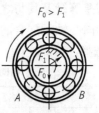

a)定向负荷内圈转动　　b)定向负荷外圈转动　　c)旋转负荷内圈转动　　d)旋转负荷外圈转动

图 9-26 轴承套圈与负荷的关系

②旋转负荷。轴承运转时,作用在轴承套圈上的合成径向负荷与套圈相对旋转,顺次作用在套圈的整个轨道上,则该套圈承受旋转负荷。如图 9-26a)中的内圈和图 9-26b)中的外圈,都承受旋转负荷。其特点是套圈的整个圆周滚道顺次受到负荷的作用。

③摆动负荷。轴承运转时,作用在轴承上的合成径向负荷在套圈滚道的一定区域内相对摆动,则该套圈承受摆动负荷。如图 9-26c)和图 9-26d)所示,轴承套圈同时受到定向负荷和旋转负荷的作用,两者的合成负荷将由小到大,再由大到小地周期性变化。

(2)轴承负荷的大小。GB/T 275—1993 规定:向心轴承负荷的大小可用当量动负荷(一般指径向负荷)P_r 与额定动负荷 C_r 的比值区分,$P_r \leq 0.07 C_r$ 时为轻负荷;$0.07 C_r < P_r \leq 0.15 C_r$ 时为正常负荷;$P_r > 0.15 C_r$ 时为重负荷。负荷越大,配合过盈量应越大。其中,当量动负荷 P_r 与额定动负荷 C_r 分别由计算公式求出和由轴承型号查阅相关公差表格确定。

(3)轴颈和外壳孔的尺寸公差等级应与轴承的精度等级相协调。对于要求有较高的旋转精度的场合,要选择较高公差等级的轴承(如 5 级、4 级轴承),而与滚动轴承配合的轴颈和外壳孔也要选择较高的公差等级(一般轴颈可取 IT5,外壳孔可取 IT6),以使两者协调。与 0 级、6 级配合的轴颈一般为 IT6,外壳孔一般为 IT7。

(4)轴承尺寸大小。考虑到变形大小与公称尺寸有关,因此,随着轴承尺寸的增大,选择的过盈配合的过盈量越大,间隙配合的间隙量越大。

(5) 工作温度。轴承工作时，由于摩擦发热和其他热源的影响，使轴承套圈的温度经常高于与其相配合轴颈和外壳孔的温度。因此，轴承内圈会因热膨胀与轴颈的配合变松，而轴承外圈则因热膨胀与外壳孔的配合变紧，从而影响轴承的轴向游动，当轴承工作温度高于100℃时，选择轴承的配合时必须考虑温度的影响。

(6) 旋转精度和旋转速度。对于承受较大负荷且旋转精度要求较高的轴承，为了消除弹性变形和振动的影响，应避免采用间隙配合，但也不宜太紧。轴承的旋转速度越高，应选用越紧的配合。

除上述因素外，轴颈和外壳孔的结构、材料以及安装与拆卸等对轴承的运转也有影响，应当全面分析考虑。

6 轴颈和外壳孔的公差等级

轴承的精度决定与之相配合的轴、外壳孔的公差等级。一般情况下，与0、6级轴承配合的轴，其公差等级一般为IT6，外壳孔为IT7。对旋转精度和运转平稳性有较高要求的场合，轴承公差等级及其与之配合的零部件精度都应相应提高。

和向心轴承配合的孔公差带代号按表9-16选择；和向心轴承配合的轴公差带代号按表9-17选择。

和向心轴承配合的外壳孔公差带代号（摘自 GB/T275—1993）　　表9-16

运转状态		负荷状态	其他情况	公差带[①]	
说　明	举　例			球轴承	滚子轴承
固定的外圈负荷	一般机械、铁路机车车辆轴承、电动机、泵、曲轴主轴承	轻、正常、重	轴向易移动，可采用剖分式外壳	H7、G7[②]	
		冲击	轴向能移动，采用整体或剖分式外壳	J7、JS7	
摆动负荷		轻、正常		J7、JS7	
		正常、重		K7	
		冲击		M7	
旋转的外圈负荷	张紧滑轮、轮毂轴承	轻	轴向不移动，采用整体式外壳	J7	K7
		正常		K7、M7	M7、N7
		重		—	N7、P7

注：① 并列公差带随尺寸的增大从左到右选择，对旋转精度有较高要求时，可相应提高一个公差等级；
　　② 不适用于剖分式外壳。

和向心轴承配合的轴公差带代号（摘自 GB/T275—1993）　　表9-17

圆柱孔轴承					
运转状态		负荷状态	深沟球轴承、调心球轴承和角接触球轴承	圆柱滚子轴承和圆锥滚子轴承	调心滚子轴承	公差带
说　明	应用举例		轴承公称内径(mm)			

续上表

圆柱孔轴承						
旋转的内圈负荷或摆动负荷	一般通用机械、电动机、机床主轴、泵、内燃机、正齿轮传动装置、铁路机车车辆轴箱、破碎机等	轻负荷	≤18 >18～100 >100～200 —	— ≤40 >40～140 >140～200	— ≤40 >40～100 >100～200	h5 j6① k6① m6①
		正常负荷	≤18 >18～100 >100～140 >140～200 >200～280 — —	— ≤40 >40～100 >100～140 >140～200 >200～400 —	— ≤40 >40～65 >65～100 >100～140 >140～280 >280～500	j5,js5 k5② m5② m6② n6 p6 r6
		重负荷	>50～140 >140～200 >200 —	>50～100 >100～140 >140～200 >200		n6③ p6 r6 r7
固定的内圈负荷	静止轴上的各种轮子,张紧轮、绳轮、振动筛、惯性振动器	所有负荷	所有尺寸			f6① g6 h6 j6
纯轴向负荷			所有尺寸			j6,js6
圆锥孔轴承						
所有负荷	铁路机车车辆轴箱		装在退卸套上的所有尺寸			h8(IT6)⑤,④
	一般机械传动		装在紧定套上的所有尺寸			h9(IT7)④,⑤

注:①凡对精度有较高要求场合,应用 j5,k5,…代替 j6,k6,…;
②圆锥滚子轴承、角接触球轴承配合对游隙的影响不大,可用 k6,m6 代替 k5,m5;
③重负荷下轴承游隙应选大于 0 组。
④凡有较高的精度或转速要求的场合,应选 h7(IT5)代替 h8(IT6)。
⑤IT6、IT7 表示圆柱度公差数值。

7 配合表面及端面的形位公差和表面粗糙度

正确选择轴承与轴颈和外壳孔的公差等级及其配合的同时,对轴颈及外壳孔的形位公差及表面粗糙度也要提出要求,才能保证轴承的正常运转。

❶ 配合表面及端面的形位公差

GB/T275—1993 规定了与轴承配合的轴颈和外壳孔表面的圆柱度公差、轴肩及外壳体孔端面的端面圆跳动公差,其形位公差值见表 9-18。

❷ 配合表面及端面的粗糙度要求

表面粗糙度的大小不仅影响配合的性质,还会影响连接强度,因此,凡是与轴承内、外圈配合的表面通常都对粗糙度提出了较高的要求,按表 9-19 选择。

表 9-18　轴和外壳孔的形位公差值(摘自 GB/T 275—1993)

公称尺寸(mm)		圆柱度 t				端面圆跳动 t_1			
		轴　颈		外 壳 孔		轴　肩		外壳孔肩	
		轴承公差等级(μm)							
		0	6(6x)	0	6(6x)	0	6(6x)	0	6(6x)
超过	至	公差值(μm)							
—	6	2.5	1.5	4	2.5	5	3	8	5
6	10	2.5	1.5	4	2.5	6	4	10	6
10	18	3.0	2.0	5	3.0	8	5	12	8
18	30	4.0	2.5	6	4.0	10	6	15	10
30	50	4.0	2.5	7	4.0	12	8	20	12
50	80	5.0	3.0	8	5.0	15	10	25	15
80	120	6.0	4.0	10	6.0	15	10	25	15
120	180	8.0	5.0	12	8.0	20	12	30	20
180	250	10.0	7.0	14	10.0	20	12	30	20
250	315	12.0	8.0	16	12.0	25	15	40	25
315	400	13.0	9.0	18	13.0	25	15	40	25
400	500	15.0	10.0	20	15.0	25	15	40	25

表 9-19　配合面的表面粗糙度(摘自 GB/T275—1993)

轴或外壳孔直径(mm)		轴或外壳孔配合表面直径公差等级								
		IT7			IT6			IT5		
		表面粗糙度 Ra 及 Rz 值(μm)								
		Rz	Ra		Rz	Ra		Rz	Ra	
大于	至		磨	车		磨	车		磨	车
80	80	10	1.6	3.2	6.3	0.8	1.6	4	0.4	0.8
	500	16	1.6	3.2	10	1.6	3.2	6.3	0.8	1.6
端面		25	3.2	6.3	25	3.2	6.3	10	1.6	3.2

二、齿轮

1 齿轮的类型

齿轮的分类方法很多,根据其传动比($i_{12} = \omega_1/\omega_2$)是否恒定分为:

(1)定传动比(i_{12} = 常数)传动的齿轮机构,圆形齿轮机构。

(2)变传动比(i_{12}按一定的规律变化)传动的齿轮机构,非圆形齿轮机构。

按照在定传动比中两啮合齿轮的相对运动是平面运动还是空间运动可分为两类:平面齿轮传动和空间齿轮传动。

❶ 平面齿轮传动

该传动的两轮轴线相互平行,常见的有直齿圆柱齿轮传动(图9-27 a)),斜齿圆柱齿轮传动(图9-27 d)),人字齿轮传动(图9-27 e))。此外,按啮合方式区分,前两种齿轮传动又可分为外啮合传动(图9-27 a)、d)),内啮合传动(图9-27 b))和齿轮齿条传动(图9-27 c))。

a)直齿圆柱齿轮

b)内啮合传动

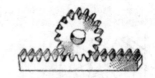
c)蜗杆传动

d)斜齿圆柱齿轮

e)人字齿轮

图9-27　平面齿轮传动

❷ 空间齿轮传动

两轴线不平行的齿轮传动称为空间齿轮传动,如直齿锥齿轮传动(图9-28a))、交错轴斜齿轮传动(图9-28b))和蜗杆传动(图9-28c))。

2 齿轮各部分名称

图9-29 所示为一直齿圆柱齿轮的一部分,相邻两齿的空间称为齿间。

(1)齿顶圆:齿顶所在的圆,用d_a和r_a表示。

(2)齿根圆:齿根所在的圆,用d_f和r_f表示。

(3) 齿厚：任意圆周上量得的齿轮两侧间的弧长，用 s_k 表示。

(4) 齿槽宽：任意圆周上量得的相邻两齿齿廓间的弧长，用 e_k 表示。

(5) 齿距：任意圆周上量得的相邻两齿同侧齿廓间的弧长，用 p_k 表示。

$$p_k = s_k + e_k$$

(6) 分度圆：计算基准圆，用 d 和 r 表示。

(7) 齿顶高：介于分度圆与齿顶圆之间的轮齿部分的径向高度，用 h_a 表示。

(8) 齿根高：介于分度圆与齿根圆之间的轮齿部分的径向高度，用 h_f 表示。

(9) 齿全高：齿顶圆与齿根圆之间的轮齿部分的径向高度，用 h 表示。

a) 直齿锥齿轮传动

b) 交错轴斜齿轮传动

c) 蜗杆传动

图 9-28　空间齿轮传动

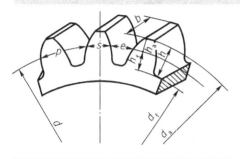

图 9-29　齿轮的几何尺寸

3 渐开线圆柱齿轮传动精度要求

不同的齿轮传动主要有以下四项使用要求：

(1) 运动精度：是指传递运动的准确性。为了保证齿轮传动的运动精度，应限制齿轮一转中最大转角误差（分度齿轮）。

(2) 运动平稳性精度：要求齿轮运转平稳，没有冲击、振动和噪声。要限制一齿距角范围内转角误差的最大值（高速动力齿轮）。

(3) 接触精度：要求齿轮在接触过程中，载荷分布要均匀，接触良好，以免引起应力集中，造成局部磨损，影响齿轮的使用寿命（低速重载齿轮）。

(4) 齿侧间隙：在齿轮传动过程中，非接触面一定要有合理的间隙。一方面为了贮存润滑油，一方面为了补偿齿轮的制造和变形误差（各类齿轮均要求有一定的传动侧隙）。

4 齿轮加工误差的来源

(1) 齿轮的加工方法。按齿轮齿廓的形成原理主要有：仿形法和范成法。仿形法是利用成形刀具加工齿轮，如利用铣刀在铣床上铣齿；范成法是根据渐开线齿廓的形成原理，利用专用的齿轮加工机床加工齿轮，如滚齿、插齿、磨齿。

(2) 齿轮的加工误差。齿轮加工工艺系统中的机床、刀具、齿坯的制造和安装等多种因素，致使实际加工后的齿轮存在各种形式的加工误差。

为了便于分析齿轮的各种制造误差对齿轮传动质量的影响，按误差相对于齿轮的方向特征,可分为径向误差、切向误差和轴向误差;齿轮为圆周分度零件,其误差具有周期性,按误差在齿轮一转中是否多次出现,即在齿轮一转中出现的周期或频率,可分为以齿轮一转为周期的长周期误差,它主要影响传递运动的准确性;以齿轮一齿为周期短周期误差,它主要影响工作平稳性。

5 圆柱齿轮的制造误差

《轮齿同侧齿面偏差的定义和允许值》(GB/T10095.1—2001)、《径向综合偏差和径向跳动的定义和允许值》(GB/T 10095.2—2001)及《圆柱齿轮检验实施规范》(GB/Z 18620.1～4—2002)给出了齿轮评定项目的允许值及规定了检测齿轮精度的实施规范。

1 影响传递运动准确性的误差

(1)切向综合总偏差 F_i'。被测齿轮与理想精确的测量齿轮作单面啮合时,在被测齿轮一转范围内,分度圆上实际圆周位移与理论圆周位移的最大差值,以分度圆弧长计值。

齿轮的切向综合总偏差是在接近齿轮的工作状态下测量出来的,是几何偏心、运动偏心和基节偏差、齿廓偏差的综合测量结果,是评定齿轮传动准确性最为完善的指标。

(2)径向综合总偏差 F_i''。F_i''是指被测齿轮与理想精确的测量齿轮双面啮合时,在被测齿轮一转范围内双啮中心距的最大变动量。主要反映几何偏心造成的径向长周期误差和齿廓偏差、基节偏差等短周期误差。

(3)径向跳动 F_r。F_r是指在齿轮一转范围内,将测量头(球形、圆柱形、砧形)逐个放置在被测齿轮的齿槽内,在齿高中部双面接触,测量头相对于齿轮轴线的最大和最小径向距离之差。

(4)齿距累积总偏差 F_p。F_p是指齿轮同侧齿面任意圆弧段($k=1\sim z$)内实际弧长与理论弧长的最大差值。它等于齿距累积偏差的最大偏差与最小偏差的代数差。

(5)齿距累积偏差 F_{pk}。F_{pk}是指 k 个齿距间的实际弧长与理论弧长的最大差值,国家标准 GB/T 10095.1—2001 中规定 k 的取值范围一般为 $2\sim z/8$,对特殊应用(高速齿轮)可取更小的 k 值。

2 影响传动平稳性的误差

(1)一齿切向综合偏差 f_i'。f_i'是指被测齿轮与理想精确的测量齿轮作单面啮合时,在被测齿轮转过一个齿距角内的切向综合偏差,以分度圆弧长计值。

主要反映滚刀和机床分度传动链的制造和安装误差所引起的齿廓偏差、齿距误差,是切向短周期误差和径向短周期误差的综合结果,是评定运动平稳性较为完善的指标。

(2)一齿径向综合偏差 f_i''。一齿径向综合偏差 f_i''主要反映了短周期径向误差(基节偏差和齿廓偏差)的综合结果,但评定传动平稳性不如一齿切向综合偏差 f_i'精确。

(3)齿廓总偏差 F_α。F_α是指在计值范围内,包容实际齿廓迹线的两条设计齿廓迹线间的距离。

(4)廓形状偏差 $f_{f\alpha}$。在计值范围内,包容实际齿廓迹线的两条与平均齿廓迹线完全相同的曲线间的距离,且两条曲线与平均齿廓迹线的距离为常数。

(5) 齿廓倾斜偏差 $f_{H\alpha}$。在计值范围内，两端与平均齿廓迹线相交的两条设计齿廓迹线间的距离。

(6) 单个齿距偏差 f_{pt}。是指在端平面上接近齿高中部的一个与齿轮轴线同心的圆上，实际齿距与理论齿距的代数差。

❸ 影响载荷分布均匀性的误差

由于齿轮的制造和安装误差，一对齿轮在啮合过程中沿齿长方向和齿高方向都不是全齿接触，实际接触线只是理论接触线的一部分，影响了载荷分布的均匀性。

(1) 螺旋线总偏差 F_β。在计值范围内，包容实际螺旋线迹线的两条设计螺旋线迹线的距离。

一般情况被测齿轮只需检测螺旋线总偏差 F_β 即可。

(2) 螺旋线形状偏差 $f_{f\beta}$。在计值范围内，包容实际螺旋线迹线的两条与平均螺旋线迹线完全相同的曲线间的距离，且两条曲线与平均螺旋线迹线的距离为常数。

(3) 螺旋线倾斜偏差 $f_{H\beta}$。在计值范围内，两端与平均螺旋线迹线相交的设计螺旋线迹线间的距离。

❹ 影响齿轮副侧隙的偏差及测量

为了保证齿轮副的齿侧间隙，就必须控制轮齿的齿厚，齿轮轮齿的减薄量可由齿厚偏差和公法线长度偏差来控制。

(1) 齿厚偏差。齿厚偏差是指在分度圆柱上，齿厚的实际值与公称值之差（对于斜齿轮齿厚是指法向齿厚），如图 9-30 所示。齿厚上极限偏差代号为 E_{sns}，齿厚下极限偏差代号为 E_{sni}。

(2) 公法线长度偏差。公法线长度偏差是指齿轮一圈内，实际公法线长度 W_{ka} 与公称公法线长度 W_k 之差，如图 9-31 所示。公法线长度上极限偏差代号为 E_{bns}，下极限偏差代号为 E_{bni}。

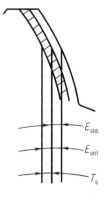

图 9-30　齿厚偏差示意图

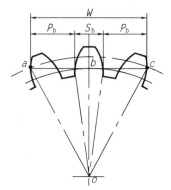

图 9-31　公法线长度示意图

❻ 渐开线圆柱齿轮精度

国家标准对渐开线圆柱齿轮除 F_i'' 和 f_i''（F_i'' 和 f_i'' 规定了 4～12 共 9 个精度等级）以外的

评定项目规定了 0、1、2、…,12 共 13 个精度等级,其中 0 级最高,12 级精度最低。

0~2 级为待发展级;3~5 级为高精度级;6~9 级为中等精度级,使用最广;10~12 级为低精度级。各项偏差的公差值参见国家标准 GB/T10095.1—2001。

7 齿轮精度等级的选择

齿轮精度等级的选择应考虑齿轮传动的用途、使用要求、工作条件以及其他技术要求,在满足使用要求的前提下,应尽量选择较低精度的公差等级。精度等级的选择方法有计算法和类比法。

计算法是根据整个传动链的精度要求,通过运动误差计算确定齿轮的精度等级;或者根据齿轮的承载要求,通过强度和寿命计算确定齿轮的精度等级。计算法一般用于高精度齿轮精度等级的确定中。类比法是根据生产实践中总结出来的同类产品的经验资料,经过对比选择精度等级。在生产实际中类比法较为常用。

表 9-20 和表 9-21 给出了常用的齿轮精度等级及圆柱齿轮精度等级的适合范围。

一些机械采用的齿轮精度等级　　　　表 9-20

应用范围	精度等级	应用范围	精度等级
单啮仪、双啮仪	2~5	载重汽车	6~9
蜗轮减速器	3~5	通用减速器	6~8
金属切削机床	3~8	轧钢机	5~10
航空发动机	4~7	矿用绞车	6~10
内燃机车、电气机车	5~8	起重机	6~9
轻型汽车	5~8	拖拉机	6~10

圆柱齿轮精度等级的适用范围　　　　表 9-21

精度等级	工作条件及应用范围	圆周速度 (m/s)		效率	切齿方法	齿面的最后加工
		直齿	斜齿			
3 级	用于特别精密的分度机构或在最平稳且无噪声的极高速度下工作的齿轮传动中的齿轮;特别精密机构中的齿轮;特别高速传动的齿轮(透平传动);检测 5、6 级的测量齿轮	>40	>75	不低于 0.99(包括轴承不低于 0.985)	在周期误差特别小的精密机床上用展成法加工	特精密的磨齿和研齿,用精密滚刀或单边剃齿后的大多数不经淬火的齿轮
4 级	用于特别精密的分度机构或在最平稳且无噪声的极高速度下工作的齿轮传动中的齿轮;特别精密机构中的齿轮;高速透平传动的齿轮;检测 7 级的测量齿轮	>35	>70	不低于 0.99(包括轴承不低于 0.985)	在周期误差极小的精密机床上用展成法加工	精密磨齿,大多数用精密滚刀和研齿或单边剃齿

续上表

精度等级	工作条件及应用范围	圆周速度(m/s) 直齿	圆周速度(m/s) 斜齿	效率	切齿方法	齿面的最后加工
5级	用于精密分度机构的齿轮或要求极平稳且无噪声的极高速工作的齿轮传动中的齿轮;精密机构用齿轮;透平传动的齿轮;检测8、9级的测量齿轮	>20	>40	不低于0.99(包括轴承不低于0.985)	在周期误差小的精密机床上用展成法加工	精密磨齿;大多数用精密滚刀加工,进行研齿或剃齿
6级	用于要求最高效率且无噪声的高速下工作的齿轮传动或分度机构的齿轮传动中齿轮;特别重要的航空、汽车用齿轮;读数装置中的特别精密的齿轮	至15	至30	不低于0.99(包括轴承不低于0.985)	在精密机床上用展成法加工	精密磨齿或剃齿
7级	在高速和适度功率或大功率和适度速度下工作的齿轮;金属切削机床中需要运动协调性的进给齿轮;高速减速器齿轮;航空、汽车以及读数装置用齿轮	至10	至15	不低于0.98(包括轴承不低于0.975)	在精密机床上用展成法加工	无需热处理的齿轮仅用精确刀具加工;对于淬硬齿轮必须精整加工(磨齿、研齿、珩齿)

8 齿轮副的精度

前面介绍了单个齿轮的偏差项目,齿轮副的安装偏差也会影响齿轮的使用性能,因此须对齿轮副的偏差加以控制。

❶ 齿轮副的中心距极限偏差 $\pm f_a$

中心距偏差 f_a 是指在齿轮副的齿宽中间平面内,实际中心距与公称中心距之差,齿轮副中心距的尺寸偏差大小不但会影响齿轮侧隙,而且对齿轮的重合度产生影响,因此必须加以控制。表9-22给出了中心距极限偏差,供参考。

中心距极限偏差($\pm f_a$)　　　　　　　　表9-22

齿轮精度等级	5~6	7~8	9~10
f_a	$\frac{1}{2}$IT7	$\frac{1}{2}$IT8	$\frac{1}{2}$IT9

❷ 轴线平行度偏差

由于轴线平行度与其向量的方向有关,所以规定了轴线平面内的平行度偏差。如果一对啮合的圆柱齿轮的两条轴线不平行,形成了空间的异面(交叉)直线,则将影响齿轮的接触精度,因此必须加以控制。

❸ 接触斑点

接触斑点是指装配好的齿轮副,在轻微制动下,运转后齿面上分布的接触擦亮痕迹。接触斑点在齿面展开图上用百分比计算。

沿齿高方向:接触痕迹高度 h_c 与有效齿面高度 h 之比的百分数,即 $h_c/h \times 100\%$。

沿齿长方向:接触痕迹宽度 b_c 与工作长度 b 之比的百分数,即 $b_c/b \times 100\%$。

国家标准给出了装配后齿轮副接触斑点的最低要求,参见 GB/Z18620.4—2002。

❾ 齿轮副的侧隙

在一对装配好的齿轮副中,侧隙 j 是相啮齿轮齿间的间隙,它是在节圆上齿槽宽度超过相啮齿轮齿厚的量。

齿轮副的侧隙是在齿轮装配后自然形成的,侧隙的大小主要取决于齿厚和中心距。在最小的中心距条件下,通过改变齿厚偏差来获得大小不同的齿侧间隙。

❶ 齿侧间隙的分类

齿侧间隙分为圆周侧隙 j_{wt} 和法向侧隙 j_{bn}。

圆周侧隙 j_{wt} 是指安装好的齿轮副,当其中一个齿轮固定时,另一个齿轮在圆周方向的转动量,以节圆弧长计值。

❷ 最小侧隙 $j_{b\,min}$ 的确定

$j_{b\,min}$ 是当一个齿轮的齿以最大允许实效齿厚(实效齿厚是指测量所得的齿厚加上轮齿各要素偏差及安装所产生的综合影响在齿厚方向的量)与一个也具有最大允许实效齿厚的相匹配的齿在最小的允许中心距啮合时,在静态下存在的最小允许侧隙。

齿轮副的侧隙是在齿轮装配后自然形成的,侧隙的大小主要取决于齿厚和中心距。在最小的中心距条件下,通过改变齿厚偏差来获得大小不同的齿侧间隙。

❿ 齿轮的检测

齿轮精度检测项目主要有:齿轮公法线长度检测、齿圈径向跳动误差测量、齿轮弦齿厚的测量、齿距累积误差和齿距偏差、径向综合误差测量、基本偏差的测量。

❶ 齿轮公法线长度检测

是指实际公法线长度的最大值与最小值之差,即 $\Delta F = W_{max} - W_{min}$,它是评定齿轮运动准确性的指标之一。

齿轮公法线平均长度偏差 ΔE_{wm} 指齿轮在一周范围内,齿轮公法线实际长度的平均值与公称值之差,即 $\Delta E_{wm} = W_{平均} - W_{公称}$,它是用来控制齿轮啮合时的齿侧间隙。

公法线长度可用公法线千分尺、公法线指示卡规或万能测齿仪等计量器具测量。公法线千分尺是在普通外径千分尺测头上安装两个大平面测量头,其读数方法与普通千分尺相同。如图9-32所示。

项目九　汽车典型零件的公差及检测

❷ 齿圈径向跳动误差 ΔF_r

是指在齿轮一转范围内,测量头在齿槽内或在轮齿上,于齿高中部双面接触,测量头相对齿轮轴线的最大变动量,即最大值和最小值之差。它可以用齿圈径向跳动检查仪,也可用万能测齿仪等具有顶针架的仪器测量。

图 9-33 所示为齿圈径向跳动检查仪外形图。芯轴装入被测齿轮后,安装在左右顶针之间,两顶针架在滑板上。转动手轮可使滑板及其上之承载物一起左右移动。在底座后方螺旋立柱上有一表架,百分表装在

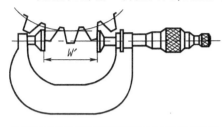

图 9-32　公法线长度测量

表架前弹性夹头中。拨动抬升器可使百分表测量头放入齿槽或退出齿槽。齿圈径向跳动检查仪还附有不同直径的测量头,用于测量各种模数的齿轮。附有各种杠杆,用于测量锥齿轮和内齿轮的齿圈跳动。

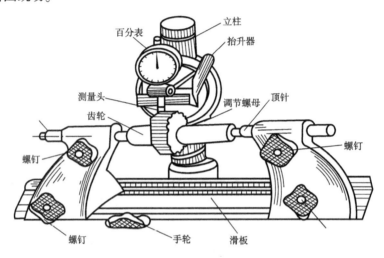

图 9-33　齿轮径向跳动检测仪

对齿圈径向跳动误差的测量的步骤如下:

(1)根据被测齿轮的模数选取合适的测量头,并将测量头装在百分表测杆的下端。

(2)将被测齿轮套在芯轴上(零间隙),并装在齿圈跳动检查仪两顶针之间,松紧合适(无轴向窜动,又能转动自如),锁紧螺钉。

(3)转动手轮,移动滑板,使被测齿轮齿宽中间处于百分表测量头的位置,锁紧螺钉。

压下抬升器,然后转动调节螺母,调节表架高度,但勿让表架转位,放下抬升器,使测量头与齿槽双面接触,并压表 0.2~0.3mm,然后将表调至零位。

(4)压下抬升器,使百分表测量头离开齿槽,然后将被测齿轮转过一齿,放下抬升器,读出百分表的数值并记录。

(5)重复步骤4,逐齿测量并记录。

(6)将数据中的最大值减去最小值即为齿圈径向跳动误差 ΔF_r。

3 齿厚偏差的测量

齿厚偏差 ΔE_s 是指实际齿厚和公称齿厚之差,是控制齿轮副隙侧的基本指标之一。图 9-34 所示为测量齿厚的游标卡尺。它由两套相互垂直的游标卡尺组成,垂直游标尺用于控制被测齿轮的弦齿高,水平游标尺则用于测量实际弦齿厚。

齿厚偏差的测量的步骤如下:

(1) 用外径千分尺或游标卡尺测量齿顶圆直径,并记录。

(2) 计算分度圆实际弦齿高,计算公式为

$$h = \overline{h_a} + \frac{\Delta E_d}{2}$$

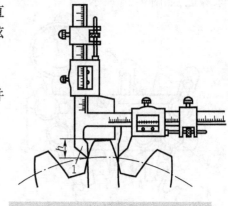

图 9-34 齿厚卡尺测量弦齿厚

式中:$\overline{h_a}$——标准弦齿高,可以查机械设计手册;

h_a——标准齿顶高;

ΔE_d = 实际齿顶圆直径 – 齿顶圆公称直径。

(3) 按 h 值调整齿厚卡尺的垂直游标。

(4) 将齿厚卡尺置于被测齿轮上,使垂直游标尺的定位尺和齿顶接触,然后移动水平游标尺的测量爪,使测量爪紧靠齿廓(注:游标卡尺测量爪及定位块与齿廓及齿顶的接触良好,即三个面需同时接触),从水平游标尺上读出实际弦齿厚。

(5) 沿齿轮外圆,重复步骤(4),均匀测量 6~8 点,记录数据。

4 齿距累积误差和齿距偏差

齿距累积误差 ΔF_p 在分度圆上任意两个同侧齿廓之间的实际弧长与公称弧长之差的最大绝对值。齿距偏差是在分度圆上实际齿距(分度圆上相邻两齿同侧齿廓的弧长)与公称齿距(可取齿轮上所有实际齿距的平均值)之差。

齿距累积误差和齿距偏差往往采用相对测量法测量,它是以某一实际齿距为基准,测量同一圆上其余各齿距对基准齿距之差,此差值称为齿距相对偏差。然后将各个齿距相对偏差取代数和,除以齿轮齿数得平均值,再将各齿距相对偏差减去平均值,得到各齿距偏差。

如图 9-35 所示,用周节仪测量齿距,定位头 4、5、8 以齿顶圆作为定位基准。测量前,调整好定位头的相对位置,使测量头 2、3 在分度圆附近与齿面接触。按被测齿轮模数调整固定测头 2 的位置,将活动测量头 3 与指示表 7 相连,测量齿距时,齿距误差通过测量头 3 的杠杆传给指示表 7。

万能测齿仪是应用比较广泛的齿轮测量仪器,除测量圆柱齿轮的齿距、基节、齿圈径向跳动和齿厚外,还可以测量锥齿轮和蜗轮,其测量基准是齿轮的内孔。万能测齿仪的外形如图 9-36 所示。仪器的弧形支架 7 可绕基座 1 的垂直轴心线旋转,将被测齿轮的芯轴安装在弧形架的顶尖上,支架 2 可以在水平面内作纵向和横向移动,支架 2 上装有工作台,工作台上装有能作径向移动的滑板 4,借锁紧装置 3 可以将滑板 4 固定在任意位置上,当松开锁紧

装置3,在弹簧的作用下,滑板4能匀速地移到测量位置,这样就能进行逐齿测量。测量装置5上有指示表6,其分度值为0.001mm。在测量时,其测量力是由安装在齿轮芯轴上的重锤来保证,如图9-36所示。

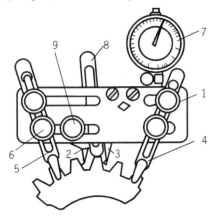

图9-35 周节仪

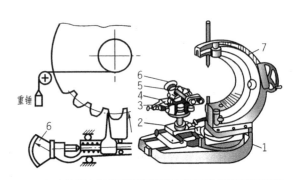

图9-36 万能测齿仪外形

任务实施

滚动轴承的选用:
(1)选择滚动轴承的公差等级。
(2)确定与滚动轴承配合的轴颈和座孔的尺寸公差带代号。
(3)确定与滚动轴承配合的轴颈和座孔的形状和位置公差及表面粗糙度要求。

【例9-4】 直齿圆柱齿轮减速器从动轴转速为83r/min,要求有较高的旋转精度,其两端的轴承为0级圆柱滚子轴承($d=50\text{mm}, D=110\text{mm}$),额定动负荷$C_r=86410\text{N}$,轴承承受的当量径向负荷$F_r=2401\text{N}$。要求确定与轴承配合的轴颈和外壳孔的公差带代号、形位公差值和表面粗糙度值,将它们分别标注在装配图和零件图上。

解:
步骤1:确定负荷类型。
承受径向负荷:内圈旋转,外圈固定。
步骤2:确定负荷状态。
$C_r=86410\text{N}$, $P_r=2401\text{N}$,
$P_r/C_r = 2401 \div 86410 = 0.028 < 0.07$ ——轻负荷。
步骤3:确定轴颈公差带。
按表9-17选择,与轴承配合的轴颈公差带代号为k6。
步骤4:确定孔公差带。
按表9-16选择,与轴承配合的孔公差带代号为H7或G7,但由于要求有较高的旋转精度,故可选用J7,保证得到更紧一些的配合。

步骤 5：确定形位公差。

查表 9-18 得圆柱度要求：轴颈为 0.004mm，外壳孔为 0.010mm；端面圆跳动要求：轴肩为 0.012mm，外壳孔端面为 0.025mm。

步骤 6：确定表面粗糙度。

查表 9-19 得表面粗糙度要求：轴颈 $Ra \leq 0.8\mu m$，外壳孔表面 $Ra \leq 1.6\mu m$，轴肩端面 $Ra \leq 3.2\mu m$，外壳孔端面 $Ra \leq 3.2\mu m$。

步骤 7：标注。标注图样如图 9-37 所示。

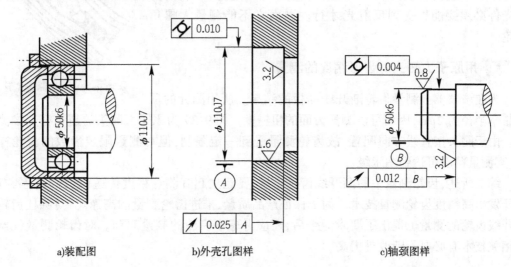

图 9-37 滚动轴承图样标注示例

齿轮的精度测量新发展

1 单面啮合齿形测量法

齿轮啮合扫描测量法，属于精密测试计量技术及仪器领域，是将具有特定测量棱线的"间齿"测量元件与被测面齿轮组合，形成单面啮合传动，分别采集与测量元件和被测面齿轮同轴安装的圆光栅信号，然后通过计算机处理，从而得到被测面齿轮的单项几何误差和综合传动误差。这种方法实现了在面齿轮的一次装夹过程中，快速准确的测量出该齿轮的单项几何误差和综合传动误差，也能精确快速测量出面齿轮传动副的综合运动精度。

2 激光全息齿轮测量法

采用激光全息技术进行齿轮非接触测量的方法。在该装置上采用了 CONO 光学传感器测量头。齿轮回转时,根据测量头位置的变化,可以测出齿轮的截面形状。采用该方法和现有的触针式测量方法,它们的测量结果是相一致的。非接触测量不会划伤齿面,又不会因测力而使齿面产生弯曲变形。

3 光干涉齿面形状测量法

图 9-38 为齿面形状测量结果。该方法能够一次测出全齿面的形状误差,但是全齿面的反射光会受到其他齿的干涉,而感光件必须要能感受到反射光才行。因而它不能测量大螺角齿轮。

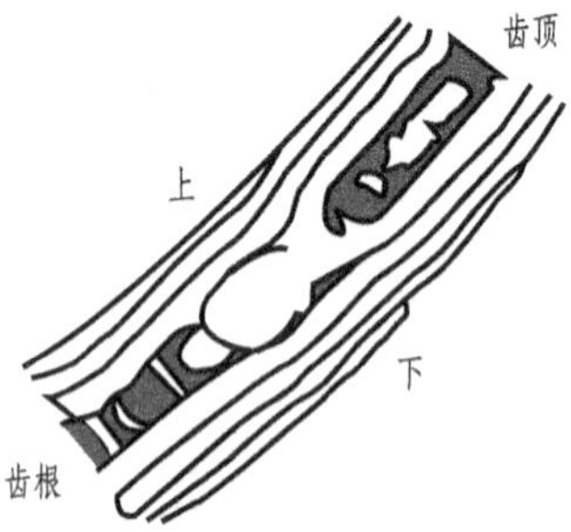

4 用原子力测头对齿形精度的测量

为在该仪器上测量齿轮渐开线样板的结果。所用测针的顶端曲率半径为 $2\mu m$,因而可以测量齿面的粗糙度。图 9-39 为原子力测头的超精密三维测量仪。由于测头按直线方向配置,故齿轮测量受到一定限制,但在测量限定齿数的齿轮样板时,其测量精度可达到纳米级。

综上所述,齿轮测量中的渐开线齿轮测量,要建立起其测量精度传递(溯源)体系,有必要开发出高精度齿轮测量技术。为了保证产品质量,推进齿轮测量的高速化,对圆柱齿轮及渐开线齿轮的测量也提出了要求。今后,还应考虑小齿轮的测量问题。对齿轮测量仪器及其相关技术有必要不断改进提高。

图 9-38 齿面测量实例

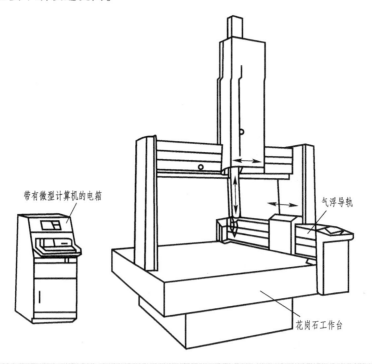

图 9-39 超精密三维测量机

一、判断题（正确的打"√"，错误的打"×"）

1. 滚动轴承国家标准将内圈内径的公差带规定在零线的下方。（　）
2. 滚动轴承内圈与轴的配合采用基孔制；而外圈与箱体孔的配合采用基轴制。（　）
3. 滚动轴承外圈与外壳孔配合应优先选择基孔制。（　）
4. 滚动轴承内圈与轴的配合，采用间隙配合。（　）
5. 滚动轴承配合，在图样上只须标注轴颈和外壳孔的公差带代号。（　）
6. 0级轴承应用于转速较高和旋转精度也要求较高的机械中。（　）
7. 滚动轴承的公差等级由轴承的尺寸公差和旋转精度决定。（　）
8. 滚动轴承内圈转动，外圈固定，承受方向固定的径向负荷作用，则内圈相对于负荷方向静止。（　）
9. 仿形法是根据渐开线齿廓的形成原理，利用专用的齿轮加工机床加工齿轮。（　）
10. 国家标准对渐开线圆柱齿轮规定了13个精度等级，其中0级最低，12级精度最高。（　）

二、简答题

1. 简述滚动轴承的类型。
2. 滚动轴承的公差等级由什么决定？
3. 简述齿轮精度等级的选择方法。
4. 简述齿轮传动的要求。
5. 齿轮精度检测项目主要有哪些？

三、综合题

有一圆柱齿轮减速器，小齿轮轴要求较高的旋转精度，装有0级单列深沟球轴承，轴承尺寸为50mm×110mm×27mm，额定动负荷 $C_r=32000\text{N}$，轴承承受的当量径向负荷 $F_r=4000\text{N}$。试用类比法确定轴颈和外壳孔的公差带代号，画出公差带图，并确定孔、轴的形位公差值和表面粗糙度值，将它们分别标注在装配图和零件图上。

附 录

附录 A 螺 纹

表 A1　普通螺纹直径与螺距（摘自 GB/T 196-197—2003）　　　　（单位：mm）

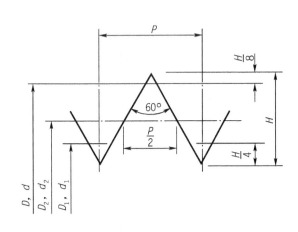

D——内螺纹的基本大径（公称直径）
d——外螺纹的基本大径（公称直径）
D_2——内螺纹的基本中径
d_2——外螺纹的基本中径
D_1——内螺纹的基本小径
d_1——外螺纹的基本小径
P——螺距
$H=\dfrac{\sqrt{3}}{2}P$

标注示例：
M24（公称直径为24mm、螺距为3mm的粗牙右旋普通螺纹）
M24×1.5-LH（公称直径为24mm、螺距为1.5mm的细牙左旋普通螺纹）

公称直径 D、d		螺距 P		粗牙中径 D_2、d_2	粗牙小径 D_1、d_1
第一系列	第二系列	粗牙	细牙		
3		0.5	0.35	2.675	2.459
	3.5	(0.6)		3.110	2.850
4		0.7	0.5	3.545	3.242
	4.5	(0.75)		4.013	3.688
5		0.8		4.480	4.134
6		1	0.75(0.5)	5.350	4.917
8		1.25	1,0.75,(0.5)	7.188	6.647
10		1.5	1.25,1,0.75,(0.5)	9.026	8.376
12		1.75	1.5,1.25,1,0.75,(0.5)	10.863	10.106
	14	2	1.5,(1.25),1,(0.75),(0.5)	12.701	11.835
16		2	1.5,1,(0.75),(0.5)	14.701	13.835
	18	2.5	1.5,1,(0.75),(0.5)	16.376	15.294
20		2.5		18.376	17.294
	22	2.5	2,1.5,1,(0.75),(0.5)	20.376	19.294
24		3	2,1.5,1,(0.75)	22.051	20.752
	27	3	2,1.5,1,(0.75)	25.051	23.752
30		3.5	(3),2,1.5,1,(0.75)	27.727	26.211

注：1. 优先选用第一系列，括号内尺寸尽可能不用，第三系列未列入。
　　2. M14×1.25 仅用于火花塞。

表A2 梯形螺纹(摘自 GB/T 5796.1～5796.4—1986)　　　　　　(单位:mm)

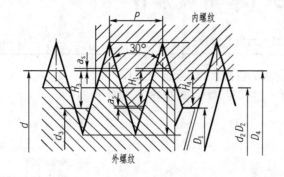

d——外螺纹大径(公称直径)
d_1——外螺纹小径
D_4——内螺纹大径
D_1——内螺纹小径
d_2——外螺纹中径
D_2——内螺纹中径
P——螺距
a_c——牙顶间隙
$h_3 = H_4 + H_1 + a_c$

标记示例:
Tr40×7－7H(单线梯形内螺纹、公称直径 $d=40$、螺距 $P=7$、右旋、中径公差带为7H、中等旋合长度)
Tr60×18(P9)LH－8c－L(双线梯形外螺纹、公称直径 $d=60$、导程 ph=18、螺距 $P=9$、左旋、中径公差带为8c、长旋合长度)

梯形螺纹的公称尺寸											
d 公称系列		螺距	中径	大径	小径		d 公称系列		螺距	中径	大径	小径
第一系列	第二系列	P	$d_2=D_2$	D_4	d_1	D_1	第一系列	第二系列	P	$d_2=D_2$	D_4	d_1	D_1
8	—	1.5	7.25	8.3	6.2	6.5	32	—		29.0	33	25	26
—	9	2	8.0	9.5	6.5	7		34	6	31.0	35	27	28
10	—		9.0	10.5	7.5	8	36	—		33.0	37	29	30
—	11		10.0	11.5	8.5	9		38		34.5	39	30	31
12	—	3	10.5	12.5	8.5	9	40	—	7	36.5	41	32	33
—	14		12.5	14.5	10.5	11		42		38.5	43	34	35
16	—		14.0	16.5	11.5	12	44	—		40.5	45	36	37
—	18	4	16.0	18.5	13.5	14		46		42.0	47	37	38
20	—		18.0	20.5	15.5	16	48	—	8	44.0	49	39	40
—	22		19.5	22.5	16.5	17		50		46.0	51	41	42
24	—	5	21.5	24.5	18.5	19	52	—		48.0	53	43	44
—	26		23.5	26.5	20.5	21		55	9	50.5	56	45	46
28	—		25.5	28.5	22.5	23	60	—		55.5	61	50	51
—	30	6	27.0	31.0	23.0	24		65	10	60.0	66	54	55

注:1.优先选用第一系列的直径。
　　2.表中所列的螺距和直径,是优先选择的螺距及与之对应的直径。

附录 B　常用标准件

表 B1　六角头螺栓（一）　　　　　　　　　　　（单位：mm）

六角头螺栓—A 和 B 级（摘自 GB/T 5782—2000）
六角头螺栓—细牙—A 和 B 级（摘自 GB/T 5785—2000）

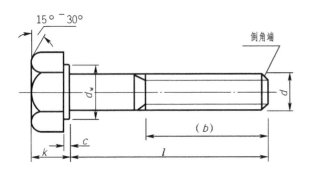
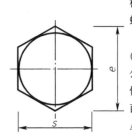

标记示例：
螺栓 GB/T 5782　M12×100
（螺纹规格 d = M12、公称长度 l = 100、力学性能等级为 8.8 级、表面氧化、杆身半螺纹、A 级的六角头螺栓）

六角头螺栓—全螺纹—A 和 B 级（摘自 GB/T 5783—2000）
六角头螺栓—细牙—全螺纹—A 和 B 级（摘自 GB/T 5783—2000）

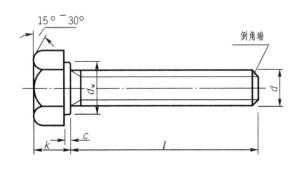
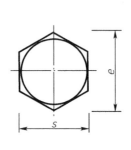

标记示例：
螺栓 GB/T5786　M30×2×80
（螺纹规格 d = M30×2、公称长度 l = 80、力学性能等级为 8.8 级、表面氧化、全螺纹、B 级的细牙六角头螺栓）

螺纹规格	d	M4	M5	M6	M8	M10	M12	M16	M20	M24	M30	M36	M42	M48
	$D \times P$	—	—	—	M8×1	M10×1	M12×15	M16×15	M20×2	M24×2	M30×2	M36×3	M42×3	M48×3
$b_{参考}$	$l \leqslant 125$	14	16	18	22	26	30	38	46	54	66	78	—	—
	$125 < l \leqslant 200$	—	—	—	28	32	36	44	52	60	72	84	96	108
	$l > 200$	—	—	—	—	—	—	57	65	73	85	97	109	121

续上表

螺纹规格	d	M4	M5	M6	M8	M10	M12	M16	M20	M24	M30	M36	M42	M48
	$D \times P$	—	—	—	M8×1	M10×1	M12×1.5	M16×1.5	M20×2	M24×2	M30×2	M36×3	M42×3	M48×3
c_{max}		0.4	0.5	0.5	0.6	0.6	0.6	0.8	0.8	0.8	0.8	0.8	1	1
$k_{公称}$		2.8	3.5	4	5.3	6.4	7.5	10	12.5	15	18.7	22.5	26	30
$s_{max}=$公称		7	8	10	13	16	18	24	30	36	46	55	65	75
e_{min}	A	7.66	8.79	11.05	14.38	17.77	20.03	26.75	33.53	39.98	—	—	—	—
	B	—	8.63	10.89	14.2	17.59	19.85	26.17	32.95	39.55	50.85	60.79	72.02	82.6
d_{wmin}	A	5.9	6.9	8.9	11.6	14.6	16.6	22.5	28.2	33.6	—	—	—	—
	B	—	6.7	8.7	11.4	14.4	16.4	22	27.7	33.2	42.7	51.1	60.6	69.4
$l_{范围}$	GB5782	25~40	25~50	30~60	35~80	40~100	45~120	55~160	65~200	80~240	90~300	110~360	130~400	140~400
	GB5785											110~300		
	GB5783	8~40	10~50	12~60	16~80	20~100		25~100	35~100	40~100			80~500	100~500
	GB5786							25~120	35~160	40~200			90~400	100~500
$l_{系列}$	GB5782 GB5785	20~65(5进位)、70~160(10进位)、180~400(20进位)												
	GB5783 GB5786	6、8、10、12、16、18、20~65(5进位)、70~160(10进位)、180~500(20进位)												

注:1. P——螺距。末端按 GB/T 2—2000 规定。
 2. 螺纹公差:6g;力学性能等级:8.8.
 3 产品等级:A 级用于 $d \leqslant 24$ 和 $l \leqslant 10d$ 或 $\leqslant 150$mm(按较小值);
  B 级用于 $d > 24$ 和 $l > 10d$ 或 > 150mm(按较小值)。

表 B2　六角头螺栓(二)　　　　　　　　　　　(单位:mm)

六角头螺栓—C 级(摘自 GB/T 5780—2000)

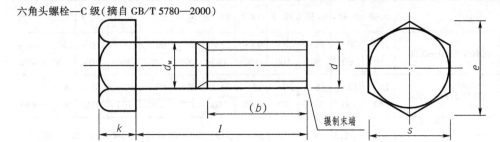

标记示例:
螺栓 GB/T 5780 M20×100
(螺纹规格 d = M20、公称长度 l = 100、力学性能等级为4.8级、不经表面处理、杆身半螺纹、C 级的六角头螺栓)

续上表

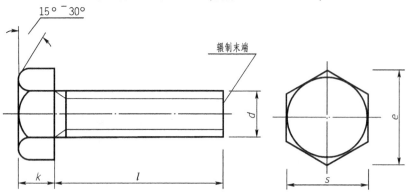

标记示例：

螺栓 GB/T 5781 M12×80

(螺纹规格 d = M12、公称长度 l = 80、力学性能等级为 4.8 级、不经表面处理、全螺纹、C 级的六角头螺栓)

螺纹规格 d		M5	M6	M8	M10	M12	M16	M20	M24	M30	M36	M42	M48
$b_{参考}$	$l \leq 125$	16	18	22	26	30	38	46	54	66	78	—	—
	$125 < l \leq 1200$	—	—	28	32	36	44	52	60	72	84	96	108
	$l > 200$	—	—	—	—	—	57	65	73	85	97	109	121
$k_{公称}$		3.5	4.0	5.3	6.4	7.5	10	12.5	15	18.7	22.5	26	30
c_{max}		8	10	13	16	18	24	30	36	46	55	65	75
e_{min}		8.63	10.9	14.2	17.6	19.9	26.2	33.0	39.6	50.9	60.8	72.0	82.6
d_{max}		5.48	6.48	8.58	10.6	12.7	16.7	20.8	24.8	30.8	37.0	45.0	49.0
$l_{范围}$	GB/T 5780—2000	25~50	30~60	35~80	40~100	45~120	55~160	65~200	80~240	90~300	110~300	160~420	180~480
	GB/T 5781—2000	10~40	12~50	16~65	20~80	25~100	35~100	40~100	50~100	60~100	70~100	80~420	90~480
$l_{系列}$		10、12、16、20~50(5 进位)、(55)、60、(65)、70~160(10 进位)、180、220~500(20 进位)											

注：1. 括号内的规格尽可能不用。末端按 GB/T 2—2000 规定。

2. 螺纹公差：8g(GB/T 5780—2000)；6g(GB/T 5781—2000)；力学性能等级：4.6、4.8；产品等级：C

表 B3　I 型六角螺母　　　　　　　　　　（单位：mm）

I 型六角螺母—A 和 B 级（摘自 GB/T 6170—2000）
I 型六角螺母—细牙—A 和 B 级（摘自 GB/T 6171—2000）
I 级六角螺母—C 级（摘自 GB/T 41—2000）

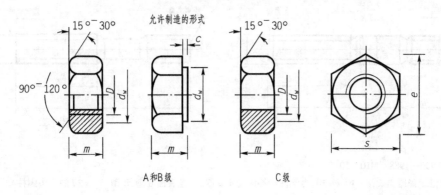

A 和 B 级　　　　　　　　C 级

标记示例：

螺母 GB/T 41　M12

（螺纹规格 D = M12、力学性能等级为 5 级、不经表面处理、C 级的 I 型六角螺母）

螺母 GB/T 6171　M24×2

（螺纹规格 D = M24、螺距 P = 2、力学性能等级为 10 级、不经表面处理、B 级的 I 型细牙六角螺母）

螺纹规格		M4	M5	M6	M8	M10	M12	M16	M20	M24	M30	M36	M42	M48
	D	M4	M5	M6	M8	M10	M12	M16	M20	M24	M30	M36	M42	M48
	$D×P$	—	—	—	M8×1	M10×1	M12×1.5	M16×1.5	M20×2	M24×2	M30×2	M36×3	M42×3	M48×3
c_{max}		0.4	0.5	0.5	0.6	0.6	0.6	0.6	0.8	0.8	0.8	1	1	1
s_{max}		7	8	10	13	16	18	24	30	36	46	55	65	75
e_{min}	A、B 级	7.66	8.79	11.05	14.38	17.77	20.03	26.75	32.95	39.95	50.85	60.79	72.02	82.6
	C 级	—	8.63	10.89	14.2	17.59	19.85	26.17	32.95	39.95	50.85	60.79	72.02	82.6
m_{max}	A、B 级	3.2	4.7	5.2	6.8	8.4	10.8	14.8	18	21.5	25.6	31	34	38
	C 级	—	5.6	6.1	7.9	9.5	12.2	15.9	18.7	22.3	26.4	31.5	34.9	38.9
d_{wmin}	A、B 级	5.9	6.9	8.9	11.6	14.6	16.6	22.5	27.7	33.2	42.7	51.1	60.6	69.4
	C 级	—	6.9	8.7	11.5	14.5	16.5	22	27.7	33.2	42.7	51.1	60.6	69.4

注：1. P—螺距。

2. A 级用于 $D ≤ 16$ 的螺母；B 级用于 $D > 16$ 的螺母；C 级用于 $D ≥ 5$ 的螺母。

3. 螺纹公差：A、B 级为 6H，C 级为 7H，力学性能等级：A、B 级为 6、8、10 级，C 级为 4、5 级。

表 B4 双头螺柱（摘自 GB/T 897—900—1988）　　　　（单位：mm）

$b_m = 1d$ (GB/T 897—1988)；　　$b_m = 1.25d$ (GB/T 898—1988)；
$b_m = 1.5d$ (GB/T 899—1988)；　　$b_m = 2d$ (GB/T 900—1988)

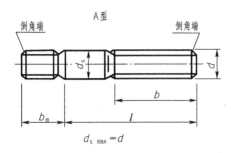
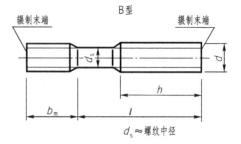

标记示例：

螺柱 GB/T 900—1988　M10×50

（两端均为粗牙普通螺纹，$d=10$，$l=50$、力学性能等级为 4.8 级、不经表面处理、B 型、$b_m = 2d$ 的双头螺柱）

螺柱 GB/T 900—1988　AM10 – 10×1×50

（旋入机体一端为粗牙普通螺纹，旋螺母端为螺距 $P=1$ 的细牙普通螺纹，$d=10$，$l=50$、力学性能等级为 4.8 级、不经表面处理、A 型、$b_m = 2d$ 的双头螺柱）

螺纹规格 d	b_m（旋入机体端长度）				l/b（螺柱长度/旋螺母端长度）			
	GB/T 897	GB/T 898	GB/T 899	GB/T 900				
M4	—	—	6	8	$\frac{16\sim22}{8}$	$\frac{25\sim40}{14}$		
M5	5	6	8	10	$\frac{16\sim22}{10}$	$\frac{25\sim50}{16}$		
M6	6	8	10	12	$\frac{20\sim22}{10}$	$\frac{25\sim30}{14}$	$\frac{32\sim75}{18}$	
M8	8	10	12	16	$\frac{20\sim22}{12}$	$\frac{25\sim30}{16}$	$\frac{32\sim90}{22}$	
M10	10	12	15	20	$\frac{25\sim28}{14}$	$\frac{30\sim38}{16}$	$\frac{40\sim120}{26}$	$\frac{130}{32}$
M12	12	15	18	24	$\frac{25\sim30}{14}$	$\frac{32\sim40}{16}$	$\frac{45\sim120}{26}$	$\frac{130\sim180}{32}$
M16	16	20	24	32	$\frac{30\sim38}{16}$	$\frac{40\sim55}{20}$	$\frac{60\sim120}{30}$	$\frac{130\sim200}{36}$
M20	20	25	30	40	$\frac{35\sim40}{20}$	$\frac{40\sim65}{30}$	$\frac{70\sim120}{38}$	$\frac{130\sim200}{44}$
(M24)	24	30	36	48	$\frac{45\sim50}{25}$	$\frac{55\sim75}{35}$	$\frac{80\sim120}{46}$	$\frac{130\sim200}{52}$
(M30)	30	38	45	60	$\frac{60\sim65}{40}$	$\frac{70\sim90}{50}$	$\frac{95\sim120}{66}$	$\frac{130\sim200}{72}$　$\frac{210\sim250}{85}$

续上表

M36	36	45	54	72	$\frac{65\sim75}{45}$	$\frac{80\sim110}{60}$	$\frac{120}{78}$	$\frac{130\sim200}{84}$	$\frac{210\sim300}{97}$
M42	42	52	63	84	$\frac{70\sim80}{50}$	$\frac{85\sim110}{70}$	$\frac{120}{90}$	$\frac{130\sim200}{96}$	$\frac{210\sim300}{109}$
M48	48	60	72	96	$\frac{80\sim90}{60}$	$\frac{95\sim110}{80}$	$\frac{120}{102}$	$\frac{130\sim200}{108}$	$\frac{210\sim300}{121}$
l系列	12、(14)、16、(18)、20、(22)、25、(28)、30、(32)、35、(38)、40、45、50、55、60、(65)、70、75、80、(85)、90、(95)、100～260(10进位)、280、300									

注：1. 尽可能不采用括号内的规格，末端按 GB/T 2—2000 规定。
2. $b_m = 1d$，一般用于钢对钢；$b_m = (1.25\sim1.5)d$，一般用于钢对铸铁；$b_m = 2d$，一般用于钢对铝合金。

表 B5　螺钉（一）　　　　　　　　　　　（单位：mm）

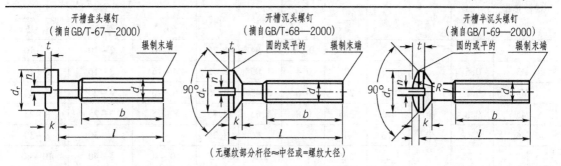

标记示例：

螺钉 GB/T 67 M5×60

（螺纹规格 d = M5、l = 60、力学性能等级为 4.8 级、不经表面处理的开槽盘头螺钉）

螺纹规格 d	P	b_{min}	n 公称	f GB/T69	r_f GB/T67	k_{max} GB/T68 GB/T69	$d_{k max}$ GB/T67	GB/T68 GB/T69	t_{min} GB/T67	GB/T68	GB/T69	l 范围 GB/T67	GB/T68 GB/T69	全螺纹时最大长度 GB/T67	GB/T68 GB/T69
M2	0.4	25	0.5	4	0.5	1.3	1.2	4	3.8	0.5	0.4	0.8	2.5～20	3～20	30
M3	0.5		0.8	6	0.7	1.8	1.65	5.6	5.5	0.7	0.6	1.2	4～30	5～30	
M4	0.7		1.2	9.5	1	2.4	2.7	8	8.4	1	1	1.6	5～40	6～40	40	45
M5	0.8				1.2	3		9.5	9.3	1.2	1.1	2	6～50	8～50		
M6	1	38	1.6	12	1.4	3.6	3.3	12	12	1.4	1.2	2.4	8～60	8～60		
M8	1.25		2	16.5	2	4.8	4.65	16	16	1.9	1.8	3.2	10～80			
M10	1.5		2.5	19.5	2.3	6	5	20	20	2.4	2	3.8			
l系列	2、2.5、3、4、5、6、8、10、12、(14)、16、20～50(5进位)、(55)、60、(65)、70、(75)、80														

注：螺纹公差：6g；力学性能等级：4.8、5.8；产品等级：A。

表 B6 螺钉(二) （单位：mm）

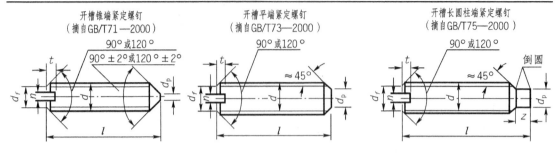

标记示例：

螺钉 GB/T 71 M5×20

（螺钉规格 d = M5、公称长度 l = 20、力学性能等级为 14H 级、表面氧化的开槽锥端紧定螺钉）

螺纹规格 d	P	d_f	d_{tmax}	d_{pmax}	n公称	t_{max}	z_{max}	l范围 GB71	l范围 GB73	l范围 GB75
M2	0.4	螺纹小径	0.2	1	0.25	0.84	1.25	3~10	2~10	3~10
M3	0.5		0.3	2	0.4	1.05	1.75	4~16	3~16	5~16
M4	0.7		0.4	2.5	0.6	1.42	2.25	6~20	4~20	6~20
M5	0.8		0.5	3.5	0.8	1.63	2.75	8~25	5~25	8~25
M6	1		1.5	4	1	2	3.25	8~30	6~30	8~30
M8	1.25		2	5.5	1.2	2.5	4.3	10~40	8~40	10~40
M10	1.5		2.5	7	1.6	3	5.3	12~50	10~50	12~50
M12	1.75		3	8.5	2	3.6	6.3	14~60	12~60	14~60
l系列	2、2.5、3、4、5、6、8、10、12、(14)、16、20、25、30、35、40、45、50、(55)、60									

注：螺纹公差：6g；力学性能等级：14H、22H；产品等级：A。

表 B7 内六角圆柱头螺钉（摘自 GB/T 70.1—2000） （单位：mm）

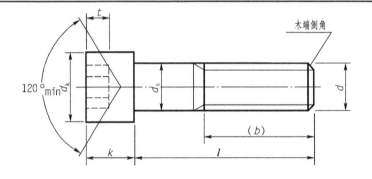
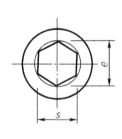

标记示例：

螺钉 GB/T 70.1 M5×20

（螺钉规格 d = M5、公称长度 l = 20、力学性能等级为 8.8 级、表面氧化和内六角圆柱头螺钉）

续上表

螺纹规格 d		M4	M5	M6	M8	M10	M12	(M14)	M16	M20	M24	M30	M36
螺距 P		0.7	0.8	1	1.25	1.5	1.75	2	2	2.5	3	3.5	4
$b_{参考}$		20	22	24	28	32	36	40	44	52	60	72	84
$d_{k\ min}$	光滑头部	7	8.5	10	13	16	18	21	24	30	36	45	54
	滚花头部	7.22	8.72	10.22	13.27	16.27	18.27	21.33	24.33	30.33	36.39	45.39	54.46
k_{max}		4	5	6	8	10	12	14	16	20	24	30	36
t_{min}		2	2.5	3	4	5	6	7	8	10	12	15.5	19
$S_{公称}$		3	4	5	6	8	10	12	14	17	19	22	27
e_{min}		3.44	4.58	5.72	6.86	9.15	11.43	13.72	16	19.44	21.73	25.15	30.35
$d_{s\ max}$		4	5	6	8	10	12	14	16	20	24	30	36
$l_{范围}$		6~40	8~50	10~60	12~80	16~100	20~120	25~140	25~160	30~200	40~200	45~200	55~200
全螺纹时最大长度		25	25	30	35	40	45	55	55	65	80	90	100
$l_{系列}$		6、8、10、12、(14)、(16)、20~50(5进位)、(55)、60、(65)、70~160(10进位)、180、200											

注：1. 括号内的规格尽可能不用。末端按 GB/T 2—2000 规定。
2. 力学性能等级：8.8、12.9。
3. 螺纹公差：力学性能等级 8.8 级时为 6g，12.9 时为 5g、6g。
4. 产品等级：A。

表 B8　垫圈　　　　　　　　　　　　　　　　（单位：mm）

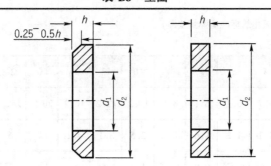

小垫圈—A 级（GB/T 848—2002）
平垫圈—A 级（GB/T 97.1—2000）
平垫圈—倒角型—A 级（GB/T97.2—2000）
标记示例：
垫圈 GB/T97.1
（标准系列、规格 B、力学性能等级为 140HV 级、不经表面处理的平垫圈）

续上表

公称尺寸（螺纹规格 d）		1.6	2	2.5	3	4	5	6	8	10	12	14	16	20	24	30	36
d_1	GB/T848	1.7	2.2	2.7	3.2	4.3	5.3	6.4	8.4	10.5	13	15	17	21	25	31	37
	GB/T97.1	1.7	2.2	2.7	3.2	4.3	5.3	6.4	8.4	10.5	13	15	17	21	25	31	37
	GB/T97.2	—	—	—	—	—	5.3	6.4	8.4	10.5	13	15	17	21	25	31	37
d_2	GB/T848	3.5	4.5	5	6	8	9	11	15	18	20	24	28	34	39	50	60
	GB/T97.1	4	5	6	7	9	10	12	16	20	24	28	30	37	44	56	66
	GB/T97.2	—	—	—	—	—	10	12	16	20	24	28	30	37	44	56	66
h	GB/T848	0.3	0.3	0.5	0.5	0.5	1	1.6	1.6	1.6	2	2.5	2.5	3	4	4	5
	GB/T97.1	0.3	0.3	0.5	0.5	0.5	1	1.6	1.6	1.6	2	2.5	2.5	3	4	4	5
	GB/T97.2	—	—	—	—	—	1	1.6	1.6	1.6	2	2.5	2.5	3	4	4	5

表 B9　标准型弹簧垫圈（摘自 GB/T93—1987）　　　　　　（单位：mm）

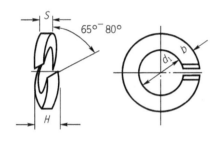
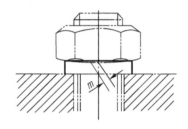

标记示例：

垫圈 GB/T 93　10

（规格 10、材料为 65Mn、表面氧化的标准型弹簧垫圈）

规格（螺纹大径）	4	5	6	8	10	12	16	20	24	30	36	42	48
$d_{1\,min}$	4.1	5.1	6.1	8.1	10.2	12.2	16.2	20.2	24.5	30.5	36.5	42.5	48.5
$S = b_{公称}$	1.1	1.3	1.6	2.1	2.6	3.1	4.1	5	6	7.5	9	10.5	12
$m \leqslant$	0.55	0.65	0.8	1.05	1.3	1.55	2.5	2.5	3	3.75	4.5	5.25	6
H_{max}	2.75	3.25	4	5.25	6.5	7.75	10.25	12.5	15	18.75	22.5	26.25	30

注：m 应大于零。

表 B10　圆柱销(摘自 GB/T 119.1—2000)　　　　(单位：mm)

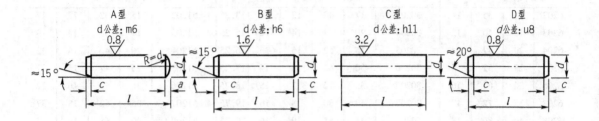

标记示例：

销 GB/T 119.1　6 m6×30

(公称直径 $d=6$、公差为 m6、公称长度 $l=30$、材料为钢、不经表面处理的圆柱销)

销 GB/T 119.1　6m6×30—A1

(公称直径 $d=6$、公差为 m6、公称长度 $l=30$、材料为 A1 组奥氏体不锈钢、表面简单处理的圆柱销)

d(公称)m6/h8	2	3	4	5	6	8	10	12	16	20	25
$a\approx$	0.25	0.40	0.50	0.63	0.80	1.0	1.2	1.6	2.0	2.5	3.0
$c\approx$	0.35	0.5	0.63	0.8	1.2	1.6	2	2.5	3	3.5	4
l范围	6~20	8~30	8~40	10~50	12~60	14~80	18~95	22~140	26~180	35~200	50~200
l系列(公称)	2、3、4、5、6~32(2 进位)、35~100(5 进位)、120~≥200(按 20 递增)										

表 B11　圆锥销(摘自 GB/T 117—2000)　　　　(单位：mm)

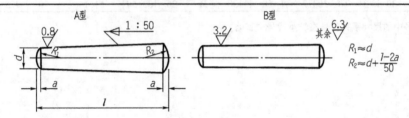

标记示例：

销 GB/T 117　10×60

(公称直径 $d=10$、长度 $l=60$、材料为 35 钢、热处理硬度 28~38HRC、表面氧化处理的 A 型圆锥销)

d公称	2	2.5	3	4	5	6	8	10	12	16	20	25
$a\approx$	0.25	0.3	0.4	0.5	0.63	0.8	1.0	1.2	1.6	2.0	2.5	3.0
l范围	10~35	10~35	12~45	14~55	18~60	22~90	22~120	26~160	32~180	40~200	45~200	50~200
l系列	2、3、4、5、6~32(2 进位)、35~100(5~进位)、120~200(20 进位)											

轴承型号	尺寸/mm			轴承型号	尺寸/mm				轴承型号	尺寸/mm			
	d	D	B		d	D	B	C	T		d	D	T	d_1

续上表

尺寸系列[(0)2]				尺寸系列[02]					尺寸系列[12]			
6202	15	35	11	30203	17	40	12	11	13.25	51202	15	32	12	17
6203	17	40	12	30204	20	47	14	12	15.25	51203	17	35	12	19
6204	20	47	14	30205	25	52	15	13	16.25	51204	20	40	14	22
6205	25	52	15	30206	30	62	16	14	17.25	51205	25	47	15	27
6206	30	62	16	30207	35	72	17	15	18.25	51206	30	52	16	32
6207	35	72	17	30208	40	80	18	16	19.75	51207	35	62	18	37
6208	40	80	18	30209	45	85	19	16	20.75	51208	40	68	19	42
6209	45	85	19	30210	50	90	20	17	21.75	51209	45	73	20	47
6210	50	90	20	30211	55	100	21	18	22.75	51210	50	78	22	52
6211	55	100	21	30212	60	110	22	19	23.75	51211	55	90	25	57
6212	60	110	22	30213	65	120	23	20	24.75	51212	60	95	26	62
尺寸系列[(0)3]				尺寸系列[03]					尺寸系列[13]			
6302	15	42	13	30302	15	42	13	11	14.25	51304	20	47	18	22
6303	17	47	14	30303	17	47	14	12	15.25	51305	25	52	18	27
6304	20	52	15	30304	20	52	15	13	16.25	51306	30	60	21	32
6305	25	62	17	30305	25	62	17	15	18.25	51307	35	68	24	37
6306	30	72	19	30306	30	72	19	16	20.75	51308	40	78	26	42
6307	35	80	21	30307	35	80	21	18	22.75	51309	45	85	28	47
6308	40	90	23	30308	40	90	23	20	25.25	51310	50	95	31	52
6309	45	100	25	30309	45	100	25	22	27.25	51311	55	105	35	57
6310	50	110	27	30310	50	110	27	23	29.25	51312	60	110	35	62
6311	55	120	29	30311	55	120	29	25	31.50	51313	65	115	36	67
6312	60	130	31	30312	60	130	31	26	33.50	51314	70	125	40	72

注：圆括号中的尺寸系列代号在轴承代号中省略。

附录 C 极限与配合

公称尺寸小于 500mm 的标准公差（单位：μm）　　　　　　　　　　　　　　　表 C1

公称尺寸(mm)	公差等级																		
	IT01	IT0	IT1	IT2	IT3	TI4	IT5	IT6	IT7	IT8	IT9	IT10	IT11	IT12	IT13	IT14	IT15	IT16	IT17	IT18
≤3	0.3	0.5	0.8	1.2	2	3	4	6	10	14	25	40	60	100	140	250	400	600	1000	1400
>3~6	0.4	0.6	1	1.5	2.5	4	5	8	12	18	30	48	75	120	180	300	480	750	1200	1800
>6~10	0.4	0.6	1	1.5	2.5	4	6	9	15	22	36	58	90	150	220	360	580	900	1500	2200
>10~18	0.5	0.8	1.2	2	3	5	8	11	18	27	43	70	110	180	270	430	700	1100	1800	2700
>18~30	0.6	1	1.5	2.5	4	6	9	13	21	33	52	84	130	210	330	520	840	1300	2100	3300
>30~50	0.7	1	1.5	2.5	4	7	11	16	25	39	62	100	160	250	390	620	1000	1600	2500	3900
>50~80	0.8	1.2	2	3	5	8	13	19	30	46	74	120	190	300	460	740	1200	1900	3000	4600
>80~120	1	1.5	2.5	4	6	10	15	22	35	54	87	140	220	350	540	870	1400	2200	3500	5400
>120~180	1.2	2	3.5	5	8	12	18	25	40	63	100	160	250	400	630	1000	1600	2500	4000	6300
>180~250	2	3	4.5	7	10	14	20	29	46	72	115	185	290	460	720	1150	1850	2900	4600	7200
>250~315	2.5	4	6	8	12	16	23	32	52	81	130	210	320	520	810	1300	2100	3200	5200	8100
>315~400	3	5	7	9	13	18	25	36	57	89	140	230	360	570	890	1400	2300	3600	5700	8900
>400~500	4	6	8	10	15	20	27	40	68	97	155	250	400	630	970	1550	2500	4000	6300	9700

轴的极限偏差（摘自 GB/T 1008.4—1999）（单位：μm）　　　　　　　　　　　　表 C2

公称尺寸(mm)	常用及优先公差带（带圈者为优先公差带）											
	a	b		c			d				e		
	11	11	12	9	10	⑪	8	⑨	10	11	7	8	9
>0~3	-270 -330	-140 -200	-140 -240	-60 -85	-60 -100	-60 -120	-20 -34	-20 -45	-20 -60	-20 -80	-14 -24	-14 -28	-14 -39
>3~6	-270 -345	-140 -215	-140 -260	-70 -100	-70 -118	-70 -145	-30 -48	-30 -60	-30 -78	-30 -105	-20 -32	-20 -38	-20 -50
>6~10	-280 -370	-150 -240	-150 -300	-80 -116	-80 -138	-80 -170	-40 -62	-40 -79	-40 -98	-40 -130	-25 -40	-25 -47	-25 -61
>10~14 >14~18	-290 -400	-150 -260	-150 -330	-95 -138	-95 -165	-95 -205	-50 -77	-50 -93	-50 -120	-50 -160	-32 -50	-32 -59	-32 -75
>18~24 >24~30	-300 -430	-160 -290	-160 -370	-110 -162	-110 -194	-110 -240	-65 -98	-65 -117	-65 -149	-65 -195	-40 -61	-40 -73	-40 -92
>30~40	-310 -470	-170 -330	-170 -420	-120 -182	-120 -220	-120 -280	-80 -119	-80 -142	-80 -180	-80 -240	-50 -75	-50 -89	-50 -112
>40~50	-320 -480	-180 -340	-180 -430	-130 -192	-130 -230	-130 -290							

续上表

公称尺寸 (mm)	常用及优先公差带(带圈者为优先公差带)												
	a	b		c			d				e		
	11	11	12	9	10	⑪	8	⑨	10	11	7	8	9
>50~65	-340 -530	-190 -380	-190 -490	-140 -214	-140 -260	-140 -330	-100 -146	-100 -174	-100 -220	-100 -290	-60 -90	-60 -106	-60 -134
>65~80	-360 -550	-200 -390	-200 -500	-150 -224	-150 -270	-150 -340							
>80~100	-380 -600	-200 -440	-220 -570	-170 -257	-170 -310	-170 -390	-120 -174	-120 -207	-120 -260	-120 -340	-72 -109	-72 -126	-72 -159
>100~120	-140 -630	-240 -460	-240 -590	-180 -267	-180 -320	-180 -400							
>120~140	-460 -710	-260 -510	-260 -660	-200 -300	-200 -360	-200 -450	-145 -208	-145 -245	-145 -305	-145 -395	-85 -125	-85 -148	-85 -185
>140~160	-520 -770	-280 -530	-280 -680	-210 -310	-210 -370	-210 -460							
>160~180	-580 -830	-310 -560	-310 -710	-230 -330	-230 -390	-230 -480							
>180~200	-660 -950	-340 -630	-340 -800	-240 -355	-240 -425	-240 -530	-170 -242	-170 -285	-170 -355	-170 -460	-100 -146	-100 -172	-100 -215
>200~225	-740 -1030	-380 -670	-380 -840	-260 -375	-260 -445	-260 -550							
>225~250	-820 -1110	-420 -710	-420 800	-280 -395	-280 -465	-280 -570							
>250~280	-920 -1240	-480 -800	-480 -1000	-300 -430	-300 -510	-300 -620	-190 -271	-190 -320	-190 -400	-190 -510	-110 -162	-110 -191	-110 -240
>280~315	-1050 -1370	-540 -860	-540 -1060	-330 -460	-330 -540	-330 -650							
>315~355	-1200 -1560	-600 -960	-600 -1170	-360 -500	-360 -590	-360 -720	-210 -299	-210 -350	-210 -440	-210 -570	-125 -182	-125 -214	-125 -265
>355~400	-1350 -1710	-680 -1040	-680 -1250	-400 -540	-400 -630	-400 -760							
>400~450	-1500 -1900	-760 -1160	-760 -1390	-440 -595	-440 -690	-440 -840	-230 -327	-230 -385	-230 -480	-230 -630	-130 -198	-135 -232	-135 -290
>450~500	-1650 -2050	-840 -1240	-840 -1470	-480 -635	-480 -730	-480 -880							

续上表

公称尺寸 (mm)	常用及优先公差带(带圈者为优先公差带)													
	f					g			h					
	5	6	⑦	8	9	5	⑥	7	5	⑥	⑦	8	⑨	10	⑪	12
>0~3	-6 -10	-6 -12	-6 -16	-6 -20	-6 -31	-2 -6	-2 -8	-2 -12	0 -4	0 -6	0 -10	0 -14	0 -25	0 -40	0 -60	0 -100
>3~6	-10 -15	-10 -18	-10 -22	-10 -28	-10 -40	-4 -9	-4 -12	-4 -16	0 -5	0 -8	0 -12	0 -18	0 -30	0 -48	0 -75	0 -120
>6~10	-13 -19	-13 -22	-13 -28	-13 -35	-13 -49	-5 -11	-5 -14	-5 -20	0 -6	0 -9	0 -15	0 -22	0 -36	0 -58	0 -90	0 -150
>10~14 >14~18	-16 -24	-16 -27	-16 -34	-16 -43	-16 -59	-6 -14	-6 -17	-6 -24	0 -8	0 -11	0 -18	0 -27	0 -43	0 -70	0 -110	0 -180
>18~24 >24~30	-20 -29	-20 -33	-20 -41	-20 -53	-20 -72	-7 -16	-7 -20	-7 -28	0 -9	0 -13	0 -21	0 -33	0 -52	0 -84	0 -130	0 -210
>30~40 >40~50	-25 -36	-25 -41	-25 -50	-25 -64	-25 -87	-9 -20	-9 -25	-9 -34	0 -11	0 -16	0 -25	0 -39	0 -62	0 -100	0 -160	0 -250
>50~65 >65~80	-30 -43	-30 -49	-30 -60	-30 -76	-30 -104	-10 -23	-10 -29	-10 -40	0 -13	0 -19	0 -30	0 -46	0 -74	0 -120	0 -190	0 -300
>80~100 >100~120	-36 -51	-36 -58	-36 -71	-36 -90	-36 -123	-12 -27	-12 -34	-12 -47	0 -15	0 -22	0 -35	0 -54	0 -87	0 -140	0 -220	0 -350
>120~140 >140~160 >160~180	-43 -61	-43 -68	-43 -83	-43 -106	-43 -143	-14 -32	-14 -39	-14 -54	0 -18	0 -25	0 -40	0 -63	0 -100	0 -160	0 -250	0 -400
>180~200 >200~225 >225~250	-50 -70	-50 -79	-50 -96	-50 -122	-50 -165	-15 -35	-15 -44	-15 -61	-0 -20	0 -29	0 -46	0 -72	0 -115	0 -185	0 -290	0 -460
>250~280 >280~315	-56 -79	-56 -88	-56 -108	-56 -137	-56 -186	-17 -40	-17 -49	-17 -69	0 -23	0 -32	0 -52	0 -81	0 -130	0 -210	0 -320	0 -520
>315~355 >355~400	-62 -87	-62 -98	-62 -119	-62 -151	-62 -202	-18 -43	-18 -54	-18 -75	0 -25	0 -36	0 -57	0 -89	0 -140	0 -230	0 -360	0 -570
>400~450 >450~500	-68 -95	-68 -108	-68 -131	-68 -165	-68 -223	-20 -47	-20 -60	-20 -83	0 -27	0 -40	0 -63	0 -97	0 -155	0 -250	0 -400	0 -630

公称尺寸 (mm)	常用及优先公差带(带圈者为优先公差带)												
	j			k			m			n		p	
	5	⑥	7	5	⑥	7	5	6	7	5	⑥	7	5	⑥	7
>0~3	±2	±3	±5	+4 0	+6 0	+10 0	+6 +2	+8 +2	+12 +2	+8 +4	+10 +4	+14 +4	+10 +6	+12 +6	+16 +6

附 录

续上表

公称尺寸 (mm)	常用及优先公差带（带圈者为优先公差带）												
	j			k			m			n			p		
	5	⑥	7	5	⑥	7	5	6	7	5	⑥	7	5	⑥	7
>3~6	±2.5	±4	±6	+6 +1	+9 +1	+13 +1	+9 +4	+12 +4	+16 +4	+13 +8	+16 +8	+20 +8	+17 +12	+20 +12	+24 +12
>6~10	±3	±4.5	±7	+7 +1	+10 +1	+16 +1	+12 -6	+15 +6	+21 +6	+16 +10	+19 +10	+25 +10	+21 +15	+24 +15	+30 +15
>10~14	±4	±5.5	±9	+9 +1	+12 +1	+19 +1	+15 +7	+18 +7	+25 +7	+20 +12	+23 +12	+30 +12	+26 +18	+29 +18	+36 +18
>14~18															
>18~24	±4.5	±6.5	±10	+11 +2	+15 +2	+23 +2	+17 +8	+21 +8	+29 +8	+24 +15	+28 +15	+36 +15	+31 +22	+35 +22	+43 +22
>24~30															
>30~40	±5.5	±8	±12	+13 +2	+18 +2	+27 +2	+20 +9	+25 +9	+34 +9	+28 +17	+33 +17	+42 +17	+37 +26	+42 +26	+51 +26
>40~50															
>50~65	±6.5	±9.5	±15	+15 +2	+21 +2	+32 +2	+24 +11	+30 +11	+41 +11	+33 +20	+39 +20	+50 +20	+45 +32	+51 +32	+62 +32
>65~80															
>80~100	±7.5	±11	±17	+18 +3	+25 +3	+38 +3	+28 +13	+35 +13	+48 +13	+38 +23	+45 +23	+58 +23	+52 +37	+59 +37	+72 +37
>100~120															
>120~140	±9	±12.5	±20	+21 +3	+28 +3	+43 +3	+33 +15	+40 +15	+55 +15	+45 +27	+52 +27	+67 +27	+61 +43	+68 +43	+83 +43
>140~160															
>160~180															
>180~200	±10	±14.5	±23	+24 +4	+33 +4	+50 +4	+37 +17	+46 +17	+63 +17	+51 +31	+60 +31	+77 +31	+70 +50	+79 +50	+96 +50
>200~225															
>225~250															
>250~280	±11.5	±16	±26	+27 +4	+36 +4	+56 +4	+43 +20	+52 +20	+72 +20	+57 +34	+66 +34	+86 +34	+79 +56	+88 +56	+108 +56
>280~315															
>315~355	±12.5	±18	±28	+29 +4	+40 +4	+61 +4	+46 +21	+57 +21	+78 +21	+62 +37	+73 +37	+94 +37	+87 +62	+98 +62	+119 +62
>355~400															
>400~450	±13.5	±20	±31	+32 +5	+45 +5	+68 +5	+50 +23	+63 +23	+86 +23	+67 +40	+80 +40	+103 +40	+95 +68	+108 +68	+131 +68
>450~500															

公称尺寸 (mm)	常用及优先公差带（带圈者为优先公差带）												
	r			s			t			u		v	x	y	z
	5	6	7	5	⑥	7	5	6	7	⑥	7	6	6	6	6
>0~3	+14 +10	+16 +10	+20 +10	+18 +14	+20 +14	+24 +14	—	—	—	+24 +18	+28 +18	—	+26 +20	—	+32 +26
>3~6	+20 +15	+23 +15	+27 +10	+24 +19	+27 +19	+31 +19	—	—	—	+31 +23	+35 +23	—	+36 +28	—	+43 +35

续上表

公称尺寸 (mm)	常用及优先公差带（带圈者为优先公差带）												
	r			s			t			u		v	x	y	z
	5	6	7	5	⑥	7	5	6	7	⑥	7	6	6	6	6
>6~10	+25 +19	+28 +19	+34 +19	+29 +23	+32 +23	+38 +23	—	—	—	+37 +28	+43 +28	—	+43 +34	—	+51 +42
>10~14	+31 +23	+34 +23	+41 +23	+36 +28	+39 +28	+46 +28	—	—	—	+44 +33	+51 +33	—	+51 +40	—	+61 +50
>14~18							—	—	—			+50 +39	+56 +45	—	+71 +60
>18~24	+37 +28	+41 +28	+49 +28	+44 +35	+48 +35	+56 +35	—	—	—	+54 +41	+62 +41	+60 +47	+67 +54	+76 +63	+86 +73
>24~30							+50 +41	+54 +41	+62 +41	+61 +48	+69 +48	+68 +55	+77 +64	+88 +75	+101 +88
>30~40	+45 +34	+50 +34	+59 +34	+54 +43	+59 +43	+68 +43	+59 +48	+64 +48	+73 +48	+76 +60	+85 +60	+84 +68	+96 +80	+110 +94	+128 +112
>40~50							+65 +54	+70 +54	+79 +54	+86 +70	+95 +70	+97 +81	+113 +97	+130 +114	+152 +136
>50~65	+54 +41	+60 +41	+71 +41	+66 +53	+72 +53	+83 +53	+79 +66	+85 +66	+96 +66	+106 +87	+117 +87	+121 +102	+141 +122	+163 +144	+191 +172
>65~80	+56 +43	+62 +43	+73 +43	+72 +59	+78 +59	+89 +59	+88 +75	+94 +75	+105 +75	+121 +102	+132 +102	+139 +120	+165 +146	+193 +174	+229 +210
>80~100	+66 +51	+73 +51	+86 +51	+86 +71	+93 +71	+106 +71	+106 +91	+113 +91	+126 +91	+146 +124	+159 +124	+168 +146	+200 +178	+236 +214	+280 +258
>100~120	+69 +54	+76 +54	+89 +54	+94 +79	+101 +79	+114 +79	+110 +104	+126 +104	+136 +104	+166 +144	+179 +144	+194 +172	+232 +210	+276 +254	+332 +310
>120~140	+81 +63	+88 +63	+103 +63	+110 +92	+117 +92	+132 +92	+140 +122	+147 +122	+165 +122	+195 +170	+210 +170	+227 +202	+273 +248	+325 +300	+390 +365
>140~160	+83 +65	+90 +65	+105 +65	+118 +100	+125 +100	+140 +100	+152 +134	+159 +134	+174 +134	+215 +190	+230 +190	+253 +228	+305 +280	+365 +340	+440 +415
>160~180	+86 +68	+93 +68	+108 +68	+126 +108	+133 +108	+148 +108	+164 +146	+171 +146	+186 +146	+235 +210	+250 +210	+277 +252	+335 +310	+405 +380	+490 +465
>180~200	+97 +77	+106 +77	+123 +77	+142 +122	+151 +122	+168 +122	+186 +166	+195 +166	+212 +166	+265 +236	+282 +236	+313 +284	+379 +350	+454 +425	+549 +520
>200~225	+100 +80	+109 +80	+126 +80	+150 +130	+159 +130	+176 +130	+200 +180	+209 +180	+226 +180	+287 +258	+304 +258	+339 +310	+414 +385	+499 +470	+604 +575

续上表

公称尺寸 (mm)	常用及优先公差带（带圈者为优先公差带）													
	r			s			t			u		v	x	y	z
	5	6	7	5	⑥	7	5	6	7	⑥	7	6	6	6	6
>225~250	+104 / +84	+113 / +84	+130 / +84	+160 / +140	+169 / +140	+186 / +140	+216 / +196	+225 / +196	+242 / +196	+313 / +284	+330 / +284	+369 / +340	+454 / +425	+549 / +520	+669 / +640
>250~280	+117 / +94	+126 / +94	+146 / +94	+181 / +158	+290 / +158	+210 / +158	+241 / +218	+250 / +218	+270 / +218	+347 / +315	+367 / +315	+417 / +385	+507 / +475	+612 / +580	+742 / +710
>280~315	+121 / +98	+130 / +98	+150 / +98	+193 / +170	+202 / +170	+222 / +170	+263 / +240	+272 / +240	+292 / +240	+382 / +350	+402 / +350	+457 / +425	+557 / +525	+682 / +650	+822 / +790
>315~355	+133 / +108	+144 / +108	+165 / +108	+215 / +190	+226 / +190	+247 / +190	+293 / +268	+304 / +268	+325 / +268	+426 / +390	+447 / +390	+511 / +475	+626 / +590	+766 / +730	+936 / +900
>355~400	+139 / +114	+150 / +114	+171 / +114	+233 / +208	+244 / +208	+265 / +208	+319 / +294	+330 / +294	+351 / +294	+471 / +435	+492 / +435	+566 / +530	+696 / +660	+856 / +820	+1036 / +1000
>400~450	+153 / +126	+166 / +126	+189 / +126	+259 / +232	+272 / +232	+295 / +232	+357 / +330	+370 / +330	+393 / +330	+530 / +490	+553 / +490	+635 / +595	+780 / +740	+960 / +920	+1140 / +1100
>450~500	+159 / +132	+172 / +132	+195 / +132	+279 / +252	+292 / +252	+315 / +252	+387 / +360	+400 / +360	+423 / +360	+580 / +540	+603 / +540	+700 / +660	+860 / +820	+1040 / +1000	+1290 / +1250

注：公称尺寸小于1mm时，各级的 a 和 b 均不采用。

孔的极限偏差（摘自 GB/T 1008.4—1999）（单位：μm） 表 C3

公称尺寸 (mm)	常用及优先公差带（带圈者为优先公差带）												
	A	B	C	D				E		F			
	11	11	12	⑪	8	⑨	10	11	8	9	6	7	⑧	9
>0~3	+330 / +270	+200 / +140	+240 / +140	+120 / +60	+34 / +20	+45 / +20	+60 / +20	+80 / +20	+28 / +14	+39 / +14	+12 / +6	+16 / +6	+20 / +6	+31 / +6
>3~6	+345 / +270	+215 / +140	+260 / +140	+145 / +70	+48 / +30	+60 / +30	+78 / +30	+105 / +30	+38 / +20	+50 / +20	+18 / +10	+22 / +10	+28 / +10	+40 / +10
>6~10	+370 / +280	+240 / +150	+300 / +150	+170 / +80	+62 / +40	+76 / +40	+98 / +40	+130 / +40	+47 / +25	+61 / +25	+22 / +13	+28 / +13	+35 / +13	+49 / +13
>10~14 / >14~18	+400 / +290	+260 / +150	+330 / +150	+205 / +95	+77 / +50	+93 / +50	+120 / +50	+160 / +50	+59 / +32	+75 / +32	+27 / +16	+34 / +16	+43 / +16	+59 / +16
>18~24 / >24~30	+430 / +300	+290 / +160	+370 / +160	+240 / +110	+98 / +65	+117 / +65	+149 / +65	+195 / +65	+73 / +40	+92 / +40	+33 / +20	+41 / +20	+53 / +20	+72 / +20
>30~40	+470 / +310	+330 / +170	+420 / +170	+280 / +170	+119 / +80	+142 / +80	+180 / +80	+240 / +80	+89 / +50	+112 / +50	+41 / +25	+50 / +25	+64 / +25	+87 / +25
>40~50	+480 / +320	+340 / +180	+430 / +180	+290 / +180										

续上表

公称尺寸 (mm)	常用及优先公差带(带圈者为优先公差带)													
	A	B		C	D				E		F			
	11	11	12	⑪	8	⑨	10	11	8	9	6	7	⑧	9
>50~65	+530 +340	+380 +190	+490 +190	+330 +140	+146 +100	+170 +100	+220 +100	+290 +100	+106 +6	+134 +80	+49 +30	+60 +30	+76 +30	+104 +30
>65~80	+550 +360	+390 +200	+500 +200	+340 +150										
>80~100	+600 +380	+440 +220	+570 +220	+390 +170	+174 +120	+207 +120	+260 +120	+340 +120	+126 +72	+159 +72	+58 +36	+71 +36	+90 +36	+123 +36
>100~120	+630 +410	+460 +240	+590 +240	+400 +180										
>120~140	+710 +460	+510 +260	+660 +260	+450 +200	+208 +145	+245 +145	+305 +145	+395 +145	+148 +85	+135 +85	+68 +43	+83 +43	+106 +43	+143 +43
>140~160	+770 +520	+530 +280	+680 +280	+460 +210										
>160~180	+830 +580	+560 +310	+710 +310	+480 +230										
>180~200	+950 +660	+630 +340	+800 +340	+530 +240	+242 +170	+285 +170	+355 +170	+460 +170	+172 +100	+215 +100	+79 +50	+96 +50	+122 +50	+165 +50
>200~225	+1030 +740	+670 +380	+840 +380	+550 +260										
>225~250	+1110 +820	+710 +420	+880 +420	+570 +280										
>250~280	+1240 +920	+800 +480	+1000 +480	+620 +300	+271 +190	+320 +190	+400 +190	+510 +190	+191 +110	+240 +110	+88 +56	+108 +56	+137 +56	+186 +56
>280~315	+1370 +1050	+860 +540	+1060 +540	+650 +330										
>315~355	+1560 +1200	+960 +600	+1170 +600	+720 +360	+299 +210	+350 +210	+440 +210	+570 +210	+214 +125	+265 +125	+98 +62	+119 +62	+151 +62	+202 +62
>355~400	+1710 +1350	+1040 +680	+1250 +680	+760 +400										
>400~450	+1900 +1500	+1160 +760	+1390 +760	+840 +440	+327 +230	+385 +230	+480 +230	+630 +230	+232 +135	+290 +135	+108 +68	+131<>+68	+165 +68	+223 +68
>450~500	+2050 +1650	+1240 +840	+1470 +840	+880 +480										

续上表

公称尺寸 (mm)	常用及优先公差带(带圈者为优先公差带)															
	G		H						J			K			M		
	6	⑦	6	⑦	⑧	⑨	10	⑪	12	6	7	8	6	⑦	8	6	7	8
>0~3	+8 +2	+12 +2	+6 0	+10 0	+14 0	+25 0	+40 0	+60 0	+100 0	±3	±5	±7	0 -6	0 -10	0 -14	-2 -8	-2 -12	-2 -16
>3~6	+12 +4	+16 +4	+8 0	+12 0	+18 0	+30 0	+48 0	+75 0	+120 0	±4	±6	±9	+2 -6	+3 -9	+5 -13	-1 -9	0 -12	+2 -16
>6~10	+14 +5	+20 +5	+9 0	+15 0	+22 0	+36 0	+58 0	+90 0	+150 0	±4.5	±7	±11	+2 -7	+5 -10	+6 -16	-3 -12	0 -15	+1 -21
>10~14 >14~18	+17 +6	+24 +6	+11 0	+18 0	+27 0	+43 0	+70 0	+110 0	+180 0	±5.5	±9	±13	+20 -9	+6 -12	+8 -19	-4 -15	0 -18	+2 -25
>18~24 >24~30	+20 +7	+28 +7	+13 0	+21 0	+33 0	+52 0	+84 0	+130 0	+210 0	±6.5	±10	±16	+2 -11	+6 -15	+10 -23	-4 -17	0 -21	+4 -29
>30~40 >40~50	+25 +9	+34 +9	+16 0	+25 0	+39 0	+62 0	+100 0	+160 0	+250 0	±8	±12	±19	+3 -13	+7 -18	+12 -27	-4 -20	0 -25	+5 -34
>50~65 >65~80	+29 +10	+40 +10	+19 0	+30 0	+46 0	+74 0	+120 0	+190 0	+300 0	±9.5	±15	±23	+4 -15	+9 -21	+14 -32	-5 -24	0 -30	+5 -41
>80~100 >100~120	+34 +12	+47 +12	+22 0	+35 0	+54 0	+87 0	+140 0	+220 0	+350 0	±11	±17	±27	+4 -18	+10 -25	+16 -38	-6 -28	0 -35	+6 -48
>120~140 >140~160 >160~180	+39 +14	+54 +14	+25 0	+40 0	+63 0	+100 0	+160 0	+250 0	+400 0	±12.5	±20	±31	+4 -21	+12 -28	+20 -43	-8 -33	0 -40	+8 -55
>180~200 >200~225 >225~250	+44 +15	+61 +15	+29 0	+46 0	+72 0	+115 0	+185 0	+290 0	+460 0	±14.5	±23	±36	+5 -24	+13 -33	+22 -50	-8 -37	0 -46	+9 -63
>250~280 >280~315	+49 +17	+69 +17	+32 0	+52 0	+81 0	+130 0	+210 0	+320 0	+520 0	±16	±26	±40	+5 -27	+16 -36	+25 -56	-9 -41	0 -52	+9 -72
>315~355 >355~400	+54 +18	+75 +18	+36 0	+57 0	+89 0	+140 0	+230 0	+360 0	+570 0	±18	±28	±44	+7 -29	+17 -40	+28 -61	-10 -46	0 -57	+11 -78
>400~450 >450~500	+60 +20	+83 +20	+40 0	+63 0	+97 0	+155 0	+250 0	+400 0	+630 0	±20	±31	±48	+8 -32	+18 -45	+29 -68	-10 -50	0 -63	+11 -86

公称尺寸 (mm)	常用及优先公差带(带圈者为优先公差带)											
	N			P		R		S		T		U
	6	⑦	8	6	⑦	6	7	6	⑦	6	7	⑦
>0~3	-4 -10	-4 -14	-4 -18	-6 -12	-6 -16	-10 -16	-10 -20	-14 -20	-14 -24	—	—	-18 -28
>3~6	-5 -13	-4 -16	-2 -20	-9 -17	-8 -20	-12 -20	-11 -23	-16 -24	-15 -27	—	—	-19 -31

续上表

公称尺寸（mm）	常用及优先公差带(带圈者为优先公差带)											
	N			P		R		S		T		U
	6	⑦	8	6	⑦	6	7	6	⑦	6	7	⑦
>6~10	-7 -16	-4 -19	-3 -25	-12 -21	-9 -24	-16 -24	-13 -28	-20 -29	-17 -32	—	—	-22 -37
>10~14	-9 -20	-5 -23	-3 -30	-15 -26	-11 -29	-20 -31	-16 -34	-25 -36	-21 -39	—	—	-26 -44
>14~18												
>18~24	-11 -24	-7 -28	-3 -36	-18 -31	-14 -35	-24 -37	-20 -41	-31 -44	-27 -48	—	—	-33 -54
>24~30										-37 -50	-33 -54	-40 -61
>30~40	-12 -28	-8 -33	-3 -42	-21 -37	-17 -42	-29 -45	-25 -50	-38 -54	-34 -59	-43 -59	-39 -64	-51 -76
>40~50										-49 -65	-45 -70	-61 -86
>50~65	-14 -33	-9 -39	-4 -50	-26 -45	-21 -51	-35 -54	-30 -60	-47 -66	-42 -72	-60 -79	-55 -85	-76 -106
>65~80						-37 -56	-32 -62	-53 -72	-48 -78	-69 -88	-64 -94	-91 -121
>80~100	-16 -38	-10 -45	-4 -58	-30 -52	-24 -59	-44 -66	-38 -73	-64 -86	-58 -93	-84 -106	-78 -113	-111 -146
>100~120						-47 -69	-41 -76	-72 -94	-66 -101	-97 -119	-91 -126	-131 -166
>120~140	-20 -45	-12 -52	-4 -67	-36 -61	-28 -68	-56 -81	-48 -88	-85 -110	-77 -117	-115 -140	-107 -147	-155 -195
>140~160						-58 -83	-50 -90	-93 -118	-85 -125	-127 -152	-119 -159	-175 -215
>160~180						-61 -86	-53 -93	-101 -126	-93 -133	-139 -164	-131 -171	-195 -235
>180~200	-22 -51	-14 -60	-5 -77	-41 -70	-33 -79	-68 -97	-60 -106	-113 -142	-105 -151	-157 -186	-149 -195	-219 -265
>200~225						-71 -100	-63 -109	-121 -150	-113 -159	-171 -200	-163 -209	-241 -287
>225~250						-75 -104	-67 -113	-131 -160	-123 -169	-187 -216	-179 -225	-267 -313

续上表

公称尺寸 (mm)	常用及优先公差带（带圈者为优先公差带）											
	N			P		R		S		T		U
	6	⑦	8	6	⑦	6	7	6	⑦	6	7	⑦
>250~280	-25	-14	-5	-47	-36	-85 -117	-74 -126	-149 -181	-138 -190	-209 -241	-198 -250	-295 -347
>280~315	-57	-66	-86	-79	-88	-89 -121	-78 -130	-161 -193	-150 -202	-231 -263	-220 -272	-330 -382
>315~355	-26	-16	-5	-51	-41	-97 -133	-87 -144	-179 -215	-169 -226	-257 -293	-247 -304	-369 -426
>355~400	-62	-73	-94	-87	-98	-103 -139	-93 -150	-197 -233	-187 -244	-283 -319	-273 -330	-414 -471
>400~450	-27	-17	-6	-55	-45	-113 -153	-103 -166	-219 -259	-209 -272	-317 -357	-307 -370	-467 -530
>450~500	-67	-80	-103	-95	-108	-119 -159	-109 -172	-239 -279	-229 -279	-347 -387	-337 -400	-517 -580

注：公称尺寸小于1mm时，各级的A和B均不采用。

参考文献

[1] 机械设计手册编委会. 机械设计手册[M]. 北京：机械工业出版社，2004.
[2] 王南燕、聂林水. 机械制图[M]. 北京：北京理工大学出版社，2011.
[3] 周露明、缪临平、顾文遴. 机械制图[M]. 上海：同济大学出版社，2006.
[4] 钱可强. 机械制图习题集[M]. 北京：高等教育出版社，2005.
[5] 孔庆玲. 公差配合与技术测量[M]. 北京：清华大学出版社，2009.
[6] 王洪龄. 公差配合与技术测量[M]. 北京：中国劳动社会保障出版社，2006.
[7] 陈广伟. 汽车发动机构造与维修[M]. 长春：东北师范大学出版社，2011.